PSICOLOGÍA COMO FILOSOFÍA
FILOSOFÍA COMO PSICOLOGÍA

Artículos y reseñas 2006-2019

Michael Starks

DE LA INVESTIGACIÓN DE DECISIONES

	Disposición	Emoción	Memoria	Percepción	Deseo	PI * *	IA * * *	Acción/Palabra
Efectos subliminales	No	Sí/No	Sí	Sí	No	No	No	Sí/No
Asociativa Basada en reglas	Rb	A/RB	A	A	A/RB	Rb	Rb	Rb
Dependiente del contexto/ Abstracto	A	CD/A	Cd	Cd	CD/A	A	CD/A	CD/A
Serie/paralelo	S	S/P	P	P	S/P	S	S	S
Heurístico Analítica	A	H/A	H	H	H/A	A	A	A
Necesita trabajar Memoria	Sí	No	No	No	No	Sí	Sí	Sí
Dependiente general de la inteligencia	Sí	No	No	No	Sí/No	Sí	Sí	Sí
La carga cognitiva Inhibe	Sí	Sí/No	No	No	Sí	Sí	Sí	Sí
Excitación facilita o inhibe	I	F/I	F	F	I	I	I	I

Reality Press   Las Vegas

Impreso y encuadernado en los Estados Unidos de América.

Primera Edición

ISBN   978-1-951440-33-6

"El que entiende el babuino haría más hacia la metafísica que Locke"
Charles Darwin 1838 Notebook M

"La confusión y la estérilidad de la psicología no debe explicarse llamándola
"ciencia joven"; su estado no es comparable con el de la física, por ejemplo, en
sus inicios. (Más bien con la de ciertas ramas de las matemáticas. Teoría del
conjunto.) Porque en psicología hay métodos experimentales y confusión
conceptual. (Como en el otro caso, confusión conceptual y métodos de
prueba). La existencia del   método experimental nos hace pensar que
tenemos los medios para resolver los problemas que nos molestan; aunque el
problema y el método se pasan unos a otros". Wittgenstein PI p.232

"Los filósofos ven constantemente el método de la ciencia ante sus ojos y se
sienten irresistiblemente tentados a hacer y responder preguntas de la manera
en que lo hace la ciencia. Esta tendencia es la verdadera fuente de metafísica
y lleva al filósofo a la oscuridad completa". BBB p18

"El origen y la forma primitiva del juego de idiomas es una reacción; sólo a
partir de esto pueden desarrollarse formas más complicadas. El lenguaje,
quiero decir, es un refinamiento. Al principio era la acciones." CV p31

"Pero no obtuve mi imagen del mundo satisfaciéndome de su corrección: ni la
tengo porque estoy satisfecha de su corrección. No: es el fondo heredado
contra el que distingo entre verdadero y falso." Wittgenstein OC 94

"El límite del lenguaje se demuestra por su imposibilidad de describir un
hecho que corresponde a (es la traducción de) una frase sin simplemente
repetir la frase ..." Wittgenstein CV p10

"Si tenemos en cuenta la posibilidad de una imagen que, aunque correcta, no
tiene similitud con su objeto, la interpolación de una sombra entre la frase y
la realidad pierde todo punto. Por ahora, la frase en sí puede servir como tal
sombra. La frase es sólo una imagen, que no tiene la más mínima similitud
con lo que representa." BBB p37

"Muchas palabras entonces en este sentido entonces no tienen un significado estricto. Pero esto no es un defecto. Pensar que es como decir que la luz de mi lámpara de lectura no es una luz real en absoluto porque no tiene un límite agudo". BBB p27

"El objetivo de la filosofía es erigir un muro en el punto donde el lenguaje se detiene de todos modos". Philosophical Occasions p187

"Imagínese a una persona cuya memoria no podía retener lo que significaba la palabra 'dolor', de modo que constantemente llamaba cosas diferentes por ese nombre, pero sin embargo usó la palabra de una manera que se ajustaba a los síntomas y presunciones habituales de la palabra 'dolor'-en resumen la usó como todos lo hacemos". PI p271

"Cada signo es capaz de interpretar, pero el significado no debe ser capaz de interpretarse. Es la última interpretación" BBB p34

"Hay una especie de enfermedad general del pensamiento que siempre busca (y encuentra) lo que se llamaría un estado mental del que brotan todos nuestros actos, como de un reservorio". BBB p143

"Y el error que aquí y en mil casos similares nos inclinamos a cometer está etiquetado por la palabra "hacer" como lo hemos utilizado en la frase "No es ningún acto de perspicacia que nos haga usar la regla como lo hacemos", porque existe la idea de que "algo debe hacernos" hacer lo que hacemos. Y esto se une de nuevo a la confusión entre la causa y la razón. No necesitamos tener ninguna razón para seguir la regla como lo hacemos. La cadena de razones tiene un fin". Wittgenstein BBB p143

"Lo que estamos suministrando son realmente comentarios sobre la historia natural del hombre, no curiosidades; sin embargo, sino más bien observaciones sobre hechos que nadie ha dudado y que no han sido remarcados porque siempre están ante nuestros ojos". Wittgenstein RFM I p142

"La filosofía simplemente pone todo delante de nosotros y ni explica ni deduce nada... Uno podría dar el nombre de "filosofía" a lo que es posible antes de todos los nuevos descubrimientos e invenciones". Wittgenstein PI 126

"Cuanto más estrechamente examinamos el lenguaje real, más agudo se convierte en el conflicto entre él y nuestro requisito. (Porque la pureza cristalina de la lógica no era, por supuesto, el resultado de la investigación: era un requisito.)" PI 107

"Nuestro método es puramente descriptivo, las descripciones que damos no son pistas de explicaciones". BBB p125

"Para la claridad a la que nos apuntamos es, de hecho, una claridad total. Pero esto simplemente significa que los problemas filosóficos deberían desaparecer por completo". PI p133

"El mayor peligro aquí es querer observarse a sí mismo." LWPP 1 : 459.

"Algunas de las características lógicas más importantes de la intencionalidad están fuera del alcance de la fenomenología porque no tienen una realidad fenomenológica inmediata... Porque la creación del sentido por lo que no tiene sentido no se experimenta conscientemente... no existe... Esto es... la ilusión fenomenológica." Searle PNC p115-117

"El estado intencional representa sus condiciones de satisfacción... la gente supone erróneamente que toda representación mental debe ser conscientemente pensada... pero la noción de una representación como la estoy usando es una noción funcional y no ontológica. Todo lo que tenga condiciones de satisfacción, que pueda tener éxito o fracasar de una manera característica de la intencionalidad, es por definición una representación de sus condiciones de satisfacción... podemos analizar la estructura de la intencionalidad de los fenómenos sociales analizando sus condiciones de satisfacción". Searle MSW p28-32

"La superstición no es más que creer en el nexo causal." TLP 5.1361

"Ahora bien, si no son las conexiones causales que nos preocupan, entonces las actividades de la mente están abiertas ante nosotros". "El Libro Azul" p6 1933

"La forma básica del juego debe ser una en la que actuamos." Philosophical Occasions Wittgenstein p397

"¿Cómo surge el problema filosófico sobre los procesos mentales y los estados y sobre el conductismo? – El primer paso es el que escapa por completo del aviso. Hablamos de procesos y estados y dejamos su naturaleza indeciso. En algún momento tal vez sabremos más sobre ellos,pensamos. Pero eso es justo lo que nos compromete a una forma particular de ver el asunto. Porque tenemos un concepto definido de lo que significa aprender a conocer mejor un proceso. (El movimiento decisivo en el truco de conjuro se ha hecho, y fue el mismo pensamos bastante inocentes) — Y ahora la analogía que era hacernos entender nuestros pensamientos cae en pedazos. Por lo tanto, tenemos que negar el proceso aún incomprendido en el medio aún inexplorado. Y ahora parece como si hubiéramos negado procesos mentales. Y naturalmente no queremos negarlos. PI p308

"Si Dios miraba en nuestras mentes no sería capaz de ver allí a quién estábamos pensando de." Wittgenstein PI p217

"¿Debe evitarse la palabra "infinito" en matemáticas? Sí: donde parece conferir un significado   al cálculo; en lugar de obtener uno de ella. RFM edición revisada (1978) p141

"Una y otra vez se intenta usar el lenguaje para limitar el mundo y ponerlo en relieve, pero no se puede hacer. La autoevidencia del mundo se expresa en el mismo hecho de que el lenguaje puede y sólo se refiere a él. Porque como el lenguaje sólo deriva la forma en que significa, su significado, del mundo, ningún lenguaje es concebible que no represente a este mundo." Philosophical Remarks de Wittgenstein S47

"Los límites de mi idioma significan los límites de mi mundo" TLP

"No podemos avanzar en ningún tipo de teoría, no debe haber nada hipotético en nuestras consideraciones. Debemos hacer todo lo que explicamos, y la descripción por sí sola debe tomar su lugar". PI 109

"Pero no se puede explicar un sistema físico como una máquina de escribir o un cerebro mediante la identificación de un patrón que comparte con su simulación computacional, porque la existencia del patrón no explica cómo funciona realmente el sistema como un sistema físico. ... En resumen, el hecho de que la atribución de sintaxis no identifique más poderes causales es fatal para la afirmación de que los programas proporcionan explicaciones causales de la cognición... Sólo hay un mecanismo físico, el cerebro, con sus diversos niveles causales físicos y físicos/mentales reales de descripción." Searle Philosophy in a New Century (PNC) p101-103

"Toda inferencia tiene lugar a priori. Los acontecimientos del futuro no pueden deducirse de los del presente. La superstición es la creencia en el nexo causal. La libertad de la voluntad consiste en el hecho de que las acciones futuras no pueden conocerse ahora. Sólo podíamos conocerlos si la causalidad fuera una necesidad interna, como la de la deducción lógica. -- La conexión del conocimiento y lo que se conoce es la de la necesidad lógica. ("A sabe que p es el caso" no tiene sentido si p es a tautología.) Si del hecho de que una proposición es obvia para nosotros, no se deduce que es es cierto, entonces la obviedad no es justificación para la creencia en su verdad. TLP 5.133-- 5.1363

"El orador significa... es la imposición de condiciones de satisfacción en condiciones de satisfacción. La capacidad de hacer esto es un elemento crucial de las capacidades cognitivas humanas. Requiere la capacidad de pensar en dos niveles a la vez, de una manera que es esencial para el uso del lenguaje. En un nivel, el orador produce intencionalmente una expresión física, pero en otro nivel la expresión representa algo. Y la misma dualidad infecta el símbolo en sí. En un nivel, es un objeto físico como cualquier otro. En otro nivel, tiene un significado: representa un tipo de estado de cosas" Searle MSW

"La conciencia es causalmente reducible a los procesos cerebrales... y la conciencia no tiene poderes causales propios además de los poderes causales de la neurobiología subyacente... Pero la reducibilidad causal no conduce a la reducibilidad ontológica... la conciencia sólo existe como experimentada... y por lo tanto no puede reducirse a algo que tiene una ontología en tercera persona, algo que existe independientemente de las experiencias". Searle PNC 155-6

"¿Podría un proceso de máquina causar un proceso de pensamiento? La respuesta es: Sí. De hecho, sólo un proceso de máquina puede causar un proceso de pensamiento, y "cálculo" no nombra un proceso de máquina; nombra un proceso que puede ser, y por lo general lo es, implementado en una máquina." Searle PNC p73

"... la caracterización de un proceso como computacional es una caracterización de un sistema físico desde el exterior; y la identificación del proceso como computacional no identifica una característica intrínseca de la física, es esencialmente una caracterización relativa observador." Searle PNC p95

"El argumento de la sala china mostró que la semántica no es intrínseca a la sintaxis. Ahora estoy haciendo el punto separado y diferente de que la sintaxis no es intrínseca a la física". Searle PNC p94

"El intento de eliminar la falacia del homunculus a través de la descomposición recursiva falla, porque la única manera de obtener la sintaxis intrínseca a la física es poner un homunculus en la física." Searle PNC p97

... una vez que tienes lenguaje, es inevitable que tengas deontología porque no hay manera de hacer actos de habla explícitos realizados de acuerdo con las convenciones de un idioma sin crear compromisos. Esto es cierto no sólo para las declaraciones, sino para todos los actos de habla" Searle MSW p82

"Cuanto más estrechamente examinamos el lenguaje real, más agudo se convierte en el conflicto entre él y nuestro requisito. (Porque la pureza cristalina de la lógica no era, por supuesto, el resultado de la investigación: era un requisito.)" PI 107

"... todas las funciones de estatus y por lo tanto toda la realidad institucional, con la excepción del lenguaje, se crean mediante actos del habla que tienen la forma lógica de Declaraciones... las formas de la función de estatus en cuestión son casi invariablemente materias de poderes deontoles... reconocer algo como un derecho, un deber, una obligación, un requisito, etc. es reconocer una razón de acción... estas estructuras deontoticas hacen posibles razones de acción independientes del deseo... El punto general es muy claro: la creación del campo general de razones de acción basadas en el deseo presuponía la aceptación de un sistema de razones de acción independientes del deseo." Searle PNC p34-49

"En resumen, la sensación de 'procesamiento de información' que se utiliza en la ciencia cognitiva es en un nivel demasiado alto de abstracción para capturar la realidad biológica concreta de la intencionalidad intrínseca... Estamos cegados a esta diferencia por el hecho de que la misma frase 'veo un coche que viene hacia mí', se puede utilizar para registrar tanto la intencionalidad visual como la salida del modelo computacional de visión... en el sentido de 'información' utilizado en la ciencia cognitiva, es simplemente falso decir que el cerebro es un dispositivo de procesamiento de información." Searle PNC p104- 105

"¿Pueden haber razones para la acción que sean vinculantes para un agente racional sólo en virtud de la naturaleza del hecho reportado en la declaración de la razón, e independientemente de los deseos, valores, actitudes y evaluaciones del agente?... La verdadera paradoja de la discusión tradicional es que trata de plantear la guillotina de Hume, la rígida distinción de hecho-valor, en un vocabulario, cuyo uso ya presupone la falsedad de la distinción." Searle PNC p165- 171

"... la relación intencional básica entre la mente y el mundo tiene que ver con las condiciones de satisfacción. Y una proposición es cualquier cosa que pueda mantenerse en una relación intencional con el mundo, y dado que esas relaciones intencionales siempre determinan las condiciones de satisfacción, y una proposición se define como algo suficiente para determinar las condiciones de satisfacción,   resulta   que toda intencionalidad es una cuestión de proposiciones". Searle PNC p193

"Los primeros cuatro tipos de actos del habla tienen análogos exactos en estados intencionales: correspondientes a Assertivas son creencias, correspondientes a las Directivas son deseos, correspondientes a comisarios son intenciones y correspondientes a Expresivos es toda la gama de emociones y otros estados intencionales donde el Presup Fit se da por sentado. Pero no hay un análogo prelinguista para las Declaraciones. Los Estados intencionales prelinguistas no pueden crear hechos en el mundo representando esos hechos como ya existentes. Esta hazaña notable requiere un lenguaje" Searle MSW p69

"... una vez que tienes lenguaje, es inevitable que tengas deontología porque no hay manera de hacer actos de habla explícitos realizados de acuerdo con las convenciones de un idioma sin crear compromisos. Esto es cierto no sólo para las declaraciones, sino para todos los actos de habla" Searle MSW p82

"Por lo tanto, las funciones de estatus son el pegamento que mantiene unida a la sociedad. Se crean por intencionalidad colectiva y   funcionan llevando poderes deontoles... Con la importante excepción del lenguaje en sí, toda la realidad institucional y por lo menos, en cierto sentido, toda la civilización humana es creado por actos de habla que tienen la forma lógica de Declaraciones... toda la realidad institucional humana es creada y mantenida en existencia por (representaciones que tienen la misma forma lógica que) Declaraciones de Funciones de Estatus, incluyendo los casos que no son actos de voz en forma explícita de Declaraciones." Searle MSW p11-13

"Las creencias, como las declaraciones, tienen la dirección hacia abajo o la mente (o la palabra) al mundo de encajar. Y los deseos y las intenciones, como las órdenes y las promesas, tienen la dirección ascendente o de todo el mundo (o palabra) de ajuste. Se supone que las creencias o percepciones, como las declaraciones, representan cómo están las cosas en el mundo, y en ese sentido, se supone que se ajustan al mundo; tienen la dirección de la mente al mundo de ajuste. Los estados conativos-volicionales tales como deseos, intenciones previas e intenciones en acción, como órdenes y promesas, tienen la dirección de todo el mundo en forma. No se supone que representen cómo son las cosas, sino cómo nos gustaría que fueran o cómo pretendemos hacerlas... Además de estas dos facultades, hay una tercera, imaginación, en la que el contenido propositiva no se supone que se ajuste a la realidad en la forma en que se supone que el contenido propolíforo de la cognición y la voluntad... el compromiso de relación con el mundo se abandona y tenemos un contenido propositiva sin ningún compromiso que represente con cualquier dirección de ajuste". Searle MSW p15

"Los epistemólogos tradicionales quieren saber si el conocimiento es una verdadera creencia y otra condición ..., o si el conocimiento ni siquiera implica creencia... Lo que hay que aclarar para que estas preguntas sean respondidas es la web de nuestros conceptos epistémicos, las formas en que los diversos conceptos se unen, las diversas formas de sus compatibilidades e incompatibilidades, su punto y propósito, sus presunciones y las diferentes formas de dependencia del contexto. A este venerable ejercicio de análisis conectivo, el conocimiento científico, la psicología, la neurociencia y la ciencia cognitiva autodenominada no puede aportar nada en absoluto". (P.M.S Hacker--Pasando por el giro naturalista: en el callejón sin salida de Quine-p15- 2005)

"Igual que en los estados intencionales podemos hacer una distinción entre el tipo de estado... y el contenido del Estado... así que en la teoría del lenguaje podemos hacer una distinción entre el tipo de acto del habla que es... y el contenido propositiva... tenemos el mismo contenido propositiva con diferente modo psicológico en el caso de los estados intencionales, y diferente fuerza o tipo de illocución en el caso de los actos del habla. Además, así como mis creencias pueden ser verdaderas o falsas y así tener la dirección de la mente al mundo de ajuste, por lo que mis declaraciones pueden ser verdaderas o falsas y por lo tanto tienen la dirección de palabra a mundo de ajuste. Y así como mis deseos o intenciones no pueden ser verdaderos o falsos, sino que pueden estar de diversas maneras satisfechos o insatisfechos, por lo que mis órdenes y promesas no pueden ser verdaderas o falsas, sino que pueden estar de diversas maneras satisfechos o insatisfechos, podemos pensar en todos los estados intencionales que tienen todo un contenido propositiva y una dirección de ajuste como representaciones de sus condiciones de satisfacción. Una creencia representa sus condiciones de verdad, un deseo representa sus condiciones de cumplimiento, una intención representa sus condiciones de cumplimiento... El estado intencional representa sus condiciones de satisfacción... la gente supone erróneamente que toda representación mental debe ser

conscientemente pensado... pero la noción de una representación como la estoy usando es una noción funcional y no ontológica. Todo lo que tenga condiciones de satisfacción, que pueda tener éxito o fracasar de una manera característica de la intencionalidad, es por definición una representación de sus condiciones de satisfacción... podemos analizar la estructura de la intencionalidad de los fenómenos sociales analizando sus condiciones de satisfacción". Searle MSWp28-32

"La filosofía simplemente pone todo delante de nosotros, y ni explica ni deduce nada". PI 126

"En filosofía no sacamos conclusiones" PI 599

"Si uno tratara de avanzar en tesis en filosofía no sería posible debatirlas, porque todo el mundo estaría de acuerdo con ellos" PI 128

"Si quisiera dudar de si esta era mi mano, ¿cómo podría evitar dudar de si el palabra 'mano' tiene algún significado? Así que eso es algo que parece saber, después de todo. Wittgenstein - Sobre la certeza p48

"Aquí nos encontramos con un fenómeno notable y característico en la investigación filosófica: la dificultad---podría decir--- no es la de encontrar la solución, sino más bien la de reconocer como la solución algo que parece que sólo fuera un preliminar a ella. Ya lo hemos dicho todo. ---No todo lo que sigue de esto, no esto en sí es la solución! .... Esto está relacionado, creo, con nuestra falta de espera de una explicación, mientras que la solución de la dificultad es una descripción, si le damos el lugar correcto en nuestras consideraciones. Si nos detenemos en ella, y no tratamos de ir más allá de ella. Zettel p312-314

"¿Qué tipo de progreso es este —el fascinante misterio ha sido eliminado— pero no se han puesto profundidades en consuelo; nada ha sido explicado, descubierto o reconcebido. Qué manso y poco inspirador uno podría pensar. Pero tal vez, como sugiere Wittgenstein, las virtudes de la claridad, la desmitificación y la verdad deberían encontrarse lo suficientemente satisfactorias"—Horwich --'Wittgenstein's Metaphilosophy'

TABLA DE CONTENIDOS

EL DELIRIO RELIGIOSO – UN UNIVERSO BENÉVOLO NOS SALVARÁ

UN GRAN DELIRIO FAMILIAR--LA DEMOCRACIA, LA DIVERSIDAD Y LA IGUALDAD NOS SALVARÁN

Prefacio

Esta colección de artículos fue escrita en los últimos 10 años y revisado para ponerlos al día (2020). Es una traducción automática del libro original Suicidal Utopian Delusions in the 21st Century (2019) en inglés al español.

Todos los artículos son sobre el comportamiento humano (al igual que todos los artículos de cualquier persona sobre cualquier cosa), y así sobre las limitaciones de tener una ascendencia de mono reciente (8 millones años o mucho menos dependiendo del punto de vista) y palabras y hechos manifiestos en el marco de nuestro Psicología innata tal como se presenta en la tabla de intencionalidad. Como dice el famoso evolucionista Richard Leakey, es fundamental tener en cuenta que no evolucionamos de los simios, sino que de todas las maneras importantes, somos simios. Si a todos se les dio una comprensión real de esto (es decir, de la ecología humana y la psicología para realmente darles un poco de control sobre sí mismos), tal vez la civilización tendría una oportunidad. Como las cosas son, sin embargo, los líderes de la sociedad no tienen más comprensión de las cosas que sus electores y por lo tanto el colapso en la anarquía es inevitable.

El primer grupo de artículos intenta dar una idea de cómo nos comportamos que está razonablemente libre de delirios teóricos. En los próximos tres grupos, Me comentar tres de los principales delirios que impiden sociedad — tecnología, religión y política (grupos cooperativos). Gente creen que la sociedad pueda ser salvada por ellos, así que proporciono algunas sugerencias en el resto del libro sobre por qué esto es improbable a través de artículos cortos y reseñas de libros recientes de escritores bien conocidos.

Es fundamental entender por qué nos comportamos como lo hacemos y por lo que la primera sección presenta artículos que tratan de describir (no explicar como Wittgenstein insistió) comportamiento. Empiezo con una breve reseña de la estructura lógica de la racionalidad, que proporciona algunas heurísticas para la descripción del lenguaje (mente, racionalidad, personalidad) y da algunas sugerencias sobre cómo esto se relaciona con la evolución del comportamiento social. Esto se centra en los dos escritores que he encontrado los más importantes a este respecto, Ludwig Wittgenstein y John Searle, cuyas ideas combino y extendemos dentro del marco del sistema dual (dos sistemas de pensamiento) que ha demostrado ser tan útil en el pensamiento reciente y investigación de razonamiento. Como señalo, hay en mi opinión una superposición esencialmente completa entre la filosofía, en el sentido estricto de las preguntas duraderas que conciernen a la disciplina académica, y la psicología descriptiva del pensamiento de orden superior (comportamiento). Una vez que uno ha entendido la idea de Wittgenstein de que sólo hay la cuestión de cómo se va a jugar el juego de idiomas, uno determina las condiciones de satisfacción (lo que hace que una declaración sea verdadera o satisfecha, etc.) y ese es el final de la discusión. No hay Neurofisiología, ni metafísica, ni posmodernismo, ni teología.

Dado que los problemas filosóficos son el resultado de nuestra psicología innata, o como lo puso Wittgenstein, debido a la falta de sombra del lenguaje, corren a través del discurso y el comportamiento humanos, por lo que hay una necesidad interminable de análisis filosófico, no sólo en el ' humano Ciencias de la filosofía, la sociología, la antropología, la ciencia política, la psicología, la historia, la literatura, la religión, etc., pero en las "ciencias duras" de la física, las matemáticas y la biología. Es universal mezclar las preguntas del juego de idiomas con las científicas reales en cuanto a lo que son los hechos empíricos. El civismo está siempre presente y el maestro lo ha puesto ante nosotros hace mucho tiempo, es decir, Wittgenstein (en adelante W) comenzando con los libros azul y marrón a principios de los años 1930.

"Los filósofos ven constantemente el método de la ciencia ante sus ojos y son irresistiblemente tentados a preguntar y responder preguntas en la forma en que la ciencia lo hace. Esta tendencia es la verdadera fuente de la metafísica y lleva al filósofo a una completa oscuridad. " (BBB P18)

La clave de todo sobre nosotros es la biología, y es la obliviosidad que lleva a millones de personas instruidas inteligentes como Obama, Chomsky, Clinton y el Papa para abrazar ideales utópicos suicidas que inexorablemente conducen directamente al infierno en la tierra. Como señaló W, es lo que siempre está ante nuestros ojos lo más difícil de ver. Vivimos en el mundo del sistema lingüístico deliberativo consciente 2, pero es inconsciente, sistema reflexivo automático 1 que gobierna. Esta es la fuente de la ceguera universal descrita por la ilusión fenomenológica (TPI) de Searle, la pizarra en blanco de Pinker y el modelo de ciencias sociales estándar de Tooby y Cosmides.

La astuta puede preguntarse por qué no podemos ver el sistema 1 en el trabajo, pero es claramente contraproducente que un animal esté pensando o adivinando cada acción, y en cualquier caso, no hay tiempo para que el lento y masivamente integrado sistema 2 participe en el flujo constante de "decisiones" de segunda división que debemos tomar. Como señaló W, nuestros ' pensamientos ' (T1 o los ' pensamientos ' del sistema 1) deben conducir directamente a las acciones.

Mi afirmación es que la tabla de intencionalidad (racionalidad, mente, pensamiento, lenguaje, personalidad, etc.) que se presenta aquí describe de forma prominente más o menos precisa, o al menos sirve como una heurística para, cómo pensamos y comportamos, y por lo que abarca no meramente filosofía y psicología, pero todo lo demás (historia, literatura, matemáticas, política, etc.). Tenga en cuenta especialmente que la intencionalidad y la racionalidad como yo (junto con Searle, Wittgenstein y otros) lo ve, incluye tanto el sistema deliberativo consciente 2 como el inconsciente acciones o reflejos automatizados del sistema 1.

Así, todos los artículos, como todo comportamiento, están íntimamente conectados si uno sabe cómo verlos. Como señalo, la ilusión fenomenológica (olvido de nuestro sistema automatizado 1) es universal y se extiende no sólo a través de la filosofía, sino a lo largo de la vida. Estoy seguro de que Chomsky, Obama, Zuckerberg y el Papa serían incrédulos si se les dijera que sufren del mismo problema que Hegel, Husserl y Heidegger, (o que difieren sólo en grado de drogas y adictos sexuales en ser motivados por la estimulación de sus las corteces frontales por la entrega de dopamina (y más de 100 otros productos químicos) a través del tegmentum ventral y el Núcleo accumbens), pero es claramente cierto. Mientras que los fenomenólogos sólo desperdiciaron un montón de tiempo de la gente, están desperdiciando la tierra y el futuro de su descendientes.

La siguiente sección describe los delirios digitales, que confunden los juegos de idiomas del sistema 2 con los automatismos del sistema uno, y por lo tanto no pueden distinguir las máquinas biológicas (es decir, personas) de otros tipos de máquinas (es decir, computadoras). La afirmación ' reduccionista ' es que se puede ' explicar ' el comportamiento en un nivel ' inferior ', pero lo que realmente sucede es que uno no explica el comportamiento humano, sino un ' stand in ' para él. De ahí el título de la revisión clásica de Searle del libro de Dennett ("la conciencia explicada") — "la conciencia explicó lejos". En la mayoría de los contextos ' reducción ' de mayor nivel de comportamiento emergente a las funciones cerebrales, bioquímica, o la física es incoherente. Incluso para la "reducción" de la química o la física, el camino está bloqueado por el caos y la incertidumbre. Cualquier cosa puede ser ' representada ' por ecuaciones, pero cuando ' representan ' un comportamiento de orden superior, no está claro (y no se puede aclarar) lo que significan los ' resultados '. La metafísica reduccionista es una broma, pero la mayoría de los científicos y filósofos carecen del sentido del humor apropiado.

Otros delirios digitales son que nos salvaremos del mal puro (egoísmo) del sistema 1 por computadoras/AI/robótica/nanotecnología/ingeniería genética creada por el sistema 2. El director del almuerzo sin libre nos dice que habrá consecuencias serias y posiblemente fatales. Los aventureros pueden considerar este principio como una expresión emergente de orden superior de la segunda ley de la termodinámica. Los entusiastas de la alta tecnología subestiman enormemente los problemas resultantes de la maternidad desenfrenada y disgenico, y por supuesto no es ni rentable ni políticamente correcto (y ahora con el supremacismo del tercer mundo dominante, ni siquiera posible) ser honesto al respecto. También se dan cuenta del hecho de que la IA está alcanzando el punto en el que nos será imposible entender cómo funciona o controlarlo o arreglarlo y prevenir fallas catastróficas en comunicaciones, energía, policía, militares, agrícolas, médicas y financieras Sistemas.

La última sección describe la ilusión de la gran familia feliz, es decir, que somos seleccionados para la cooperación con todos, y que los ideales eufónicos de democracia, diversidad e igualdad nos llevarán a la utopía, si simplemente gestionamos las cosas correctamente (la posibilidad de la política). Una vez más, el principio de no libre almuerzo debe advertirnos que no puede ser verdad, y vemos a lo largo de la historia y en todo el mundo contemporáneo, que sin controles estrictos, el egoísmo y la estupidez ganan la ventaja y pronto destruyen cualquier nación que abraza Estos delirios. Además, la mente del mono descuentos abruptamente el futuro, y por lo que cooperamos en la venta de la herencia de nuestro descendiente para las comodidades temporales, exacerbando en gran medida los problemas. El único cambio importante en esta 3ª edición es la adición en el último artículo de una breve discusión de China, una amenaza para la paz y la libertad tan grande como la sobrepoblación y el cambio climático y una a la que incluso la mayoría de los académicos y políticos profesionales son ajenos, así que lo consideró como suficientemente importante como para justificar una nueva edición.

Describo las versiones de este delirio (es decir, que somos basicamente "amistoso" si se le acaba de dar una oportunidad) como aparece en algunos libros recientes sobre sociología/biología/economía. Incluso Sapolsky de otra manera excelente "comportarse" (2017) abraza la política de izquierdistas y la selección de grupos y da espacio a una discusión de si los seres humanos son innatamente violentos. Termino con un ensayo sobre la gran tragedia que se juega en Estados Unidos y el mundo, que puede ser visto como un resultado directo de nuestra psicología evolucionada manifestada como las maquinaciones inexorables del sistema 1. Nuestra psicología, eminentemente adaptable y Eugénica en las llanuras de África desde hace 6 millones años, cuando nos separamos de los chimpancés, a CA. 50.000 años atrás, cuando muchos de nuestros antepasados dejaron África (es decir, en el EEE o entorno de adaptación evolutiva), ahora es desadaptativo y disgénico y la fuente de nuestros delirios utópicos suicidas. Así, como todas las discusiones de comportamiento (filosofía, psicología, sociología, biología, Antropología, política, derecho, literatura, historia, economía, estrategias de fútbol, reuniones de negocios, etc.), este libro trata sobre estrategias evolutivas, genes egoístas y Fitness inclusivo (selección de parientes, selección natural).

Una cosa raramente mencionadas por los seleccionadores de grupo es el hecho de que, incluso si fuera posible "selección de grupo", el egoísmo es al menos tan probable (probablemente mucho más probable en la mayoría de los contextos) que se seleccione un grupo para el altruismo. Sólo trate de encontrar ejemplos de verdadero altruismo en la naturaleza-el hecho de que no podemos (que sabemos que no es posible si entendemos la evolución) nos dice que su presencia aparente en los seres humanos es un artefacto de la vida moderna, ocultando los hechos, y que no se puede seleccionar más para que la tendencia al suicidio (que en realidad es). Uno también podría beneficiarse de considerar un fenómeno nunca (en mi experiencia) mencionado por groupies--cancer. Ningún grupo tiene tanto en común como las células genéticamente idénticas (originalmente) en nuestros propios cuerpos-un 5clon de 0 billones de células--pero todos nacemos con miles y quizás millones de celdas que ya han dado el primer paso en el camino hacia el cáncer, y generar millones a miles de millones de células cancerosas en nuestra vida. Si no morimos primero de otras cosas, nosotros (y tal vez todos los organismos multicelulares) moriremos de cáncer. Sólo un mecanismo masivo y enormemente complejo integrado en nuestro genoma que reencarna o deshace billones de genes en billones de células, y mata y crea billones de células por segundo, mantiene a la mayoría de nosotros vivos el tiempo suficiente para reproducirse. Uno podría tomar esto para implicar que una sociedad justa, democrática y duradera para cualquier tipo de entidad en cualquier planeta en cualquier universo es sólo un sueño, y que ningún ser o poder podría hacerlo de otra manera. No es sólo "las leyes" de la física que son universales e ineludibles, o tal vez deberíamos decir que la aptitud inclusiva es una ley de la física.

La gran mística Osho dijo que la separación de Dios y el cielo de la tierra y la humanidad era la idea más malvada que jamás entró en la mente humana. En el siglo 20 surgió una noción aún más malvada, o al menos se hizo popular entre los izquierdistas— que los seres humanos nacen con derechos, en lugar de tener que ganar privilegios. La idea de los derechos humanos es una fantasía malvada creada por los izquierdistas para alejar la atención de la despiadada destrucción de la tierra descontrolada por maternidad del tercero mundo. Así, cada día la población aumenta en 200.000, a quienes se les debe aportar recursos para crecer y espacio para vivir, y que pronto producen otros 200.000, etc. Y uno casi nunca escucha que se nota que lo que reciben debe ser tomado de los que ya están vivos, y sus descendientes. Sus vidas disminuyen las que ya están aquí, tanto en las grandes obvias como en las innumerables formas sutiles. Cada nuevo bebé destruye la tierra desde el momento de la concepción. En un mundo horriblemente superpoblado con recursos que se desvanecen, aquí no pueden ser derechos humanos sin destruyendo la tierra y nuestros futuros descendientes. Se no ser más obvio, pero raramente se menciona de manera clara y directa, y uno nunca verá las calles llenas de manifestantes contra la maternidad.

Los hechos más básicos, casi nunca mencionados, son que no hay suficientes recursos en Estados Unidos o en el mundo para elevar un porcentaje significativo de los pobres de la pobreza y mantenerlos allí. El intento de hacerlo ya está quebrando a Estados Unidos y destruyendo el mundo. La capacidad de la tierra para producir alimentos disminuye diariamente, al igual que nuestra calidad genética. Y ahora, como siempre, el mayor enemigo de los pobres es, por mucho, otros pobres y no los ricos.

Estados Unidos y el mundo están en proceso de colapso de un crecimiento excesivo de la población, la mayor parte del mismo durante el siglo pasado, y ahora todo, debido a la 3ª gente del mundo. El consumo de recursos y la adición de 4 mil millones más CA. 2100 colapsarán la civilización industrial y traerán hambre, enfermedad, violencia y guerra a una escala asombrosa. La tierra pierde al menos el 1% de su tierra vegetal cada año, por lo que se acerca a 2100, la mayor parte de su capacidad de cultivo de alimentos desaparecerá. Miles de millones morirán y la guerra nuclear es todo menos seguro. En Estados Unidos, Esto se está acelerando enormemente por la masiva reproducción migratoria e inmigrante, combinada con los abusos que la democracia ha hecho posible. La depravada naturaleza humana convierte inexorablemente el sueño de la democracia y la diversidad en una pesadilla de crimen y pobreza. China continuará abrumar a Estados Unidos y al mundo, siempre y cuando mantenga la dictadura que limita el egoísmo y permite la planificación a largo plazo.

La causa raíz del colapso es la incapacidad de nuestra psicología innata para adaptarse al mundo moderno, lo que lleva a las personas a tratar a personas no relacionadas como si tuvieran intereses comunes (que sugiero que puede ser considerado como un no reconocido-pero el más común y más serio-problema psicológico-trastorno de fitness inclusivo). Esto, más la ignorancia de la biología básica y la psicología, conduce a las delirios de ingeniería social de los parcialmente educados que controlan las sociedades democráticas. Pocos entienden que si usted ayuda a una persona a lastimar a alguien más — no hay almuerzo gratis y cada artículo que alguien consume destruye la tierra más allá de la reparación. Por consiguiente, las políticas sociales en todas partes son insostenibles y una por una todas las sociedades sin estrictos controles sobre el egoísmo se derrumbarán en la anarquía o la dictadura. Sin cambios dramáticos e inmediatos, no hay esperanza para prevenir el colapso de Estados Unidos, o cualquier país que siga un sistema democrático, especialmente ahora que los supremacistas del tercer mundo Neomarxistas están tomando el control de los Estados Unidos y otras democracias occidentales, y ayudando a los siete sociópatas que llevan a China a tener éxito en su plan para eliminar la paz y la libertad en todo el mundo. De ahí mi ensayo final "suicidio por la democracia".

Tenía la esperanza de soldar mis comentarios en un todo unificado, pero llegué a darme cuenta, como lo hicieron los investigadores de Wittgenstein y AI, que la mente (más o menos la misma que el lenguaje que nos mostró Wittgenstein) es un variopinto de piezas dispares evolucionados para muchos contextos, y no existe tal o r teoría excepto la aptitud inclusiva, es decir, evolución por selección natural.

Finalmente, como con mi otro escritos 3DTV and 3D Movie Technology-selected artículos 1996-2017 2Nd Edición (2018), Drogas psicoactivas-cuatro Classico Textos (1976-1982) (2016), Monos parlantes 2ª ed (2019), la estructura lógica de la filosofía, la psicología, la mente y el lenguaje en Ludwig Wittgenstein y John Searle 2Nd Ed (2019), Suicidio por Democracia 4ª Ed (2019) y otras y en todas mis cartas y correos electrónicos y conversaciones por más de 50 años, siempre he usado ' ellos ' o ' ellos ' en lugar de "su/ella", "ella/él", o el sexismo inverso idiota de ' ella ' o ' ella ', siendo tal vez el único en esta parte de la galaxia para hacerlo. El uso servil de estos vocablos atroces universalmente aplicados está íntimamente ligado a los defectos de nuestra psicología que generan filosofía académica, democracia y colapso de la civilización industrial, y dejo la descripción de Estas conexiones como un ejercicio para el lector.

Soy consciente de muchas imperfecciones y limitaciones de mi trabajo y la reviso continuamente, pero tomé la filosofía 12 hace años a las 65, por lo que es milagroso, y un testimonio elocuente del poder de los automatismos del sistema 1, que he sido capaz de hacer cualquier cosa en absoluto. Fueron diez años de lucha incesante y espero que los lectores lo encuentren de algún uso.

vyupzz@gmail. com

LA DESCRIPCIÓN DEL COMPORTAMIENTO SIN DELIRIO

La estructura lógica de la conciencia (comportamiento, personalidad, racionalidad, pensamiento de orden superior, intencionalidad)

Michael Starks

ABSTRACTO

Después de medio siglo en el olvido, la naturaleza de la conciencia es ahora la más caliente en las ciencias del comportamiento y la filosofía comienzo con el trabajo pionero de Ludwig Wittgenstein en la década de 1930 (los Libros Azul y Marrón) y desde los años 50 hasta la actualidad por su sucesor lógico John Searle, he creado la siguiente tabla como heurística para promover este estudio. Las filas muestran varios aspectos o formas de estudiar y las columnas muestran los procesos involuntarios y los comportamientos voluntarios que comprenden los dos sistemas (procesos duales) de la Estructura Lógica de Conciencia (LSC), que también pueden considerarse como el Lógico Estructura de Racionalidad (LSR-Searle), de comportamiento (LSB), de personalidad (LSP), de la realidad (LSOR), de la intencionalidad (LSI) -el término filosófico clásico, la Psicología Descriptiva de la Conciencia (DPC), la Psicología Descriptiva del Pensamiento (DPT) —o mejor, el Lenguaje de lo Descriptivo Psicología del Pensamiento (LDPT), términos introducidos aquí y en mis otros escritos muy recientes.

Aquellos que deseen un marco completo hasta la fecha para el comportamiento humano de la moderna dos sistemas punto de vista puede consultar mi libros Talking Monkeys 3ª ed (2019), Estructura Logica de Filosofia, Psicología, Mente y Lenguaje en Ludwig Wittgenstein y John Searle 2ª ed (2019), Suicidio pela Democracia 4ª ed (2019), La Estructura Logica del Comportamiento Humano (2019), The Logical Structure de la Conciencia (2019, Entender las Conexiones entre Ciencia, Filosofía, Psicología, Religión, Política y Economía (2019), Delirios Utópicos Suicidas en el siglo 21 5ª ed (2019), Observaciones sobre Imposibilidad, Incompletitud, Paraconsistencia, Indecidibilidad, Aleatoriedad, Computabilidad, Paradoja e Incertidumbre en Chaitin, Wittgenstein, Hofstadter, Wolpert, Doria, da Costa, Godel, Searle, Rodych Berto, Floyd, Moyal-Sharrock y Yanofsky y otros.

Hace aproximadamente un millón de años los primates desarrollaron la capacidad de usar sus músculos de la garganta para hacer complejas series de ruidos (es decir, el habla) que hace unos 100.000 años habían evolucionado para describir los acontecimientos actuales (percepciones, memoria, acciones reflexivas con expresiones básicas que se puede describir como Juegos de Idiomas Primarios (PLG) que describen el Sistema 1, es decir, el sistema automatizado inconsciente rápido Uno, estados mentales de solo true con una hora y ubicación precisas). Poco a poco desarrollamos la capacidad de abarcar

desplazamientos en el espacio y el tiempo para describir recuerdos, actitudes y eventos potenciales (pasado y futuro y a menudo contrafactuales, preferencias condicionales o ficticias, inclinaciones o disposiciones) con los Juegos de Idiomas Secundarios (SLG) del Sistema Dos- lento consciente verdadero o falso pensamiento actitudinal propositiva, que no tiene tiempo preciso y son habilidades y no estados mentales). Las preferencias son Intuiciones, Tendencias, Reglas Ontológicas Automáticas, Comportamientos, Habilidades, Módulos Cognitivos, Rasgos de Personalidad, Plantillas, Motores de Inferencia, Inclinaciones, Emociones, Actitudes Proposiciones, Evaluaciones, Capacidades, hipótesis. Las emociones son preferencias de tipo 2 (W RPP2 p148). "Creo", "ama", "piensan" son descripciones de posibles actos públicos típicamente desplazados en el espacio-tiempo. Mis declaraciones en primera persona sobre mí son sólo verdaderas (excluyendo la mentira) mientras que las declaraciones en tercera persona sobre los demás son verdaderas o falsas (ver mi revisión de Johnston ' Wittgenstein: Repensando el Interior').

Las "preferencias" como una clase de estados intencionales -opuestos a las percepciones, los actos reflexivos y los recuerdos- fueron descritos por primera vez claramente por Wittgenstein (W) en el 1930 y llamado "inclinaciones" o "disposiciones". Comúnmente se les han llamado "actitudes propositivas" desde Russell, pero esta es una frase engañosa desde que creyó, pretendía, sabía, recordaba, etc., a menudo no son proposiciones ni actitudes, como se ha demostrado, por ejemplo, por W y por Searle (por ejemplo, Conciencia y el idioma p118). Son representaciones mentales intrínsecas e independientes de los observadores (a diferencia de las presentaciones o representaciones del Sistema

1 al Sistema 2 – Searle-C+L p53). Son posibles actos desplazados en el tiempo o el espacio, mientras que los estados mentales del Sistema Uno evolutivamente más primitivos de percepciones recuerdos y acciones reflexivas siempre están aquí y ahora. Este es una manera de caracterizar el Sistema 2 y el Sistema 3, el segundo y tercer gran avance en psicología de los vertebrados después del Sistema 1, la capacidad de representar eventos y a pensar de ellos como que ocurre en otro lugar o tiempo (tercera facultad de Searle de imaginación hipotética que complementa la cognición y la volición). S1 son estados mentales potenciales o inconscientes (Searle-- Phil Issues 1:45-66(1991).

Las percepciones, recuerdos y acciones reflexivas (automáticas) se pueden describir como S1 o LG primaria (PLG--por ejemplo, veo al perro) y no hay, en el caso normal, ninguna prueba posible, por lo que pueden ser sólo verdaderas. Las disposiciones se pueden describir como LG secundarias (SLG –por ejemplo, creo que veo al perro) y también deben ser actuadas, incluso para mí en mi propio caso (es decir, cómo haberlo que yo creer, pensar, sentir hasta que acto). Disposiciones también convertirse en acciones cuando hable do o escrito como bien como actuación hacia fuera en otros formas, y estos ideas son todos debido a Wittgenstein (a mediados de 1930) y no son Conductismo (Hintikka & Hintikka 1981, Searle, Hutto, Read, Hacker, etc.,). Wittgenstein puede ser considerado como el fundador de la psicología evolutiva, el contextualismo, el enactivismo y el marco de dos sistemas, y su trabajo una investigación única de la funcionamiento de nuestro Sistema Axiomático 1 psicología y su interacción con el Sistema 2. Aunque pocos lo han entendido bien (y posiblemente nadie completamente hasta el día de hoy) fue desarrollado por unos pocos -- sobre todo por John Searle, que hizo una versión más simple de la tabla de abajo en su libro clásico Rationality in Action (2001). Se amplía en el estudio de W de la estructura axiomática de la psicología evolutiva desarrollada a partir de sus primeros comentarios en 1911 y tan bellamente su último trabajo En Certidumbre (OC) (escrito en 1950-51). OC es la piedra angular del comportamiento o epistemología y ontología (probablemente la misma), la lingüística cognitiva o la estructura lógica del Pensamiento de Orden Superior (HOT), y en mi opinión el trabajo más importante en filosofía (psicología descriptiva), y por lo tanto en el estudio del comportamiento. Vea mi artículo La estructura lógica de la filosofía, la psicología, la mente y el lenguaje como se reveló en Wittgenstein y Searle (2016) y el trabajo reciente de Daniele Moyal-Sharrock.

Percepción, Memoria, Acciones Reflexivas y Emoción son primitivos En parte Subcortical Estados Mentales Involuntarios, descritos en PLG, en los que la mente se ajusta automáticamente al mundo (es Causalmente Auto Referencial -- Searle) -- el incuestionable, real, base axiomática de racionalidad sobre la cual no es posible ningún control). Las emociones evolucionaron para hacer un puente entre deseos o intenciones y acciones. Preferencias, Deseos e Intenciones son descripciones de Habilidades Voluntarias conscientes de pensamiento lento - descritas en SLG-, en las que la mente trata de mundo.

El comportamiento y todas las demás confusiones de nuestra psicología descriptiva predeterminada (filosofía) surgen porque no podemos ver que S1 funcione y describir todas las acciones como (La Ilusión Fenomenológica o TPI de Searle). W lo entendió y lo describió con una claridad sin igual con cientos de ejemplos de lenguaje (la mente) en acción a lo largo de sus obras. La razón tiene acceso a la memoria de trabajo y por lo que utilizamos conscientemente aparente pero típicamente razones incorrectas para explicar el comportamiento (los dos seis de la investigación actual). Las creencias y otras Disposiciones son pensamientos que tratan de hacer coincidir los hechos del mundo (mente a dirección mundial de ajuste), mientras que las Voliciones son intenciones de actuar (Intenciones Previas— PI, o Intenciones en Accion – IA - Searle) más actos que tratan de hacer coincidir el mundo con los pensamientos —de mundo a mente dirección de ajuste—cf. Searle, por ejemplo, C+L p145, p190).

Ahora que tenemos un comienzo razonable en la Estructura Lógica de la Racionalidad (la Psicología Descriptiva del Pensamiento de Orden Superior) dispuesta sobramos ver la tabla de intencionalidad que resulta de este trabajo, que he construido sobre los últimos años. Se es basado en una mucho más simple uno de Searle, que en turno le debe mucho a Wittgenstein. También he incorporado en tablas de formularios modificados que están siendo utilizados por los investigadores actuales en la psicología de los procesos de pensamiento que se evidencian en las últimas 9 filas. Debería resultar interesante comparar con los de los 3 volúmenes recientes de Peter Hacker sobre la naturaleza humana. Ofrezco esta tabla como una heurística para describir el comportamiento que me parece más completo y útil que cualquier otro marco que he visto y no como un análisis final o completo, que tendría que ser tres dimensional con cientos (al menos) de flechas que van en muchas direcciones con muchos (tal vez todos) caminos entre S1 y S2 son bidireccionales. Además, la distinción misma entre S1 y S2, la cognición y la voluntad, la percepción y la memoria, entre el sentimiento, el conocimiento, la creencia y la espera, etc. Son arbitrario—que es, como W demonstrado, todos las palabras son contextualmente sensibles y la mayoría tiene varios usos completamente diferentes (significados o COS).

De acuerdo con el trabajo de W y la terminología de Searle, clasifico las representaciones de S2 como Condiciones públicas de Satisfacción (COS) y en este sentido S1 como percepciones no tienen COS. En otros escritos S dice que lo hacen, pero como se indica en mis otras revisiones creo que es esencial para referirse a COS1 (presentaciones privadas) y COS2 (representaciones públicas). Para repetir este distinción crítica, público Condiciones de Satisfacción de S2 son a menudo referidos a por Searle y otros como COS, representaciones, creadores de la verdad o significados (o COS2 por mí mismo), mientras que los resultados automáticos de S1 son designados como presentaciones por otros (o COS1 por mí mismo).

Del mismo modo, he cambiado su "Dirección de Ajuste" a "Causa se origina de" y su "Dirección de causalidad" a "Causas Cambios en". El sistema 1 es involuntario, reflexivo o automatizado "Reglas" R1 mientras que el pensamiento (Cognición) no tiene lagunas y es voluntario o deliberativo "Reglas" R2 y Willing (Volition) (Voluntad) tiene 3 huecos (ver Searle).

Muchos gráficos complejos han sido publicados por los científicos, pero los encuentro de mínima utilidad al pensar en el comportamiento (en lugar de pensar en la función cerebral). Cada nivel de descripción puede ser útil en ciertos contextos, pero me parece que ser más grueso o más fino limita la utilidad.

INTENCIONALIDAD puede ser vista como la personalidad o como la Construcción de la Realidad Social (el título del conocido libro de Searle) y desde muchos otros puntos de vista también.

Comenzando con el trabajo pionero de Ludwig Wittgenstein en la década de 1930 (los Libros Azul y Marrón) y desde los años 50 hasta el presente por su sucesores Searle, Moyal-Sharrock, Leer, Baker, Hacker, Stern, Horwich, Winch, Finkelstein etc., he creado la siguiente tabla como una heurística para promover este estudio. El filas espectáculo varios aspectos o maneras de estudiar y las columnas muestran los procesos involuntarios y voluntarios comportamientos

que comprenden los dos sistemas (procesos duales) de la Estructura Lógica de la Conciencia (LSC), que también pueden considerarse como la Estructura Lógica de la Racionalidad (LSR), del comportamiento (LSB), de la personalidad(LSP), de Mente (LSM),del lenguaje (LSL), de la realidad (LSOR), de la intencionalidad (LSI) – la término , el Descriptivo Psicología de Conciencia (DPC) ,la Psicología Descriptivo del Pensamiento (DPT) –o mejor, el Lenguaje de la Psicología de Pensamiento (LDPT), términos introducido aquí y en mi otro muy reciente escritos.

DESDE EL ANALISIS DE LOS JUEGOS DE IDIOMAS

	Disposición	Emoción	Memoria	Percepción	Deseo	PI * *	IA * * *	Acción-Palabra
Causa origina de * * * *	Mundo	Mundo	Mundo	Mundo	Mente	Mente	Mente	Mente
Provoca cambios en * * * * *	Ninguno	Mente	Mente	Mente	Ninguno	Mundo	Mundo	Mundo
Causalmente Auto Reflexivo * * * * * *	No	Sí	Sí	Sí	No	Sí	Sí	Sí
Verdadero o falso (Comprobable)	Sí	T sólo	T sólo	T sólo	Sí	Sí	Sí	Sí
Condiciones públicas de satisfacción	Sí	Sí/No	Sí/No	No	Sí/No	Sí	No	Sí
Describir Un estado mental	No	Sí	Sí	Sí	No	No	Sí/No	Sí
Prioridad evolutiva	5	4	2, 3	1	5	3	2	2
Contenido voluntario	Sí	No	No	No	No	Sí	Sí	Sí
Iniciación voluntaria	Sí/No	No	Sí	No	Sí/No	Sí	Sí	Sí
Sistema cognitivo * * * * * * *	2	1	2/1	1	2/1	2	1	2
Cambiar intensidad	No	Sí	Sí	Sí	Sí	No	No	No
Duración precisa	No	Sí	Sí	Sí	No	No	Sí	Sí
Aquí y Ahora o Allá y Luego (H + N, T + T) * * * * * * * *	TT	HN	HN	HN	TT	TT	HN	HN
Calidad especial	No	Sí	No	Sí	No	No	No	No
Localizado en Cuerpo	No	No	No	Sí	No	No	No	Sí
Las expresiones corporales	Sí	Sí	No	No	Sí	Sí	Sí	Sí
Autocontradicciones	No	Sí	No	No	Sí	No	No	No
Necesita un yo	Sí	Sí/No	No	No	Sí	No	No	No
Necesita lenguaje	Sí	No	No	No	No	No	No	Sí/No

DE LA INVESTIGACIÓN DE DECISIONES

	Disposición	Emoción	Memoria	Percepción	Deseo	PI * *	IA * * *	Acción/ Palabra
Efectos subliminales	No	Sí/No	Sí	Sí	No	No	No	Sí/No
Asociativa Basada en reglas	RB	A/RB	A	A	A/RB	RB	RB	RB
Dependiente del contexto/ Abstracto	A	CD/A	CD	CD	CD/A	A	CD/A	CD/A
Serie/Paralelo	S	S/P	P	P	S/P	S	S	S
Heurístico Analítica	A	H/A	H	H	H/A	A	A	A
Necesita trabajar Memoria	Sí	No	No	No	No	Sí	Sí	Sí
Dependiente general de la inteligencia	Sí	No	No	No	Sí/No	Sí	Sí	Sí
La carga cognitiva Inhibe	Sí	Sí/No	No	No	Sí	Sí	Sí	Sí
Excitación facilita o inhibe	I	F/I	F	F	I	I	I	I

Condiciones públicas de satisfacción de S2 son a menudo referidos por Searle y otros como COS, representaciones, creadores de la verdad o significados (o COS2 por mí mismo), mientras que los resultados automáticos de S1 son designados como presentaciones por otros (o COS1 por mí mismo).

* Aka Inclinaciones, Capacidades, Preferencias, Representaciones, Posibles Acciones, etc.
** Intenciones anteriores de Searle
*** La intención de Searle en acción.
**** Dirección de ajuste de Searle
***** Dirección de causalidad de Searle
****** (Las instancias del estado mental - Causas o se cumple a sí mismo). Searle anteriormente llamó a esto causalmente auto-referencial.
******* Tversky / Kahneman / Frederick / Evans / Stanovich definieron los sistemas cognitivos.
******** Aquí y ahora o allí y luego

Doy explicaciones detalladas de esta tabla en mis otros escritos.

Reseña de 'Hacer el Mundo Social' ('Making the Social World') por John Searle (2010) (revisión revisada 2019)

Michael Starks

Abstracto

Antes de comentar detalladamente sobre Haciendo lo Mundo Social (MSW) primero voy a ofrecer algunos comentarios sobre la filosofía (psicología descriptiva) y su relación con la investigación psicológica contemporánea como ejemplificado en las obras de Searle (S) y Wittgenstein (W), ya que siento que esta es la mejor manera de lugar Searle o cualquier comentarista sobre el comportamiento, en la perspectiva adecuada. Será de gran ayuda para ver mis comentarios de PNC, TLP, PI, OC, TARW y otros libros de estos dos genios de la psicología descriptiva.

S no hace ninguna referencia a la declaración de la mente presciente de W como mecanismo en TLP, y su destrucción de ella en su trabajo posterior. Desde W, S se ha convertido en el principal deconstructor de estas vistas mecánicas de la conducta, y el psicólogo descriptivo más importante (filósofo), pero no se da cuenta de cómo completamente W lo anticipó ni, en general, hacer otros (pero ver los muchos papeles y libros de Proudfoot y Copeland en W, Turing y AI). El trabajo de S es mucho más fácil de seguir que W, y aunque hay cierta jerga, es sobre todo espectacularmente claro si te acercas desde la dirección correcta. Vea mis reseñas de W S y otros libros para más detalles.

En general, MSW es un buen Resumen de los muchos avances sustanciales sobre Wittgenstein resultantes del medio siglo de trabajo de S, pero en mi opinión, W todavía es inigualable para la psicología básica una vez que entiendes lo que está diciendo (ver mis comentarios). Idealmente, deben leerse juntos: Searle para la clara prosa coherente y generalizaciones sobre la operación de S2/S3, ilustrada con los ejemplos perspicaces de W de la operación de S1/S2, y sus brillantes aforismos. Si yo fuera mucho más joven escribiría un libro haciendo exactamente eso.

Aquellos que deseen un marco completo hasta la fecha para el comportamiento humano de la moderna dos systems punto de vista puede consultar mi libro 'La estructura lógica de la filosofía, la psicología, la mente y lenguaje nn Ludwig Wittgenstein y John Searle ' 2nd ED (2019). Los interesados en más de mis escritos pueden ver 'Monos parlantes--filosofía, psicología, ciencia, religión y política en un planeta condenado--artículos y reseñas 2006-2019 3rd ED (2019) y delirios utópicos suicidas en el 21St Century 4TH Ed (2019) y otras.

"Pero no he tenido mi foto del mundo satisfaciendo su corrección: ni la tengo porque estoy satisfecho de su corrección. No: es el trasfondo heredado en el que distingo entre verdadero y falso. " Wittgenstein OC 94

"Ahora bien, si no son las conexiones causales que nos preocupan, entonces las actividades de la mente están abiertas ante nosotros." Wittgenstein "el libro azul" P6 (1933)

"Tonterías, tonterías, porque estás haciendo suposiciones en lugar de simplemente describir. Si su cabeza está embrujada por explicaciones aquí, usted está descuidando para recordar los hechos más importantes. " Wittgenstein Z 220

"La filosofía simplemente pone todo ante nosotros y no explica ni deduce nada... Uno podría dar el nombre ' filosofía ' a lo que es posible antes de todos los nuevos descubrimientos e invenciones. " Wittgenstein PI 126

"Lo que estamos suministrando son realmente comentarios sobre la historia natural del hombre, no Curiosidades; sin embargo, sino más bien observaciones sobre hechos que nadie ha dudado y que no han sido comentados porque siempre están ante nuestros ojos. " Wittgenstein RFM I p142

"El objetivo de la filosofía es levantar una pared en el punto donde el lenguaje se detiene de todos modos." Ocasiones filosóficas de Wittgenstein p187

"El mayor peligro aquí es querer observarnos a uno mismo." LWPP1, 459

"El límite del lenguaje se demuestra por su imposibilidad de describir un hecho que corresponde a (es la traducción de) una frase sin simplemente repetir la frase (esto tiene que ver con la solución kantiana al problema de la filosofía)." Wittgenstein CV P10 (1931)

"Pero no se puede explicar un sistema físico como una máquina de escribir o un cerebro mediante la identificación de un patrón que comparte con su simulación computacional, porque la existencia del patrón no explica cómo el sistema funciona realmente como un sistema físico. ... En Resumen, el hecho de que la atribución de sintaxis no identifique otras potencias causales es fatal para la afirmación de que los programas proporcionan explicaciones causales de la cognición... Sólo hay un mecanismo físico, el cerebro, con sus diversos niveles causales físicos y físicos/mentales de la descripción. " La filosofía Searle en un nuevo siglo (PNC) P101-103

"¿Puede haber razones para la acción que son vinculantes para un agente racional sólo en virtud de la naturaleza del hecho reportado en la declaración de razón, e independientemente de los deseos, valores, actitudes y evaluaciones del agente? ... La verdadera paradoja de la discusión tradicional es que intenta plantear la guillotina de Hume, la rígida distinción de valor de hecho, en un vocabulario, cuyo uso ya presupone la falsedad de la distinción. "   Searle PNC p165-171

"... todas las funciones de estado y por lo tanto toda la realidad institucional, con la excepción del lenguaje, son creadas por actos de voz que tienen la forma lógica de las

declaraciones... las formas de la función de estatus en cuestión son casi invariablemente cuestiones de poderes deóntica... reconocer algo como un derecho, un deber, una obligación, un requisito, etcétera, es reconocer un motivo de acción... Estas estructuras deonticas hacen posible el deseo-razones independientes de la acción... El punto general es muy claro: la creación del campo general de los motivos de acción basados en el deseo presuponía la aceptación de un sistema de razones de acción independientes del deseo. "
Searle PNC P34-49

"Algunas de las características lógicas más importantes de la intencionalidad están más allá del alcance de la fenomenología porque no tienen una realidad fenomenológica inmediata... Porque la creación del significado de la falta de sentido no se experimenta conscientemente... no existe... Esto es... la ilusión fenomenológica. " Searle PNC P115-117

"La conciencia es causalmente reducible a los procesos cerebrales... y la conciencia no tiene poderes causales propios, además de los poderes causales de la neurobiología subyacente... Pero la reducibilidad causal no conduce a la reducibilidad ontológica... conciencia sólo existe como experimentada... y por lo tanto no puede reducirse a algo que tiene una ontología en tercera persona, algo que existe independientemente de las experiencias. " Searle PNC 155-6

"... la relación intencional básica entre la mente y el mundo tiene que ver con las condiciones de satisfacción. Y una proposición es cualquier cosa que pueda estar en una relación intencional con el mundo, y ya que esas relaciones intencionales siempre determinan las condiciones de satisfacción, y una proposición se define como cualquier cosa suficiente para determinar las condiciones de satisfacciones, resulta que toda intencionalidad es una cuestión de proposiciones. " Searle PNC p193

"Así que, funciones de estado son el pegamento que une a la sociedad. Son creados por la intencionalidad colectiva y funcionan mediante el transporte de poderes deóntica... Con la importante excepción del lenguaje en sí, toda la realidad institucional y por ello en cierto sentido toda la civilización humana es creada por los actos del habla que tienen la forma lógica de las declaraciones... toda la realidad institucional humana se crea y mantenidos en existencia por (representaciones que tienen la misma forma lógica que) declaraciones de función de estado, incluyendo los casos que no son actos de voz en la forma explícita de declaraciones. " Searle MSW p11-13

"Las creencias, como las declaraciones, tienen la dirección de ajuste hacia abajo o la mente (o la palabra) al mundo. Y los deseos y las intenciones, como las órdenes y las promesas, tienen la dirección ascendente o mundial (o palabra) de ajuste. Se supone que las creencias o percepciones, como las declaraciones, representan cómo son las cosas en el mundo, y en ese sentido, se supone que encajan en el mundo; tienen la dirección de ajuste de la mente al mundo. Los Estados conativo-volicionales como los deseos, las intenciones previas y las intenciones en acción, como las órdenes y las promesas, tienen la dirección de ajuste del mundo a la mente.

No se supone que representen cómo son las cosas sino cómo nos gustaría que fueran o cómo pretendemos hacerlas ser... Además de estas dos facultades, hay una tercera, la imaginación, en la que el contenido de proposicional no se supone que encaja la realidad en la forma en que el contenido de proposicional de la cognición y la volición se supone que encajan... se abandona el compromiso referente al mundo y tenemos un contenido proposicional sin ningún compromiso que represente con cualquier dirección de ajuste. " Searle MSW P15

"Al igual que en los Estados intencionales, podemos distinguir entre el tipo de estado... y el contenido del estado... así que en la teoría del lenguaje podemos hacer una distinción entre el tipo de acto de habla que es... y el contenido proposicional... tenemos el mismo contenido proposicional con diferente modo psicológico en el caso de los Estados intencionales, y la fuerza o tipo de illocucionaria diferente en el caso de los actos del habla. Además, así como mis creencias pueden ser verdaderas o falsas y por lo tanto tienen la dirección de la mente al mundo de ajuste, por lo que mis declaraciones pueden ser verdaderas o falsas y así tener la dirección de la palabra a mundo de ajuste. Y así como mis deseos o intenciones no pueden ser verdaderos o falsos, pero pueden estar de diversas maneras satisfechos o insatisfechos, por lo que mis órdenes y promesas no pueden ser verdaderas o falsas, pero pueden estar satisfechas o insatisfechas de varias maneras — podemos pensar en todos los Estados intencionales que tienen un todo e contenido proposicional y una dirección de ajuste como representaciones de sus condiciones de satisfacción. Una creencia representa sus condiciones de verdad, un deseo representa sus condiciones de cumplimiento, una intención representa sus condiciones de realización... El estado intencional representa sus condiciones de satisfacción... personas suponen erróneamente que cada representación mental debe ser conscientemente pensada... pero la noción de una representación como la estoy usando es una noción funcional y no ontológica. Cualquier cosa que tenga condiciones de satisfacción, que pueda triunfar o fracasar de una manera que sea característica de la intencionalidad, es por definición una representación de sus condiciones de satisfacción... podemos analizar la estructura de la intencionalidad del fenómenos sociales mediante el análisis de sus condiciones de satisfacción. " Searle MSW p28-32

"Los primeros cuatro tipos de actos del habla tienen análogos exactos en los Estados intencionales: correspondiendo a los asertivos son creencias, correspondiendo a las directivas son deseos, correspondiendo a las comisarias {commissives} son intenciones y correspondientes a expresivos es toda la gama de emociones y otros Estados intencionales donde el presup fit {presupuesto ajustado} es dado por sentado. Pero no hay un análogo prelingüístico para las declaraciones. Los Estados Prelingüísticos intencionales no pueden crear hechos en el mundo al representar esos hechos como ya existen. Esta notable hazaña requiere un lenguaje "MSW p69

"Orador significa... es la imposición de condiciones de satisfacción en condiciones de satisfacción. La capacidad de hacer esto es un elemento crucial de las capacidades cognitivas humanas. Se requiere la capacidad de pensar en dos niveles a la vez, de una manera que es esencial para el uso del lenguaje. En un nivel, el orador produce intencionalmente una expresión física, pero en otro nivel la expresión representa algo. Y la misma dualidad infecta el símbolo en sí. En un nivel, es un objeto físico como cualquier otro. En otro nivel, tiene un significado: representa un tipo de estado de asuntos "MSW P74

"... una vez que usted tiene el lenguaje, es inevitable que usted tendrá deontología porque no hay manera que usted puede hacer actos explícitos de la voz realizados de acuerdo con las convenciones de un idioma sin crear compromisos. Esto es cierto no sólo para las declaraciones, sino para todos
discurso actúa "MSW P82

Estas citas no se eligen al azar, pero (junto con las otras en mis reseñas de libros por estos dos genios) son un précis de comportamiento de nuestros dos mejores psicólogos descriptivos.

Antes de comentar en detalle en hacer el mundo social (MSW) primero voy a ofrecer algunos comentarios sobre la filosofía (psicología descriptiva) y su relación con la investigación psicológica contemporánea como ejemplificado en las obras de Searle (S) y Wittgenstein (W), ya que sentir que esta es la mejor manera de colocar Searle o cualquier comentarista sobre el comportamiento, en la perspectiva adecuada. Ayudará en gran medida a ver mis reseñas de PNC, TLP, PI, OC, TARW y otros libros por estos dos genios de la psicología descriptiva, decir que Searle ha llevado a cabo el trabajo de W no es decir que es un resultado directo del estudio W , pero más bien que porque sólo hay una psicología humana (por la misma razón sólo hay una Cardiología humana), que cualquiera que describa con precisión el comportamiento debe estar expresando alguna variante o extensión de lo que W dijo (como deben si ambos están dando correcta descripciones de comportamiento). Encuentro la mayoría de S prefigurado en W, incluyendo versiones del famoso argumento de la sala China contra Strong AI y temas relacionados que son los temas de CHAPS 3-5. Por cierto, si la habitación China le interesa entonces usted debe leer excelente de Victor Rodych, pero virtualmente desconocida, suplemento en el CR-"Searle liberado de cada defecto."

S no hace ninguna referencia a la declaración de la mente presciente de W como mecanismo en TLP, y su destrucción de ella en su trabajo posterior. Desde W, S se ha convertido en el principal deconstructor de estas vistas mecánicas de la conducta, y el psicólogo descriptivo más importante (filósofo), pero no se da cuenta de cómo completamente W lo anticipó ni, en general, hacer otros (pero ver los muchos papeles y libros de Proudfoot y Copeland en W, Turing y AI). El trabajo de S es mucho más fácil de seguir que W, y aunque hay cierta jerga, es sobre todo espectacularmente claro si te acercas desde la dirección correcta. Vea mis reseñas de W S y otros libros para más detalles.

Wittgenstein es para mí fácilmente el pensador más brillante en el comportamiento humano. Su trabajo como un todo muestra que todo el comportamiento es una extensión de los axiomas innatos verdaderos y que nuestra raciocinación consciente (sistema 2) (S2) emerge de maquinaciones inconscientes (sistema 1) (S1) y se amplía lógicamente en la referencia cultural (sistema 3 (S3). Ver "sobre certeza" (OC) para su tratamiento final extendido de esta idea-y mi revisión de la misma para su preparación. Su corpus puede ser visto como la base para toda la descripción del comportamiento animal, revelando cómo funciona la mente y de hecho debe funcionar. El "must" (debe) está implicado en el hecho de que todos los cerebros comparten una ascendencia común y genes comunes y por lo que sólo hay una forma básica de trabajar, que esto necesariamente tiene una estructura axiomática, que todos los animales superiores comparten la misma psicología evolucionada basada en aptitud, y que en los seres humanos esto se extiende en una personalidad (una ilusión cognitiva o fenomenológica) basado en las contracciones musculares de la garganta (lenguaje) que evolucionó para manipular a otros (con variaciones que pueden ser considerados como trivial).

Podría decirse que todo el trabajo de W y S es un desarrollo o una variación de estas ideas. Otro tema importante aquí, y por supuesto en todas las discusiones sobre el comportamiento humano, es la necesidad de separar los automatismos genéticamente programados, que subyacen a todo comportamiento, de los efectos de la cultura. Aunque pocos filósofos, psicólogos, antropólogos, sociólogos, etc., discuten explícitamente esto de una manera integral, puede ser visto como el principal problema con el que están lidiando. Sugiero que probará el mayor valor para considerar todos los estudios de comportamiento de orden superior como un esfuerzo para burlarse no sólo el pensamiento rápido y lento (por ejemplo, percepciones y otros automatismos vs. disposiciones-S1 y S2-ver más abajo), pero las extensiones lógicas de S2 en la referencia cultural (S3).

Lo que W estableció en su período final (y a lo largo de su trabajo anterior en un menor manera clara) son los fundamentos de la psicología evolutiva (EP), o si lo prefieres, la psicología, la lingüística cognitiva, la intencionalidad, el pensamiento de orden superior o simplemente el comportamiento animal. Lamentablemente, casi nadie parece darse cuenta de que sus obras son un libro de texto único de la psicología descriptiva que es tan relevante ahora como el día en que se escribió. Es casi universalmente ignorado por la psicología y otras ciencias del comportamiento y las Humanidades, e incluso aquellos pocos que lo han entendido más o menos, no han comprendido el alcance de su anticipación de la última obra sobre EP y las ilusiones cognitivas (teoría de la mente, encuadre, los dos seres de pensamiento rápido y lento, etc., --ver abajo). El trabajo de Searle proporciona una descripción impresionante del comportamiento social de orden superior que es posible debido a la reciente evolución de los genes para la psicología disposicional, mientras que la W posterior muestra cómo se basa en verdaderos axiomas inconscientes de S1 que evolucionaron en el pensamiento de proposicional disposicional consciente de S2.

Mucho antes de Searle, W rechazó la idea de que los enfoques bottom up (de abajo hacia arriba) de la fisiología, la psicología experimental y la computación (por ejemplo, el Behaviorismo, el funcionalismo, la IA fuerte, la teoría de sistemas dinámicos, la teoría computacional de la mente, etc.) podrían revelar lo que su top down (de arriba hacia abajo)deconstrucciones de juegos de idiomas (LG) lo hizo. Las principales dificultades que observó son entender lo que está siempre delante de nuestros ojos (ahora podemos ver esto como la obliviosidad al sistema 1 (aproximadamente lo que S llama ' la ilusión fenomenológica ') y para capturar la vaguedad ("la mayor dificultad en estos investigaciones es encontrar una manera de representar la vaguedad "LWPP1, 347).

Al igual que con sus otros aforismos, sugiero que uno debe tomar seriamente el comentario de W que incluso si Dios pudiera mirar en nuestra mente que no podía ver lo que estamos pensando-este debe ser el lema de la mente encarnada y, como S deja claro, de la psicología cognitiva. Pero Dios podía ver lo que estamos percibiendo y recordando y nuestro pensamiento reflexivo, ya que estas funciones S1 son siempre Estados mentales causales mientras que las disposiciones S2 son sólo potencialmente CMS. Esto no es una teoría sino un hecho sobre nuestra gramática y nuestra fisiología. El lodo de S las aguas aquí porque se refiere a las disposiciones como Estados mentales, así, pero como W hizo hace mucho tiempo, muestra que el lenguaje de causalidad simplemente no se aplica a las descripciones de S2 de orden superior emergente-de nuevo no es una teoría sino una descripción de cómo el lenguaje (pensamiento) funciona.

Esto trae otro punto que es prominente en W pero negado por S, que todo lo que podemos hacer es dar descripciones y no una teoría. S insiste en que está proporcionando teorías, pero por supuesto "teoría" y "Descripción" son juegos de idiomas también y me parece que la teoría de S es generalmente la descripción de W-una rosa con cualquier otro nombre.... El punto de W fue que al apegarse a ejemplos perspicaces que todos sabemos que son verdaderos relatos de nuestro comportamiento, evitamos las arenas movedizas de las teorías que intentan tener en cuenta para todos los comportamientos (todos los juegos de lenguaje), mientras S quiere generalizar e inevitablemente se extravía (él da varios ejemplos de sus propios errores en PNC). Como S y otros modifican sin cesar sus teorías para tener en cuenta los juegos de idiomas múltiples que se acercan y más cerca de describir el comportamiento a través de numerosos ejemplos como lo hizo W.

Algunos de los temas favoritos de W en su segundo y sus terceros periodos son los diferentes (pero interdigitantes) de LG de pensamiento rápido y lento (sistema 1 y 2 o más o menos juegos de idiomas primarios (PLG) y juegos de lenguaje secundario (SLG) del interior y el exterior-ver por ejemplo, Johnston- ' Wittgenstein: repensar el interior ' sobre cómo confundir a los dos es una industria importante en la filosofía y la psicología), la imposibilidad de lenguaje privado y la estructura axiomática de todo comportamiento. Verbos como ' pensar ', ' ver ' primero describieron las funciones S1, pero como S2 evolucionaron, llegaron a aplicarse también, lo que condujo a la mitología entera del interior resultante de, por ejemplo, tratando de referirse a la imaginación como si estuviera viendo imágenes dentro del cerebro. Los PLG son las declaraciones automatizadas simples por nuestro involuntario, sistema 1, pensamiento rápido, neurona de espejo, verdadero sólo, no proposicional, Estados mentales-nuestras percepciones y recuerdos y actos reflexivos (' voluntad ') incluyendo el sistema 1 verdades y UOA1-comprensión de Agencia 1--y Emotions1-como la alegría, el amor, la ira) que se pueden describir causalmente, mientras que los SLG evolutivamente más tarde son expresiones o descripciones de voluntario, sistema 2, pensamiento lento, mentalización de las neuronas, comprobables verdadero o falso, proposicional, Truth2 y UOA2 y Emotions2-alegría, amar, odiar, la disposicional (y a menudo contrafáctual) imaginar, suponiendo, pretendiendo, pensando, sabiendo, creyendo, etc. que sólo se puede describir en términos de razones (es decir, es sólo un hecho que intenta describir el sistema 2 en términos de Neuroquímica, física atómica, matemáticas, simplemente no tienen sentido-ver W para muchos ejemplos y Searle para las buenas disquisiciones sobre esto).

No es posible describir los automatismos del sistema 1 en términos de razones (por ejemplo, ' veo que como una manzana porque... ') a menos que desee dar una razón en términos de EP, genética, fisiología, y como W ha demostrado repetidamente que carece de sentido dar "explicaciones" con la condición de que tendrán sentido en el futuro-' nada está oculto '-que tienen sentido ahora o nunca.

Una heurística poderosa es separar el comportamiento y la experiencia en la intencionalidad 1 y la intencionalidad 2 (por ejemplo, pensamiento 1 y pensamiento 2, emociones 1 y emociones 2, etc.) e incluso en las verdades 1 (T solamente axiomas) y las verdades 2 (extensiones empíricas o "teoremas" que resultado de la extensión lógica de las verdades 1). W reconoció que ' nada está oculto '-es decir, toda nuestra psicología y todas las respuestas a todas las preguntas filosóficas están aquí en nuestro idioma (nuestra vida) y que la dificultad no es encontrar las respuestas sino reconocerlas como siempre aquí en frente de nosotros-sólo tenemos que dejar de tratar de mirar más profundo.

FMRI, PET, TCMS, iRNA, análogos computacionales, AI y todo el resto son formas fascinantes y poderosas de extender nuestra psicología axiomática innata, para proporcionar la base física de nuestro comportamiento y facilitar nuestro análisis de los juegos de idiomas que sin embargo permanecen inexplicable--EP simplemente es de esta manera-y sin cambios. Los axiomas verdaderos, explorados más a fondo en ' on certidumbre ', son W (y más tarde Searle) "lecho" o "fondo", es decir, la psicología evolutiva, que son trazables a las reacciones automáticas verdaderas de las bacterias y sus descendientes (por ejemplo, los seres humanos), que evolucionaron y operan por el mecanismo de la aptitud inclusiva (si)--ver los magníficos "principios de la evolución social" de Bourke.

W insistió en que deberíamos considerar nuestro análisis de la conducta como descripciones en lugar de explicaciones, pero por supuesto estos también son complejos juegos de idiomas y la descripción de una persona es la explicación de otro. Comenzando con sus respuestas innatas, sólo verdaderas, no empíricas (automatizadas y no cambiables) al mundo, los animales extienden su comprensión axiomática a través de deducciones en más verdaderos sólo entendimientos ("teoremas" como podríamos llamarlos, pero esto es un complejo juego de idiomas, incluso en el contexto de las matemáticas).

Los tiranosaurios y los mesones se vuelven tan indisputable como la existencia de nuestras dos manos o nuestra respiración. Esto cambia drásticamente una'vista de la naturaleza humana. Teoría de la mente (TOM) no es una teoría en absoluto, sino un grupo de entendimientos verdaderos de la agencia (UA un término que diseñé hace 10 años) que los animales recién nacidos (incluyendo moscas y gusanos si UA está adecuadamente definido) tienen y posteriormente se extienden grandemente (en eucariotas más altas). Sin embargo, como señalo aquí, W dejó muy claro que para gran parte de la intencionalidad existen las versiones Sistema 1 y Sistema 2 (juegos de idiomas)-el UA1 inconsciente rápido y el UA2 consciente lento y, por supuesto, estos son heurísticos para fenómenos multifacéticos. Aunque la materia prima para S2 es S1, S2 también se alimenta de nuevo en S1 — mayor retroalimentación cortical a los niveles más bajos de percepción, memoria, pensamiento reflexivo que es un fundamental de la psicología. Muchos de los ejemplos de W exploran esta calle de dos vías (por ejemplo, ver las discusiones del pato/conejo y "ver como" en Johnston).

Creo que está claro que los axiomas innatos verdaderos-sólo W está ocupado a lo largo de su trabajo, y casi exclusivamente en OC (su última obra ' sobre la certeza '), son equivalentes al pensamiento rápido o sistema 1 que está en el centro de la investigación actual (por ejemplo, ver Kahneman-" Pensar rápido y lento ", pero no tiene idea de W estableció el marco hace unos 75 años), que es involuntario e inconsciente y que corresponde a los Estados mentales de la percepción (incluyendo UA1) y la memoria y actos involuntarios, como W notas una y otra vez en un sinfín de ejemplos. Uno podría llamar a estos "reflejos intracerebrales" (tal vez 99% de toda nuestra cerebración si se mide por el uso de energía en el cerebro).

Nuestro lento o reflexivo, más o menos "consciente" (¡ cuidado con otra red de juegos de idiomas!) la actividad de segundo cerebro propio se corresponde con lo que W caracterizó como "disposiciones" o "inclinaciones", que se refieren a habilidades o posibles acciones, no son Estados mentales (o no en el mismo sentido), y no tienen ningún tiempo definido de ocurrencia y/o duración. Pero las palabras de disposición como "saber", "entender", "pensar", "creer", que W discutió extensamente, tienen al menos dos usos básicos. Uno es un uso filosófico peculiar (pero graduándose en los usos cotidianos) ejemplificado por Moore (cuyos papeles inspiraron a W a escribir OC), que se refiere a las oraciones verdaderas sólo resultantes de las percepciones directas y la memoria, es decir, nuestra psicología axiomática S1 innata (' i saben que estas son mis manos '), y el S2, que es su uso normal como disposiciones, que pueden ser actuada, y que puede llegar a ser verdadero o falso (' yo sé mi camino a casa ').

La investigación del pensamiento rápido involuntario ha revolucionado la psicología, la economía (por ejemplo, el Premio Nobel de Kahneman) y otras disciplinas bajo nombres como "ilusiones cognitivas", "cebado", "enmarcado", "heurística" y "sesgos". Por supuesto, estos también son juegos de idiomas por lo que habrá más y menos útiles maneras de utilizar estas palabras, y los estudios y discusiones variarán de "puro" sistema 1 a combinaciones de 1 y 2 (la norma como W dejó claro), pero presumiblemente no siempre de lento sistema 2 disposicional delgado rey sólo, ya que cualquier sistema 2 pensamiento o acción intencional no puede ocurrir sin involucrar gran parte de la intrincada red de "módulos cognitivos", "motores de inferencia", "reflejos intracerebrales", "automatismos", "axiomas cognitivos", "fondo" o "lecho de roca" (como W y más tarde Searle llamar a nuestro EP).

Aunque W advirtió con frecuencia contra la teoría y produjo más y mejores ejemplos de lenguaje en acción que nadie, uno podría decir que sus aforismos agregados ilustrados por ejemplos constituyen la "teoría" más completa de la conducta ("realidad") jamás Escrito.

Por último, permítanme sugerir que con esta perspectiva, la W no es oscura, difícil o irrelevante, sino centelleante, profunda y cristalina, que escribe de forma aforística y telegráfica porque pensamos y nos comportamos de esa manera, y que extrañarlo es perderse uno de las mayores aventuras intelectuales posibles.

Ahora que tenemos un comienzo razonable en la estructura lógica de la racionalidad (la Psicología descriptiva del pensamiento de orden superior) se puede ver la tabla de intencionalidad que resulta de esta obra, que he construido en los últimos años. Se basa en una mucho más simple de Searle, que a su vez le debe mucho a Wittgenstein. También he incorporado en las tablas de forma modificada que son utilizados por los investigadores actuales en la psicología de los procesos de pensamiento que se evidencian en las últimas 9 filas. Debería resultar interesante compararlo con los 3 volúmenes recientes de Peter hacker en Human Nature. Ofrezco esta tabla como una heurística para describir el comportamiento que encuentro más completo y útil que cualquier otro marco que he visto y no como un análisis final o completo, que tendría que ser tridimensional con cientos (al menos) de flechas que van en muchos direcciones con muchas (tal vez todas) vías entre S1 y S2 siendo bidireccional. Además, la distinción entre S1 y S2, cognición y voluntad, percepción y memoria, entre sentimiento, saber, creer y esperar, etc. son arbitrarias--es decir, como demostró W, todas las palabras son contextualmente sensibles y la mayoría tienen varios diferentes usos (significados o COS). Muchos gráficos complejos han sido publicados por los científicos, pero los encuentro de utilidad mínima cuando se piensa en el comportamiento (en contraposición a pensar en la función cerebral). Cada nivel de descripción puede ser útil en ciertos contextos, pero me parece que ser más grueso o más fino limita la utilidad.

La estructura lógica de la racionalidad (LSR), o la estructura lógica de la mente (LSM), la estructura lógica del comportamiento (LSB), la estructura lógica del pensamiento (LST), la estructura lógica de la conciencia (LSC), la estructura lógica de la personalidad (LSP), el Psicología descriptiva de la conciencia (DSC), la psicología descriptiva del pensamiento de orden superior (DPHOT), la intencionalidad-el término filosófico clásico.

El sistema 1 es involuntario, reflexivo o automatizado "reglas" R1 mientras pensar (cognición) no tiene lagunas y es voluntario o deliberativo "reglas" R2 y hazlo (willing) or voluntad (Volition) tiene 3 lagunas (ver Searle).

Sugiero que podamos describir el comportamiento más claramente cambiando "imponer condiciones de satisfacción en las condiciones de satisfacción" de Searle a "relacionar los estados mentales con el mundo moviendo los músculos" — es decir, hablar, escribir y hacer, y su "mente al mundo dirección de ajuste "y" la dirección del mundo a la mente de ajuste "por" causa se origina en la mente "y" causa se origina en el mundo "S1 es sólo de forma ascendente causal (mundo a la mente) y sin contenido (falta de representaciones o información) mientras que S2 tiene contenidos y es descendente causal (mente al mundo). He adoptado mi terminología en esta tabla.

DESDE EL ANALISIS DE LOS JUEGOS DE IDIOMAS

	Disposición	Emoción	Memoria	Percepción	Deseo	PI * *	IA * * *	Acción-Palabra
Causa origina de * * * *	Mundo	Mundo	Mundo	Mundo	Mente	Mente	Mente	Mente
Provoca cambios en * * * * *	Ninguno	Mente	Mente	Mente	Ninguno	Mundo	Mundo	Mundo
Causalmente Auto Reflexivo * * * * * *	No	Sí	Sí	Sí	No	Sí	Sí	Sí
Verdadero o falso (Comprobable)	Sí	T sólo	T sólo	T sólo	Sí	Sí	Sí	Sí
Condiciones públicas de satisfacción	Sí	Sí/No	Sí/No	No	Sí/No	Sí	No	Sí
Describir Un estado mental	No	Sí	Sí	Sí	No	No	Sí/No	Sí
Prioridad evolutiva	5	4	2, 3	1	5	3	2	2
Contenido voluntario	Sí	No	No	No	No	Sí	Sí	Sí
Iniciación voluntaria	Sí/No	No	Sí	No	Sí/No	Sí	Sí	Sí
Sistema cognitivo * * * * * * *	2	1	2/1	1	2/1	2	1	2
Cambiar intensidad	No	Sí	Sí	Sí	Sí	No	No	No
Duración precisa	No	Sí	Sí	Sí	No	No	Sí	Sí
Aquí y Ahora o Allá y Luego (H + N, T + T) * * * * * * * *	TT	HN	HN	HN	TT	TT	HN	HN
Calidad especial	No	Sí	No	Sí	No	No	No	No
Localizado en Cuerpo	No	No	No	Sí	No	No	No	Sí
Las expresiones corporales	Sí	Sí	No	No	Sí	Sí	Sí	Sí
Autocontradicciones	No	Sí	No	No	Sí	No	No	No
Necesita un yo	Sí	Sí/No	No	No	Sí	No	No	No
Necesita lenguaje	Sí	No	No	No	No	No	No	Sí/No

DE LA INVESTIGACIÓN DE DECISIONES

	Disposición	Emoción	Memoria	Percepción	Deseo	PI **	IA ***	Acción/ Palabra
Efectos subliminales	No	Sí/No	Sí	Sí	No	No	No	Sí/No
Asociativa Basada en reglas	RB	A/RB	A	A	A/RB	RB	RB	RB
Dependiente del contexto/ Abstracto	A	CD/A	CD	CD	CD/A	A	CD/A	CD/A
Serie/Paralelo	S	S/P	P	P	S/P	S	S	S
Heurístico Analítica	A	H/A	H	H	H/A	A	A	A
Necesita trabajar Memoria	Sí	No	No	No	No	Sí	Sí	Sí
Dependiente general de la inteligencia	Sí	No	No	No	Sí/No	Sí	Sí	Sí
La carga cognitiva Inhibe	Sí	Sí/No	No	No	Sí	Sí	Sí	Sí
Excitación facilita o inhibe	I	F/I	F	F	I	I	I	I

Condiciones públicas de satisfacción de S2 son a menudo referidos por Searle y otros como COS, representaciones, creadores de la verdad o significados (o COS2 por mí mismo), mientras que los resultados automáticos de S1 son designados como presentaciones por otros (o COS1 por mí mismo).

* Aka Inclinaciones, Capacidades, Preferencias, Representaciones, Posibles Acciones, etc.

** Intenciones anteriores de Searle

*** La intención de Searle en acción.

**** Dirección de ajuste de Searle

***** Dirección de causalidad de Searle

****** (Las instancias del estado mental - Causas o se cumple a sí mismo). Searle anteriormente llamó a esto causalmente auto-referencial.

******* Tversky / Kahneman / Frederick / Evans / Stanovich definieron los sistemas cognitivos.

******** Aquí y ahora o allí y luego

Tengo una explicación detallada de esta tabla en mis otros escritos.

Uno siempre debe tener en cuenta el descubrimiento de Wittgenstein de que después de haber descrito los posibles usos (significados, los creadores de la verdad, condiciones de satisfacción) del lenguaje en un contexto particular, hemos agotado su

22

interés, y los intentos de explicación (es decir, filosofía) sólo nos alejan de la verdad. Es fundamental tener en cuenta que esta tabla es sólo una heurística libre de contexto muy simplificada y cada uso de una palabra debe examinarse en su contexto. El mejor examen de la variación de contexto está en los últimos 3 volúmenes de Peter hacker en la naturaleza humana, que proporcionan numerosas tablas y gráficos que se deben comparar con este.

Aquellos que deseen una cuenta completa hasta la fecha de Wittgenstein, Searle y su análisis de comportamiento de la vista moderna de dos sistemas pueden consultar mi artículo la estructura lógica de la filosofía, la psicología, la mente y el lenguaje como se reveló en Wittgenstein y Searle (2016).

Ahora, para algunos comentarios sobre el MSW de Searle. Voy a hacer algunas referencias a otra de sus obras recientes que he revisado-filosofía en un nuevo siglo (PNC).

Las ideas aquí ya están publicadas y nada vendrá como una sorpresa para aquellos que han mantenido su trabajo. Al igual que W, es considerado como el mejor filósofo de su tiempo y su obra escrita es sólida como una roca y pionera en todo. Sin embargo, su fracaso para tomar la W más tarde lo suficientemente seriamente conduce a algunos errores y confusiones. En varios lugares de su trabajo (p. ej., P7 de PNC) señala dos veces que nuestra certeza sobre los hechos básicos se debe al peso abrumador de la razón que respalda nuestras afirmaciones, pero W demostró definitivamente en On Certainty (Sobre Certeza) que no hay posibilidad de dudar del verdadero estructura axiomática de nuestras percepciones, memorias y pensamientos del sistema 1, ya que es en sí misma la base para el juicio (razón) y no puede ser juzgada por sí misma. En la primera frase sobre P8 de PNC nos dice que la certeza es revisable, pero este tipo de ' certeza ', que podríamos llamar Certainty2, es el resultado de extender nuestra certeza axiomática y no revisable (Certainty1 de S1) a través de la experiencia y es completamente diferente como es proposicional (verdadero o falso). Este es, por supuesto, un ejemplo clásico de la "batalla contra la hechizamiento de nuestra inteligencia por el lenguaje" que W demostró una y otra vez. Una palabra-dos (o muchos) usos distintos.

En P12 de PNC, ' consciencia ' se describe como el resultado del funcionamiento automatizado del sistema 1 que es ' subjetivo ' en varios sentidos muy diferentes, y no, en el caso normal, una cuestión de evidencia sino una comprensión verdadera en nuestro propio caso y una percepción verdadera en el caso de otros.
Siento que W tiene una mejor comprensión de la conexión mente/idioma, ya que considera ellos como sinónimos en muchos contextos, y su trabajo es una brillante exposición de la mente como ejemplificado en numerosos ejemplos perspicaces de uso del lenguaje. Como se ha citado anteriormente, "ahora bien, si no son las conexiones causales que nos preocupan, entonces las actividades de la mente están abiertas ante nosotros." Uno puede negar que cualquier revisión de nuestros conceptos (juegos de idiomas) de causalidad o libre voluntad son necesarias o incluso posibles. Puede leer cualquier página de W por las razones. Una cosa es decir cosas

extrañas sobre el mundo usando ejemplos de la mecánica cuántica, la incertidumbre, etc., pero es otro decir algo relevante para nuestro uso normal de las palabras.

Las estructuras deonticas o ' pegamento social ' son las acciones rápidas automáticas de S1 produciendo las disposiciones lentas de S2 que se expanden inexorablemente durante el desarrollo personal en una amplia gama de relaciones deonticas culturales universales inconsciente automáticas con otros (S3). Aunque este es mi précis de comportamiento que espero que bastante describe el trabajo de S.

Aquellos que deseen familiarizarse con los argumentos bien conocidos de S contra la visión mecánica de la mente, que me parece definitivo, pueden consultar a CHAPS 3-5 de su PNC. He leído libros enteros de respuestas a ellos y estoy de acuerdo con S que todos se pierden los muy simples puntos lógicos (psicológicos) que hace (y que, en general, W hizo medio a century antes). Para ponerlo en mis términos, S1 se compone de inconsciente, rápido, físico, causal, automático, no proposicional, verdaderos sólo Estados mentales, mientras que el S2 lento sólo puede describirse coherentemente en términos de las acciones que son más o menos disposiciones conscientes para comportamiento (acciones potenciales) que son o pueden llegar a ser proposicionales (T o F). Las computadoras y el resto de la naturaleza sólo tienen intencionalidad derivada que depende de nuestra perspectiva, mientras que los animales superiores tienen intencionalidad primaria que es independiente de la perspectiva. Como S y W aprecian, la gran ironía es que estas reducciones materialistas o mecánicas de la psicología se disfrazan como ciencia de vanguardia, pero en realidad son totalmente anti-científicas. La filosofía (psicología descriptiva) y la psicología cognitiva (liberada de la superstición) se están convirtiendo en un guante de la mano y es Hofstadter, Dennett, Kurzweil, etc., que se quedan fuera en el frío.

Me parece bastante obvio (ya que era a W) que la visión mecánica de la mente existe por la misma razón que casi todos los comportamientos-es la operación por defecto de nuestro EP que busca explicaciones en términos de lo que podemos pensar deliberadamente a través de lentamente , en lugar de en el S1 automatizado, del que en su mayoría permanecemos ajenos (TPI). Encuentro la descripción de W de nuestra psicología heredada axiomática y sus extensiones en su OC y otro 3er período trabaja para ser más profundo que S (o cualquiera), y por lo que no estamos "seguros" de que los perros son conscientes, pero más bien no está abierto a (no es posible) duda.

Capítulo 5 de Searle's PNC muy bien demolida teoría computacional de la mente, lenguaje del pensamiento, etc., señalando que ' computación ', ' información ', "sintaxis", "algoritmo", "lógica", "programa", etc., son términos relativos a los observadores (es decir, psicológicos) y no tienen un significado físico o matemático en este sentido psicológico, pero por supuesto hay otros sentidos que se han dado recientemente ya que la ciencia ha Desarrollado. Una vez más, la gente está embrujada por el uso de la misma palabra para ignorar la gran diferencia en su uso (significado). Y por supuesto, todo esto es una extensión del clásico Wittgenstein.

Toda persona pensante debe leer el capítulo 6 de la PNC de S "la ilusión fenomenológica" (TPI), ya que muestra sus capacidades lógicas supremas y su fracaso para apreciar todo el poder de la W posterior, y el gran valor heurístico de la reciente investigación psicológica sobre los dos Yo. Es claro como el cristal que TPI es debido a la obliviosidad a los automatismos de S1 y a tomar el pensamiento consciente lento del S2 como no sólo primario sino como todo lo que hay. Este es el clásico ceguera de pizarra en blanco. También está claro que W demostró esto unos 60 años antes y también dio la razón de ello en la primacía de la verdadera red axiomática automática inconsciente de nuestro sistema innato 1 (aunque por supuesto no utiliza estos términos).

Pero lo realmente importante es que el TPI no es sólo un fracaso de algunos filósofos, sino una ceguera universal a nuestra Psicología evolutiva (EP) que está incorporada en el EP y que tiene implicaciones inmensas (y mortales) para el mundo. Todos somos títeres de carne tropezando con la vida en nuestra misión genéticamente programada para destruir la tierra. Nuestra casi total preocupación con el uso de la segunda personalidad auto S2 para complacer las gratificaciones infantiles de S1 está creando el infierno en la tierra. Al igual que con todos los organismos, sólo se trata de la reproducción y la acumulación de recursos para ello. S1 escribe la reproducción y S2 lo actúa. Dick y Jane sólo quieren jugar a la casa-esta es mamá y este es papá y esto y esto y esto es el bebé.

Tal vez uno podría decir que TPI es que somos humanos y no sólo otro primate-una ilusión cognitiva fatal.

Los genes programa S1 que (en su mayoría) tira de las cuerdas (contrae los músculos) de los títeres de carne a través de S2. Fin de la historia. Otra vez, necesita leer mis comentarios en el OC de W por lo que cambia la "buena razón para creer" en la parte inferior de p171 y la parte superior de P172 a "sabe" (en el sentido verdadero).
Una noción crítica introducida por S hace muchos años es condiciones de satisfacción (COS) en nuestros pensamientos (proposiciones de S2) que W llamó inclinaciones o disposiciones para actuar--todavía llamado por el término inapropiado ' proposicional actitudes ' por muchos. COS se explican por S en muchos lugares, como en p169 de PNC: "así decir algo y significado que implica dos condiciones de satisfacción. En primer lugar, la condición de satisfacción de que se produzca la expresión, y segundo, que la propia expresión tendrá condiciones de satisfacción. " Como S lo dice en PNC, "una proposición es cualquier cosa en absoluto que puede determinar una condición de satisfacción... y una condición de satisfacción... es que tal y tal es el caso. " O, uno necesita agregar, que podría ser o podría haber sido o podría ser imaginado para ser el caso, como lo deja claro en MSW. En cuanto a las intenciones, "para que se cumpla, la intención misma debe funcionar causalmente en la producción de la acción." (MSWp34).

Una forma de hablar de esto es que el sistema automático inconsciente 1 activa la mayor personalidad de conciencia cortical del sistema 2, trayendo consigo contracciones musculares de la garganta que informan a otros que ve el mundo de ciertas maneras, que lo comprometen a potencial Acciones. Un gran avance sobre las interacciones prelingüísticas o protolingüísticas en las que sólo los movimientos musculares brutos fueron capaces de transmitir información muy limitada sobre las intenciones.

La mayoría se beneficiará en gran medida de la lectura de W "on certidumbre" o "RPP1 y 2" o dos libros de DMS en OC (ver mis comentarios), ya que hacen claro la diferencia entre verdaderas oraciones que describen S1 y proposiciones verdaderas o falsas que describen S2. Esto me parece un enfoque muy superior a S tomando percepciones S1 como proposicional (al menos en algunos lugares en su trabajo) ya que sólo pueden convertirse en T o F (aspectual como S los llama aquí) después de que uno comienza a pensar en ellos en S2. Sin embargo, su punto en la PNC que proposiciones permiten declaraciones de verdad o potencial real y la falsedad, del pasado y del futuro y de la fantasía, y por lo tanto proporcionar un gran avance sobre la sociedad pre o protolingüística, es convincente.

S a menudo describe la necesidad crítica de tener en cuenta los diversos niveles de descripción de un evento por lo que para IAA "tenemos diferentes niveles de Descripción donde un nivel está constituido por el comportamiento en el nivel inferior... Además de la constitutiva a modo de relación, también tenemos la causal por medio de la relación. " (P37).

"La prueba crucial de que necesitamos una distinción entre las intenciones previas y las intenciones en acción es que las condiciones de satisfacción en los dos casos son sorprendentemente diferentes." (P35). El COS de PI necesita una acción completa, mientras que los de IAA sólo uno parcial. Él aclara (por ejemplo, p34) que las intenciones previas (PI) son Estados mentales (es decir, S1 inconsciente) mientras que dan lugar a intenciones en acción (IAA) que son actos conscientes (es decir, S2) pero ambos son causalmente autorreferenciales (CSR). El argumento crítico de que ambos son CSR es que (a diferencia de las creencias y los deseos) es esencial que se imaginan en la crianza de su COS. Estos descripciones de la cognición y la volición se resumen en la tabla 2,1, que Searle ha utilizado durante muchos años y es la base para una extendida que he creado. En mi opinión, ayuda enormemente a relacionar esto con la investigación psicológica moderna mediante el uso de mi S1, S2, terminología S3 y W verdadero-sólo vs proposicional (disposicional) Descripción. Así, CSR hace referencia a la percepción de true-only (solo cierto) S1, la memoria y la intención, mientras que el S2 se refiere a disposiciones tales como creencia y deseo.

Por lo tanto, reconocer el S1 sólo es causal ascendente y sin contenido (falta de representaciones o información) mientras que el S2 tiene contenidos y es una causa descendente (por ejemplo, ver el ' Enactivismo radical ' de Hutto y Myin) cambiaría los párrafos de P39 comenzando "en suma" y terminando en PG 40 con "condiciones de satisfacción" de la siguiente manera.

En Resumen, la percepción, la memoria y las intenciones y acciones reflexivas ("voluntad") son causadas por el funcionamiento automático de nuestro EP axiomático de solo verdadero de S1. A través de intenciones previas e intenciones en acción, tratamos de igualar cómo deseamos que las cosas sean con cómo pensamos que son. Debemos ver que la creencia, el deseo (y la imaginación, los deseos de tiempo desplazado y tan desacoplados de la intención) y otras disposiciones de proposicionalidad S2 de nuestro pensamiento lento evolucionado más adelante segundo yo, son totalmente dependientes sobre (tienen su COS en) la CSR automático rápido primitivo verdadero solo S1 reflexivo. En el lenguaje y tal vez en la neurofisiología hay casos intermedios o combinados tales como la intención (anteriores intenciones) o recordar, donde la conexión causal con COS (es decir, con S1) se desplaza el tiempo, ya que representan el pasado o el futuro, a diferencia de S1 que es siempre en el presente. Los dos sistemas se alimentan entre sí y a menudo son orquestos por las relaciones culturales deóntica aprendidas de S3 sin problemas, de modo que nuestra experiencia normal es que conscientemente controlamos todo lo que hacemos. Esta vasta arena de ilusiones cognitivas que dominan nuestra vida S ha descrito como ' la ilusión fenomenológica. '

Termina este asombroso capítulo repitiendo por tal vez la 10ª vez en sus escritos, lo que yo considero como un error muy básico que comparte con casi todo el mundo —la noción de que la experiencia de ' libre voluntad ' puede ser ' ilusoria '. Se sigue de una manera muy directa e inexorable, tanto del trabajo del 3er período de W y de las observaciones de la psicología contemporánea, que "voluntad", "self" (yo) y "conciencia" son elementos axiomáticos verdaderos-sólo del sistema 1 al igual que ver, oír, etc., y no hay posibilidad (inteligibilidad) de demostrar (de dar sentido a) su falsedad. Como W hizo tan maravillosamente claro en numerosas ocasiones, que son la base para el juicio y por lo tanto no puede ser juzgado. S entiende y utiliza básicamente este mismo argumento en otros contextos (por ejemplo, el escepticismo, el solipsismo) muchas veces, por lo que es bastante sorprendente que no pueda ver esta analogía. Él comete este error con frecuencia cuando dice cosas como que tenemos "buena evidencia "de que nuestro perro es Consciente Etc. Los verdaderos axiomas de nuestra psicología no son probatorios. Aquí tienes el mejor psicólogo descriptivo desde W, así que esto no es un error estúpido.

Su Resumen de deontics en P50 necesita traducción. Así, "hay que tener una forma prelingüística de intencionalidad colectiva, en la que se construyen las formas lingüísticas, y hay que tener la intencionalidad colectiva de la conversación para hacer el compromiso" es mucho más claro si se complementa con "el axiomáticas prelingüísticas de S1 subyacen a las disposiciones lingüísticas de S2 (es decir, nuestro EP) que evolucionan durante nuestra maduración en sus manifestaciones culturales en S3. "

Puesto que las declaraciones de función de status desempeñan un papel central en los deontics, es fundamental entenderlas y, por lo tanto, explica la noción de "función" que es relevante aquí. "Una función es una causa que sirve a un propósito... En este sentido las funciones son de intencionalidad-relativas y por lo tanto dependientes de la mente... funciones de estado... Requieren... imposición colectiva y el reconocimiento de un estatuto " (P59).

Otra vez, Sugiero la traducción de "la intencionalidad del lenguaje es creada por la intencionalidad intrínseca, o independiente de la mente de los seres humanos" (p66) como "la disposicionalidad lingüística y consciente del S2 es generada por el reflexivo axiomático inconsciente funciones de S1 "(P68). Es decir, uno debe tener en cuenta que el comportamiento está programado por la biología.

Sin embargo, Me oponto firmemente a sus declaraciones sobre p66-67 y en otros lugares de sus escritos que S1 (es decir, recuerdos, percepciones, actos reflejos) tiene una estructura proposicional (es decir, verdadero-falso). Como he señalado anteriormente, y muchas veces en otros comentarios, parece cristalino que W es correcto, y es básico para entender el comportamiento, que sólo S2 es proposicional y S1 es axiomático y verdadero-sólo. Ambos tienen COS y direcciones de ajuste (DOF) porque la intencionalidad genética, axiomática de S1 genera la de S2, pero si S1 fuera proposicional en el mismo sentido significaría que el escepticismo es inteligible, el caos que era la filosofía antes de W volvería y de hecho la vida no sería posible (no esto no es una broma). Como W mostró innumerables veces y la biología muestra tan claramente, la vida debe basarse en la certeza — las reacciones rápidas inconscientes automatizadas. Los organismos que siempre tienen una duda y una pausa para reflexionar morirán.

Contrariamente a sus comentarios (P70) no puedo imaginar un lenguaje que carece de palabras para objetos materiales más de lo que puedo imaginar un sistema visual que no puede verlos, porque es la primera y más básica tarea de la visión para segmentar el mundo en objetos y por lo que el lenguaje para describirlos. de la misma manera, No puedo ver ningún problema con objetos que son sobresalientes en el campo consciente ni con oraciones segmentado en palabras. ¿Cómo podría ser de otra manera para los seres con nuestra historia evolutiva?

En P72 y en otros lugares, le ayudará a recordar que las expresiones son las primitivas PLG reflexivas de S1 mientras que las representaciones son las SLG disposicionales de S2.

Se necesita otra traducción de la filosofía al inglés para el segundo párrafo de P79, comenzando ' hasta ahora ' y terminando ' escuchado antes '. "Transmitimos significado al hablar un lenguaje público compuesto de palabras en frases con una sintaxis."

A sus preguntas 4 y 5 en p105 en cuanto a la naturaleza especial del lenguaje y la escritura, yo respondería: ' son especiales porque la longitud de onda corta de las vibraciones de los músculos vocales permiten la transferencia de información de ancho de banda mucho mayor que las contracciones de otros músculos y Esto es en promedio varios órdenes de magnitud superior para la información visual. '

En P106, una respuesta general a la pregunta 2 (¿cómo se sale con la suya, es decir, por qué funciona) es EP y S1 y su declaración de que "mi principal estrategia de exposición en este libro es tratar de hacer que el familiar parezca extraño y llamativo"

28

es, por supuesto, el clásico Wittgenstein. Su afirmación en la siguiente página de que no hay una respuesta general a por qué las personas aceptan instituciones es claramente errónea. Los aceptan por la misma razón que lo hacen todo: su EP es el resultado de una aptitud inclusiva. Facilitó la supervivencia y la reproducción en el EEE (medio ambiente de adaptación evolutiva). Todo sobre nosotros física y mentalmente en el fondo de la genética. Toda la vaga charla aquí (por ejemplo, P114) sobre "convenciones extralingüísticas" y "semántica extra semántica" se refiere de hecho a EP y especialmente a los automatismos inconscientes de S1 que son la base para todo comportamiento. Sí, como dijo W muchas veces, el más familiar es por esa razón invisible.

La sugerencia de S (P115) de que el lenguaje es esencial para los juegos es sin duda equivocado. Los sordomutes totalmente analfabetos podían jugar a las cartas, al fútbol e incluso al ajedrez, pero, por supuesto, sería necesario contar con una capacidad de conteo mínima. Estoy de acuerdo (P121) en que la capacidad de fingir e imaginar (por ejemplo, las nociones contrafactual o como-si involucradas en el tiempo y el cambio de espacio) son, en forma completa, capacidades humanas únicas y críticas para el pensamiento de orden superior. Pero incluso aquí hay muchos precursores de animales (como debe haber), tales como la postura de los combates rituales y bailes de apareamiento, la decoración de los sitios de apareamiento por los pájaros Bower, el ala rota pretensión de las aves madre, falsas llamadas de alarma de los monos, peces ' más limpios ' que toman un mordedura de su presa y la simulación de las estrategias de halcón y Paloma (tramposos) en muchos Animales.

Se necesita más traducción para su análisis de la racionalidad (p126 et seq). Decir que el pensamiento es proposicional y se ocupa de verdaderas o falsas ' entidades factitivas ' significa que es una disposición típica S2 que se puede probar, a diferencia de las funciones cognitivas automáticas sólo verdaderas de S1.

En ' libre voluntad, racionalidad y hechos institucionales ', actualiza partes de su libro clásico ' racionalidad en acción ' y crea una nueva terminología para describir el aparato formal de razones prácticas que no encuentro feliz. Las "entidades Factitivas" no parecen diferentes de las disposiciones y ' motivador ' (deseo u obligación), ' efector ' (músculos corporales), ' constitutor ' (músculos del habla) y ' razón total ' (todas las disposiciones relevantes) no lo hacen, al menos aquí parecen añadir a la claridad (p126-132).

Deberíamos hacer algo aquí que rara vez sucede en las discusiones sobre el comportamiento humano y recordarnos a nosotros mismos de su biología. La evolución por la aptitud inclusiva ha programado las acciones causales reflexivas rápidas e inconscientes de S1 que a menudo dan lugar al pensamiento lento consciente de S2 (a menudo modificada por las extensiones culturales de S3), que produce razones de acción que a menudo resultan en activación de los músculos del cuerpo y/o del habla por S1 causando acciones. El mecanismo general es a través de la neurotransmisión y por cambios en varios neuromoduladores en áreas específicas del cerebro. Esto puede parecer también poco feliz, pero tiene la virtud de que se basa en hechos, y dada la complejidad de nuestro pensamiento de orden superior, no creo que una descripción general va a ser mucho más simple. La ilusión cognitiva general (llamada por S ' la ilusión fenomenológica ') es que S2/S3 ha generado la acción conscientemente por razones de las cuales somos plenamente conscientes y en control de, pero cualquier persona familiarizada con la biología moderna y la psicología sabe que esta vista no es Creíble.

Así, Traduzco su Resumen de la razón práctica en p127 de la siguiente manera: "cedemos a nuestros deseos (necesidad de alterar la química del cerebro), que típicamente incluyen el deseo – razones independientes para la acción (DIRA — i. e., deseos desplazados en el espacio y el tiempo, más a menudo para recíprocamente altruismo), que producen disposiciones para el comportamiento que comúnmente resultan tarde o temprano en los movimientos musculares que sirven a nuestra aptitud inclusiva (aumento de la supervivencia de los genes en nosotros mismos y aquellos estrechamente relacionados). "

Contrariamente al comentario de S sobre P128 creo que si se define adecuadamente, la DIRA es universal en animales superiores y no es en absoluto única para los seres humanos (piense madre gallina defendiendo su cría de un zorro) si incluimos los reflejos prelingüísticos automatizados de S1 (es decir, DIRA1), pero sin duda la DIRA de orden superior de S2/3 o DIRA2 que requieran idioma son exclusivamente humanos. Esto me parece una descripción alternativa y más clara de su "explicación" (como W sugirió que estas son mucho mejor denominadas ' Descripción ') en el fondo de P129 de la paradoja de cómo podemos llevar a cabo voluntariamente DIRA2/3 (es decir, los deseos S2 y su S3 cultural extensiones). Es decir, "la resolución de la paradoja es que el reconocimiento de las razones independientes del deseo puede hacer que el deseo y así causar el deseo, a pesar de que no es lógicamente inevitable que lo hacen y no empíricamente universal que hacen" se puede traducir como "el resolución de la paradoja es que el DIRA1 inconsciente que sirve la aptitud inclusiva a largo plazo genera el DIRA2 consciente que a menudo anula los deseos inmediatos personales a corto plazo. " de la misma manera, para su discusión sobre este tema en P130-31-es EP, RA, IF, S1 que se basa en las disposiciones y acciones subsiguientes de S2/3.

En P140 pregunta por qué no podemos obtener deontics de la biología, pero por supuesto debemos obtener de la biología, ya que no hay otra opción y la descripción anterior muestra cómo sucede esto. Contrariamente a su afirmación, las inclinaciones más fuertes siempre prevalecen (por definición, de lo contrario no es el más fuerte), pero deontics funciona porque la programación innata de RA y si anula los deseos inmediatos a corto plazo personal. Su confusión de naturaleza y crianza, de S1 y S2, se extiende a las conclusiones 2 y 3 en p143. Los agentes de hecho crean las razones próximas de DIRA2/3, pero estos no son sólo cualquier cosa sino, con pocos si hay excepciones, extensiones muy restringidas de DIRA1 (la causa final). Si realmente quiere atribuir a nuestras decisiones conscientes a solas, entonces es presa de ' la ilusión fenomenológica ' (TPI) que tan bellamente demolió en su papel clásico de ese nombre (ver mi reseña de PNC). Como he señalado anteriormente, hay un gran cuerpo de investigación reciente exponer ilusiones cognitivas que componen nuestra personalidad. El TPI no es meramente un error filosófico inofensivo, sino una obliviosidad universal a nuestra biología que produce la ilusión de que controlamos nuestra vida y nuestra sociedad y el mundo y las consecuencias son casi cierto colapso de la civilización durante los próximos 150 años.

Señala acertadamente que la racionalidad humana no tiene sentido sin la "brecha" (en realidad, 3 lagunas que ha discutido muchas veces). Es decir, sin voluntad libre (o sea, elección) en un sentido no trivial, todo sería inútil, y ha señalado acertadamente que es inconcebible que la evolución pueda crear y mantener una farsa innecesaria, genética y energéticamente costosa. Pero, como casi todos los demás, él no puede ver su salida y por lo que una vez más sugiere (P133) que la elección puede ser una ilusión. Por el contrario, siguiendo a W, está bastante claro que la elección es parte de nuestras acciones reflexivas axiomáticas S1 verdaderas y no puede ser cuestionada sin contradicción, ya que S1 es la base para el interrogatorio. Usted no puede dudar de que está leyendo esta página como su conciencia de que es la base para dudar.

Pocos avisos (Budd en su magnífico libro sobre W es una excepción) que W planteó una interesante resolución a esto sugiriendo que algunos fenómenos mentales pueden originarse en procesos caóticos en el cerebro-que por ejemplo, no hay nada que corresponda a un rastro de memoria. También sugirió varias veces que la cadena causal tiene un fin y esto podría significar tanto que simplemente no es posible (independientemente del estado de la ciencia) rastrearlo y que el concepto de "causa" deja de ser aplicable más allá de cierto punto. Posteriormente, muchos han hecho sugerencias similares basadas en la física y las Ciencias de la complejidad y el caos.

En P155 uno debe tener en cuenta que el fondo/red es nuestro EP y sus extensiones culturales de S1, S2, S3.

Dado lo anterior, no siento que sea necesario comentar sobre su discusión sobre el poder y la política, pero diré unas palabras sobre los derechos humanos. Estoy totalmente de acuerdo con su comentario sobre P185 de que la declaración de derechos humanos de las Naciones Unidas es un documento irresponsable. El rápido y probablemente inexorable colapso de la sociedad se debe a que las personas tienen demasiados derechos y muy pocas responsabilidades. El único pequeño rayo de esperanza para el mundo es que de alguna manera la gente puede ser forzada (pocos lo harán voluntariamente) para colocar la tierra primero y a sí mismos en segundo lugar. El consumo de recursos y la producción de niños deben ser regulados como privilegios o la tragedia de los comunes pronto terminará el juego.

En general, MSW es un buen Resumen de los muchos avances sustanciales sobre Wittgenstein resultantes del medio siglo de trabajo de S, pero en mi opinión, W todavía es inigualable para la psicología básica una vez que entiendes lo que está diciendo (ver mis comentarios). Idealmente, deben leerse juntos: Searle para la clara prosa coherente y generalizaciones sobre la operación de S2/S3, ilustrada con los ejemplos perspicaces de W de la operación de S1/S2, y sus brillantes aforismos. Si yo fuera mucho más joven escribiría un libro haciendo exactamente eso.

31

Reseña de ' Filosofía en un Nuevo Siglo ' ('Philosophy in a New Century')por John Searle (2008) (revisión revisada 2019)

Michael Starks

Abstracto

Antes de comentar sobre el libro, ofrezco comentarios sobre Wittgenstein y Searle y la estructura lógica de la racionalidad. Los ensayos aquí son en su mayoría ya publicados durante la última década (aunque algunos han sido actualizados), junto con un artículo inédito, y nada aquí vendrá como una sorpresa para aquellos que han mantenido su trabajo. Al igual que W, es considerado como el mejor filósofo de su tiempo y su obra escrita es sólida como una roca y pionera en todo. Sin embargo, su fracaso para tomar la W más tarde lo suficientemente seriamente conduce a algunos errores y confusiones. Sólo algunos ejemplos: en P7, dos veces señala que nuestra certeza sobre los hechos básicos se debe al peso abrumador de la razón que respalda nuestras afirmaciones, pero W demostró definitivamente en ' on certidumbre ' que no hay posibilidad de dudar de la verdadera estructura axiomática de nuestro sistema 1 percepciones, memorias y pensamientos, ya que es en sí la base para el juicio y no puede ser juzgado. En la primera frase del P8 nos dice que la certeza es revisable, pero este tipo de ' certeza ', que podríamos llamar Certainty2, es el resultado de extender nuestra certeza axiomática y no revisable (Certainty1) a través de la experiencia y es completamente diferente, ya que es proposicional (verdadero o falso). Este es, por supuesto, un ejemplo clásico de la "batalla contra la hechizamiento de nuestra inteligencia por el lenguaje" que W demostró una y otra vez. Una palabra-dos (o muchos) usos distintos.

Su último capítulo "la unidad de la Proposición" (anteriormente inédito) también se beneficiaría en gran medida de la lectura de W "en la certeza" o de los dos libros de DMS sobre OC (ver mis comentarios), ya que hacen claro la diferencia entre verdaderas sólo frases que describen S1 y verdadero o falso proposiciones que describen S2. Esto me parece un enfoque muy superior a S tomando percepciones S1 como proposicional ya que sólo se convierten en T o F después de que uno comienza a pensar en ellos en S2. Sin embargo, su punto de que las proposiciones permiten declaraciones de la verdad y la falsedad real o potencial, del pasado y del futuro y de la fantasía, y por lo tanto proporcionar un gran avance sobre la sociedad pre o protolingüística, es convincente. Como dice, "una proposición es cualquier cosa que pueda determinar una condición de satisfacción... y una condición de satisfacción... es que tal y tal es el caso. " O, uno necesita agregar, que podría ser o podría haber sido o podría ser imaginado para ser el caso.

En general, PNC es un buen Resumen de los muchos avances sustanciales sobre Wittgenstein resultantes del medio siglo de trabajo de S, pero en mi opinión, W todavía es inigualable una vez que se comprende lo que está diciendo. Idealmente, deben leerse juntos: Searle para la clara prosa y generalizaciones coherentes, ilustradas con los ejemplos perspicaces de W y aforismos brillantes. Si yo fuera mucho más joven escribiría un libro haciendo exactamente eso.

Aquellos que deseen un marco completo hasta la fecha para el comportamiento humano de la moderna dos sistemas punto de vista puede consultar mi libro 'La estructura lógica de la filosofía, la psicología, la mente y lenguaje En Ludwig Wittgenstein y John Searle ' 2nd ED (2019). Los interesados en más de mis escritos pueden ver 'Monos parlantes--filosofía, psicología, ciencia, religión y política en un planeta condenado--artículos y reseñas 2006-2019 3rd ED (2019) y delirios utópicos suicidas en el 21St Century 4TH Ed (2019) y otras.

"Pero no he tenido mi imagen del mundo satisfaciendo su corrección: ni la tengo porque estoy satisfecho de su corrección. No: es el trasfondo heredado en el que distingo entre verdadero y falso. " Wittgenstein OC 94

"Ahora bien, si no son las conexiones causales que nos preocupan, entonces las actividades de la mente están abiertas ante nosotros." Wittgenstein "el libro azul" P6 (1933)

"Tonterías, tonterías, porque estás haciendo suposiciones en lugar de simplemente describir. Si su cabeza está embrujada por explicaciones aquí, usted está descuidando para recordar los hechos más importantes. " Wittgenstein Z 220

"La filosofía simplemente pone todo ante nosotros y no explica ni deduce nada... Uno podría dar el nombre ' filosofía ' a lo que es posible antes de todos los nuevos descubrimientos e invenciones. " Wittgenstein PI 126

"Lo que estamos suministrando son realmente comentarios sobre la historia natural del hombre, no Curiosidades; sin embargo, sino más bien observaciones sobre hechos que nadie ha dudado y que no han sido comentados porque siempre están ante nuestros ojos. " Wittgenstein RFM I p142

"El objetivo de la filosofía es levantar una pared en el punto donde el lenguaje se detiene de todos modos." Ocasiones filosóficas de Wittgenstein p187

"El límite del lenguaje se demuestra por su imposibilidad de describir un hecho que corresponde a (es la traducción de) una frase sin simplemente repetir el frase (esto tiene que ver con la solución kantiana al problema de la filosofía). " Wittgenstein CV P10 (1931)

"El mayor peligro aquí es querer observarnos a uno mismo." LWPP1, 459

"¿Podría un proceso de máquina causar un procedimiento de pensamiento   ? La respuesta es: sí. en efecto sólo un proceso de máquina puede causar un proceso de pensamiento, y ' cálculo ' no nombra un proceso de máquina; se nombra un proceso que puede ser, y por lo general se, implementado en una máquina. " Searle PNC p73

"... la caracterización de un proceso como computacional es una caracterización de un sistema físico desde fuera; y la identificación del proceso como computacional no identifica una característica intrínseca de la física, es esencialmente una caracterización relativa del observador. " Searle PNC P95

"El argumento de la sala China demostró que la semántica no es intrínseca a la sintaxis. Ahora estoy haciendo el punto separado y diferente que la sintaxis no es intrínseca a la física. " Searle PNC p94

"El intento de eliminar la falacia de homúnculo a través de la descomposición recursiva falla, porque la única manera de obtener la sintaxis intrínseca a la física es poner un homúnculo en la física." Searle PNC p97

"Pero no se puede explicar un sistema físico como una máquina de escribir o un cerebro mediante la identificación de un patrón que comparte con su simulación computacional, porque la existencia del patrón no explica cómo el sistema funciona realmente como un sistema físico. ... En Resumen, el hecho de que la atribución de sintaxis no identifique otras potencias causales es fatal para la afirmación de que los programas proporcionan explicaciones causales de la cognición... Sólo hay un mecanismo físico, el cerebro, con sus diversos niveles causales físicos y físicos/mentales de la descripción. " Searle PNC P101-103

"En Resumen, el sentido de" procesamiento de la información "que se utiliza en la ciencia cognitiva es un nivel demasiado alto de abstracción para captar la realidad biológica concreta de la intencionalidad intrínseca... Estamos cegados a esta diferencia por el hecho de que la misma frase ' veo un coche viniendo hacia mí ', se puede utilizar para registrar tanto la intencionalidad visual como la salida del modelo computacional de la visión... en el sentido de ' información ' utilizada en la ciencia cognitiva, es simplemente falso decir que el cerebro es un dispositivo de procesamiento de información. " Searle PNC P104-105

"¿Puede haber razones para actuar que son vinculantes para un agente racional sólo en virtud de la naturaleza del hecho reportado en la declaración de razón, y independientemente de los deseos del agente, los valores, las actitudes y
¿Evaluaciones? ... La verdadera paradoja de la discusión tradicional es que intenta plantear la guillotina de Hume, la rígida distinción de valor de hecho, en un vocabulario, cuyo uso ya presupone la falsedad de la distinción. " Searle PNC p165-171

"... todas las funciones de estado y por lo tanto toda la realidad institucional, con la excepción del lenguaje, son creadas por actos de voz que tienen la forma lógica de las declaraciones... las formas de la función de status en cuestión son casi invariablemente cuestiones de poderes deóntica... reconocer algo como un derecho, un deber, una obligación, un requisito, etcétera, es reconocer un motivo de acción... Estas

34

estructuras deonticas hacen posible el deseo-razones independientes de la acción... El punto general es muy claro: la creación del campo general de los motivos de acción basados en el deseo presuponía la aceptación de un sistema de razones de acción independientes del deseo. " Searle PNC P34-49

"Algunas de las características lógicas más importantes de la intencionalidad están más allá del alcance de la fenomenología porque no tienen una realidad fenomenológica inmediata... Porque la creación del significado de la falta de sentido no se experimenta conscientemente... no existe... Esto es... la ilusión fenomenológica. " Searle PNC P115-117

"La conciencia es causalmente reducible a los procesos cerebrales... y la conciencia no tiene poderes causales propios, además de los poderes causales de la neurobiología subyacente... Pero la reducibilidad causal no conduce a la reducibilidad ontológica... conciencia sólo existe como experimentada... y por lo tanto no puede reducirse a algo que tiene una ontología en tercera persona, algo que existe independientemente de las experiencias. " Searle PNC 155-6

"... la relación intencional básica entre la mente y el mundo tiene que ver con las condiciones de satisfacción. Y una proposición es cualquier cosa que pueda estar en una relación intencional con el mundo, y ya que esas relaciones intencionales siempre determinan las condiciones de satisfacción, y una proposición se define como cualquier cosa suficiente para determinar las condiciones de satisfacciones, resulta que toda intencionalidad es una cuestión de proposiciones. " Searle PNC p193

Antes de comentar en detalle sobre la filosofía en un nuevo siglo (PNC) primero voy a ofrecer algunos comentarios sobre la filosofía (psicología descriptiva) y su relación con la investigación psicológica contemporánea como ejemplificado en las obras de Searle (S) y Wittgenstein (W), ya que siento que esta es la mejor manera de colocar Searle o cualquier comentarista sobre el comportamiento, en la perspectiva adecuada.

Aunque S no dice y parece ser en gran parte inconsciente, la mayor parte de su trabajo sigue directamente de la de W, a pesar de que a menudo lo critica. Decir que Searle ha llevado a cabo el trabajo de W no es decir que es un resultado directo del estudio W, sino más bien que porque sólo hay una psicología humana (por la misma razón sólo hay una Cardiología humana), que cualquier persona que describa con precisión la conducta debe estar expresando SOM e variante o extensión de lo que W dijo (como deben si ambos están dando descripciones correctas de comportamiento). Encuentro la mayoría de S prefigurado en W, incluyendo versiones del famoso argumento de la sala China contra Strong AI y temas relacionados que son los temas de CHAPS 3-5. Por cierto, si la sala China te interesa entonces deberías leer el excellente de Victor Rodych, pero virtualmente desconocida, suplemento en el CR-"Searle liberado de cada defecto". Rodych también ha escrito una serie de artículos magníficos sobre la filosofía de W de matemáticas--es decir, el EP (psicología evolutiva) de la capacidad axiomática Sistema 1 de contar hasta 3, como se extendió en el sistema infinito 2 SLG (juegos de lenguaje secundario) de matemáticas. Las ideas de W sobre la psicología de las matemáticas proporcionan una excelente entrada en la intencionalidad. También señalaré que nadie que promueva la IA fuerte, las versiones múltiples del Behaviorismo, el funcionalismo informático, el CTM (teoría computacional de la mente) y la teoría de los sistemas dinámicos (DST), parece ser consciente de que el Tractatus de W puede ser visto como el más llamativo y poderosa declaración de su punto de vista (es decir, comportamiento (pensamiento) como el procesamiento lógico de los hechos--es decir, procesamiento de la información).

Claro, más tarde (pero antes de que el ordenador digital fuera un destello en el ojo de Turing) W describió con gran detalle por qué estas son descripciones incoherentes de la mente que deben ser reemplazadas por la psicología (o puedes decir que esto es todo lo que hizo por el resto de su vida). S sin embargo hace poca referencia a la declaración de la mente presciente de W como mecanismo, y su destrucción de ella en su trabajo posterior. Desde W, S se ha convertido en el principal deconstructor de estas vistas mecánicas de la conducta, y el psicólogo descriptivo más importante (filósofo), pero no se da cuenta de cómo completamente W lo anticipó ni, en general, hacer otros (pero ver los muchos papeles y libros de Proudfoot y Copeland en W, Turing y AI). El trabajo de S es mucho más fácil de seguir que W, y aunque hay cierta jerga, es sobre todo espectacularmente claro si te acercas desde la dirección correcta. Vea mis reseñas de W y otros libros para más detalles.

Wittgenstein es para mí fácilmente el pensador más brillante en el comportamiento humano. Su trabajo como un todo muestra que todo el comportamiento es una extensión de los axiomas innatos verdaderos y que nuestra ratiocinación consciente (sistema 2) (S2) emerge de maquinaciones inconscientes (sistema 1) (S1). Ver "sobre certeza" (OC) para su tratamiento final extendido de esta idea-y mi revisión de la misma para su preparación. Su corpus puede ser visto como la base para toda la descripción del comportamiento animal, revelando cómo funciona la mente y de hecho debe funcionar. El "must" está implicado en el hecho de que todos los cerebros comparten una ascendencia común y genes comunes y por lo que sólo hay una forma básica de trabajar, que esto necesariamente tiene una estructura axiomática, que todos los animales superiores comparten la misma psicología evolucionada basada en aptitud, y que en los seres humanos esto se extiende en una personalidad (una ilusión cognitiva o fenomenológica) basado en las contracciones musculares de la garganta (lenguaje) que evolucionó para manipular a otros (con variaciones que pueden ser considerados como trivial).

Podría decirse que todo el trabajo de W y S es un desarrollo o una variación de estas ideas. Otro tema importante aquí, y por supuesto en todas las discusiones sobre el comportamiento humano, es la necesidad de separar los automatismos genéticamente programados, que subyacen a todo comportamiento, de los efectos de la cultura. Aunque pocos filósofos, psicólogos, antropólogos, sociólogos, etc., discuten explícitamente esto de una manera integral, puede ser visto como el principal problema con el que están lidiando. Sugiero que probará el mayor valor para considerar todos los estudios de un comportamiento de orden superior como un esfuerzo para separar no sólo el pensamiento rápido y lento (por ejemplo, percepciones y otros automatismos vs. disposiciones-S1 y S2-ver más abajo), pero la naturaleza y la crianza.

Lo que W estableció en su período final (y a lo largo de su trabajo anterior de una manera menos clara) son los fundamentos de la psicología evolutiva (EP), o si lo prefieres, la psicología, la lingüística cognitiva, la intencionalidad, el pensamiento de orden superior o simplemente el comportamiento animal. Lamentablemente, casi nadie parece darse cuenta de que sus obras son un libro de texto único de la psicología descriptiva que es tan relevante ahora como el día en que se escribió. Es casi universalmente ignorado por la psicología y otras ciencias del comportamiento y las Humanidades, e incluso aquellos pocos que lo han entendido más o menos, no han comprendido el alcance de su expectativa de la última obra en EP y ilusiones cognitivas (teoría de la mente, enmarcado, los dos yo de pensamiento rápido y lento, etc., -- Ver más abajo). El trabajo de Searle proporciona una descripción impresionante del comportamiento social de orden superior que es posible debido a la reciente evolución de los genes para la psicología disposicional, mientras que la W posterior muestra cómo se basa en verdaderos axiomas inconscientes de S1 que evolucionaron en el pensamiento de proposicional disposicional consciente de S2.

Sugiero que la clave de W es considerar su corpus como el esfuerzo pionero en descifrar nuestro EP, viendo que estaba describiendo los dos yos de S1 y S2 y los juegos de lenguaje múltiple de pensamiento rápido y lento, y a partir de su 3er período de obras y leyendo al revés al proto-Tractatus. También debe ser claro que en la medida en que son coherentes y correctos, todos los relatos de conducta están describiendo los mismos fenómenos y deben traducirse fácilmente entre sí. Así, los temas recientemente de moda de "mente encarnada" y El "Enactivismo radical" debe fluir directamente desde y hacia el trabajo de W (y lo hacen). Sin embargo, casi nadie es capaz de seguir su ejemplo de evitar la jerga y apegarse a ejemplos perspicuos, por lo que incluso el temible Searle tiene que ser filtrado y traducido para ver que esto es cierto, e incluso él no consigue lo completamente que W ha anticipado la última trabajan de manera rápida y lenta, con un pensamiento encarnado (escribiendo, hablando y actuando).

W también puede ser considerado como un pionero en la lingüística cognitiva evolutiva, que puede ser considerado como el análisis de arriba abajo de la mente y su evolución a través del análisis cuidadoso de ejemplos de uso del lenguaje en contexto. Expone las muchas variedades de juegos de idiomas y las relaciones entre los juegos primarios de la verdadera-sólo inconsciente, pre o protolingüismo axiomático pensamiento rápido de la percepción, la memoria y el pensamiento reflexivo, las emociones y los actos (a menudo descritos como el cerebro de reptil cortical subcorticales y primitivo, funciones de neurona de espejo), y las más posteriores evolucionaron las capacidades de consciencia lingüística más altas de creencia, conocimiento, pensamiento, etc. que constituyen el verdadero o falso proposicional Juegos de lenguaje secundario de pensamiento lento que son la red de ilusiones cognitivas que constituyen la segunda personalidad de la que estamos tan enamorados. W disecciona cientos de juegos de idiomas que muestran cómo las percepciones verdaderas, memorias y acciones reflexivas de grado S1 en el pensamiento, recordando, y comprensión de las disposiciones S2, y muchos de sus ejemplos también abordan el tema de la naturaleza/nutrición Explícitamente. Con esta perspectiva evolutiva, sus obras posteriores son una revelación impresionante de la naturaleza humana que es totalmente actual y nunca ha sido igualada. Muchas perspectivas tienen un valor heurístico, pero me parece que esta perspectiva evolutiva de dos sistemas ilumina todo el comportamiento más alto. Dobzhansky comentó: "nada en la biología tiene sentido excepto a la luz de la evolución." Y nada en la filosofía tiene sentido excepto a la luz de la psicología evolutiva.

Las ideas comunes (por ejemplo, el subtítulo de uno de los libros de Pinker "las cosas del pensamiento: el lenguaje como una ventana a la naturaleza humana") que el lenguaje es una ventana o algún tipo de traducción de nuestro pensamiento o incluso (Fodor) que debe haber algún otro "lenguaje del pensamiento" de que h es una traducción, fueron rechazados por W (y también por S), que trataron de mostrar, con cientos de ejemplos perspicaces continuamente reanalizados de lenguaje en acción, que el lenguaje es la mejor imagen que podemos llegar a pensar, la mente y la naturaleza humana, y todo W Corpus puede ser considerado como el desarrollo de esta idea. Mucho antes de Searle, rechazó la idea de que los enfoques Bottom Up (de abajo hacia arriba) de fisiología, psicología experimental y computación (por ejemplo, Behaviorismo, funcionalismo, fuerte IA, Teoría de Sistemas Dinamicos, Teoría Computacional de la Mente, etc.) podría revelar lo que sus deconstrucciones Top Down (de arriba hacia abajo)de los juegos de idiomas (LG) lo hizo. las principales dificultades que observó son entender lo que está siempre delante de nuestros ojos (ahora podemos ver esto como la obliviosidad al sistema 1 (aproximadamente lo que S llama ' la ilusión fenomenológica') y para capturar la vaguedad ("la mayor dificultad en estas investigaciones es encontrar una manera de representar la vaguedad" LPP1, 347). Y así, el habla (es decir, las contracciones musculares orales, la forma principal en que interactuamos) no es una ventana en la mente, sino que es la propia mente, que se expresa por explosiones acústicas sobre los actos pasados, presentes y futuros (es decir, nuestro discurso usando el lenguaje secundario evolucionado más adelante Juegos (SLG) del segundo yo-las disposiciones-imaginar, saber, significado, creer, pretender, etc.).

Al igual que con sus otros aforismos, sugiero que uno debe tomar seriamente el comentario de W que incluso si Dios pudiera mirar en nuestra mente que no podía ver lo que estamos pensando-este debe ser el lema de la mente encarnada y, como S deja claro, de la psicología cognitiva. Pero Dios podía ver lo que estamos percibiendo y recordando y nuestro pensamiento reflexivo, ya que estas funciones S1 son siempre Estados mentales causales mientras que las disposiciones S2 son sólo potencialmente CMS. Esto no es una teoría sino un hecho sobre nuestra gramática y nuestra fisiología. El lodo de S las aguas aquí porque se refiere a las disposiciones como Estados mentales, así, pero como W hizo hace mucho tiempo, muestra que el lenguaje de causalidad simplemente no se aplica a las descripciones de S2 de orden superior emergente-de nuevo no es una teoría sino una descripción de cómo el lenguaje (pensamiento) funciona. Esto trae otro punto que es prominente en W pero negado por S, que todo lo que podemos hacer es dar descripciones y no una teoría. S insiste en que está proporcionando teorías, pero por supuesto "teoría" y "Descripción" son juegos de idiomas también y me parece que la teoría de S es generalmente la descripción de W- una rosa con cualquier otro nombre.... El punto de W fue que al apegarse a ejemplos perspicaces que todos sabemos que son verdaderos relatos de nuestro comportamiento, evitamos las arenas movedizas de las teorías que intentan tener en cuenta el comportamiento de todos (todos los juegos de idiomas), mientras que S quiere generalizar e inevitablemente se extravía (él da varios ejemplos de sus propios errores en la PNC). Como S y otros modifican sin cesar sus teorías para tener en cuenta los juegos de idiomas múltiples que se acercan y más cerca de describir el comportamiento a través de numerosos ejemplos como lo hizo W.

Algunos de los temas favoritos de W en su segundo y sus terceros periodos son los diferentes (pero interdigitantes) de LG de pensamiento rápido y lento (sistema 1 y 2 o más o menos juegos de idiomas primarios (PLG) y juegos de lenguaje secundario (SLG) del interior y el exterior-ver por ejemplo, Johnston-' Wittgenstein: repensar el interior ' sobre cómo confundir los dos es una industria importante en la filosofía y la psicología), la imposibilidad del lenguaje privado y la estructura axiomática de todo comportamiento. Verbos como ' pensar ', ' ver ' primero describieron las funciones S1, pero como S2 evolucionaron, llegaron a aplicarse a ella también, dando lugar a toda la mitología del interior resultante de, por ejemplo, tratando de referirse a la imaginación como si estuviera viendo imágenes dentro del cerebro. Los PLG son declaraciones y descripciones de nuestro involuntario, sistema 1, pensamiento rápido, neurona espejo, verdadero sólo, no proposicional, Estados mentales-nuestras percepciones y recuerdos y actos involuntarios (incluyendo el sistema 1 verdades y UA1 (comprensión de la Agencia 1) y Emotions1-como la alegría, el amor, la ira) que se pueden describir causalmente, mientras que los SLG evolutivamente más tarde son expresiones o descripciones de voluntario, sistema 2, pensamiento lento, mentalización de las neuronas, comprobables verdadero o falso, proposicional, Truth2 y los UA2 y Emotions2-alegría, amorosa, odiando, la disposicional (y a menudo contrafáctual) imaginando, suponiendo, pretendiendo, pensando, conociendo, creyendo, etc. que sólo se puede describir en términos de razones (es decir, es sólo un hecho que intenta describir el sistema 2 en términos de Neuroquímica, física atómica, matemáticas, simplemente no tienen sentido-ver W para muchos ejemplos y Searle para las buenas disquisiciones sobre esto).

No es posible describir los automatismos del sistema 1 en términos de razones (por ejemplo, ' veo que como una manzana porque... ') a menos que desee dar una razón en términos de EP, genética, fisiología, y como W ha demostrado repetidamente que carece de sentido dar "explicaciones" con la condición de que tendrán sentido en el futuro-' nada está oculto '-que tienen sentido ahora o nunca-(por ejemplo, "el mayor peligro aquí es querer observar a uno mismo." LWPP1, 459).

Una heurística poderosa es separar el comportamiento y la experiencia en la intencionalidad 1 y la intencionalidad 2 (por ejemplo, pensamiento 1 y pensamiento 2, emociones 1 y emociones 2, etc.) e incluso en las verdades 1 (T solamente axiomas) y las verdades 2 (extensiones empíricas o "teoremas" que resultado de la extensión lógica de las verdades 1). W reconoció que ' nada está oculto '-es decir, toda nuestra psicología y todas las respuestas a todas las preguntas filosóficas están aquí en nuestro idioma (nuestra vida) y que la dificultad no es encontrar las respuestas, sino reconocerlas como siempre aquí delante de nosotros-sólo tenemos que dejar de tratar de mirar más profundo.

Una vez que entendemos a W, nos damos cuenta de lo absurdo de la "filosofía del lenguaje" como un estudio separado aparte de otras áreas de comportamiento, ya que el lenguaje es sólo otro nombre para la mente. Y, cuando W dice que la comprensión del comportamiento no depende en absoluto del progreso de la psicología (por ejemplo, su afirmación frecuentemente citada: "la confusión y la franqueza de la psicología no debe explicarse llamándola una" ciencia joven "--sino CF. otro comentario que tengo nunca visto citado-"¿el progreso científico es útil para la filosofía? Ciertamente. Las realidades que se descubren aclaran la tarea de los filósofos. Imaginando posibilidades. " (LWPP1, 807). Por lo tanto, no está legislando los límites de la ciencia, pero señalando que nuestro comportamiento (en su mayoría el habla) es la imagen más clara posible de nuestra psicología y que todas las discusiones de un comportamiento de orden superior están plagadas de confusiones conceptuales.

FMRI, PET, TCMS, iRNA, análogos computacionales, AI y todo el resto son formas fascinantes y poderosas de extender nuestra psicología axiomática innata, para proporcionar la base física de nuestro comportamiento y facilitar nuestro análisis de los juegos de idiomas que sin embargo permanecen inexplicable--EP simplemente es de esta manera-y sin cambios. Los axiomas verdaderos, explorados más a fondo en ' on certidumbre ', son W (y más tarde Searle) "lecho" o "fondo", es decir, la psicología evolutiva, que son trazables a las reacciones automáticas verdaderas de las bacterias y sus descendientes (por ejemplo, los seres humanos), que evolucionaron y operan por el mecanismo de la aptitud inclusiva (si)--ver los magníficos "principios de la evolución social" de Bourke.

W insistió en que deberíamos considerar nuestro análisis de la conducta como descripciones en lugar de explicaciones, pero por supuesto estos también son complejos juegos de idiomas y la descripción de una persona es la explicación de otro. Comenzando con sus respuestas innatas, sólo verdaderas, no empíricas (automatizadas y no cambiables) al mundo, los animales extienden su comprensión axiomática a través de deducciones en más verdaderos sólo entendimientos ("teoremas" como podríamos llamarlos, pero esto es un complejo juego de idiomas, incluso en el contexto de las matemáticas).

Los tiranosaurios y los mesones se vuelven tan indisputable como la existencia de nuestras dos manos o nuestra respiración. Esto cambia drásticamente una'vista de la naturaleza humana. Teoría de la mente (TOM) no es una teoría en absoluto, sino un grupo de entendimientos verdaderos de la agencia (UA un término que diseñé hace 10 años) que los animales recién nacidos (incluyendo moscas y gusanos si UA está

40

adecuadamente definido) han, Y Que posteriormente evolucrado en gran medida (en eukaryotes más altos). Sin embargo, como señalo aquí, W dejó muy claro que para gran parte de la intencionalidad existen las versiones Sistema 1 y Sistema 2 (juegos de idiomas)-el UA1 inconsciente rápido y el los UA2 consciente lento y, por supuesto, estos son heurísticos para fenómenos multifacéticos. Aunque la materia prima para S2 es S1, S2 también se alimenta de nuevo en S1 — mayor retroalimentación cortical a los niveles más bajos de percepción, memoria, pensamiento reflexivo que es un fundamental de la psicología. Muchos de los ejemplos de W exploran esta calle de dos vías (por ejemplo, ver las discusiones del pato/conejo y "ver como" en Johnston).

La "teoría" de la evolución dejó de ser una teoría para cualquier persona normal, racional e inteligente antes del final del siglo 19 y para Darwin al menos medio siglo antes. Una No ayuda, pero incorporan Tyrannosaurus Rex y todo lo que es relevante para él en nuestro verdadero único fondo a través del funcionamiento inexorable de EP. Una vez que se obtiene la necesidad lógica (psicológica) de este, es realmente estupeficante que incluso los más brillantes y los mejores parecen no captar este hecho más básico de la vida humana (con una punta del sombrero a Kant, Searle y algunos otros) que fue establecido con gran detalle en "sobre certeza". Por cierto, la ecuación de la lógica y nuestra psicología axiomática es esencial para entender la W y la naturaleza humana (como Daniele Moyal-Sharrock (DMS), pero no AFAIK a nadie más, señala).

Por lo tanto, la mayor parte de nuestra experiencia pública compartida (cultura) se convierte en una verdadera extensión de nuestro EP axiomático y no se puede encontrar confundido sin amenazar nuestra cordura. El fútbol o Britney Spears no pueden simplemente desaparecer de mi memoria y vocabulario, ya que estos conceptos, ideas, eventos, se desarrollan y están ligados a innumerables otros en la verdadera única red que comienza con el nacimiento y se extiende en todas las direcciones para abarcar gran parte de nuestro conciencia y la memoria. Un corolario, muy bien explicado por DMS y esclarecido en su propia manera única por Searle, es que la visión escéptica del mundo y otras mentes (y una montaña de otras tonterías, incluyendo la pizarra en blanco) realmente no puede tener un punto de apoyo, como "realidad" es el resultado de axiomas involuntarios de pensamiento rápido y no comprobables proposiciones verdaderas o falsas.

Creo que está claro que los axiomas de verdad innatos W se ocupan a lo largo de su trabajo, y casi exclusivamente en OC (su última obra "en certeza"), son equivalentes al pensamiento rápido o sistema 1 que está en el centro de la investigación actual (por ejemplo, ver Kahneman-" Pensando rápido y lento ", pero no tiene idea de W estableció el marco hace unos 75 años), que es involuntario e inconsciente y que corresponde a los Estados mentales de la percepción (incluyendo UOA1) y la memoria y actos involuntarios, como W notas una y otra vez en interminables Ejemplos. Uno podría llamar a estos "reflejos intracerebrales" (tal vez 99% de toda nuestra cerebración si se mide por el uso de energía en el cerebro).

Nuestro lento o reflexivo, más o menos "consciente" (¡ cuidado con otra red de juegos de idiomas!) la actividad de segundo cerebro propio se corresponde con lo que W caracterizó como "disposiciones" o "inclinaciones", que se refieren a habilidades o posibles acciones, no son Estados mentales (o no en el mismo sentido), y no tienen ningún tiempo definido de ocurrencia y/o duración. Pero las palabras de disposición como "saber", "entender", "pensar", "creer", que W discutió extensamente, tienen al menos dos usos básicos. Uno es un uso filosófico peculiar (pero graduándose en los usos cotidianos) ejemplificado por Moore (cuyos papeles inspiraron a W a escribir OC), que se refiere a las oraciones verdaderas sólo resultantes de las percepciones directas y la memoria, es decir, nuestra psicología axiomática S1 innata (' i saben que estas son mis manos '), y el S2, que es su uso normal como disposiciones, que pueden ser actuada, y que puede llegar a ser verdadero o falso (' yo sé mi camino a casa ').

La investigación del pensamiento rápido involuntario ha revolucionado la psicología, la economía (por ejemplo, el Premio Nobel de Kahneman) y otras disciplinas bajo nombres como "ilusiones cognitivas", "cebado", "framing" (enmarcado), "heurística" y "sesgos". Por supuesto, estos también son juegos de idiomas por lo que habrá más y menos útiles maneras de utilizar estas palabras, y los estudios y discusiones variarán de "puro" sistema 1 a combinaciones de 1 y 2 (la norma como W dejó claro), pero presumiblemente no siempre de lento sistema 2 disposicional delgado rey sólo, ya que cualquier sistema 2 pensamiento o acción intencional no puede ocurrir sin involucrar gran parte de la intrincada red de "módulos cognitivos", "motores de inferencia", "reflejos intracerebrales", "automatismos", "axiomas cognitivos", "fondo" o "lecho de roca" (como W y más tarde Searle llamar a nuestro EP).

Uno de los temas recurrentes de W fue lo que ahora se llama teoría de la mente (TOM), o como prefiero la comprensión de la agencia (UA), pero por supuesto que no utilizó estos términos, que es el tema de los principales esfuerzos de investigación ahora. Recomiendo consultar el trabajo de Ian Apperly, que está Diseccionando cuidadosamente UA1 y 2 y que recientemente se ha dado cuenta de uno de los principales filósofos Wittgensteinian Daniel Hutto, ya que Hutto ha caracterizado a UA1 como una fantasía (o más bien insiste en que hay no hay ' teoría ' ni representación involucrada en UA1--que está reservada para los UA2). Sin embargo, al igual que otros psicólogos, Apperly no tiene idea de que W sentó las bases para esto entre 60 y 80 años atrás.

Otro punto hecho innumerables veces por W fue que nuestra vida mental consciente es epifenomenal en el sentido de que no describe con precisión ni determinar cómo actuamos, ahora un pilar de las Ciencias del comportamiento. Ver ' la ilusión fenomenológica ' en PNC para un gran ejemplo de la filosofía. Es un corolario obvio de la psicología descriptiva de W y S que son los automatismos inconscientes del sistema 1 los que dominan y describen el comportamiento y que los posteriores evolucionaron las disposiciones conscientes (pensar, recordar, amar, desear, lamentar, etc.) son la mera guinda del pastel. Esto es más llamativo por la última psicología experimental, algunos de los cuales está muy bien resumido por Kahneman en el libro citado (véase, por ejemplo, el capítulo "dos yos", pero por supuesto hay un gran volumen de trabajo reciente que no cita y un flujo interminable de pop un d publicación de libros Pro). Es una visión fácilmente defendible que la mayor parte de la literatura floreciente sobre las ilusiones cognitivas, los automatismos y el pensamiento de orden superior es totalmente compatible con y directamente discutible de W.

Con respecto a mi visión de W como el principal pionero en EP, parece que nadie se ha dado cuenta de que muy claramente explicó varias veces específicamente y muchas veces de paso, la psicología detrás de lo que más tarde se conoció como la prueba de Wason—por mucho tiemp un pilar de la investigación EP.

Por último, permítanme sugerir que con esta perspectiva, W no es oscuro, difícil o irrelevante, sino centelleante, profundo y cristalino, que escribe aforísticamente y telegráficamente porque pensamos y nos comportamos de esa manera, y que echarlo de menos es perderse una de las mayores aventuras intelectuales posibles.

Ahora que tenemos un comienzo razonable en la estructura lógica de la racionalidad (la psicología descriptiva del pensamiento de orden superior), podemos ver la tabla de intencionalidad que resulta de esta obra, que he construido en los últimos años. Se basa en una mucho más simple de Searle, que a su vez le debe mucho a Wittgenstein. También he incorporado en las tablas de forma modificada que son utilizados por los investigadores actuales en la psicología de los procesos de pensamiento que se evidencian en las últimas 9 filas. Debería resultar interesante compararlo con los 3 volúmenes recientes de Peter hacker en Human Nature. Ofrezco esta tabla como una heurística para describir el comportamiento que encuentro más completo y útil que cualquier otro marco que he visto y no como un análisis final o completo, que tendría que ser tridimensional con cientos (al menos) de flechas que van en muchos direcciones con muchas (tal vez todas) vías entre S1 y S2 siendo bidireccional. Además, la distinción entre S1 y S2, cognición y voluntad, percepción y memoria, entre sentimiento, saber, creer y esperar, etc. son arbitrarias--es decir, como demostró W, todas las palabras son contextualmente sensibles y la mayoría tienen varios diferentes usos (significados o COS). Muchos gráficos complejos han sido publicados por los científicos, pero los encuentro de utilidad mínima cuando se piensa en el comportamiento (en contraposición a pensar en la función cerebral). Cada nivel de descripción puede ser útil en ciertos contextos, pero me parece que ser más grueso o más fino limita la utilidad.

La estructura lógica de la racionalidad (LSR), o la estructura lógica de la mente (LSM), la estructura lógica del comportamiento (LSB), la estructura lógica del pensamiento (LST), la estructura lógica de la conciencia (LSC), la estructura lógica de la personalidad (LSP), el Psicología descriptiva de la conciencia (DSC), la psicología descriptiva del pensamiento de orden superior (DPHOT), la intencionalidad-el término filosófico clásico.

El sistema 1 es involuntario, reflexivo o automatizado "reglas" R1 mientras pensar (cognición) no tiene lagunas y es voluntario o deliberativo "reglas" R2 y (Willing) (Volition) (voluntad) tiene 3 lagunas (ver Searle)

Sugiero que podamos describir el comportamiento más claramente cambiando "imponer condiciones de satisfacción en las condiciones de satisfacción" de Searle a "relacionar los Estados mentales con el mundo moviendo los músculos" — es decir, hablar, escribir y hacer, y su "mente al mundo Dirección de ajuste "y" la dirección del mundo a la mente de ajuste "por" causa se origina en la mente "y" la causa se origina en el mundo "S1 sólo es causal ascendente (mundo a la mente) y sin contenido (falta de representaciones o información) mientras que S2 tiene contenido y es causal descendente (mente a mundo). He adoptado mi terminología en esta tabla.

He hecho una explicación detallada de esta tabla en mis otros escritos.

DESDE EL ANALISIS DE LOS JUEGOS DE IDIOMAS

	Disposición	Emoción	Memoria	Percepción	Deseo	PI * *	IA * * *	Acción/Palabra
Causa origina de * * * *	Mundo	Mundo	Mundo	Mundo	Mente	Mente	Mente	Mente
Provoca cambios en * * * * *	Ninguno	Mente	Mente	Mente	Ninguno	Mundo	Mundo	Mundo
Causalmente Auto Reflexivo * * * * * *	No	Sí	Sí	Sí	No	Sí	Sí	Sí
Verdadero o falso (Comprobable)	Sí	T sólo	T sólo	T sólo	Sí	Sí	Sí	Sí
Condiciones públicas de satisfacción	Sí	Sí/No	Sí/No	No	Sí/No	Sí	No	Sí
Describir Un estado mental	No	Sí	Sí	Sí	No	No	Sí/No	Sí
Prioridad evolutiva	5	4	2, 3	1	5	3	2	2
Contenido voluntario	Sí	No	No	No	No	Sí	Sí	Sí
Iniciación voluntaria	Sí/No	No	Sí	No	Sí/No	Sí	Sí	Sí
Sistema cognitivo * * * * * * *	2	1	2/1	1	2/1	2	1	2
Cambiar intensidad	No	Sí	Sí	Sí	Sí	No	No	No
Duración precisa	No	Sí	Sí	Sí	No	No	Sí	Sí
Aquí y Ahora o Allá y Luego (H + N, T + T) * * * * * * * *	TT	HN	HN	HN	TT	TT	HN	HN
Calidad especial	No	Sí	No	Sí	No	No	No	No
Localizado en Cuerpo	No	No	No	Sí	No	No	No	Sí
Las expresiones corporales	Sí	Sí	No	No	Sí	Sí	Sí	Sí
Autocontradicciones	No	Sí	No	No	Sí	No	No	No
Necesita un yo	Sí	Sí/No	No	No	Sí	No	No	No
Necesita lenguaje	Sí	No	No	No	No	No	No	Sí/no

DE LA INVESTIGACIÓN DE DECISIONES

	Disposición	Emoción	Memoria	Percepción	Deseo	PI **	IA ***	Acción/ Palabra
Efectos subliminales	No	Sí/No	Sí	Sí	No	No	No	Sí/No
Asociativa Basada en reglas	RB	A/RB	A	A	A/RB	RB	RB	RB
Dependiente del contexto/ Abstracto	A	CD/A	CD	CD	CD/A	A	CD/A	CD/A
Serie/Paralelo	S	S/P	P	P	S/P	S	S	S
Heurístico Analítica	A	H/A	H	H	H/A	A	A	A
Necesita trabajar Memoria	Sí	No	No	No	No	Sí	Sí	Sí
Dependiente general de la inteligencia	Sí	No	No	No	Sí/No	Sí	Sí	Sí
La carga cognitiva Inhibe	Sí	Sí/No	No	No	Sí	Sí	Sí	Sí
Excitación facilita o inhibe	I	F/I	F	F	I	I	I	I

Condiciones públicas de satisfacción de S2 son a menudo referidos por Searle y otros como COS, representaciones, creadores de la verdad o significados (o COS2 por mí mismo), mientras que los resultados automáticos de S1 son designados como presentaciones por otros (o COS1 por mí mismo).

*   **Aka inclinaciones, capacidades, preferencias, representaciones, posibles acciones, etc.**

**   **Las intenciones previas de Searle**

***   **La intención de Searle en acción**

****   **Dirección de ajuste de Searle**

Dirección de Causalidad de Searle

(Crea instancias de estado mental: causa o cumple). Searle anteriormente llamó a esta causalmente autorreferencial.

Tversky/Kahneman/Frederick/Evans/Stanovich definió los sistemas cognitivos.

Aquí y ahora o allí y luego

Uno siempre debe tener en cuenta el descubrimiento de Wittgenstein que después de haber descrito los posibles usos (significados, los creadores de la verdad, condiciones de satisfaccion de lenguaje en un determinado contexto, hemos agotado su interés, y los intentos de explicación (es decir, filosofía) sólo nos alejan de la verdad. Es fundamental tener en cuenta que esta tabla es sólo una heurística libre de contexto muy simplificada y cada uso de una palabra debe examinarse en su contexto. El mejor examen de la variación de contexto está en los últimos 3 volúmenes de Peter hacker en la naturaleza humana, que proporcionan numerosas tablas y gráficos que se deben comparar con este.

Aquellos que deseen una cuenta completa hasta la fecha de Wittgenstein, Searle y su análisis del comportamiento de la moderna vista de dos sistemas pueden consultar a mi Libro La estructura lógica de la filosofía, la psicología, la mente y el lenguaje revelada en Wittgenstein y Searle 2Nd Ed (2019).

Ahora, para algunos comentarios sobre el PNC de Searle. Los ensayos en PNC en su mayoría ya están publicados durante la última década (aunque algunos han sido actualizados), junto con un artículo inédito, y nada aquí vendrá como una sorpresa para aquellos que han mantenido su trabajo. Al igual que W, se le considera por muchos como el mejor filósofo leventate de su tiempo y su obra escrita es sólida como una roca y pionera en todo. Sin embargo, su fracaso para tomar la W más tarde lo suficientemente seriamente conduce a algunos errores y confusiones.

En P7 señala dos veces que nuestra certeza sobre los hechos básicos se debe al abrumador peso de la razón que respalda nuestras afirmaciones, pero W demostró definitivamente en ' On Certainty '(Sobre Certeza) que no hay posibilidad de dudar de la verdadera estructura axiomática de nuestro sistema 1 percepciones, recuerdos y pensamientos, ya que es en sí la base para el juicio y no puede ser juzgado. En la primera frase del P8 nos dice que la certeza es revisable, pero este tipo de ' certeza ', que podríamos llamar Certainty2, es el resultado de extender nuestra certeza axiomática y no revisable (Certainty1) a través de la experiencia y es completamente diferente, ya que es proposicional (verdadero o falso). Este es, por supuesto, un ejemplo clásico de la "batalla contra la hechizamiento de nuestra inteligencia por el lenguaje" que W demostró una y otra vez. Una palabra-dos (o muchos) usos distintos.

En P10 él reprende a W por su antipatía a la teoría, pero como he señalado anteriormente, ' teorizar ' es otro juego de idiomas (LG) y hay un vasto abismo entre una descripción general del comportamiento con pocos ejemplos bien elaborados y uno que emerge de un gran número de tal que me s no están sujetos a muchos contraejemplos. La evolución en sus primeros días fue una teoría con pocos ejemplos claros, pero pronto se convirtió en un resumen de un vasto cuerpo de ejemplos y una teoría en un sentido bastante diferente. de la misma manera, con una teoría que uno podría hacer como un resumen de mil páginas de ejemplos de W y una resultante de diez páginas.

Otra vez, en P12, ' consciencia ' es el resultado del funcionamiento automatizado del sistema 1 que es ' subjetivo ' en varios sentidos muy diferentes, y no, en el caso normal, una cuestión de evidencia, sino una comprensión verdadera en nuestro proplo caso y una percepción real en el caso de Otros.

Al leer P13 pensé: "¿puedo sentir un dolor insoportable y seguir como si nada estuviera

47

mal?" ¡No! — Esto no sería «dolor» en el mismo sentido. "La experiencia interna está en necesidad de criterios externos" W, y Searle parece perderse esto. Véase W o Johnston.

Al leer las próximas páginas, Sentí que W tiene una comprensión mucho mejor de la conexión mente/idioma, ya que los considera como sinónimo en muchos contextos, y su trabajo es una brillante exposición de la mente como ejemplificado en numerosos ejemplos perspicaces de uso del lenguaje. Como se ha citado anteriormente, "ahora bien, si no son las conexiones causales que nos preocupan, entonces las actividades de la mente están abiertas ante nosotros." Y como se explicó anteriormente, siento que las preguntas con las que S termina la sección 3 se responden en gran medida al considerar el OC de W desde el punto de vista de los dos sistemas. de la misma manera, para la sección 6 sobre la filosofía de la ciencia. Rodych ha hecho un artículo sobre Popper vs W que me pareció excelente en el momento, pero tendré que releer para asegurarme. Por último, en P25, uno puede negar que cualquier revisión de nuestros conceptos (juegos de idiomas) de causalidad o libre voluntad son necesarias o incluso posibles. Puede leer cualquier página de W por las razones. Una cosa es decir cosas extrañas sobre el mundo usando ejemplos de la mecánica cuántica, la incertidumbre, etc., pero es otro decir algo relevante para nuestro uso normal de las palabras.

En P31, 36 etc., nos encontramos de nuevo con los problemas incesantes (en la filosofía y la vida) de palabras idénticas que pasando pro alto sobre las enormes diferencias en LG de ' creencia ', ' ver ', etc., como se aplica a S1 que se compone de Estados mentales en el presente sólo, y S2 que no es. El resto del capítulo resume su trabajo sobre ' pegamento social ' que, desde un EP, perspectiva de Wittgensteinian, es las acciones rápidas automáticas de S1 produciendo las disposiciones lentas de S2 que se expanden inexorablemente y universalmente durante el desarrollo personal en un amplia gama de relaciones deonticas inconscientes automáticas con otros, y arbitrariamente en las variaciones culturales en ellos.

Los capítulos 3 a 5 contienen sus argumentos bien conocidos en contra de la visión mecánica de la mente que me parece definitiva. He leído libros enteros de respuestas a ellos y estoy de acuerdo con S que todos se pierden los muy simples puntos lógicos (psicológicos) que hace (y que, en general, W hizo medio siglo antes de que hubiera computadoras). Para ponerlo en mis términos, S1 se compone de inconsciente, rápidos, físicos, causales, automáticos, no proposicionales, verdaderos sólo Estados mentales, mientras que el S2 lento sólo puede describirse coherentemente en términos de razones de acciones que son más o menos disposiciones conscientes del comportamiento (acciones potenciales) que son o pueden llegar a ser proposicional (T o F). Las computadoras y el resto de la naturaleza sólo tienen intencionalidad derivada que depende de nuestra perspectiva, mientras que los animales superiores tienen intencionalidad primaria que es independiente de la perspectiva. Como S y W aprecian, la gran ironía es que estas reducciones materialistas o mecánicas de la psicología se disfrazan como ciencia de vanguardia, pero en realidad son totalmente anti-científicas. La filosofía (psicología descriptiva) y la psicología cognitiva (liberada de la superstición) se están convirtiendo en un guante de la mano y es Hofstadter, Dennett, Kurzweil, etc., que se quedan fuera en el frío.

La página 62 resume muy bien uno de sus argumentos, pero P63 muestra que todavía no ha dejado de hablar de la pizarra en blanco, ya que trata de explicar las tendencias en la sociedad en términos de las extensiones culturales de S2. Como lo hace en muchos otros lugares en sus escritos, él da razones culturales, históricas para el conductismo, pero me parece bastante obvio (ya que era a W) que la visión mecánica de la mente existe por la misma razón que casi todos los comportamientos-es la operación por defecto de nuestro EP que busca explicaciones en términos de lo que podemos pensar deliberadamente a través de lentamente, en lugar de en el S1 automatizado, del que en su mayoría permanecemos ajenos (es decir, una instancia de lo que Searle tiene el nombre "la ilusión fenomenológica). Otra vez, en p65 encuentro la descripción de W de nuestra psicología heredada axiomática y sus extensiones en su OC y otras obras que son más profundas que S (o de cualquiera), por lo que no somos seguro que los perros son conscientes, pero más bien no está claro qué duda significa (¿qué COS hay allí que pueda hacerlo falso?).

Capítulo 5 muy bien demolida CTM, LOT etc., señalando que ' computación ', ' información ', "sintaxis", "algoritmo", "lógica", "programa", etc., son términos relativos a los observadores (es decir, psicológicos) y no tienen un significado físico o matemático en este sentido psicológico, pero por supuesto hay otros sentidos que se han dado recientemente ya que la ciencia ha Desarrollado. Una vez más, la gente está embrujada por el uso de la misma palabra para ignorar esa gran diferencia en su uso (significado). Todas las extensiones del clásico Wittgenstein, y recomiendo los papeles de Hutto también.

El capítulo 6 "la ilusión fenomenológica" (TPI) es, con mucho, mi favorito y, a la vez que demoler Fenomenología, muestra tanto sus habilidades lógicas supremas como su fracaso para captar todo el poder de la W más tarde, y el gran valor heurístico de la reciente investigación psicológica sobre los dos mismos. Es claro como el cristal que TPI es debido a la obliviosidad a los automatismos de S1 y a tomar el pensamiento consciente lento del S2 como no sólo primario sino como todo lo que hay. Este es el clásico ceguera de pizarra en blanco. También está claro que W mostró esto unos 60 años antes y también dio la razón de ello en la primacía de la verdadera-sólo inconsciente red axiomática automática de nuestro sistema innato 1. Como muchos otros, Searle baila a su alrededor, pero nunca llega. Muy aproximadamente, con respecto a las características "independientes de los observadores" del mundo como las características S1 y "dependientes de los observadores" como S2 deberían ser muy reveladoras. Como S notas, Heidegger y los demás tienen la ontología exactamente al revés, pero por supuesto lo hace casi todo el mundo debido a los valores predeterminados de su EP.

Pero lo realmente importante es que S no da el siguiente paso para darse cuenta de que TPI no es sólo una falla de unos pocos filósofos, sino una ceguera universal a nuestro EP que está incorporada en EP. En realidad, lo declara en casi estas palabras en un punto, pero si realmente lo consiguió, ¿cómo podría dejar de señalar sus inmensas implicaciones para el mundo.

Con raras excepciones (por ejemplo, las Jaina Tirthankaras que se remonta a más de 5000 años a los inicios de la civilización Indus y más recientemente y notablemente Osho, Buda, Jesús, Bodhidharma, da Free John etc., todos somos títeres de carne tropezando a través de la vida en nuestro Misión genéticamente programada para destruir la tierra. Nuestra casi total preocupación con el uso de la segunda personalidad auto S2 para complacer las gratificaciones infantiles de S1 está creando el infierno en la tierra. Al igual que con todos los organismos, sólo se trata de la reproducción y la acumulación de recursos para ello. Sí, mucho ruido sobre el calentamiento global y el inminente colapso de la civilización industrial en el próximo siglo, pero nada es probable que lo detenga. S1 escribe la reproducción y S2 lo actúa. Dick y Jane sólo quieren jugar a la casa-esta es mamá y este es papá y esto y esto y esto es el bebé. Tal vez uno podría decir que TPI es que somos humanos y no sólo otro primate.

El capítulo 7 sobre la naturaleza del yo es bueno, pero nada realmente me pareció nuevo. El capítulo 8 sobre el dualismo de la propiedad es mucho más interesante, aunque sobre todo un refrito de su trabajo anterior. La última de sus citas de apertura arriba resume esto, y por supuesto la insistencia en la naturaleza crítica de la ontología en primera persona es totalmente Wittgensteinian. El único gran error que veo es su pizarra en blanco o tipo (cultural) de explicación en p 158 para los errores de dualismo, cuando en mi opinión, es claramente otro caso de TPI — un error que él (y casi todos los demás) ha hecho muchas veces, y se repite en p177 etc., en el capítulo 9, de lo contrario, magnífico. Los genes programa S1 que (en su mayoría) tira de las cuerdas (contrae los músculos) de los títeres de carne a través de S2. Fin de la historia. Otra vez, necesita leer mis comentarios en el OC de W por lo que cambia la "buena razón para creer" en la parte inferior de p171 y la parte superior de P172 a "sabe" (en el sentido verdadero es decir, K1).

Se vuelve a hacer un punto crítico en p169. "Así, decir algo y significa que implica dos condiciones de satisfacción. En primer lugar, la condición de satisfacción de que se produzca la expresión, y segundo, que la propia expresión tendrá condiciones de satisfacción. " Una forma de hablar de esto es que el sistema automático inconsciente 1 activa la mayor personalidad de conciencia cortical del sistema 2, trayendo consigo contracciones musculares de la garganta que informan a otros que ve el mundo de ciertas maneras, que lo comprometen a potencial Acciones. Un gran avance sobre las interacciones prelingüísticas o protolingüísticas en las que sólo los movimientos musculares brutos pudieron transmitir información muy limitada sobre las intenciones y S hace un punto similar en el capítulo 10.

Su último capítulo "la unidad de la Proposición" (anteriormente inédito) también se beneficiaría en gran medida de la lectura de W "en la certeza" o de los dos libros de DMS sobre OC (ver mis comentarios), ya que hacen claro la diferencia entre verdaderas sólo frases que describen S1 y verdadero o falso proposiciones que describen S2. Esto me parece un enfoque muy superior a S tomando percepciones S1 como proposicional ya que sólo se convierten en T o F después de que uno comienza a pensar en ellos en S2. Sin embargo, su punto de que las proposiciones permiten declaraciones de la verdad y la falsedad real o potencial, del pasado y del futuro y de la fantasía, y por lo tanto proporcionar un gran avance sobre la sociedad pre o protolingüística, es convincente. Como dice, "una proposición es cualquier cosa que pueda determinar una condición de satisfacción... y una condición de satisfacción... es que tal y tal es el caso. " O, uno necesita agregar, que podría ser o podría haber sido o podría ser imaginado para ser el caso.

En general, PNC es un buen Resumen de los muchos avances sustanciales sobre Wittgenstein resultantes del medio siglo de trabajo de S, pero en mi opinión, W todavía es inigualable una vez que se comprende lo que está diciendo. Idealmente, deben leerse juntos: Searle para la clara prosa y generalizaciones coherentes, ilustradas con los ejemplos perspicaces de W y aforismos brillantes. Si yo fuera mucho más joven escribiría un libro haciendo exactamente eso.

Reseña de 'Wittgenstein's Metaphilosophy' de Paul Horwich 248p (2013) (revisión revisada 2019)

Michael Starks

Abstracto

Horwich da un buen análisis de Wittgenstein (W) y es un erudito líder de W, pero en mi opinión, todos se quedan cortos de una apreciación completa, como explico extensamente en esta revisión y muchos otros. Si uno no entiende W (y preferiblemente Searle también) entonces no veo cómo uno podría tener más que una comprensión superficial de la filosofía y del pensamiento de orden superior y por lo tanto de todo el comportamiento complejo (psicología, sociología, Antropología, historia, literatura, sociedad). En pocas palabras, W demostró que cuando se ha demostrado cómo se utiliza una frase en el contexto de interés, no hay nada más que decir. Comenzaré con algunas citas notables y luego daré lo que creo que son las consideraciones mínimas necesarias para entender Wittgenstein, la filosofía y el comportamiento humano.

En primer lugar se puede notar que poner "meta" delante de cualquier palabra debe ser sospechoso. W comentó, por ejemplo, que la metamatemática es matemática como cualquier otra. La noción de que podemos salir de la filosofía (es decir, la psicología descriptiva del pensamiento de mayor orden) es en sí misma una profunda confusión. Otra irritación aquí (y a lo largo de la escritura académica durante las últimas 4 décadas) es el sexismo lingüístico inverso constante de "ella" y "ella" y "ella" o "él/ella" etc., donde "ellos" y "ellos" y "ellos" harían bien. de la misma manera, la utilización de la palabra francesa «repertorio», en la que el repertorio inglés «repertorios» será bastante bueno. La deficiencia principal es el fracaso completo (aunque muy común) para emplear lo que veo como la vista de dos sistemas enormemente potente e intuitiva de HOT y el marco de Searle que he descrito anteriormente. Esto es especialmente conmovedor en el capítulo sobre el significado de P111 et seq. (especialmente en las notas al pie de página 2-7), donde nadamos en agua muy fangosa sin el marco de automatizado verdadero sólo S1, proposicional disposicional S2, COS etc. Uno también puede obtener una mejor vista de lo interno y lo externo mediante la lectura, por ejemplo, Johnston o Budd (ver mis comentarios). Horwich sin embargo hace muchos comentarios incisivos. Me gustó especialmente su Resumen de la importación de la postura anti-teórica de W en p65. Él necesita dar más énfasis a ' on certidumbre ', recientemente el tema de mucho esfuerzo por Daniele Moyal-Sharrock, Coliva y otros y resumidos en mis recientes artículos.

Horwich es de primera, y su trabajo vale la pena el esfuerzo. Uno espera que él (y todo el mundo) estudiarán Searle y algunos psicología moderna, así como Hutto, Read,

Hutchinson, Stern, Moyal-Sharrock, paseo, hacker y Baker, etc. para lograr una visión amplia y moderna del comportamiento. La mayoría de sus documentos están en academia.edu y philpapers.org, pero para PMS hacker ver http://info.sjc.ox.ac.uk/scr/hacker/DownloadPapers.html.

Él da uno de los más bellos resúmenes de donde un entendimiento de Wittgenstein nos deja que he visto nunca.

"No debe haber ningún intento de explicar nuestra actividad lingüística/conceptual (PI 126) como en la reducción de la aritmética a la lógica de Frege; ningún intento de darle fundamentos epistemológicos (PI 124) como en cuentas basadas en el significado de conocimiento a priori; ningún intento de caracterizar las formas idealizadas de la misma (PI 130) como en lógica lógica; ningún intento de reformarlo (PI 124, 132) como en la teoría de errores de Mackie o el intuicionismo de Dummett; ningún intento de racionalizarlo (PI 133) como en el relato de la existencia de Quine; ningún intento de hacerla más consistente (PI 132) como en la respuesta de Tarski a las paradojas de los mentiroso; y ningún intento de hacerla más completa (PI 133) como en el asentamiento de preguntas de identidad personal para escenarios de "teletransportación" extravagantes e hipotéticos. "

Por último, permítanme sugerir que con la perspectiva que he animado aquí, W está en el centro de la filosofía y la psicología contemporánea y no es oscura, difícil o irrelevante, pero centelleante, profunda y cristalina y que perderse es perderse uno de los mayores aventuras intelectuales posibles.

Aquellos que deseen un marco completo hasta la fecha para el comportamiento humano de la moderna dos sistemas punto de vista puede consultar mi libro 'La Estructura Lógica de la Filosofía, la Psicología, la Mente y Lenguaje en Ludwig Wittgenstein y John Searle ' 2nd ED (2019). Los interesados en más de mis escritos pueden ver 'Monos parlantes--filosofía, psicología, ciencia, religión y política en un planeta condenado--artículos y reseñas 2006-2019 3rd ED (2019) y delirios utópicos suicidas en el 21St Century 4TH Ed (2019) y otras.

Horwich da un buen análisis de Wittgenstein (W) y es un erudito líder de W, pero en mi opinión, todos se quedan cortos de una apreciación completa, como explico extensamente en esta revisión y muchos otros. Si uno no entiende W (y preferiblemente Searle también) entonces no veo cómo uno podría tener más que una comprensión superficial de la filosofía y del pensamiento de orden superior y por lo tanto de todo comportamiento complejo (psicología, sociología, Antropología, historia, literatura, sociedad). En pocas palabras, W demostró que cuando se ha demostrado cómo se utiliza una frase en el contexto de interés, no hay nada más que decir.

Comenzaré con algunas citas notables y luego daré lo que creo que son las consideraciones mínimas necesarias para entender Wittgenstein, la filosofía y el comportamiento humano.

"La confusión y el esterilidad de la psicología no debe explicarse llamándola" ciencia joven "; su estado no es comparable con el de la física, por ejemplo, en sus inicios. (Más bien con el de ciertas ramas de las matemáticas. Establecer teoría.) En Psicología hay métodos experimentales y confusión conceptual. (Como en el otro caso, confusión conceptual y métodos de prueba). La existencia del método experimental nos hace pensar que tenemos los medios para resolver los problemas que nos molesten; Aunque el problema y el método pasan entre sí por. " Wittgenstein (PI p. 232)

"Los filósofos ven constantemente el método de la ciencia ante sus ojos y son irresistiblemente tentados a preguntar y responder preguntas en la forma en que la ciencia lo hace. Esta tendencia es la verdadera fuente de la metafísica y lleva al filósofo a una completa oscuridad. " (BBB P18).

"Pero no he tenido mi imagen del mundo satisfaciendo su corrección: ni la tengo porque estoy satisfecho de su corrección. No: es el trasfondo heredado en el que distingo entre verdadero y falso. " Wittgenstein OC 94

"El objetivo de la filosofía es levantar una pared en el punto donde el lenguaje se detiene de todos modos." Ocasiones filosóficas de Wittgenstein p187

"El límite del lenguaje se demuestra por su imposibilidad de describir un hecho que corresponde a (es la traducción de) una frase sin simplemente repetir la frase..." Wittgenstein CV P10

"Si tenemos en cuenta la posibilidad de una imagen que, aunque correcta, no tiene similitud con su objeto, la interpolación de una sombra entre la oración y la realidad pierde todo punto. Por ahora, la frase en sí puede servir como una sombra. La frase es sólo una imagen, que no tiene la menor similitud con lo que representa. " BBB P37

"Así, podemos decir de algunos matemáticos filosofar que obviamente no son conscientes de los muchos usos diferentes de la palabra "prueba; y que no son claros acerca de las diferencias entre los usos de la palabra "kind" {tipo}, cuando hablan de tipos de números, tipos de pruebas, como si la palabra "tipo" aquí significaba lo mismo que en el contexto "tipos de manzanas." O, podemos decir, que no son conscientes de los diferentes significados de la palabra "descubrimiento" cuando en un caso hablamos del descubrimiento de la construcción del Pentágono y en el otro caso del descubrimiento del Polo Sur. " BBB P29

Estas citas no se eligen al azar, pero (junto con las otras en mis reseñas) son un esquema de comportamiento (naturaleza humana) de nuestros dos mejores psicólogos descriptivas. Al considerar estos asuntos debemos tener en cuenta que la filosofía es la psicología descriptiva del pensamiento de orden superior (HOT), que es otro de los hechos obvios que son totalmente ignorados – es decir, nunca lo he visto claramente declarado en cualquier lugar.

Aquí es cómo el erudito principal de Wittgenstein resumió su trabajo: "Wittgenstein resolvió muchos de los profundos problemas que han molestado a nuestro sujeto durante siglos, a veces de hecho durante más de dos milenios, problemas sobre la naturaleza de la representación lingüística, Acerca de la relación entre el pensamiento y el lenguaje, sobre el solipsismo y el idealismo, el autoconocimiento y el conocimiento de otras mentes, y sobre la naturaleza de la verdad necesaria y de las proposiciones matemáticas. Aró el suelo de la filosofía europea de la lógica y el lenguaje. Nos dio una novela e inmensamente fructífera variedad de ideas sobre la filosofía de la psicología. Intentó revoque siglos de reflexión sobre la naturaleza de las matemáticas y la verdad matemática. Socavó la epistemología de los foundacionalistas. Y nos legó una visión de la filosofía como una contribución no al conocimiento humano, sino a la comprensión humana – comprensión de las formas de nuestro pensamiento y de las confusiones conceptuales en las que estamos obligados a caer. " — Peter hacker--' la interpretación tardía de Gordon Baker de Wittgenstein '

Añadiría que W fue el primero (por 40 años) para describir clara y extensamente los dos sistemas de pensamiento--rápido automático prelingüístico S1 y la disposicional lenta reflexional del aparato. Explicó cómo el comportamiento sólo es posible con un vasto fondo heredado que es la base axiomática para juzgar y no se puede dudar o juzgar, por lo que voluntad (elección), la conciencia, el yo, el tiempo y el espacio son innatas verdaderos axiomas. Discutió muchas veces lo que ahora se conoce como teoría de la mente, framing (enmarcado) y las ilusiones cognitivas. Frecuentemente explicaba la necesidad de los antecedentes innatos y demostraba cómo generaba comportamiento. Describió la psicología detrás de lo que más tarde se convertiría en la prueba de Wason, una medida fundamental utilizada en la investigación EP décadas después. Señaló la naturaleza indeterminada del lenguaje y la naturaleza del juego de la interacción social. Examinó en miles de páginas y cientos de ejemplos cómo nuestras experiencias mentales internas no son describible en el lenguaje, esto es posible sólo para el comportamiento público con un lenguaje público (la imposibilidad del idioma privado). Por lo tanto, puede ser visto como el primer psicólogo evolutivo.

Al pensar en Wittgenstein, a menudo recuerdo el comentario atribuido al profesor de filosofía de Cambridge, C.D. Broad (que no entendía ni le gustaba). "¡ no ofrecer la Cátedra de filosofía a Wittgenstein sería como no ofrecer la silla de la física a Einstein!" Pienso en él como el Einstein de la psicología intuitiva. Aunque nació diez años más tarde, también estaba tramando ideas sobre la naturaleza de la realidad casi al mismo tiempo y en la misma parte del mundo y como Einstein casi muere en WW1. Ahora Supongamos que Einstein era un suicida homosexual recluso con una personalidad difícil que publicó una sola versión temprana de sus ideas que se confundieron y a menudo se equivocaron, pero se volvieron mundialmente famosas; cambiado por completo sus ideas, pero durante los próximos 30 años publicó nada más, y el conocimiento de su nueva obra, en forma mayormente confusa, se difundo lentamente de conferencias ocasionales y notas de los estudiantes; que murió en 1951 dejando atrás más de 20.000 páginas de garabatos en su mayoría escritos a mano en alemán, compuesto de oraciones o párrafos breves con, a menudo, sin relación clara con las oraciones antes o después; que escribió en un estilo socrático con 3 personas distintas en el diálogo (en realidad sus escritos deben llamarse trialogues, aunque parezco ser el único en usar este término)— el narrador, el interlocutor y el comentarista (por lo general la opinión de W) cuyos comentarios fueron mezclados por la mayoría de los lectores, por lo tanto vitando completamente todo el empuje elucidatorio y terapéutico, que estos fueron cortados y pegados de otros cuadernos escritos años anteriormente con notas en los márgenes, bajo forros y palabras tachadas, de modo que muchas oraciones tienen múltiples variantes; que sus ejecutivos literarios cortan esta masa indigerible en pedazos, dejando fuera lo que deseaban y luchando con la monstruosa tarea de captar el significado correcto de las oraciones que transmiten opiniones totalmente novedosas sobre cómo funciona el universo y que luego publicó este material con lentitud agonizante (no terminado después de medio siglo) con prefacios que no contenían ninguna explicación real de lo que se trataba; que se hizo tan notorio como famoso debido a muchas afirmaciones de que toda la física anterior era un error e incluso tonterías, y que virtualmente nadie entendía su trabajo, a pesar de cientos de libros y decenas de miles de artículos que lo discutían; que muchos físicos sabían sólo sus primeros trabajos en los que había hecho una suma definitiva de la física newtoniana declaró en forma extremadamente abstracta y condensada que era difícil decidir lo que se decía; que fue virtualmente olvidado y que la mayoría de los libros y artículos sobre la naturaleza del mundo y los diversos temas de la física moderna sólo habían pasado y por lo general las referencias erróneas a él, y que muchos lo omitieron por completo; que hasta el día de hoy, más de medio siglo después de su muerte, sólo había un puñado de personas que realmente captó las consecuencias monumentales de lo que había hecho. Esto, supongo, es precisamente la situación con Wittgenstein.

Antes de remarcar en este libro, primero voy a ofrecer algunos comentarios sobre la filosofía y su relación con la investigación psicológica contemporánea como ejemplificada en las obras de Searle (S), Wittgenstein (W), hacker (H) et al. Ayudará a ver mis reseñas de PNC (filosofía en un nuevo siglo), TLP, PI, OC, haciendo el mundo social (MSW) y otros libros por y acerca de estos genios, que proporcionan una descripción clara del comportamiento de orden superior no encontrado en los libros de psicología, que me referiremos como el WS Marco de referencia. Un tema importante en todas las discusiones sobre el comportamiento humano es la necesidad de separar los automatismos genéticamente programados de los efectos de la cultura. Todo estudio de comportamiento de orden superior es un esfuerzo para burlarse no sólo rápido S1 y lento pensamiento S2-por ejemplo, percepciones y otros automatismos frente a disposiciones, pero las extensiones de S2 en la cultura (S3). El trabajo de Searle en su conjunto proporciona una descripción impresionante del comportamiento social S2/S3 de orden superior, mientras que el W posterior muestra cómo se basa en axiomas inconscientes sólo verdaderos de S1 que evolucionaron en el pensamiento de proposicional disposicional consciente de S2.

S1 es las funciones automatizadas simples de nuestro involuntario, sistema 1, pensamiento rápido, neurona espejo, verdadero-sólo, no proposicional, Estados mentales prelingüísticos-nuestras percepciones y recuerdos y actos reflexivos incluyendo Sistema 1 verdades y UA1--comprensión de Agencia 1--y Emotions1-como la alegría, el amor, la ira) que pueden describirse causalmente, mientras que las funciones lingüísticas evolutivamente posteriores son expresiones o descripciones de

56

voluntariado, sistema 2, pensamiento lento, mentalización de las neuronas. Es decir, de comprobables verdadero o falso, proposicional, Truth2 y los UA2 y Emotions2 (alegría, amor, odio) -el disposicional (y a menudo contrafáctual) imaginando, suponiendo, pretendiendo, pensando, conociendo, creyendo, etc. que sólo se puede describir en términos de razones (es decir, es sólo un hecho que intenta describir el sistema 2 en términos de Neuroquímica, atómica física, matemáticas, no tienen sentido-ver W, S, hacker, etc.).

"Muchas palabras entonces en este sentido, entonces no tienen un significado estricto. Pero esto no es un defecto. Pensar que es sería como decir que la luz de mi lámpara de lectura no es realmente luz en absoluto porque no tiene un límite agudo. " BBB P27

"El origen y la forma primitiva del juego de la lengua es una reacción; sólo de esto pueden desarrollarse formas más complicadas. El lenguaje--quiero decir--es un refinamiento. "Al principio estaba la escritura." CV P31

"Imagina a una persona cuya memoria no podía retener lo que significaba la palabra" dolor "-para que constantemente llamaba a cosas diferentes con ese nombre-pero sin embargo usó la palabra de una manera que encaja con los síntomas usuales y las presuposiciones de la palabra" pain" {dolor)-en pocas palabras lo usó como que todos hacemos. "
PI P271

"Cada signo es capaz de interpretar, pero el significado no debe ser capaz de interpretar. Es es la última interpretación "BBB P34

"Hay una especie de enfermedad general de pensamiento que siempre busca (y encuentra) lo que se llamará un estado mental del cual todos nuestros actos brotan, como de un embalse." BBB p143

"Y el error que aquí y en mil casos similares están inclinados a hacer está etiquetado por la palabra" hacer "como lo hemos usado en la frase" no es un acto de perspicacia que nos hace usar la regla como lo hacemos ", porque hay una idea de que "algo debe hacernos" hacer lo que hacemos. Y esto de nuevo se une a la confusión entre la causa y la razón. No necesitamos tener ninguna razón para seguir la regla como nosotros. La cadena de razones tiene un fin. " BBB p143

Las palabras de disposición tienen al menos dos usos básicos. Uno es un uso filosófico peculiar (pero se gradúa en los usos cotidianos) que se refiere a las oraciones verdaderas sólo resultantes de la percepción directa y la memoria, es decir, nuestra psicología axiomática S1 innata (' sé que estas son mis manos ')-es decir, son Causalmente Auto Referencial (CSR)-llamado reflexivo o intransigente en BBB), y el uso de S2, que es su uso normal como disposiciones, que puede ser actuado hacia fuera, y que puede llegar a ser verdadero o falso (' yo sé mi camino a casa ')-es decir, tienen condiciones de satisfacción (COS) y no son CSR (llamado transitivo en BBB).

Se deduce tanto del trabajo del 3er período de W y de la psicología contemporánea, que ' voluntad ', ' Self ' (Yo) y ' consciencia ' son elementos axiomáticos verdaderos-sólo de S1 compuesto de percepciones y reflejos., y no hay posibilidad (inteligibilidad) de demostrar (de dar sentido a) su falsedad. Como W hizo tan maravillosamente claro en numerosas ocasiones, que son la base para el juicio y por lo tanto no puede ser juzgado. Los verdaderos axiomas de nuestra psicología no son probatorios.

La evolución por la aptitud inclusiva ha programado las acciones causales reflexivas rápidas e inconscientes de S1 que a menudo dan lugar al pensamiento lento consciente de S2 (a menudo modificado en las extensiones culturales de S3), que produce razones de acción que a menudo resultan en activación de los músculos del cuerpo y/o del habla por S1 causando acciones. El mecanismo general es a través de la neurotransmisión y por los cambios en los neuromoduladores en las áreas específicas del cerebro. La ilusión cognitiva general (llamada por S ' la ilusión fenomenológica ', por Pinker ' la pizarra en blanco ' y por Tooby y Cosmides ' el modelo de ciencias sociales estándar ') es que S2/S3 ha generado la acción conscientemente por razones de las cuales somos plenamente conscientes y en control de, pero cualquier persona familiarizada con la biología moderna y la psicología puede ver que esta visión no es creíble.

Una frase expresa un pensamiento (tiene un significado), cuando tiene claro COS, es decir, las condiciones de la verdad pública. De ahí el comentario de W: "cuando pienso en el lenguaje, no hay ' significados ' pasando por mi mente, además de las expresiones verbales: el lenguaje es en sí mismo el vehículo del pensamiento." Y, si pienso con o sin palabras, el pensamiento es lo que yo (honestamente) diga que es como no hay otro criterio posible (COS). Así, Los aforismos preciosos de W (p132 Budd) "es en el lenguaje que el deseo y la realización se reúnen" y "como todo lo metafísico, la armonía entre el pensamiento y la realidad se encuentra en la gramática de la lengua." Y uno podría notar aquí que la "gramática" en W generalmente se puede traducir como EP y que a pesar de sus frecuentes advertencias contra la teoría y la generalización, esto es tan amplia una caracterización de la psicología descriptiva de orden superior (filosofía) como uno puede encontrar.

Aunque W es correcto que no hay un estado mental que constituya significado, S señala que hay una manera general de caracterizar el acto de significado-"significado de orador... es la imposición de condiciones de satisfacción en las condiciones de satisfacción "que significa hablar o escribir un bien-frase formada expresando COS en un contexto que puede ser verdadero o falso y esto es un acto y no un estado mental.

De ahí la famosa cita de W: "si Dios hubiera mirado en nuestras mentes, no habría podido ver allí de quien estábamos hablando (PI P217)" y sus comentarios de que todo el problema de la representación está contenido en "eso es él" y "... lo que da a la imagen su interpretación es el camino en el que se encuentra, "o como S dice su COS. por lo tanto, la suma de W (P140 Budd) que" lo que siempre llega al final es que sin ningún significado más, él llama lo que sucedió el deseo de que eso suceda "..." la cuestión de si sé lo que deseo antes de que se cumpla mi deseo no puede surgir en absoluto. Y el hecho de que algún evento pare mis deseos no significa que lo cumpla. Tal vez no debería haberme satisfecho si mi deseo había sido satisfecho "... Supongamos que se le preguntó ' ¿sé por cuánto tiempo antes de conseguirlo? Si he aprendido a hablar, entonces lo sé. "

Wittgenstein (W) es para mí fácilmente el pensador más brillante en el comportamiento humano. Él muestra que el comportamiento es una extensión de los axiomas innatos verdaderos (ver "sobre certeza" para su tratamiento final extendido de esta idea) y que nuestra ratiocinación consciente emerge de maquinaciones inconscientes. Su corpus puede ser visto como la base para toda la descripción del comportamiento animal, revelando cómo funciona la mente y de hecho debe funcionar. El "must" (debe) está implicado en el hecho de que todos los cerebros comparten una ascendencia común y genes comunes y por lo que sólo hay una forma básica de trabajar, que esto necesariamente tiene una estructura axiomática, que todos los animales superiores comparten la misma psicología evolucionada basada en aptitud, y que en los seres humanos esto se extiende en una personalidad basada en el músculo de la garganta contracciones (lenguaje) que evolucionaron para manipular a otros. Sugiero que probará el mayor valor para considerar el trabajo de W y la mayoría de sus ejemplos como un esfuerzo para desaprovechar no sólo el pensamiento rápido y lento (por ejemplo, percepciones vs disposiciones-- Ver más abajo), pero la naturaleza y la crianza.

"La filosofía simplemente pone todo ante nosotros y no explica ni deduce nada... Uno podría dar el nombre ' filosofía ' a lo que es posible antes de todos los nuevos descubrimientos e invenciones. " PI 126

"Cuanto más estrechamente examinamos el lenguaje real, más agudo se convierte en el conflicto entre él y nuestro requisito. (Por supuesto, para la pureza cristalina de la lógica no fue un resultado de la investigación: era un requisito.) " PI 107

"La concepción equivocada que quiero objetar en este conexion es la siguiente, que podemos descubrir algo totalmente nuevo. Eso es un error. La verdad del importa es que ya hemos consiguió todo, y que lo tenemos realmente presente; no necesitamos esperar nada. Hacemos nuestros movimientos en el ámbito de la gramática de nuestro lenguaje ordinario, y esta gramática ya está allí. Por lo tanto, ya tenemos todo y no necesitamos esperar el futuro. " (dijo en 1930) Waismann "Ludwig Wittgenstein y el círculo de Viena (1979) p183

"Aquí nos encontramos con un fenómeno notable y característico en la investigación filosófica: la dificultad---podría decir---no es la de encontrar la solución sino más bien la de reconocer como la solución algo que parece ser sólo un preliminares a ella. Ya lo hemos dicho todo. ---No hay nada que se desprende de esto, ¡ no es la solución! ... Esto está conectado, creo, con nuestra espera errónea una explicación, mientras que la solución de la dificultad es una descripción, si le damos el lugar correcto en nuestras consideraciones. Si lo moramos, y no tratamos de ir más allá de él. " Zettel p312

"Nuestro método es puramente descriptivo, las descripciones que damos no son pistas de explicaciones." BBB P125

"La claridad a la que aspiramos es, de hecho, una claridad completa. Pero esto simplemente significa que los problemas filosóficos deben desaparecer por completo. " PI P133

W también puede ser considerado como un pionero en la lingüística cognitiva evolutiva-el análisis de arriba abajo de la mente y su evolución a través del análisis cuidadoso de ejemplos de uso del lenguaje en contexto, exponiendo las muchas variedades de juegos de idiomas y las relaciones entre los juegos primarios de true-only (solo cierto) inconsciente, el pensamiento rápido axiomático de la percepción, la memoria y las emociones y los actos reflexivos (a menudo se describe como el cerebro de reptil cortical subcorticales y primitivo las funciones primero-yo (self)), y el más adelante evolucionado mayor consciente de la disposicional cortical habilidades de creer, saber, pensar, etc. que constituyen los verdaderos o falsos juegos de lenguaje secundario proposicional de pensamiento lento que incluyen la red de ilusiones cognitivas que constituyen la base de nuestra segunda personalidad. Disecciona cientos de juegos de idiomas que muestran cómo las percepciones verdaderas, los recuerdos y las acciones reflexivas del sistema de una (S1) grado en el pensamiento, recordando, y la comprensión de las disposiciones del sistema dos (S2), y muchos de sus ejemplos también abordan el tema de la naturaleza/nutrición explícitamente. Con esta perspectiva evolutiva, sus obras posteriores son una revelación impresionante de la naturaleza humana que es totalmente actual y nunca ha sido igualada. Muchas perspectivas tienen un valor heurístico, pero me parece que esta visión evolutiva de dos sistemas es la mejor. Parafraseando el famoso comentario de Dobzhansky: "nada en filosofía tiene sentido excepto a la luz de la psicología evolutiva."

Las ideas comunes (por ejemplo, el subtítulo de uno de los libros de Pinker "las cosas del pensamiento: el lenguaje como una ventana a la naturaleza humana") que el lenguaje es una ventana o algún tipo de traducción de nuestro pensamiento o incluso (Fodor) que debe haber algún otro "lenguaje del pensamiento" de que h es una traducción, fueron rechazados por W, que trataron de mostrar, con cientos de ejemplos perspicaces continuamente reanalizados de lenguaje en acción, que el lenguaje no es sólo la mejor imagen que podemos llegar a pensar, la mente y la naturaleza humana, pero el habla es la mente , y todo su corpus puede ser considerado como el desarrollo de esta idea. Rechazó la idea de que los enfoques Bottom Up (de abajo hacia arriba) de la fisiología, psicología experimental y computación (teoría computacional de la mente, fuerte IA, teoría de sistemas dinámicos, funcionalismo, etc.) podría revelar lo que hicieron sus análisis de los juegos de idiomas (LG). Las dificultades que observó son entender lo que siempre está delante de nuestros ojos y capturar la vaguedad ("la mayor dificultad en estas investigaciones es encontrar una manera de representar la vaguedad" LWPP1, 347).

Reconoció que ' nothing is hidden' (nada esta oculto) — es decir, toda nuestra psicología y todas las respuestas a todas las preguntas filosóficas están aquí en nuestra lengua (nuestra vida) y que la dificultad no es encontrar las respuestas sino reconocerlas como siempre aquí delante de nosotros — sólo tenemos que dejar de tratar de mirar más profundo y abandonar el mito del acceso introspectivo a nuestra "vida interior" (por ejemplo, "el mayor peligro aquí es querer observarse a uno mismo." LWPP1, 459).

Por cierto, la ecuación de la lógica o la gramática y nuestra psicología axiomática es esencial para entender la W y la naturaleza humana (como DMS, pero AFAIK nadie más, señala).

"Algunas de las características lógicas más importantes de la intencionalidad están más allá del alcance de la fenomenología porque no tienen una realidad fenomenológica inmediata... Porque la creación del significado de la falta de sentido no se experimenta conscientemente... no existe... Esto es... la ilusión fenomenológica. " Searle PNC P115-117

"... la relación intencional básica entre la mente y el mundo tiene que ver con las condiciones de satisfacción. Y una proposición es cualquier cosa que pueda estar en una relación intencional con el mundo, y ya que esas relaciones intencionales siempre determinan las condiciones de satisfacción, y una proposición se define como cualquier cosa suficiente para determinar las condiciones de satisfacción, resulta que toda intencionalidad es una cuestión de proposiciones. " Searle PNC p193

"El estado intencional representa sus condiciones de satisfacción... personas suponen erróneamente que cada representación mental debe ser conscientemente pensada... pero la noción de una representación como la estoy usando es una noción funcional y no ontológica. Cualquier cosa que tenga condiciones de satisfacción, que pueda triunfar o fracasar de una manera que sea característica de la intencionalidad, es por definición una representación de sus condiciones de satisfacción... podemos analizar la estructura de la intencionalidad de los fenómenos sociales analizando sus condiciones de satisfacción. " Searle MSW p28-32

"La superstición no es más que creencia en el nexo causal." TLP 5,1361

"Ahora bien, si no son las conexiones causales que nos preocupan, entonces las actividades de la mente están abiertas ante nosotros." BBB P6

"Sentimos que incluso cuando todas las preguntas científicas posibles han sido contestadas, los problemas de la vida permanecen completamente intactos. Por supuesto, entonces no quedan preguntas, y esta es la respuesta. " TLP 6,52

"Tonterías, tonterías, porque estás haciendo suposiciones en lugar de simplemente describir. Si su cabeza está embrujada por explicaciones aquí, usted está descuidando para recordar los hechos más importantes. " Z 220

Nuestra experiencia pública compartida se convierte en una verdadera extensión de nuestro EP axiomático y no se puede encontrar equivocada sin amenazar nuestra cordura. Es decir, las consecuencias de un "error" S1 son muy diferentes de un error S2. Un corolario, muy bien explicado por DMS y esclarecido en su propia manera única por Searle, es que la visión escéptica del mundo y otras mentes (y un montaña de otras tonterías, incluyendo la pizarra en blanco) realmente no puede tener un punto de apoyo, como "realidad" es el resultado de axiomas involuntarios y no comprobables proposiciones verdaderas o falsas.

La investigación del pensamiento rápido involuntario ha revolucionado la psicología, la economía (por ejemplo, el Premio Nobel de Kahneman) y otras disciplinas bajo nombres como "ilusiones cognitivas", "cebado", "enmarcado", "heurística" y "sesgos". Por supuesto, estos también son juegos de idiomas, por lo que habrá más y menos útiles maneras de utilizar estas palabras, y los estudios y discusiones variarán de "puro" sistema 1 a combinaciones de 1 y 2 (la norma como W dejó claro), pero presumiblemente no siempre de sistema lento 2 disposicional Thi sólo nking, ya que cualquier sistema 2 pensamiento o acción intencional no puede ocurrir sin involucrar gran parte de la intrincada red de "módulos cognitivos", "motores de inferencia", "reflejos intracerebrales", "automatismos", "axiomas cognitivos", "fondo" o "Bedrock" (como W y más tarde Searle llamar a nuestro EP). Uno de los temas recurrentes de W fue TOM, o como yo prefiero UA (comprensión de la Agencia). Ian Apperly, que está analizando cuidadosamente UA1 y los UA2 en experimentos, recientemente se ha dado cuenta de Hutto, que ha caracterizado a UA1 como una fantasía (es decir, sin ' teoría ' ni representación involucrada en UA1--que está reservada para los UA2-ver mi reseña de su libro con Myin). Sin embargo, al igual que otros psicólogos, Apperly no tiene idea de que W sentó las bases para esto hace 80 años. Es una visión fácilmente defendible que el núcleo de la literatura floreciente sobre las ilusiones cognitivas, los automatismos y el pensamiento de orden superior es compatible con y directamente discutible de W. A pesar del hecho de que la mayor parte de lo anterior ha sido conocido por muchos durante décadas (e incluso 3/4 de un siglo en el caso de algunas de las enseñanzas de W), nunca he visto nada acercándose a una discusión adecuada en textos de Ciencias del comportamiento y comúnmente no hay una mención.

Ahora que tenemos un comienzo razonable en la estructura lógica de la racionalidad (la psicología descriptiva del pensamiento de orden superior), podemos ver la tabla de intencionalidad que resulta de esta obra, que he construido en los últimos años. Se basa en una mucho más simple de Searle, que a su vez le debe mucho a Wittgenstein. También he incorporado en las tablas de forma modificada que son utilizados por los investigadores actuales en la psicología de los procesos de pensamiento que se evidencian en las últimas 9 filas. Debería resultar interesante compararlo con los 3 volúmenes recientes de Peter hacker en Human Nature. Ofrezco esta tabla como una heurística para describir el comportamiento que encuentro más completo y útil que cualquier otro marco que he visto y no como un análisis final o completo, que tendría que ser tridimensional con cientos (al menos) de flechas que van en muchos direcciones con muchas (tal vez todas) vías entre S1 y S2 siendo bidireccional. También, la distinción entre S1 y S2, cognición y voluntad, percepción y memoria, entre sentimiento, conocimiento, creer y esperar, etc. son arbitrarios--es decir, como demostró W, todas las palabras son contextualmente sensibles y la mayoría tienen varios usos totalmente diferentes (significados o COS). Muchos gráficos complejos han sido publicados por los científicos, pero los encuentro de utilidad mínima cuando se piensa en el comportamiento (en contraposición a pensar en la función cerebral). Cada nivel de descripción puede ser útil en ciertos contextos, pero me parece que ser más grueso o más fino limita la utilidad.

La estructura lógica de la racionalidad (LSR), o la estructura lógica de la mente (LSM), la estructura lógica del comportamiento (LSB), la estructura lógica del pensamiento (LST), la estructura lógica de la conciencia (LSC), la estructura lógica de la personalidad (LSP), el Psicología descriptiva de la conciencia (DSC), la psicología descriptiva del pensamiento de orden superior (DPHOT), la intencionalidad-el término filosófico clásico.

El sistema 1 es involuntario, reflexivo o automatizado "reglas" R1 mientras pensar (cognición) no tiene lagunas y es voluntario o deliberativo "reglas" R2 y Willing (Volition) tiene 3 lagunas (ver Searle).

Sugiero que podamos describir el comportamiento más claramente cambiando "imponer condiciones de satisfacción en las condiciones de satisfacción" de Searle a "relacionar los Estados mentales con el mundo moviendo los músculos" — es decir, hablar, escribir y hacer, y su "mente al mundo Dirección de ajuste"y" la dirección del mundo a la mente de ajuste "por" causa se origina en la mente "y" causa se origina en el mundo "S1 es sólo de forma ascendente causal (mundo a la mente) y sin contenido (falta de representaciones o información) mientras que S2 tiene contenidos y es descendente causal (mente al mundo). He adoptado mi terminología en esta tabla.

DESDE EL ANALISIS DE LOS JUEGOS DE IDIOMAS

	Disposición	Emoción	Memoria	Percepción	Deseo	PI * *	IA * * *	Acción-Palabra
Causa origina de * * * *	Mundo	Mundo	Mundo	Mundo	Mente	Mente	Mente	Mente
Provoca cambios en * * * * *	Ninguno	Mente	Mente	Mente	Ninguno	Mundo	Mundo	Mundo
Causalmente Auto Reflexivo * * * * * *	No	Sí	Sí	Sí	No	Sí	Sí	Sí
Verdadero o falso (Comprobable)	Sí	T sólo	T sólo	T sólo	Sí	Sí	Sí	Sí
Condiciones públicas de satisfacción	Sí	Sí/No	Sí/No	No	Sí/No	Sí	No	Sí
Describir Un estado mental	No	Sí	Sí	Sí	No	No	Sí/No	Sí
Prioridad evolutiva	5	4	2, 3	1	5	3	2	2
Contenido voluntario	Sí	No	No	No	No	Sí	Sí	Sí
Iniciación voluntaria	Sí/No	No	Sí	No	Sí/No	Sí	Sí	Sí
Sistema cognitivo * * * * * * *	2	1	2/1	1	2/1	2	1	2
Cambiar intensidad	No	Sí	Sí	Sí	Sí	No	No	No
Duración precisa	No	Sí	Sí	Sí	No	No	Sí	Sí
Aquí y Ahora o Allá y Luego (H + N, T + T) * * * * * * * *	TT	HN	HN	HN	TT	TT	HN	HN
Calidad especial	No	Sí	No	Sí	No	No	No	No
Localizado en Cuerpo	No	No	No	Sí	No	No	No	Sí
Las expresiones corporales	Sí	Sí	No	No	Sí	Sí	Sí	Sí
Autocontradiccion es	No	Sí	No	No	Sí	No	No	No
Necesita un yo	Sí	Sí/No	No	No	Sí	No	No	No
Necesita lenguaje	Sí	No	No	No	No	No	No	Sí/No

DE LA INVESTIGACIÓN DE DECISIONES

	Disposición	Emoción	Memoria	Percepción	Deseo	PI **	IA ***	Acción/Palabra
Efectos subliminales	No	Sí/No	Sí	Sí	No	No	No	Sí/No
Asociativa Basada en reglas	RB	A/RB	A	A	A/RB	RB	RB	RB
Dependiente del contexto/ Abstracto	A	CD/A	CD	CD	CD/A	A	CD/A	CD/A
Serie/Paralelo	S	S/P	P	P	S/P	S	S	S
Heurístico Analítica	A	H/A	H	H	H/A	A	A	A
Necesita trabajar Memoria	Sí	No	No	No	No	Sí	Sí	Sí
Dependiente general de la inteligencia	Sí	No	No	No	Sí/No	Sí	Sí	Sí
La carga cognitiva Inhibe	Sí	Sí/No	No	No	Sí	Sí	Sí	Sí
Excitación facilita o inhibe	I	F/I	F	F	I	I	I	I

Condiciones públicas de satisfacción de S2 son a menudo referidos por Searle y otros como COS, representaciones, creadores de la verdad o significados (o COS2 por mí mismo), mientras que los resultados automáticos de S1 son designados como presentaciones por otros (o COS1 por mí mismo).

*	Aka Inclinaciones, Capacidades, Preferencias, Representaciones, Posibles Acciones, etc.
**	Intenciones anteriores de Searle
***	La intención de Searle en acción.
****	Dirección de ajuste de Searle
*****	Dirección de causalidad de Searle
******	(Las instancias del estado mental - Causas o se cumple a sí mismo). Searle anteriormente llamó a esto causalmente auto-referencial.
******* Tversky / Kahneman / Frederick / Evans / Stanovich definieron los sistemas cognitivos.
******** Aquí y ahora o allí y luego

Uno siempre debe tener en cuenta el descubrimiento de Wittgenstein que después de haber describió los posibles usos (significados, verdades, condiciones de satisfacción) del lenguaje en un contexto particular, hemos agotado su interés, y los intentos de explicación (es decir, filosofía) sólo nos alejan de la verdad. Es fundamental tener en cuenta que esta tabla es sólo una heurística libre de contexto muy simplificada y cada uso de una palabra debe examinarse en su contexto. El mejor examen de la variación de contexto está en los últimos 3 volúmenes de Peter hacker en la naturaleza humana, que proporcionan numerosas tablas y gráficos que se deben comparar con este. Aquellos que deseen una cuenta completa hasta la fecha de Wittgenstein, Searle y su análisis del comportamiento de la moderna vista de dos sistemas pueden consultar a mi Libro La estructura lógica de la filosofía, la psicología, la mente y el lenguaje revelada en Wittgenstein y Searle 2Nd Ed (2019).

EXPLICACIÓN de la tabla sistema 1 (es decir, emociones, memoria, percepciones, reflejos) que partes del cerebro presente a la conciencia, se automatizan y ocurren generalmente en menos de 500msec, mientras que el sistema 2 son habilidades para realizar acciones deliberativas lentas tha t están representados en la conciencia (S2D- mi terminología) que requieren más de 500msec, pero las acciones S2 repetidas veces también pueden ser automatizadas (la terminología de S2A-My). Hay una gradación de la conciencia desde el coma a través de las etapas del sueño hasta la conciencia plena. La memoria incluye memoria a corto plazo (memoria de trabajo) del sistema 2 y memoria a largo plazo del sistema 1. Por voliciones uno normalmente diría que son exitosos o no, en lugar de T o F.

Claro, las distintas filas y columnas están lógicamente y psicológicamente conectadas. Por ej., emoción, memoria y percepción en la fila verdadero o falso será verdadero sólo, describirán un estado mental, pertenecen al sistema cognitivo 1, generalmente no se iniciará voluntariamente, son causalmente auto reflexivo, causa se origina en el mundo y provoca cambios en la mente, tienen una duración precisa, cambio en la intensidad, ocurren aquí y ahora, comúnmente tienen una calidad especial, no necesitan lenguaje, son independientes de la inteligencia general y la memoria de trabajo, no están inhibidas por la carga cognitiva, no tendrá contenido voluntario, y no tendrá condiciones públicas de satisfacción, etc.

Siempre habrá ambigüedades porque las palabras no pueden igualar con precisión las funciones complejas reales del cerebro (comportamiento), es decir, hay una explosión combinatoria de contextos (en oraciones y en el mundo), y es por eso que no es posible reducir mayor comportamiento de la orden a un sistema de leyes que tendrían que indicar todos los contextos posibles – de ahí las advertencias de Wittgenstein contra las teorías.

Hace aproximadamente un millón de años, los primates evolucionaron la capacidad de usar los músculos de la garganta para hacer series complejas de ruidos (es decir, discursos primitivos) para describir eventos presentes (percepciones, memoria, acciones reflexivas y algunas primarias o Juegos de lenguaje primitivo (PLG). El sistema 1 se compone de Estados mentales rápidos, automatizados, subcorticales, no representacionales, causalmente autorreferenciales, intransitivos, sin informaciónmenos, verdaderos, con un tiempo y ubicación precisos, y con el tiempo evolucionaron en mayor S2 cortical con el capacidad de describir los desplazamientos en el espacio y el tiempo (condicionales, hipotéticos o ficcionales) de posibles eventos (el pasado y el futuro y, a menudo, las preferencias condicionales o ficticias, las inclinaciones o las disposiciones, las secundarias o Sofisticados juegos de lenguaje

(SLG) del sistema 2 lento, cortical, consciente, información que contiene, transitiva (tener condiciones públicas de satisfacción-término de Searle para los creadores de la verdad o significado que divido en COS1 y COS2 para el privado S1 y S2 público), representacional — que de nuevo divido en R1 para las representaciones S1 y R2 para S2), el pensamiento de actitud de proposidinal verdadero o falso, con todas las funciones S2 sin tiempo preciso y siendo habilidades y no estados mentales. Las preferencias son intuiciones, tendencias, reglas ontológicas automáticas, comportamientos, habilidades, módulos cognitivos, rasgos de personalidad, plantillas, motores de inferencia, inclinaciones, emociones, actitudes proposicionales, valoraciones, capacidades, hipótesis. Algunas emociones están desarrollando lentamente y cambiando los resultados de las disposiciones S2 (W RPP2 148) mientras que otros son típicos S1, rápido y automático para aparecer y desaparecer. "Yo creo", "él ama", "piensan" son descripciones de posibles actos públicos típicamente discolocado en el espacio-tiempo. Mi primerdeclaraciones de persona sobre mí son verdaderas-sólo (excluyendo mentir) – es decir, S1, mientras que las declaraciones en tercera persona sobre otros son verdaderas o falsas – es decir, S2 (ver mis comentarios de Johnston ' Wittgenstein: Rethla entrada del interior ' y de Budd ' Filosofía de la psicología de Wittgenstein ').

Las "preferencias" como clase de Estados intencionales--opuestos a percepciones, actos reflexivos y memorias--fueron descritas por primera vez claramente por Wittgenstein (W) en la década de 1930 y denominadas "inclinaciones" o "disposiciones". Comúnmente se denominan "actitudes proposicionales" desde que Russell bUT esta es una frase engañosa since creyendo, con la intención, sabiendo, recordando, etc., a menudo no son proposiciones ni actitudes, como se ha demostrado, por ejemplo, por W y por Searle (p. ej., CF. consciencia e idioma P118). Son representaciones públicas intrínsecas y observadoras independientes (en contraposición a la presentatioNS o representaciones de System 1 al sistema 2 – Searle-C + L p53). Son posibles actos desplazados en el tiempo o en el espacio, mientras que los recuerdos evolutivamente más primitivos de las percepciones S1 y las acciones reflexivas están siempre aquí y ahora. Esta es una manera de caracterizar el sistema 2-el segundo gran avance en la psicología de los vertebrados después del sistema 1-la capacidad de representar eventos y pensar en ellos como ocurriendo en otro lugar o tiempo (la tercera Facultad de Searle de imaginación contrafable que complementa cognición y volición). Los ' pensamientos ' S1 son Estados mentales potenciales o inconscientes de S1--Searle--problemas de Phil 1:45-66 (1991).

Las percepciones, memorias y acciones reflexivas (automáticas) pueden ser decalcificador como S1 o primario de LG (PLG-por ejemplo, veo el perro) y hay, en el caso normal, NO hay pruebas posibles para que puedan ser true only.

Las disposiciones pueden ser DescrIBED como secundario de LG (SLG-por ejemplo, creo que veo al perro) y también debe ser actuado, incluso para mí en mi propio caso (es decir, ¿cómo puedo saber lo que creo, pensar, sentir hasta que actúo algún evento ocurre-ver mis comentarios de Johnston ' Wittgenstein: repensar el interior ' y Budd ' filosofía de Wittgenstein o f psicología»). Tenga en cuenta que las disposiciones también se convierten en acciones cuando se habla o se escriben, así como se actúa de otras maneras, y estas ideas son todas debidas a Wittgenstein (mediados de 1930) y no son Behaviorismo (Hintikka & Hintikka 1981, Searle, hacker, Hutto, etc.,).

Wittgenstein puede ser considerado como el fundador de la psicología evolutiva y su trabajo una investigación única del funcionamiento de nuestra psicología axiomática System 1 y su interacción con el sistema 2. Después de que Wittgenstein sentó las bases para la psicología descriptiva del pensamiento de orden superior en los libros azul y marrón a principios de los años 30, fue ampliado por John Searle, quien hizo una versión más simple de esta tabla en su libro clásico racionalidad en acción (2001). Se expande en la encuesta de W de la estructura axiomática de la psicología evolutiva desarrollada a partir de sus primeros comentarios en 1911 y tan bellamente establecido en su última obra sobre certeza (OC) (escrita en 1950-51). OC es la piedra fundacional de comportamiento o epistemología y ontología (posiblemente la misma), lingüística cognitiva o pensamiento de orden superior, y en mi opinión el trabajo más importante en filosofía (psicología descriptiva) y por lo tanto en el estudio de la conducta. La percepción, la memoria, las acciones reflexivas y la emoción son primitivos Estados mentales involuntarios parcialmente subcorticales, que pueden describirse en PLG, en los que la mente se ajusta automáticamente al mundo (es causally auto referencial--Searle) --la incuestionable, verdadera única, base axiomática de racionalidad sobre la que no hay control posible). Preferencias, deseos e intenciones son descripciones de habilidades voluntarias conscientes de pensamiento lento — que se pueden describir en las SLG-en las que la mente intenta encajar al mundo. El Behaviorismo y todas las demás confusiones de nuestra psicología descriptiva por defecto (filosofía) surgen porque no podemos ver S1 trabajando y describir todas las acciones como SLG (el Fenomenológica Ilusión — TPI — Searle). W entendió esto y lo describió con una claridad inigualable con cientos de ejemplos de lenguaje (la mente) en acción a lo largo de sus obras. La razón tiene acceso a la memoria y por lo que utilizamos conscientemente aparente pero a menudo incorrectas razones para explicar el comportamiento (los dos sí mismos o sistemas o procesos de investigación actual). Las creencias y otras disposiciones pueden describirse como pensamientos que intentan igualar los hechos del mundo (mente a la dirección mundial de ajuste), mientras que Volitions son intenciones de actuar (intenciones previas — PI, o intenciones en acción-IA-Searle) más actos que intentan igualar al mundo con los pensamientos — dirección del mundo a la mente de la forma de ajuste — CF. Searle e.g., C + L P145, 190).

A veces hay lagunas en el razonamiento para llegar a la creencia y otras disposiciones. Las palabras de disposición se pueden usar como sustantivos que parecen describir los Estados mentales (' mi pensamiento es... ') o como verbos o adjetivos para describir las habilidades (agentes que actúan o pueden actuar- "Creo que...") y a menudo se denominan incorrectamente "actitudes proposicionales". Las percepciones se convierten en memorias y nuestros programas innatos (módulos cognitivos, plantillas, motores de inferencia de S1) los utilizan para producir disposiciones — (creer, conocer, entender, pensar, etc., -ACTOS públicos reales o potenciales (lenguaje, pensamiento, mente) también llamados inclinaciones, preferencias, capacidades, representaciones de S2) y Volition-y no hay lenguaje (concepto, pensamiento) de los Estados mentales privados para pensar o estar dispuestos (es decir, sin idioma, pensamiento o mente). Los animales más altos pueden pensar y actuarán y en esa medida tienen una psicología pública.

PERCEPTIONS: ("X" es true): escuchar, ver, oler, dolor, tacto, temperatura
Recuerdos: ¿Recordando, soñando?

PReferencias, InclinacionesDISPOSITIONS (X podría convertirse en true):

CLASE 1: PROPOSICIONAL(Verdadero o falso) Público Actos de creer, juzgar, pensar, representar, entender, elegir, decidir, preferir, interpretar, conocer (incluyendo habilidades y habilidades), asistir (aprender), experimentar, significado, recordar, yontender, considerando, deseando, esperando, deseando, queriendo, esperando (una clase especial), viendo como (aspectos),

CLASE 2: modo DESACOPLADO-(como si, condicional, hipotético, ficticio)-soñando, imaginando, mintiendo, prediciendo, dudado

CLASE 3: emociones: amar, odiar, temer, pesar, alegría, celos, depresión. Su función es modular las preferencias para aumentar la aptitud inclusiva (la utilidad máxima esperada) facilitando el procesamiento de la información de las percepciones y memorias para una acción rápida. Hay cierta separación entre las emociones S1 como la rabia y el miedo y S2 como el amor, el odio, el asco y la ira.

DESEOS: (quiero que "X" sea verdad — quiero Change el mundo para adaptarse a mis pensamientos): Anhelo, esperanza, Esperando, esperando, necesitando, requiriendo, obligado a hacer intenciones: (voy a hacer "X" verdadero) con la intención

ACTIONS (estoy haciendo "X" true): actuando, hablando, leyendo, escribiendo, Cálculo, persuasión, mostrando, demostrando, convincente, haciendo intento, tratando, riendo, jugando, comiendo, bebiendo, llorando, afirmando (describiendo, enseñando, predicando, informando), prometiendo, haciendo o usando mapas, libros, dibujos, computadora Programas — estos son públicos y voluntarios y transfieren información a otros para que dominen los reflejos de S1 inconsciente, involuntario e informacional menos en las explicaciones de comportamiento.

PALABRAS EXPRESAR ACCIONES POTENCIALES QUE TIENEN VARIAS FUNCIONES EN NUESTRA VIDA Y NO SON LOS NOMBRES DE LOS OBJETOS NI DE UN SOLO TIPO DE EVENTO.

Las interacciones sociales de los seres humanos se rigen por módulos cognitivos — aproximadamente equivalentes a los guiones o esquemas de la psicología social (grupos de neuronas organizadas en motores de inferencia), que, con percepciones y recuerdos, conducen a la formación de preferencias que conducen a las intenciones y luego a las acciones. La intencionalidad o la psicología intencional se pueden tomar para ser todos estos procesos o sólo las preferencias que conducen a acciones y en el sentido más amplio es el tema de la psicología cognitiva o Neurociencias cognitivas cuando se incluye Neurofisiología, neuroquímica y Neurogenética. La psicología evolutiva puede ser considerada como el estudio de todas las funciones precedentes o del funcionamiento de los módulos que producen comportamiento, y es entonces coextenso en evolución, desarrollo y acción individual con preferencias, intenciones y acciones. Dado que los axiomas (algoritmos o módulos cognitivos) de nuestra psicología están en nuestros genes, podemos   ampliar nuestra comprensión al dar descripciones claras de cómo funcionan y pueden extenderla (cultura) a través de la biología, la psicología, la filosofía (psicología descriptiva), las matemáticas, la lógica, la física y los programas de computación, haciéndolos más rápidos y eficientes. Hajek (2003) da un análisis de las disposiciones como probabilidades condicionales que son algatizadas por Rott (1999), Spohn etc.

La intencionalidad (psicología cognitiva o evolutiva) consiste en diversos aspectos de la conducta que se programan innatamente en módulos cognitivos que crean y requieren conciencia, voluntad y auto y en adultos humanos normales casi todos excepto las percepciones y algunos recuerdos son purposive, requieren actos públicos (por ejemplo, lenguaje), y nos comprometen a las relaciones con el fin de aumentar nuestra aptitud inclusiva (máxima utilidad esperada-la maximización de la utilidad bayesiana pero el bayesianismo es altamente cuestionable) a través de la dominación y altruismo recíproco (razones independientes del deseo de acción-Searle-que divido en DIRA1 y DIRA2 para S1 y S2) e imponer condiciones de satisfacción en condiciones de satisfacción-Searle-(es decir, relacionar pensamientos con el mundo a través de actos públicos (músculo movimientos – es decir, matemáticas, lenguaje, arte, música, sexo, deportes, etc.]. Los fundamentos de esto fueron deducido por nuestro mayor psicólogo natural Ludwig Wittgenstein de la década de 1930 a 1951, pero con prefiguralas claras de vuelta a 1911, y con refinamientos por muchos, pero sobre todo por John Searle a partir de la década de 1960. "El árbol General de los fenómenos psicológicos. No me esfuerzo por la exactitud, sino por una visión del todo. " RPP Vol 1 p895 CF Z p464. Gran parte de la intencionalidad (es decir, de nuestros juegos de idiomas) admite títulos. Como observó W, las inclinaciones son a veces conscientes y deliberativos. Todas nuestras plantillas (funciones, conceptos, juegos de idiomas) tienen bordes difusos en algunos contextos, ya que deben ser útiles. Hay al menos dos tipos de pensamiento (es decir, dos juegos de idiomas o formas de usar el verbo disposicional "pensar") — no racional sin conciencia y racional con conciencia parcial (W), ahora descrito como el pensamiento rápido y lento de S1 y S2. Es útil considerarla como juegos de idiomas y no como meros fenómenos (W RPP Vol2 P129). Fenómenos mentales (nuestras "experiencias" subjetivas o internas) son epifenomenales, carecen de criterios, por lo tanto carecen de información incluso para uno mismo y por lo tanto no pueden desempeñar ningún papel en la comunicación, el pensamiento o la mente. Pensar como todas las disposiciones (inclinaciones, actitudes proposicionales) carece de cualquier prueba, no es un estado mental (a diferencia de las percepciones de S1), y no contiene información hasta que se convierte en un acto público en el habla, la escritura u otras contracciones musculares. Nuestras percepciones y memorias pueden tener información (es decir, un COS público) sólo cuando se manifiestan en acciones públicas, porque sólo entonces piensan, sintiendo etc. tienen cualquier meaning (consecuencias) incluso para Nosotros mismos.

(Memoria y percepción están integrados por los módulos en las disposiciones que se vuelven psicológicamente eficaces cuando se actúa sobre). Desarrollar el lenguaje significa manifestar la capacidad innata de sustituir la palabras para los actos. TOM (teoría de la mente) es mucho mejor llamado UA-comprensión de la Agencia – mi término-y UA1 y los UA2 para tales funciones en S1 y S2)-y también puede llamarse Psicología evolutiva o intencionalidad--la producción innata programada de conciencia, el yo y el pensamiento que conduce a las intenciones y luego a las acciones mediante la contratación de los músculos. Por lo tanto, "actitud proposicional" es un término confuso para la normal de S2D racional intuitiva o no racional automática de la voz y la acción de los S2A. Vemos que los esfuerzos de la ciencia cognitiva para entender el pensamiento, las emociones, etc. mediante el estudio de la neurofisiología no nos va a decir nada más sobre cómo el Mente (pensamiento, lenguaje) funciona (en contraposición a cómo funciona el cerebro) de lo que ya sabemos, porque "mente" (pensamiento, lenguaje) ya está en plena vista pública (W). Cualquier fenómeno que esté oculto in Neurofisiología, bioquímica, la genética, la mecánica cuántica o la teoría de cuerdas, son tan irrelevantes para nuestra vida social como el hecho de que una tabla se compone de átomos que "obedecer" (se puede describir por) las leyes de la física y la química es almorzar en ella. Como dijo W tan famoso "nada está oculto". Todo el interés sobre la mente (pensamiento, lenguaje) está abierto a ver si sólo examinamos cuidadosamente el funcionamiento del lenguaje. El lenguaje (mente, discurso público conectado a las acciones potenciales) fue evolucionado para facilitar la interacción social y por lo tanto la recolección de recursos, la supervivencia y la reproducción. eso's gramática (es decir, la psicología evolutiva, la intencionalidad) funciona automáticamente y es extremadamente confusa cuando tratamos de analizarla. Las palabras y oraciones tienen múltiples usos dependiendo del contexto. Yo creo y como tengo papeles profundamente diferentes como creo y creo o creo y él cree. El uso expresivo presente en primera persona de los verbos inclinacionales como "creo" describe mi capacidad para predecir mis probables actos y no es descriptivo de mi estado mental ni basado en el conocimiento o la información en el sentido usual de esas palabras (W). No describe una verdad, sino que se hace realidad en el acto de decirlo--es decir, "Creo que está lloviendo" se hace realidad. Es decir, los verbos de disposición utilizados en primera persona en el tiempo presente son causalmente autorreferenciales-se instancian a sí mismos, pero como descripciones de los posibles estados no son comprobables (es decir, no T o F). Sin embargo pasado o futuro tenso o tercera persona uso-"yo creía" o "él cree" o "él va a creer" contienen información que es verdadera o falsa, ya que describen los actos públicos que son o pueden llegar a ser verificables. Del mismo modo, "Creo que está lloviendo" no tiene información aparte de las acciones subsiguientes, incluso para mí, pero "Creo que lloverá" o "pensará que está lloviendo" son actos públicos potencialmente verificables desplazados en el espacio-tiempo que pretenden transmitir información (o desinformación).

Palabras no reflectantes o no racionales (automáticas) habladas sin intención previa (que yo llamo S2A — i. e., S2D automatizado por la práctica) han sido llamados palabras como hechos por W & then por Daniel Moyal-Sharrock en su papel en filosófico Psicología en 2000) muchas de las llamadas inclinaciones/disposiciones/preferencias/tendencias/capacidades/ABpasivos no son proposicionales (No-Reflexivo) actitudes (mucho más útiles para llamarlas funciones o habilidades) del sistema 1 (Tversky y Kahnemann). Las intenciones previas son indicadas por Searle para ser Estados mentales y por lo tanto S1 pero una vez más creo que uno debe separar PI1 y PI2, ya que en nuestro lenguaje normal nuestras intenciones previas son las deliberaciones conscientes de S2. Percepciones, memorias, tipo 2 disposiciones (por ejemplo, algunas emociones) y muchas disposiciones tipo 1 son mejor llamados reflejos de S1 y son automáticos, no reflectantes, no proposicional y no-attitudinal funcionamiento de las bisagras (axiomas, algoritmos) de nuestro El evolucionario PSychología (Moyal-Sharrock después de Wittgenstein).

Ahora, para algunos comentarios sobre "la Metahilosofía de Wittgenstein" de Horwich.
Después de lo anterior y mis muchas reseñas de libros por y sobre W, S, HAcker, DMS, etc., debe estar claro lo que W está haciendo y lo que una cuenta contemporánea de comportamiento debe incluir, así que voy a hacer sólo unos pocos Comentarios.

Abetos,uno podría notar que poner "meta" delante de cualquier palabra debe ser sospechoso. W comentó, por ejemplo, que la metamatemática es matemática como cualquier otra. La noción de que podemos salir de la filosofía (es decir, la psicología descriptiva de pensamiento de orden superior) es en sí una profunda confusión. Otra irritación aquí (y a lo largo de la escritura académica durante las últimas 4 décadas) es el sexismo lingüístico inverso constante de "ella" y "ella" y "ella", etc., donde "ellos" y "ellos" y "ellos" harían bien. La deficiencia principal es el fracaso completo (aunque casi universal excepto por mi trabajo) para emplear lo que veo como la vista de dos sistemas muy potente e intuitiva de HOT y el marco de Searle que he esbozado anteriormente. Esto es especialmente conmovedor en el capítulo sobre el significado de P111 et seq. (ESPecialmente en las notas al pie de página 2-7), donde nadamos en agua muy fangosa sin el marco de automatizado verdadero sólo S1, proposicional disposicional S2, COS etc. Uno también puede obtener una mejor vista de lo interno y lo externo mediante la lectura, por ejemplo, Johnston o Budd (ver mis comentarios). Horwich sin embargo hace muchos comentarios incisivos. Me gustó especialmente su Resumen de la importación de la postura antiteórica de W en p65.

"No debe haber ningún intento de explicar nuestra actividad lingüística/conceptual (PI 126) como en la reducción de la aritmética a la lógica de Frege; ningún intento de darle fundamentos epistemológicos (PI 124) como en cuentas basadas en el significado de conocimiento a priori; ningún intento de caracterizar las formas idealizadas de la misma (PI 130) como en lógica lógica; ningún intento de reformarlo (PI 124, 132) como en la teoría de errores de Mackie o el intuicionismo de Dummett; ningún intento de racionalizarlo (PI 133) como en el relato de la existencia de Quine; ningún intento de hacerla más consistente (PI 132) como en la respuesta de Tarski a las paradoñas de los mentiroso; y ningún intento de hacerla más completa (PI 133) como en el asentamiento de preguntas de identidad personal para escenarios de "teletransportación" extravagantes e hipotéticos. "

Para mí, los puntos altos de todos los escritos en W son casi siempre las citas del maestro mismo y esto es de nuevo cierto aquí. Su cita (P101) de TLP muestra la comprensión temprana de W de EP, que más tarde denominó "fondo" o "lecho de roca".

"El pensamiento está rodeado por un halo. Su esencia, la lógica, presenta un orden, de hecho el orden a priori del mundo: ese es el orden de las posibilidades, que debe ser común tanto al mundo como al pensamiento. Pero esta orden, parece, debe ser completamente simple. Es antes de toda experiencia, debe correr a través de toda la experiencia; no se puede afectar a la turbidez empírica ni a la incertidumbre. Debe ser del cristal más puro. Pero este cristal no aparece como una abstracción; pero como algo concreto, de hecho, como el más concreto, como era, lo más difícil que hay. (TLP # 5, 5563, PI 97). "

Hay muchos puntos buenos en el capítulo de Kripke, pero algunas confusiones también. La discusión de la refutación de W de lenguaje privado en p165-6 parece un poco confusa bUt en la p 196-7 lo declara de nuevo, y esta noción no sólo es fundamental para W pero a toda comprensión de HOT. Stern tiene tal vez la mejor discusión de lo que he visto en su "Investigaciones filosóficas de Wittgenstein". Kripke, a pesar de todo el ruido que hizo, ahora se entiende generalmente que ha malinterpretado totalmente a W, simplemente repitiendo los clásicos errores metafísicos escépticos.

Aquellos que quieran cavar en ' Kripkenstein ', o filosofía en general, deben leer "truco de Conjuring de Kripke" por Read y Sharrock-una soberbia deconstrucción del escepticismo que, como la mayoría de los libros y documentos académicos son ahora libremente disponible en la red en libgen.IO, b-OK.org, philpapers.org, Academia.edu, arXiv.org y ResearchGate.net.

Encuentro el capítulo sobre la conciencia muy bueno, especialmente p190 et. Seq. en el lenguaje privado, Qualia, espectros invertidos y la enésima refutación de la idea de que W es un conductista.

Vale la pena repetir su comentario final. "¿Qué tipo de progreso es este-el fascinante misterio ha sido removido-sin embargo, no hay profundidades se han caído en la consolación; nada ha sido explicado, descubierto o reconcebido. Cuán dócil y poco inspirador podría pensar. Pero tal vez, como sugiere Wittgenstein, las virtudes de la claridad, la desmitificación y la verdad deben ser encontradas suficientemente satisfactorias. "

Horwich es de primera, y su trabajo vale la pena el esfuerzo. Uno espera que él (y todo el mundo) estudiarán Searle y algunos psicología moderna, así como Hutto, Read, Hutchinson, Stern, Moyal-Sharrock, paseo, hacker y Baker, etc. para lograr una visión amplia y moderna del comportamiento. La mayoría de sus papeles están en Academia.edu pero para PMS hacker ver http://info.sjc.ox.ac.uk/scr/hacker/DownloadPapers.html.

Por último, permítanme sugerir que con la perspectiva que he animado aquí, W está en el centro de la filosofía y la psicología contemporánea y no es oscura, difícil o irrelevante, pero centelleante, profunda y cristalina y que perderse es perderse uno de los mayores aventuras intelectuales posibles.

Reseña de 'Las Cosas del Pensamiento' (The Stuff of Thought) por Steven Pinker (2008) (revisión revisada 2019)

Michael Starks

Abstracto

Empiezo con algunos comentarios famosos del filósofo (psicólogo) Ludwig Wittgenstein porque Pinker comparte con la mayoría de la gente (debido a la configuración predeterminada de nuestra psicología innata evolucionada) ciertos prejuicios sobre el funcionamiento de la mente, y porque Wittgenstein ofrece una visión única y profunda del funcionamiento del lenguaje, el pensamiento y la realidad (que él consideraba más o menos coextenso) que no se encontraba en ningún otro lugar. Ahí esta sólo referencia a Wittgenstein en este volumen, lo que es más desafortunado teniendo en cuenta que él era el analista más brillante y original del lenguaje.

En el último capítulo, usando la famosa metáfora de la cueva de Platón, resume bellamente el libro con una visión general de cómo la mente (lenguaje, pensamiento, psicología intencional)-un producto de egoísmo ciego, moderado sólo ligeramente por el altruismo automatizado para cerca parientes que llevan copias de nuestros genes (Fitness inclusivo)--funciona automáticamente, pero trata de terminar en una nota optimista al darnos la esperanza de que, sin embargo, podemos emplear sus vastas capacidades para cooperar y hacer del mundo un lugar digno para vivir.

Pinker es ciertamente consciente de, pero dice poco sobre el hecho de que mucho más sobre nuestra psicología se deja fuera de lo incluido. Entre las ventanas a la naturaleza humana que se dejan fuera o se presta una atención mínima son las matemáticas y la geometría, la música y los sonidos, las imágenes, los eventos y la causalidad, la ontología (clases de cosas o lo que sabemos), la mayor parte de la epistemología (cómo sabemos), disposiciones (creer, pensar, juzgar, pretender, etc.) y el resto de la psicología intencional de la acción, neurotransmisores y entheogens, Estados espirituales (por ejemplo, Satori e iluminación, estimulación y grabación del cerebro, daño cerebral y comportamiento déficits y trastornos, juegos y deportes, teoría de la decisión (incluyendo la teoría del juego y la economía conductual), comportamiento animal (muy poco lenguaje pero mil millones de años de genética compartida). Se han escrito muchos libros sobre cada una de estas áreas de la psicología intencional. Los datos de este libro son descripciones, no explicaciones que muestran por qué nuestro cerebro lo hace de esta manera o cómo se hace. ¿Cómo sabemos usar las oraciones de manera diversa (es decir, conocer todos sus significados)? Esta es la psicología evolutiva que opera a un nivel más básico: el nivel en el que Wittgenstein es más activo. Y hay escasa atención a el Contexto en el que se utilizan palabras = una arena que Wittgenstein fue pionera.

Sin embargo, Este es un trabajo clásico y con estas precauciones todavía vale la pena leer.

Aquellos que deseen un marco completo hasta la fecha para el comportamiento humano de la moderna dos Sistemas View puede consultar mi libro 'La estructura lógica de la filosofía, la psicología, la mente y lenguaje en Ludwig Wittgenstein y John Searle ' 2nd ED (2019). Los interesados en más de mis escritos pueden ver 'Monos parlantes--filosofía, psicología, ciencia, religión y política en un planeta condenado--artículos y reseñas 2006-2019 3rd ED (2019) y delirios utópicos suicidas en el 21St Century 4TH Ed (2019) y otras.

"Si Dios nos miró a la mente, no sería capaz de ver en quién estábamos pensando." Wittgenstein PI P217

"¿Debe evitarse la palabra" infinito "en las matemáticas? Sí: donde parece conferir un significado sobre el cálculo; en lugar de conseguir uno de él. " Edición revisada de la RFM (1978) P141

"Una y otra vez el intento de usar el lenguaje para limitar el mundo y establecerlo en relieve, pero no se puede hacer. La auto-evidencia del mundo se manifiesta en el mismo hecho de que el lenguaje puede y sólo se refiere a él. Porque el lenguaje sólo deriva la forma en que significa, su significado, del mundo, no hay lenguaje concebible que no represente a este mundo. " Observaciones filosóficas de Wittgenstein S47

"Los límites de mi idioma significan los límites de mi mundo" TLP

Empiezo con estos famosos comentarios del filósofo (psicólogo) Ludwig Wittgenstein (W) porque Pinker comparte con la mayoría de las personas (debido a la configuración predeterminada de nuestra psicología innata evolucionada) ciertos prejuicios sobre el funcionamiento de la mente y porque Wittgenstein ofrece una visión única y profunda del funcionamiento del lenguaje, el pensamiento y la realidad (que consideraba más o menos coextenso) que no se encontraba en ningún otro lugar. La última cita es la única referencia que Pinker hace a Wittgenstein en este volumen, que es muy desafortunado teniendo en cuenta que él era el más brillante y original de los analistas de lenguaje.

Otro famoso dictum de Wittgenstein es "nada está oculto." Si uno se pone en su trabajo lo suficiente, creo que deja muy claro lo que esto significa: que nuestra Psicología está delante de nosotros todo el tiempo si sólo abrimos los ojos para verlo y que ninguna cantidad de trabajo científico va a hacerlo más claro (de hecho, sólo se vuelve más y más oscura). Esto no es antirracional o anticientífico, pero sólo dice lo que ve como los hechos — un juego de fútbol está fuera en el campo-no en nuestra cabeza-y entendemos perfectamente bien las motivaciones, ansiedades, tensiones y decepciones de los jugadores y qué esfuerzo es necesario para jugar y cómo se mueve la pelota cuando pateó. Se han realizado inmensos avances en fisiología deportiva, Anatomía, bioenergética, física matemática y química. Libros enteros llenos de ecuaciones se han escrito sobre cómo las bolas se mueven a través del aire y los músculos aplican fuerza para mover los huesos; sobre cómo los movimientos musculares se originan en parte de la corteza, se reflejan en el cerebro de otros; montañas de la literatura sobre la motivación, la personalidad, la función cerebral y el modelado. ¿Esto nos ha dado más información sobre un partido de fútbol o ha cambiado nuestra estrategia o nuestra Experiencia de jugar o ver?

La intencionalidad (racionalidad) se ha desarrollado gradualmente a partir de cualquier herramienta (genes) que los animales tuvieron que trabajar y por lo tanto está llena de paradojas e ilusiones. De la misma manera que vemos espejismos en el desierto o leemos palabras en oraciones que no están allí, y vemos burbujas animadas en una pantalla "causando" que otros se muevan y "ayudan" o "obstaculizan", miramos para pensar y creer en la cabeza y confundir nuestros axiomas psicológicos innatos con hechos empíricos (por ejemplo, con respecto a las matemáticas y la geometría como cosas que "descubrimos" en el mundo, en lugar de inventar).

Para que el concepto y la palabra "realidad" se apliquen a los resultados obtenidos del uso de ecuaciones diferenciales, escáneres de RMN y colisionadores de partículas en mayor grado que o en lugar de manzanas, rocas y tormentas eléctricas, sería necesario para estos recientes descubrimientos que han tenido el mismo papel en la selección natural durante cientos de millones de años. Es sólo la ventaja de supervivencia sobre eones que seleccionó los genes que permiten a nuestros antepasados distantes (invertebrados) para comenzar a reaccionar de manera útil a las vistas y los sonidos del mundo y tan lentamente para producir cerebros que podrían formar conceptos (pensamientos) que eventualmente fueron verbalizados. La ciencia y la cultura no pueden reemplazar o tomar preferencia sobre nuestra antigua psicología intencional, sino que simplemente se extiende o complementa ligeramente. Pero cuando filosofar (o haciendo lingüísticas!) nos engañamos fácilmente a medida que falta el contexto y nuestra psicología disecciona automáticamente cada situación por las causas y el nivel definitivo o más bajo de explicación y sustituimos eso por los niveles brutos más altos porque no hay nada en nuestras reglas de lenguaje para evitarlo. Siempre es tan natural decir que no pensamos: nuestro cerebro lo hace y las tablas no son sólidas porque la física nos dice que están hechas de moléculas. Pero W nos recordó que nuestros conceptos, y las palabras para, pensar, creer y otras disposiciones son acciones públicas, no procesos en el cerebro, y en qué sentido son moléculas sólidas? Por lo tanto, la cita anterior, que se repite, ya que la veo como una de las ideas más fundamentales que tenemos que aclarar antes de que podamos hacer cualquier progreso en el estudio de la conducta.

"Una y otra vez el intento de usar el lenguaje para limitar el mundo y ponerlo en relieve, pero no se puede hacer. La autoevidencia del mundo se manifiesta en el mismo hecho de que el lenguaje puede y sólo se refiere a él. Porque el lenguaje sólo deriva la forma en que significa, su significado, del mundo, no hay lenguaje concebible que no represente a este mundo. "

Gran parte dela escritura de Wittgenstein es un ejemplo de la sentido comun de sentido que es esencial para el éxito de todo comportamiento animal y en general no sólo la ciencia del comportamiento, pero incluso la IA, que no puede tener éxito sin ella, ha sido incapaz de comprenderlo y aplicarlo. Incluso uno de los padres de la IA, Marvin Minsky dijo (en un 2003 de un Univ. De Boston discurso) que "IA ha estado muerta de cerebro desde los años 70" y carecía de razonamiento de sentido común. Pero su reciente libro "la máquina de la emoción" todavía no muestra ninguna conciencia del trabajo que W hizo hace 75 años, y esto significa que no hay conciencia del contexto, intencional, punto de vista sin el cual no se puede esperar para entender cómo funciona la mente (idioma).

Cuando se habla de comportamiento (es decir, pensamiento o lenguaje o acción) es un error casi universal considerar el significado de una palabra o frase que se le atribuye, ignorando las sutilezas infinitas del contexto, y así nos desviamos. Por supuesto, no podemos incluir todo sobre el contexto, ya que eso dificultaría la discusión, incluso imposible, pero hay una gran diferencia entre el significado de algo que puede ser dado completamente por una entrada de diccionario y un significado como taquigrafía para una familia de usos complejos. Incluso el libro clásico de Klein ' tiempo en el lenguaje ' (no citado por Pinker) considera ' tiempo ' como una familia de usos vagamente conectados, aunque por supuesto él también no tiene conciencia de W, Searle o intencionalidad.

El punto de mencionar esto es que Pinker comparte los sesgos reduccionistas de la mayoría de los científicos modernos y que esto colorea su acercamiento al comportamiento de maneras que no serán evidentes para la mayoría de los lectores. Tan fascinante como sus datos son y tan magistral como su escritura es, nos lleva sutilmente a lo que creo que es una imagen equivocada de nuestra Psicología-una visión que se debe a los sesgos innatos de nuestra psicología evolucionada y por lo tanto es un fracaso universal.

Pinker es el Richard Dawkins de la psicología, uno de los principales popularizadores de la ciencia en los tiempos modernos. Posiblemente sólo la tarde y más sin lamentarse (era un auto-sirviendo a un egomaníaco que engañaba a millones con su razonamiento especioso de nosotros, el Neomarxismo y el pizarra en blanco) Stephan Gould vendió más volúmenes de pop-SCI. Fue la magistral refutación de Pinker de la ilusión universal de que la naturaleza humana se genera culturalmente (uno de los muchos delirios de Gould) que hizo su libro anterior ' La Pizarra en Blanco ' un clásico y una opción superior para los libros más importantes del siglo 21. Por cierto, hay muchas configuraciones de Gould, incluyendo algunas de Pinker y Dawkins ("él ha hecho inclinación en los molinos de viento en su propia forma de arte personal"-como lo recuerdo de una revisión de Dawkins de un tomo de Gould de la revista ' Evolution ' hace una década o tan), pero creo que lo mejor es el de Tooby y Cosmides en una carta al NY Times (buscar en su página o el Times). Todas estas obras están íntimamente conectadas por el tema del comportamiento animal, la psicología evolutiva, y por supuesto ' las cosas del pensamiento '.

Despúes de la Convención, PInker discute la famosa, pero mal defectuoso, experimento de pensamiento de la tierra gemela (extraño pensamiento experimentos. en filosofía fueron esencialmente inventados por Wittgenstein), que pretende demostrar que el significado no está en la cabeza, pero era W en los años 30-es decir, 40 año antes-que demostró con decisión que todos los las disposiciones o inclinaciones (como él las llamaba, aunque los filósofos, que carecen de conocimiento de su trabajo comúnmente los llaman por el nombre incorrecto de las actitudes proposicionales) incluyendo el significado, la intención, el pensamiento, la creencia, el juzgar etc. funcionan como descripciones de nuestras acciones y no como términos para los fenómenos mentales. No pueden estar en la cabeza por la misma razón que un partido de fútbol no puede estar en la cabeza. Más tarde en la vida, Putnam comenzó a tomar en serio a Wittgenstein y cambió su melodía en consecuencia.

No hace casi ninguna referencia a la literatura grande y fascinante sobre el automatismos de comportamiento (es decir, la mayor parte de nuestro comportamiento! -ver por ejemplo, "experimentos con personas" (2004) o la ' psicología social y el inconsciente ' de Bargh (2007) para la obra más antigua, y "Dos teorías del proceso de la mente social" de Sherman et al (2014) y el literatura vasta y en rápida expansión sobre la cognición implícita), lo que demuestra que cuanto más mires, más claro se vuelve que las acciones que nosotros consideremos como resultados de nuestra elección consciente no lo son. La gente muestra fotos o leer historias de ancianos tienden a salir del edificio más lento que cuando se les da la gente joven, etc. etc. El conocido efecto placebo es una variante en la que la información se introduce conscientemente — e. g., en un estudio 2008 85 por ciento de los voluntarios que pensaron que estaban recibiendo una pastilla de azúcar $2,50 dijo que sentían menos dolor después de tomarlo, en comparación con un grupo de control de 61 por ciento. Estos efectos pueden ser inducidos subliminalmente si la información del precio es ingresarse a través de imágenes, texto o sonido. Presumiblemente lo mismo sucede con la mayoría de nuestras elecciones.

Esto nos lleva a una de mis principales quejas sobre este libro: es la obsesión monomaniaca con el "significado" de las palabras en lugar de su uso-una distinción hecha famosa por W en sus conferencias y unos 20 libros a partir de la década de 1930. Como la insistencia de W de que no explicamos el comportamiento (o el resto de la naturaleza) pero sólo lo describen, esto puede parecer una sutileza inútil, pero, como de costumbre, he encontrado como reflexioné sobre estos asuntos a lo largo de los años que W estaba justo en la marca. Dijo que una fórmula que funcionará la mayor parte del tiempo es que la significado de una palabra (mucho mejor decir una frase) es su uso en el lenguaje — y esto significa que su uso público en un contexto específico para comunicar información de una persona a otra (y a veces a otro mamífero superior — los perros comparten una porción importante de nuestra psicología intencional). Menciono esto en parte porque en un libro anterior que Pinker acusó W de negar que los animales tienen conciencia (una visión extraordinaria que en realidad es defendida por algunos) porque señaló que un perro no puede pensar "tal vez lloverá mañana", pero el punto de W fue el poco excepcional que hay muchos pensamientos que no podemos tener sin lenguaje y que no tenemos ninguna prueba para interpretar el comportamiento de un perro como mostrando que esperaba algo mañana. Incluso si usó un paraguas e invariablemente lo consiguió fuera del armario el día antes de una lluvia, no hay manera de conectar esto a su estado mental, lo mismo para un mudo sordo que no podía leer o escribir o utilizar el lenguaje de señas. Esto se conecta a sus famosas manifestaciones de la imposibilidad de un idioma privado y al hecho de que las disposiciones no están en la cabeza. W demostró cómo la ausencia de cualquier prueba pública significa que incluso el perro y el mudo no pueden saber lo que están pensando, ni podemos, porque la disposicións son actos públicos y el acto es el criterio de lo que pensamos, incluso para nosotros mismos. Este es el punto de la cita de arriba — ni Dios ni los neurofisiólogos pueden ver pensamientos, creencias, imágenes, esperanzas en nuestro cerebro, porque estos son términos para los actos y ni los epifenómenos vagos y fugaces que experimentamos, ni los correlatos detectables por estudios cerebrales, función en nuestra vida de la misma manera que el uso contextual de las oraciones que describen estos actos. Y, en cuanto a la conciencia animal, W observó que la psicología intencional se pone de pie incluso en una mosca, un punto maravillosamente y cada vez más apoyado por la genética moderna, que muestra que muchos genes y procesos fundamentales para el comportamiento de primates tuvieron su inicio al menos tan pronto como los nematodos (es decir, C. elegans) hace unos miles de millones de años.

La psicología intencional o la intencionalidad (muy aproximadamente nuestra personalidad o racionalidad o pensamiento de orden superior (HOT) es un concepto filosófico muy antiguo que (desconocido para la mayoría) recibió su formulación moderna de Wittgenstein, quien, en las 20.000 páginas de su *nachlass*, ahora mayormente traducido y publicado en unos 20 libros y varios CDROM, sentó las bases para el estudio moderno del comportamiento humano. Tristemente, fue en su mayoría un recluso que no publicó durante los últimos 30 años de su vida, nunca terminó de escribir nada de su trabajo posterior y escribió sus comentarios brillantes y altamente originales sobre el comportamiento en un estilo de diversamente denominado epigrammático, telegráfico, oracular, socrático, oscuro etc. y todo publicado póstumamente durante un período de más de 50 años (las famosas Investigaciones filosóficas (PI) en 1953 y el más reciente-pero no el último! — el Gran Mecanografiado en 2005) y por lo tanto, aunque recientemente fue votado como uno de los 5 mejores filósofos de todos los tiempos, y las investigaciones filosóficas el libro de filosofía más importante del siglo 20, que es ignorado o mal entendido por casi todo el mundo. La sensación que consigo a menudo es que nuestra Psicología es un arrecife de coral con la mayoría de las personas que bucean en la superficie admirando los baches, mientras que Wittgenstein está a 20 metros por debajo del sondeo de las grietas con el equipo de buceo y la linterna.

Los ejecutores literarios de Wittgenstein eran académicos desaliñado y sus libros se emitieron principalmente de Blackwell con títulos académicos de hospedamos y no hay explicación alguna de que puedan ser vistos como una base importante para el estudio moderno de la psicología evolutiva, la personalidad, racionalidad, lenguaje, conciencia, política, teología, literatura, Antropología, sociología, derecho, etc., — de hecho todo lo que decimos, pensamos y hacemos ya que, como él demostró, todo depende de los axiomas innatos de nuestra psicología evolucionada que compartimos con un gran medida con perros, y hasta cierto punto incluso con moscas y C. elegans. Si sus obras han sido presentadas con portadas llamativas por las prensas populares con títulos como el trabajo de la mente, el instinto del lenguaje, y las cosas del pensamiento, gran parte del paisaje intelectual del siglo 20 podría haber sido diferente. Tal como es, a pesar de que es el tema principal de al menos 200 libros y 10.000 artículos y discutidos en innumerables miles más (incluyendo Pinker cómo la mente funciona), basado en los cientos de artículos y docenas de libros que he leído en los últimos años , Yo diría que hay menos de una docena de personas que realmente entienden la importancia de su trabajo, como lo presento en este y mis otros comentarios. Sin embargo, las publicaciones recientes de Coliva, DMS y otros, y tal vez la mía, deberían cambiar esto.

Aquellos que deseen una cuenta completa hasta la fecha de Wittgenstein, Searle y su análisis de comportamiento de la vista moderna de dos sistemas pueden consultar mi artículo la estructura lógica de la filosofía, la psicología, la mente y el lenguaje como se reveló en Wittgenstein y Searle 2Nd Ed (2019).

Un resultado de todo esto (lo que un filósofo ha llamado "la amnesia colectiva con respecto a Wittgenstein") es que los estudiantes de la lengua incluyendo Pinker toman las nociones de Grice como la implicación (que parece sólo una palabra de lujo para implicar) y, más recientemente, Teoría de la relevancia, como un marco para "la relación entre palabras y significado" (por supuesto W se entregaría en su tumba en esta frase, ya que ¿cómo pueden ser separables de su uso si uno sigue su significado es la fórmula de uso?), pero me parecen débiles sustitutos de la intencionalidad según lo descrito por W y revisado y ampliado por Searle y otros. En cualquier caso, Grice es el académico soporífico normal, Sperber (un líder en la teoría de la relevancia) tolerable, Pinker atractiva y a menudo elegante e incluso conmovedor, Searle (ver ESP. ' racionalidad en acción ') es clara, rigurosa, y bastante original (aunque debido, creo yo, un deuda muy grande con W,) pero demasiado académico para las listas de major vendido, mientras que Wittgenstein, una vez que comprenda que es un maestro natural psicólogo que describe cómo funciona la mente, es muy exigente, pero brillantemente original y a menudo impresionante. Pinker escribe una prosa magistral mientras que Wittgenstein escribe telegramas, aunque a menudo se mueven y son poéticos y en pocas ocasiones, escribió hermosos ensayos. Pinker puede ser extraído para un poco de oro, un montón de hierro y un poco de escoria, mientras que W es en su mayoría de oro, un poco de hierro y apenas una mota de escoria. Pinker está principalmente resumiendo el trabajo de otros (aunque en estilo impecable) mientras que W es tan original y tan bizarro que está muy por encima de la cabeza de la mayoría de la gente. Sugiero leer Pinker, Searle y Wittgenstein alternativamente o simultáneamente con un toque de Sperber, Grice y algunos cientos de otros de vez en cuando.

W dijo que el problema no es encontrar la respuesta, sino reconocer lo que siempre está ante nosotros como la respuesta. Es decir, nuestro lenguaje es (en general) nuestro pensamiento, que se trata de eventos reales o potenciales (incluyendo acciones de agentes como ladridos, hablar y escribir), y ese significado, contra Pinker y un elenco de miles, es uso, y no hay nada oculto (es decir, el lenguaje es - Principalmente- pensamiento).

La ignorancia en muchos campos es tan completa que incluso un por lo demás maravilloso reciente libro de 358 páginas de Wiese sobre un tema virtualmente creado por Wittgenstein (Numeros, el Lenguaje y la Mente Humana - que veo es citado por Pinker) no hay una sola referencia a él!

W enfatiza principalmente los diferentes usos de las "mismas" palabras "(es decir, un divisor) que originalmente querían usar la cita" ¡ te enseñaré las diferencias! "como el lema de su libro Investigaciones Filosóficas. Es decir, describiendo los diferentes usos de las oraciones (los juegos de idiomas), y modificando los juegos en experimentos de pensamiento, nos recordamos los diferentes roles que juegan estos juegos en la vida y vemos los límites de nuestra psicología. Pero Pinker, de nuevo siguiendo los seductores valores predeterminados de nuestros módulos evolucionados y los ejemplos atroces de miles de otros, es un cargador que a menudo difumina estas diferencias. Por ej., habla repetidamente de "realidad" como si fuera una sola cosa (en lugar de toda una familia de usos). También habla de la realidad como algo separado de nuestra experiencia (es decir, la clásica confusión idealista/realista).

Pero, ¿qué prueba hay para la realidad? Él se desliza (como todos nosotros) tan fácilmente en la sustitución reduccionista de los niveles más bajos para los más altos por lo que todos estamos inclinados a descartar el pensamiento que podemos ver (es decir, acciones) para los procesos en el cerebro, que nuestro lenguaje (pensamiento) no puede describir posiblemente, ya que evolucionó mucho antes de que alguien tuviera alguna idea de las funciones cerebrales. Si Pinker imagina que eres realmente no está leyendo esta página (por ejemplo, la retina se golpea con fotones que rebotan en las moléculas de tinta, etc.) entonces respetuosamente sugiero que necesita reflexionar más sobre el tema del lenguaje, el pensamiento y la realidad y no conozco mejor antídoto para este Meme tóxico que la inmersión en Wittgenstein.

Reflexionar sobre Wittgenstein trae a la mente un comentario atribuido al profesor de filosofía de Cambridge, C.D. Broad (que no entendía ni le gustaba), que corrió algo como ' no ofrecer la cátedra de filosofía a Wittgenstein sería como no ofrecer la silla de la física a Einstein! " Pienso en Wittgenstein como el Einstein de la psicología intuitiva. Aunque nació diez años más tarde, también estaba tramando ideas sobre la naturaleza de la realidad casi al mismo tiempo y en la misma parte del mundo y como Einstein casi muere en WW1. Ahora Supongamos que Einstein era un suicida homosexual recluso con una personalidad difícil que publicó una sola versión temprana de sus ideas que se confundieron y a menudo se equivocaron, pero se volvieron mundialmente famosas; cambiado por completo sus ideas, pero durante los próximos 30 años no publicó nada más, y el conocimiento de su nueva obra en forma mayormente confusa difundiera lentamente de conferencias ocasionales y notas de los estudiantes; que murió en 1951 dejando atrás más de 20.000 páginas de garabatos en su mayoría escritos a mano en alemán, compuesto de oraciones o párrafos breves con, a menudo, sin relación clara con las oraciones antes o después; que estos fueron cortados y pegados de otros cuadernos escritos años antes con notas en los márgenes, subrayados y palabras tachadas para que muchas oraciones tienen múltiples variantes; que sus ejecutivos literarios cortan esta masa indigerible en pedazos, dejando fuera lo que deseaban y luchando con la monstruosa tarea de captar el significado correcto de las oraciones que transmiten opiniones totalmente novedosas sobre cómo funciona el universo y que luego publicó este material con lentitud agonizante (no terminado después de medio siglo) con prefacios que no contenían ninguna explicación real de lo que se trataba; que se hizo tan notorio como famoso debido a muchas afirmaciones de que toda la física anterior era un error e incluso tonterías y que virtualmente nadie entendía su trabajo, a pesar de cientos de libros y decenas de miles de artículos que lo discutían; que muchos físicos sabían sólo sus primeros trabajos en los que había hecho una suma definitiva de la física newtoniana declaró en forma extremadamente abstracta y condensada que era imposible decidir lo que se decía; que fue virtualmente olvidado y que la mayoría de los libros y artículos sobre la naturaleza del mundo y los diversos temas de la física moderna sólo habían pasado y generalmente las referencias erróneas a él y que muchos lo omitieron por completo; que hasta el día de hoy, medio siglo después de su muerte, sólo había un puñado de personas que realmente captó las consecuencias monumentales de lo que había hecho. Esto, supongo, es precisamente la situación con Wittgenstein.

Parece tremendamente obvio que nuestra psicología evolucionada ha sido seleccionada para que coincida con el mundo hasta la máxima extensión compatible con nuestros recursos genéticos y energéticos y eso es todo lo que podemos decir sobre la realidad, y todos nosotros entender esto (lo vivimos) pero cuando nos detenemos a pensarlo, los valores predeterminados de nuestra psicología universal toman el control y comenzamos a usar las palabras (conceptos) de "realidad", "aspectos", "tiempo", "espacio", "posible", etc. fuera de los contextos intencionales en los que Evolucionado. La siguiente joya proviene de los biólogos (lo tomo del magnífico libro de Shettleworth cognición, evolución y comportamiento).

"El papel de la psicología entonces es describir las características innatas de las mentes de los diferentes organismos que han evolucionado para coincidir con ciertos aspectos de ese universo físico externo, y la forma en que el universo físico interactúa con la mente para producir el mundo fenomenal. " O'Keefe y Nadel "el hipocampo como un mapa cognitivo"

Piense en ello de esta manera: puede buscar una palabra en el Diccionario, pero no se puede buscar un uso allí, a menos que haya un video que mostró antes y después del evento y todos los hechos relevantes sobre él. El diccionario es como una morgue llena de cadáveres pero queremos estudiar fisiología. Aquí yace "Rose" y aquí "Run" y aquí "in" y aquí "es" y lo que falta es vida. Añadir una foto y es un poco mejor: Añadir un vídeo y mucho mejor: Añadir un largo color 3D contrata vídeo con el sonido y el olfato y'está llegando.

Parte de la descripción de Wittgenstein de nuestra psicología pública incluyó muchos ejemplos detallados de cómo las sensaciones y las imágenes en mi mente no llevan ningún peso epistémica incluso para mí. ¿Cómo sé que estoy comiendo una manzana? ¿Mi gusto y mi visión podrían estar equivocados y cómo decidir? Pero si hablo escribirlo y decir "que es una manzana de aspecto sabroso", etc. Tengo una prueba objetiva. El bien y el mal tienen un punto de apoyo aquí.

W iba a utilizar una cita de Goethe como el lema de PI-"en el principio era la escritura." Es decir, evolutivamente eran percepciones y acciones y luego recuerdos de ellos y luego pensamientos sobre ellos y luego palabras expresando los pensamientos. Por lo tanto, el evento es lo que Australopithecus pensó sobre, y selección natural para poder hacer explosiones acústicas, que los sustituyeron, era lo suficientemente fuerte como para modificar nuestro aparato vocal y el circuito de control adecuado a un ritmo fantástico, por lo que a principios de Neanderthal estaban hablando una raya azul y no han cerrado la mente o la boca durante más de unos pocos minutos desde entonces. W entendió, como pocos tienen, la primacía de las acciones y la irrelevancia de nuestros pensamientos, sentimientos, etc. como los fundamentos de la comunicación, por lo que a menudo se le llama un conductista (es decir, Dennett, Hofstadter, B.F. Skinner al estilo de la negación de la realidad de nuestro vida, mente, conciencia, etc.) pero esto es manifiestamente absurdo.

Me recuerda a la famosa descripción Por Platón de las sombras en la pared de la cueva vs girar alrededor para ver a la gente en realidad usando el lenguaje-una analogía que nunca pensé en relación con W y que me sorprendió ver unas horas más tarde en el último capítulo de Pinker. En cualquier caso, si se considera cuidadosamente cualquier caso de uso del lenguaje, vemos que gran parte de nuestra psicología intencional es llamada a jugar.

Uno puede ver la ignorancia de Wittgenstein en los artículos de EEL2 (la enciclopedia de Elsevier de la lengua y la lingüística-2ª ed. (2005) 12, 353p-sí eso es 12000 PAGES en 14 vols y un mero $6000,) que es de lejos el más grande, y uno espera la más autorizada, referencia en estudios de idiomas.

Curiosamente, Pinker no tiene una sola referencia a ella, pero se puede encontrar, junto con casi todo Pinker, Searle, Wittgenstein y miles de otros libres en la red.

Para obtener una comprensión de las necesidades básicas de la IA, podría, por ejemplo, encontrar mucho más interesante leer el RFM de W que la "máquina de la emoción" de Minsky. Pinker ha referido a la famosa lista de Brown de cientos de universales de comportamiento humano, pero estos son casi todos los comportamientos brutos de nivel más alto, tales como la posesión de la religión, altruismos recíprocos, etc. Y grande omite cientos de otros universales que subyacen a estos. Wittgenstein fue el primero, y en algunos casos quizás el único hasta la fecha, para señalar muchos de los más fundamentales. Sin embargo, él no le dijo lo que estaba haciendo y nadie más tiene ya sea por lo que tendrá que rompecabezas por sí mismo. La mayoría de las personas leen primero (y a menudo nada más) sus investigaciones filosóficas, pero prefiero los ejemplos más estrictamente matemáticos en sus comentarios sobre los fundamentos de las matemáticas o sus conferencias sobre los fundamentos de las matemáticas. Si lees con la comprensión de que él está describiendo los axiomas universales de nuestra Psicología evolutiva que, subyacen a todo nuestro razonamiento, entonces su trabajo tiene un sentido perfecto y es impresionante en su ingenio.

Pinker ilustra cómo funciona la mente con el ejemplo de salsa barbacoa. Por supuesto, hay un número ilimitado de otros que ilustran nuestra probabilidad subjetiva (a menudo llamado razonamiento bayesiano, aunque él no menciona esto). Mis favoritos son Doomsday (véase, por ejemplo, el libro o página web de Bostrum), la bella durmiente y el problema de Newcomb. A diferencia de la barbacoa, que tiene una solución clara, muchos otros tienen (dependiendo de su punto de vista) uno, ninguno o muchos. Podemos considerar estos como interesantes, ya que muestran lagunas en o límites a nuestra racionalidad (un tema importante en Wittgenstein) o (lo que hemos sabido al menos desde el trabajo de Finetti en los años 20) que toda probabilidad es subjetiva, o como la famosa paradoja mentirosa o Godel teoremas (ver mis reseñas de Hofstadter ' I am a Strange Loop Y Yanofsky ' Más allá de los límites del pensamiento '), como demostraciones triviales de los límites de nuestra mente de primates, aunque Pinker no se expande sobre este tema ni da más que unos pocos consejos sobre la vasta literatura sobre la teoría de la decisión, la teoría del juego, la economía conductual, el Bayesianismo, etc.

EEL2 tiene un artículo corto pasable en W que evita hacer demasiados errores evidentes, pero se pierde totalmente casi todo de importancia, que, si realmente se entiende, haría el artículo con mucho el más largo en el libro. Casi todo el asunto se desperdicia en el Tractatus, que todo el mundo sabe que rechazó totalmente más tarde y que es extremadamente confuso y confuso también. Casi nada en su filosofía posterior y ni una palabra sobre los dos CDROM que se pueden buscar que ahora son el punto de partida para todos los eruditos de W (y cualquier persona interesada en el comportamiento humano) que ahora se están difundiendo ampliamente libremente a través de la red. Tampoco hay nada aquí ni en los artículos sobre Chomsky, ideas innatas, evolución de la sintaxis, evolución de la semántica, evolución de la pragmática (prácticamente cada una de sus 20.000 páginas tiene que ver con ideas novedosas y ejemplos sobre estos dos), teoría de esquemas, etc., ni sobre cómo anticipó a Chomsky en el estudio de la "gramática profunda", describió el problema de la subdeterminación o la explosión combinatoria, ni una palabra acerca de su descubrimiento (repetidamente y en detalle — e. g., RPP Vol. 2 P20) unos 20 años antes de Wason de las razones de "fallas" en "si p entonces q" tipos de construcciones ahora analizadas por las pruebas de selección Wason (una de las herramientas estándar de investigación EP) , ni sobre cómo se puede ver su obra anticipando muchas ideas en Psicología evolutiva, sobre su fundación del estudio moderno de la intencionalidad, de las disposiciones como acciones, de la epifenomenalidad de nuestra vida mental y de la unidad del lenguaje, las matemáticas, la geometría, música, arte y juegos, ni siquiera una explicación de lo que quiso decir con los juegos de idiomas y la gramática, dos de sus términos más utilizados. W hizo el cambio de tratar de entender la mente como una estructura lógica, general de dominio a un dominio idiosincrásico psicológico específico a finales de los años 20, pero Kahneman consiguió

el Nobel en 2002, por numerosas razones, no la menor de las cuales es que hicieron laboratorio WOR k y análisis estadístico (aunque W era un excelente experimentalista y bastante bueno en matemáticas). Claro, uno no puede criticar el EEL2 demasiado, ya que simplemente sigue las omisiones similares y la falta de comprensión a través de las Ciencias del comportamiento. Y, no voy a poner esto en la forma en que uno podría quejarse de la ausencia de información sobre los antiguos cohetes de guerra chinos en un libro sobre motores de cohetes, sino porque su trabajo es todavía una mina virtualmente sin explotar de diamantes de la ciencia conductual, y, por mi dinero , algunos de los más emocionantes y la prosa de la abertura del ojo que he leído nunca. Casi todo lo que ha escrito podría ser utilizado como un manual de texto o de laboratorio complementario en cualquier clase de filosofía o psicología y en gran parte de la ley, matemáticas, literatura, economía conductual, historia, política, Antropología, sociología y por supuesto la lingüística.
Lo que nos lleva de vuelta a Pinker.

En el último capítulo, usando la famosa metáfora de la cueva de Platón, resume bellamente el libro con una visión general de cómo la mente (lenguaje, pensamiento, psicología intencional)-un producto de egoísmo ciego, moderado sólo ligeramente por el altruismo automatizado para cerca parientes que llevan copias de nuestros genes (Fitness inclusivo)--funciona automáticamente, pero trata de terminar en una nota optimista al darnos la esperanza de que, sin embargo, podemos emplear sus vastas capacidades para cooperar y hacer del mundo un lugar digno para vivir. Dudo mucho de esto (ver mi reseña de sus ' los mejores ángeles de nuestra naturaleza).

Pinker es sin duda consciente de, pero dice poco sobre el hecho de que mucho más sobre nuestra psicología se deja fuera de lo incluido. Entre las ventanas a la naturaleza humana que se dejan fuera o se da la mínima atención son las matemáticas y la geometría, la música y los sonidos, las imágenes, los eventos y la causalidad, la ontología (clases de cosas), las disposiciones (creer, pensar, juzgar, la intención, etc.) y el resto de Psicología intencional de la acción, neurotransmisores y entheogens, Estados espirituales (por ejemplo, Satori e iluminación, estimulación y grabación del cerebro, daño cerebral y déficits y trastornos del comportamiento, juegos y deportes, teoría de la decisión (incluyendo el juego teoría y la economía conductual), comportamiento animal (muy poco lenguaje pero mil millones de años de genética compartida). Se han escrito muchos libros sobre cada una de estas áreas de la psicología intencional. Los datos de este libro son descripciones, no explicaciones que muestran por qué nuestro cerebro lo hace de esta manera o cómo se hace. ¿Cómo sabemos usar las oraciones de varias maneras (es decir, conocer todos sus significados)? Esta es la psicología evolutiva que opera a un nivel más básico: el nivel en el que Wittgenstein es más activo. Y hay escasa atención al contexto que es fundamental para entender el lenguaje y en el que Wittgenstein fue el principal pionero.

Entre los innumerables libros que no se mencionan aquí se encuentra el excelente tomo de Guerino Mazzola investigando la similitud de las matemáticas y la música ' El topos de la música ', el increíble trabajo de Shulgin sonando la mente con los psicoquímicos ' Phikal ' y ' Tikal '. Muchos Otros tratar de representar funciones mentales con medios geométricos o matemáticos como la revisión de creencias de Rott ', Gardenfors varios libros, y por supuesto los esfuerzos masivos que van En en la lógica (por ejemplo, el 20 o tan Vol manual de la lógica filosófica), así como muchos otros editados o escritos por el asombroso Dov Gabbay (por ejemplo, ' lógica temporal '). Respecto a lenguaje espacial-de los numerosos volúmenes sobre la psicología, el lenguaje o la filosofía del espacio, el reciente ' manual de lógica espacial ' (especialmente divertido es CHAP 11 en el espacio-tiempo y el último Cap. por Varzi) se destaca. El punto es que estas obras lógicas, geométricas y matemáticas son extensiones de nuestra psicología axiomática innata, y por lo que muestran en sus ecuaciones y gráficos algo sobre la ' forma ' o ' forma ' o ' función ' de nuestros pensamientos (módulos, plantillas, motores de inferencia), y así también la forma de los animales e incluso quizás de las computadoras (aunque uno tiene que pensar en qué prueba sería relevante aquí!). Y por supuesto. todas las obras de Wittgenstein, manteniendo En mente que a veces está hablando de los niveles más básicos de pensamiento y percepción prelingüísticos o incluso premamífero. Claro, muchos libros sobre IA, la navegación robótica y el procesamiento de imágenes son relevantes ya que deben imitar nuestra psicología. El reconocimiento facial es una de nuestras habilidades más sorprendentes (aunque incluso los crustáceos pueden hacerlo) y el mejor trabajo reciente que conozco es ' manual de reconocimiento facial '. De los numerosos libros sobre el espacio/tiempo uno puede comenzar con el ' idioma y tiempo ' de Klein o la ' filosofía del tiempo ' de McLure. La ' lengua y el tiempo ' de Smith, la ' cómo las cosas persisten ' de Hawley y el ' cuatro dimensionalismo ' de Sider, ' semántica, tensa y tiempo ' de Ludlow, ' tiempo y espacio ' de Dainton. y ' unidad de conciencia ', Diek ' la ontología de tiempo espacial ' y Sattig ' el idioma y Realidad del tiempo ''. Pero como uno esperaría, y como se detalla por Rupert Read, los juegos de idiomas aquí están todos enredado y la mayoría De las discusiones del tiempo son irremediablemente incoherentes.

Y también un libro bueno pero ahora anticuado que cubre mucha relevancia con los artículos de Searle y otros es ' lógica, pensamiento y acción ' de Vanderveken.

Reseña de "¿Estamos cableados?" (Are We Hardwired?) por Clark & Grunstein Oxford (2000)

Michael Starks

Abstracto

Esta es una excelente revisión de las interacciones gen/ambiente en el comportamiento y, a pesar de ser un poco anticuado, es una lectura fácil y valiosa. Empiezan con estudios gemelos que muestran el impacto abrumador de la genética en el comportamiento. Señalan los estudios cada vez más conocidos de Judith Harris, que amplían y resumen los hechos de que el ambiente doméstico compartido casi no tiene efecto sobre el comportamiento y que los niños adoptados crecen para ser tan diferentes de sus hermanastros y hermanas como las personas elegidas al azar. Un punto básico que ellos (y casi todos los que discuten sobre la genética conductual) no se dan cuenta es que los cientos (miles dependiendo de su punto de vista) de los universales de comportamiento humano, incluyendo todos los fundamentos de nuestras personalidades, son 100% determinado por nuestros genes, con no hay variación en las normales. Todo el mundo ve un árbol como un árbol y no una piedra, busca y come comida, se enfada y celosa, etc. Por lo tanto, lo que están hablando sobre todo aquí es cuánto ambiente (cultura) puede afectar al grado en que se muestran varios rasgos, en lugar de su apariencia.

Por último, discuten la eugenesia en la costumbre políticamente correcta, al no notar que nosotros y todos los organismos somos los productos de la eugenesia de la naturaleza y que los intentos de derrotar la selección natural con la medicina, la agricultura y la civilización en su conjunto, son desastroso para cualquier sociedad que persiste en hacer esto. Tanto como el 50% de todas las concepciones, o unos 100 millones/año, terminan en abortos espontáneos tempranos, casi todos sin que la madre sea consciente. Este sacrificio natural de genes defectuosos impulsa la evolución, nos mantiene relativamente genéticamente sólidas y hace posible la sociedad. La disgenesia es suficiente para destruir la civilización pero sobrepoblación se do primero.

Aquellos que deseen un marco completo hasta la fecha para el comportamiento humano de la moderna Dos Sistemas Punto de Vista puede consultar mi libro 'La estructura lógica de la filosofía, la psicología, la mente y lenguaje En Ludwig Wittgenstein y John Searle ' 2Nd Ed (2019). Los interesados en más de mis escritos pueden ver 'Monos parlantes--filosofía, psicología, ciencia, religión y política en un planeta condenado--artículos y reseñas 2006-2017' 3a Ed (2019) y otras.

Esta es una excelente revisión de las interacciones gen/ambiente en el comportamiento y, a pesar de ser un poco anticuado, es una lectura fácil y valiosa.

Empiezan con estudios gemelos, que muestran el impacto abrumador de la genética sobre el comportamiento. Señalan los estudios cada vez más conocidos de Judith Harris, que amplían y resumen los hechos de que el ambiente doméstico compartido casi no tiene efecto sobre el comportamiento y que los niños adoptados crecen para ser tan diferentes de sus hermanastros y hermanas como las personas elegidas al azar. Hay un montón de impacto en la personalidad (CA 50% de variación) desde el entorno temprano, presumiblemente interacción entre pares, TV, etc., pero realmente no lo sabemos.

Resumen la genética del comportamiento en los primeros animales verdaderos, los protozoos, y señalan que muchos de los genes y mecanismos subyacentes a nuestro comportamiento ya están presentes. Existe una fuerte ventaja selectiva para identificar los genes de los compañeros potenciales e incluso los protozoos tienen tales mecanismos. Hay datos que muestran que las personas tienden a elegir relaciones de posición con diferentes tipos de HLA, pero el mecanismo es oscuro. Presentan varias líneas de evidencia que nos comunican inconscientemente con feromonas a través de los órganos vomeronasal y Esto es no mediada por las neuronas del olfato.

Un capítulo revisa la biología del nematodo C. elegans, señalando el hecho de que comparte muchos mecanismos y genes con protozoos y con nosotros debido al conservadurismo extremo de la evolución. Algunos genes humanos se han insertado en él con la aparente preservación de su función en nosotros.

Por otra parte, muestran lo que parecen ser mecanismos de memoria a largo plazo y a corto plazo controlados por genes de una manera similar a la de los organismos superiores.

Señalan la similitud general del criptochome no visual mediada regulación de los ritmos circadianos en levaduras y moscas de la fruta a los de los animales más altos e incluso a los de las plantas. Se ha demostrado que ambos genes de cryptocromo Cry-1 y Cry-2 están presentes en moscas de la fruta, ratones y seres humanos y que el sistema fotorreceptor está activo en muchas células del cuerpo que no sean la retina, y los investigadores incluso han sido capaces de desencadenar los ritmos circadianos de la luz brilló en nuestra pierna!

Después de una breve encuesta de trabajo sobre la famosa APLYSIA y los sistemas cAMP y calmodulin, revisan los datos sobre los neurotransmisores humanos. El capítulo sobre la agresión señala la agresión impulsiva de ratones de baja serotonina y los efectos sobre el comportamiento agresivo de las mutaciones/fármacos que afecta la química de óxido nítrico — recientemente, al asombro de todos, identificado como un neurotransmisor importante o el neuromodulador.

En un capítulo sobre el consumo, cuentan la historia ahora bien conocida de la leptina y su papel en la regulación De ingesta de alimentos. Luego un resumen de la genética de la conducta sexual.

Un punto básico que ellos (y casi todos los que discuten sobre la genética conductual) no se dan cuenta es que los cientos (miles dependiendo de su punto de vista) de los universales de comportamiento humano, incluyendo todos los fundamentos de nuestras personalidades, son 100% determinado por nuestros genes, con no hay variación en las normales. Todo el mundo ve un árbol como un árbol y no una piedra, busca y come comida, se enfada y celosa, etc. Por lo tanto, lo que están hablando sobre todo aquí es cuánto ambiente (cultura) puede afectar al grado en que se muestran varios rasgos, en lugar de su apariencia.

También hay campos altamente activos que estudian el comportamiento humano que apenas mencionan: la psicología evolutiva, la psicología cognitiva, partes de la sociología, la antropología y la economía conductual, que están lanzando luces brillantes sobre el comportamiento y mostrando que es en gran medida automática e inconsciente con poca conciencia o control voluntario. Los autores se inclinan hacia la biología es un gran defecto.

Por último, discuten la eugenesia en la costumbre políticamente correcta, al no notar que nosotros y todos los organismos somos los productos de la eugenesia de la naturaleza y que los intentos de derrotar la selección natural con la medicina, la agricultura y la civilización en su conjunto, son desastroso para cualquier sociedad que persiste en ella. Tanto como el 50% de todas las concepciones, o unos 100 millones/año, terminan en abortos espontáneos tempranos, casi todos sin que la madre sea consciente. Este sacrificio natural de genes defectuosos impulsa la evolución, nos mantiene relativamente genéticamente sólidas y hace posible la sociedad. Sin embargo, ahora está claro que la sobrepoblación destruirá el mundo antes de que la disgenesia tenga una oportunidad.

¿Es JK Rowling más malvado que yo? (revisado en 2019)

Michael Starks

Abstracto

¿Qué tal una toma diferente de los ricos y famosos? Primero lo obvio — las novelas de Harry Potter son supersticiones primitivas que animan a los niños a creer en la fantasía en lugar de asumir la responsabilidad del mundo-la norma por supuesto. JKR es tan despistada sobre sí misma y el mundo como la mayoría de las personas, pero unas 200 veces más destructivas que el estadounidense promedio y unas 800 veces más que el chino promedio. Ella ha sido responsable de la destrucción de tal vez 30.000 hectáreas de bosque para producir estas novelas de basura y toda la erosión subsiguiente (no trivial como es al menos 6 y tal vez 12 toneladas/año de tierra en el océano para todos en la tierra o tal vez 100 toneladas por American, y así alrededor de 5000 toneladas/año para los libros y películas de Rowling y su 3 niños). La tierra pierde al menos el 1% de su tierra vegetal cada año, por lo que se acerca a 2100, la mayor parte de su capacidad de cultivo de alimentos desaparecerá. Luego está la enorme cantidad de combustible quemado y los desechos hechos para hacer y distribuir los libros y películas, muñecas de plástico, etc. Ella muestra su falta de responsabilidad social produciendo niños en lugar de usar sus millones para alentar la planificación familiar o comprar la selva tropical, y promoviendo la estupidez liberal convencional de la 3ª supremacía mundial que está destruyendo Gran Bretaña, Estados Unidos, el mundo y el futuro de su descendiente. Por supuesto, ella no es tan diferente de las otras 7.8 mil millones de - sólo más ruidosas y destructivas.

Es el no libre problema de almuerzo escrito grande. La multitud simplemente no puede ver que no hay tal cosa como ayudar a una persona sin dañar a los demás. Los derechos o privilegios dados a los nuevos participantes en un mundo superpoblado sólo pueden disminuir los de los demás. A pesar de los desastres ecológicos masivos que ocurren delante de ellos en todas partes todos los días, no pueden anclar a la maternidad desenfrenada de "lo diverso", que representa la mayor parte del aumento de la población del siglo pasado y todo eso en este. Carecen de una combinación de inteligencia, educación, experiencia y cordura necesaria para extrapolar los asaltos diarios a los recursos y el funcionamiento de la sociedad para el eventual colapso de la civilización industrial. Cada comida, cada viaje en coche o autobús, cada par de zapatos es otro clavo en el ataúd de la tierra. Probablemente nunca ha cruzado su mente que un asiento en un avión de Londres a San Francisco produce alrededor de una tonelada de carbono que derrite unos 3 metros cuadrados de hielo marino y como uno de los privilegiados que probablemente ha volado cientos de tales vuelos.

No sólo los ricos y famosos, pero casi cualquier figura pública en absoluto,

91

incluyendo prácticamente todos los profesores, se ven presionados a ser políticamente correcto, que en el las democracias occidentales, ahora significa socialdemócrata (Neomarxista — i. e., comunista diluido), supremacistas del tercer mundo que trabajan por la destrucción de sus propias sociedades y sus propios descendientes. Entonces, aquellos cuya falta of educación, experiencia, inteligencia (y el sentido común básico), que debería prohibirles hacer declaraciones públicas en absoluto, dominar totalmente a todos los medios de comunicación, creando la impresión de que los inteligentes y civilizados deben favorecer la democracia, la diversidad y la igualdad, mientras que la verdad es que estos son los problemas y no las soluciones, y que ellos mismos son los principales enemigos de la civilización. Ver mi suicidio por la democracia 2Nd Ed (2019) y otras obras.

¿Qué tal una toma diferente de los ricos y famosos? Primero lo obvio — las novelas de Harry Potter son supersticiones primitivas que animan a los niños a creer en la fantasía en lugar de asumir la responsabilidad del mundo-la norma por supuesto. JKR es tan despistada sobre sí misma y el mundo como la mayoría de las personas, pero unas 200 veces más destructivas que el estadounidense promedio y unas 800 veces más que el chino promedio. Ella ha sido responsable de la destrucción de tal vez 30.000 hectáreas de bosque para producir estas novelas de basura y toda la erosión subsiguiente (no trivial como es al menos 6 y tal vez 12 toneladas/año de tierra en el océano para todos en la tierra o tal vez 100 toneladas por American, y así alrededor de 5000 toneladas/año para los libros y películas de Rowling y su 3 niños). La tierra pierde al menos el 1% de su tierra vegetal cada año, por lo que se acerca a 2100, la mayor parte de su capacidad de cultivo de alimentos desaparecerá. Luego está la enorme cantidad de combustible quemado y los desechos hechos para hacer y distribuir los libros y películas, muñecas de plástico, etc. Ella muestra su falta de responsabilidad social produciendo niños en lugar de usar sus millones para alentar la planificación familiar o comprar la selva tropical, y promoviendo la estupidez liberal convencional de la 3ª supremacía mundial que está destruyendo Gran Bretaña, Estados Unidos, el mundo y el futuro de su descendiente. Por supuesto, ella no es tan diferente de las otras 7.8 mil millones de - sólo más ruidosas y destructivas.

Como todos los ricos, ella es capaz de multiplicar su destrucción causando que otros destruyan en su nombre. Cada niño que produjo resultados en alrededor de 50 toneladas de tierra vegetal en el océano, 300 libras de productos químicos tóxicos producidos, 1 acre de bosque/humedal/desaparecido para siempre, cada año. Como todas las personas, su familia roba a todas las personas de la tierra y de sus propios descendientes (no hay derechos humanos sin males humanos), y, al igual que la gran mayoría, ella es pobremente educada, egomaníaca y carente de autoconsciencia, por lo que estas cuestiones nunca se cruzan. Además de la destrucción material para hacer y distribuir sus libros y películas, existe la gran cantidad de tiempo desperdiciado en la lectura y visualización de ellos. Además, la extrema inmadurez mostrada por los personajes en ellos y sus preocupación por las fantasías supersticiosas infantiles sólo puede hacer daño a las mentes impresionables. El mundo sería un lugar mejor si nunca hubiera nacido, pero uno puede decirlo de casi todo el mundo.

Durante mucho tiempo ha sido la comprensión de la gente espiritualmente consciente que todos menos un pequeño número de nosotros pasamos toda su vida durmiendo, y esta visión es poderosamente apoyada por la investigación psicológica moderna, que muestra que casi todas nuestras acciones se realizan mecánicamente, por razones por las que no somos conscientes y sobre las cuales no tenemos control. Nuestra personalidad es una ilusión producida por la evolución para asegurar la reproducción. Sólo somos un paquete para los genes egoístas que llevan a cabo sus programas ciegos y, al igual que todos los organismos, vivimos para replicar nuestros genes y para acumular y consumir recursos para ese fin. En nuestro caso eso significa que vivimos para destruir la tierra y nuestros propios descendientes. Es esencial para este juego que seguimos siendo conscientes de ello, ya que, en la medida en que nos damos cuenta y vivimos nuestras vidas como seres conscientes, disminuimos nuestra reproducción y los genes que producen este comportamiento son seleccionados en contra.

Rowling es un ejemplo típico de una persona consciente aparentemente inteligente que caminará a través de su vida entera dormida — al igual que casi todos los otros 11 mil millones (extrapolar a 2100) — y como ellos, vive sólo para destruir la tierra y dejar su descendencia tóxica atrás para continuar la destrucción. Como muchos, ella, con Obama y el Papa, comparte la ilusión común de que los pobres son más nobles y merecedores, pero los ricos difieren sólo en tener la oportunidad de ser más destructivos. Los pobres son los ricos en la espera. así que, 800 chino o indios hacer tanto daño como JKR y su familia. Ricos o pobres lo hacen las únicas cosas que los monos pueden hacer - consumen recursos y replican sus genes hasta el colapso de la civilización industrial a mediados del próximo siglo. En un abrir y cerrar de ojos, siglos y milenios pasarán y, en el infernal mundo del hambre, la enfermedad, la guerra y la violencia que sus antepasados crearon, nadie sabrá ni cuidará de que ninguno de ellos exista. Ella no es más inherentemente malvada que otros, pero tampoco es mejor y, debido a los accidentes de la historia, ella es alta en la lista de enemigos de la vida en la tierra.

Es el no libre problema de almuerzo escrito grande. La mafia simplemente no puede ver que no hay tal cosa como ayudar a una persona sin dañar a los demás. Los derechos o privilegios dados a los nuevos participantes en un mundo superpoblado sólo pueden disminuir los de otros. A pesar de los desastres ecológicos masivos que ocurren delante de ellos en todas partes todos los días, no pueden anclar a la maternidad desenfrenada de "lo diverso", que representa la mayor parte del aumento de la población del siglo pasado y todo eso en este. Carecen de una combinación de inteligencia, educación, experiencia y cordura necesaria para extrapolar los asaltos diarios a los recursos y el funcionamiento de la sociedad ahora al colapso eventual de civilización industrial, así como el coraje de decirlo, incluso si se dan cuenta. Cada comida, cada viaje en coche o autobús, cada par de zapatos es otro clavo en el ataúd de la tierra. Probablemente nunca ha cruzado su mente que un asiento en un avión de Londres a San Francisco produce alrededor de una tonelada de carbono que derrite unos 3 metros cuadrados de hielo marino y como uno de los privilegiados que probablemente ha volado cientos de tales vuelos.

Nunca cruza de la mayoría de la gente mentes que el promedio Americano familia de clase inferior de 4 tomar en bienes, servicios, y los costos de infraestructura tal vez $50.000 más cada año de lo que contribuyen, y en 100 años (cuando se habrá ampliado a tal vez 10 personas) habrá costado el país sobre $15 millones, y inconmensurablemente más en costos ecológicos y sociales a largo plazo (¿Cuál es el valor para el colapso de la civilización?).

No sólo los ricos y famosos, sino casi cualquier figura pública en absoluto, incluyendo prácticamente todos los maestros, se ven presionados a ser políticamente correctos, que en las democracias occidentales, ahora significa socialdemócrata (diluido comunista) tercer mundo supremacistas que trabajan para el destrucción de sus propias sociedades y de sus propios descendientes. Así, aquellos cuya falta de libertad de expresión (y sentido común básico), que debería prohibirles hacer declaraciones públicas en absoluto, dominan totalmente todos los medios de comunicación, creando la impresión de que los inteligentes y civilizados deben favorecer la democracia, la diversidad y igualdad, mientras que la verdad es que estos son los problemas y no las soluciones, y que ellos mismos son los principales enemigos de la civilización.

Estados Unidos y el mundo están en el proceso de colapso de un crecimiento excesivo de la población, la mayor parte de ella durante el siglo pasado y ahora todo ello debido a la 3ª gente del mundo. El consumo de recursos y la adición de 4 mil millones más CA. 2100 colapsarán la civilización industrial y traerán hambre, enfermedad, violencia y guerra a una escala asombrosa. Miles de millones morirán y la guerra nuclear es todo menos seguro. En Estados Unidos, Esto se está acelerando enormemente por la masiva reproducción migratoria e inmigrante, combinada con los abusos que la democracia ha hecho posible. La depravada naturaleza humana convierte inexorablemente el sueño de la democracia y la diversidad en una pesadilla de crimen y pobreza. China continuará abrumar a Estados Unidos y al mundo, siempre y cuando mantenga la dictadura que limita el egoísmo. La causa raíz del colapso es la incapacidad de nuestra psicología innata para adaptarse al mundo moderno, lo que lleva a las personas a tratar a personas no relacionadas como si tuvieran intereses comunes. He denominado esto el delirio fitness inclusivo. Esto, más la ignorancia de la biología básica y la psicología, conduce a las delirios de ingeniería social de los parcialmente educados que controlan las sociedades democráticas. Pocos entienden que si usted ayuda a una persona a lastimar a alguien más — no hay almuerzo gratis y cada artículo que alguien consume destruye la tierra más allá de la reparación. Por consiguiente, las políticas sociales en todas partes son insostenibles y una por una todas las sociedades sin estrictos controles sobre el egoísmo se derrumbarán en la anarquía o la dictadura. Sin cambios dramáticos e inmediatos, no hay esperanza para prevenir el colapso de Estados Unidos, o cualquier país que siga un sistema democrático.

Aquellos que quieran un marco más amplio pueden ver mi Libro ' Suicidio por la democracia ' 2Nd Edition (2019) y otras obras.

EL DELIRIO DIGITAL--LAS COMPUTADORAS SON PERSONAS Y EL LENGUAJE ES MATEMÁTICA Y HI-TECH NOS SALVARÁ

Scientismo sobre los esteroides: un resena de 'Freedom Evolves' (Libertad Evoluciona) por Daniel Dennett (2003) (revisión revisada 2019)

Michael Starks

Abstracto

"La gente dice una y otra vez que la filosofía no progresa realmente, que todavía estamos ocupados con los mismos problemas filosóficos que los griegos. Pero la gente que dice esto no entiende por qué tiene que ser así. Es porque nuestro lenguaje ha permanecido igual y nos sigue seduciendo para que hagan las mismas preguntas. Mientras siga habiendo un verbo "ser" que parezca como si funciona de la misma manera que "comer y beber", siempre y cuando todavía tengamos los adjetivos "idénticos", "verdaderos", "falsos", "posibles", siempre y cuando sigamos hablando de un río de tiempo, , de una extensión de espacio, etc., etc., la gente seguirá tropezando con las mismas dificultades desconcertante y se encontrará mirando a algo que ninguna explicación parece capaz de aclarar. Y lo que es más, esto satisface un anhelo de lo trascendente, porque, en la medida en que la gente cree que puede ver el 'límites de la comprensión humana´, creen, por supuesto, que pueden ver más allá de estos. ' '

Esta cita es de Ludwig Wittgenstein que redefinió la filosofía hace unos 70 años (pero la mayoría de la gente todavía tiene que averiguarlo). Dennett, aunque ha sido un filósofo desde hace unos 40 años, es uno de ellos. También es curioso que tanto él como su antagonista principal, John Searle, estudiaron bajo los famosos Wittgensteinianos (Searle con John Austin, Dennett con Gilbert Ryle) pero Searle Más o menos consiguió el punto y Dennett no, (aunque se está estirando cosas para llamar Searle o Ryle Wittgensteinianos). Dennett es un determinista duro (aunque intenta escabullirse de la realidad en la puerta trasera), y tal vez esto se deba a Ryle, cuyo famoso libro´el concepto de la mente´ (1949) continúa siendo reimpreso. Ese libro hizo un gran trabajo de exorcizar al fantasma, pero dejó la máquina.

A Dennett le gusta cometer los errores que Wittgenstein, Ryle (y muchos otros desde entonces) han expuesto en detalle. Nuestro uso de las palabras consciencia, elección, libertad, intención, partícula, pensamiento, determina, oleada, causa, ocurrió, evento (y así sucesivamente) raramente son una fuente de confusión, pero tan pronto como dejamos la vida normal y entramos en la filosofía (y cualquier discusión separada del entorno en el que el lenguaje evolucionó— es decir, el contexto exacto en el que las palabras tenían sentido) reina el caos. Como la mayoría, Dennett carece de un marco coherente - que Searle ha llamado la estructura lógica de la racionalidad. Me he expandido en este considerablemente desde que escribí esta reseña y mis artículos recientes muestran en detalle lo que está mal con el enfoque de Dennett a la filosofía, que uno podría llamar scientismo en esteroides.

Permítanme terminar con otra cita de Wittgenstein-'la ambición es la muerte del pensamiento'.

Aquellos que deseen un marco completo hasta la fecha para el comportamiento humano de la moderna Doe Sistemas Punto de Vista puede consultar mi libro 'La estructura lógica de la filosofía, la psicología, la mente y lenguaje en Ludwig Wittgenstein y John Searle ' 2nd ED (2019). Los interesados en más de mis escritos pueden ver 'Monos parlantes--filosofía, psicología, ciencia, religión y política en un planeta condenado--artículos y reseñas 2006-2019 3rd ED (2019) y delirios utópicos suicidas en el 21^{St} Century 4TH Ed (2019) y otras.

"La gente dice una y otra vez que la filosofía no progresa realmente, que todavía estamos ocupados con los mismos problemas filosóficos que los griegos. Pero la gente que dice esto no entiende por qué tiene que ser así. Es porque nuestro lenguaje ha permanecido igual y nos sigue seduciendo para que hagan las mismas preguntas. Mientras siga habiendo un verbo "ser" que parezca como si funciona de la misma manera que "comer" y "beber", siempre y cuando todavía tengamos los adjetivos "idénticos", "verdaderos", "falsos", "posibles", siempre y cuando sigamos hablando de un río de tiempo , de una extensión de espacio, etc., etc., la gente seguirá tropezando con las mismas dificultades desconcertante y se encontrará mirando a algo que ninguna explicación parece capaz de aclarar. Y lo que es más, esto satisface un anhelo de lo trascendente, porque, en la medida en que la gente cree que puede ver "los límites del entendimiento humano", creen, por supuesto, que pueden ver más allá de estos. ' '

"La filosofía es una batalla contra el embrujo de nuestra inteligencia por medio del lenguaje".

"La ambición es la muerte del pensamiento"

"Los filósofos ven constantemente el método de la ciencia ante sus ojos y son irresistiblemente tentados a preguntar y responder preguntas en la forma en que la ciencia lo hace. Esta tendencia es la verdadera fuente de la metafísica y lleva al filósofo a una completa oscuridad. " (BBB P18).

"¿Cómo surge el problema filosófico sobre los procesos mentales y los Estados y sobre el Behaviorismo? – El primer paso es el que se escapa por completo del aviso. Hablamos de procesos y Estados y dejamos su naturaleza indeciso. En algún momento tal vez sabremos más sobre ellos, pensamos. Pero eso es sólo lo que nos compromete a una forma particular de ver el asunto. Porque tenemos un concepto definido de lo que significa aprender a conocer mejor un proceso. (El movimiento decisivo en el truco de conjurar se ha hecho, y fue el mismo que pensamos bastante inocente). — Y ahora la analogía que nos hizo entender nuestros pensamientos cae en pedazos. así que, tenemos que negar el proceso aún sin comprender en el medio aún inexplorado. Y ahora parece como si hubiéramos negado los procesos mentales. Y naturalmente no queremos negarlos.   W PI p308

Estas citas son de Ludwig Wittgenstein, que redefinió la filosofía hace unos 70 años (pero la mayoría de la gente todavía tiene que averiguarlo). Dennett, aunque ha sido un filósofo por unos 40 años, es uno de ellos. También es curioso que tanto él como su antagonista principal, John Searle, estudiaron bajo los famosos Wittgensteinianos (Searle con John Austin, Dennett con Gilbert Ryle) pero Searle al menos parcialmente consiguió el punto y Dennett no. Dennett es un determinista duro (aunque intenta escabullirse de la realidad en la puerta trasera), y tal vez esto se deba a Ryle, cuyo famoso libro 'el concepto de la mente' (1949) continúa siendo reimpreso. Ese libro hizo un gran trabajo de exorcizar al fantasma pero dejó la máquina. A Dennett le gusta cometer los errores que Wittgenstein, Ryle (y muchos otros desde entonces) han expuesto en detalle. Por casualidad, justo antes de este libro, había leído 'las mentes I', que Dennett coescribió con Douglas Hofstadter en 1981. Hicieron algunos errores malos (ver mi opinión), y más triste de todos, reimprimieron dos artículos famosos que señalaron la manera de salir del lío---Nagel's ' ¿Qué es como ser un murciélago? ' y una versión temprana del argumento de John Searle de la sala China explicando por qué las computadoras no piensan.

Nagel señaló que ni siquiera sabemos cómo reconocer como sería un concepto de la mente de un murciélago. Searle explicó de manera similar cómo nos falta una manera de conceptualizar el pensamiento y cómo difiere de lo que hace un ordenador (por ejemplo, puede traducir Chino sin entenderlo). Del mismo modo, nos falta una prueba clara para reconocer lo que cuenta como bueno contra malo-o simplemente inteligible-para muchos conceptos filosóficos y científicos. Nuestro uso de las palabras consciencia, elección, libertad, intención, partícula, pensamiento, determina, oleada, causa, ocurrió, evento (y así sucesivamente) rara vez son una fuente de confusión, pero tan pronto como dejamos la vida normal y entramos en la filosofía (y cualquier discusión separada del entorno en el que el lenguaje evolucionó— es decir, el contexto exacto en el que las palabras tenían sentido) Reina el caos. Wittgenstein fue el primero en entender por qué y para señalar cómo evitar esto. Desafortunadamente, murió en su apogeo, sus obras están compuestas casi enteramente de una serie de ejemplos de cómo funciona la mente (lenguaje), y él nunca escribió libros populares, así que entender de su trabajo está restringido a muy pocos.

Searle es uno de los principales filósofos del mundo y ha escrito muchos extremadamente artículos y libros claros y muy apreciados, algunos de los cuales han señalado los numerosos defectos en Dennett. Su reseña ' ' Consciousness Explained Away´ de Dennett 1991 libro 'Consciencia Explicado´ y su libro 'El Misterio de Consciencia´ son muy conocidos, y muestran, de una manera que es sorprendentemente claro para la escritura filosófica, por qué ni Dennett (ni ninguno de los cientos de filósofos y científicos que han escrito sobre este tema) se han acercada a explicar el difícil problema — es... Cómo conceptualiza la conciencia. Por supuesto, en mi opinión (y de Wittgenstein) no hay un ' problema duro ' sólo confusión sobre el uso del lenguaje. Muchos sospechan que nunca podremos ' conceptualizar ' ninguna de las cosas realmente importantes (aunque creo que W dejó claro que están mezclando el problema científico muy duro con el simple tema de cómo usar la palabra), pero está claro que no estamos cerca de él ahora como una cuestión científica. Mi opinión es que la cuestión científica es sencilla, ya que podemos ver que la ' conciencia ' se pone juntos unos neurones a la vez por la evolución y por Desarrollo. Y el ' concepto ' es un juego de idiomas como cualquier otro y uno sólo tiene que ser claro (especificar COS claros) sobre cómo vamos a utilizar la palabra.

Dennett ha ignorado principalmente a sus críticos, pero ha favorecido a Searle con ataques personales vituperativos. Searle ha sido acusado por Dennett y otros de estar fuera para destruir la psicología cognitiva que es bastante divertido, como la filosofía moderna es en el sentido académico estrecho una rama de la psicología cognitiva (la psicología descriptiva del pensamiento de orden superior), y Searle ha hecho muy claro durante 30 años que somos un buen ejemplo de una máquina biológica que es consciente, piensa, etc. Sólo señala que no tenemos ni idea de cómo sucede esto. Searle caracteriza como "patología intelectual", las opiniones de Dennett y de todos aquellos que niegan la existencia de los mismos fenómenos que se han puesto a explicar.

Dennett repite sus errores aquí y deja su respuesta a sus críticos a la penúltima página del libro, donde se nos dice que todos están equivocados y es una pérdida de espacio para mostrar cómo! Como era de esperar, no hay una referencia a Wittgenstein o Searle en todo el libro. Sin embargo, hay muchas referencias a otros filósofos de la vieja escuela que están tan confundidos como él. Es un científico de gran tamaño, el error casi universal de mezclar el verdadero problema empírico de la ciencia con las cuestiones de cómo se va a utilizar el lenguaje (juegos de idiomas) de la filosofía.

Como la mayoría de la gente, no cruza su mente que los motores de inferencia con el que piensa lo están obligando a llegar a ciertas conclusiones y que estos a menudo estar bastante desconectada o equivocada sobre la forma en que las cosas están en el mundo. Son un revoltijo de curiosidades evolutivas que hacen diversas tareas en la organización de comportamientos que fueron útiles para la supervivencia hace cientos de miles de años. Wittgenstein fue un pionero en hacer experimentos de pensamiento en psicología cognitiva y comenzó a dilucidar la naturaleza de estos motores y las sutilezas del lenguaje en los años 30, y así hizo el tipo de comentarios que esta revisión comienza con.

Dennett dice (p98) que su visión es compatibilismo, es decir, que la libre voluntad (que espero, para la coherencia, podemos igualar con la elección) es compatible con el determinismo (es decir, que "hay en cualquier instante exactamente un futuro físicamente posible" --P25). Quiere demostrar que el determinismo no es lo mismo que la inevitabilidad.

Sin embargo, todo el libro es humo y espejos por medio de los cuales la elección, en el sentido que normalmente entendemos, desaparece y nos dejan con ' ' elección ' ', que es algo que no podemos elegir. Naturalmente, esto hace eco del destino de la conciencia en su libro anterior ' ' la conciencia explicada ' '.

Es notable que, en un momento en el que apenas estamos empezando a llegar al punto en el que podríamos ser capaces de entender los fundamentos de cómo una sola neurona funciona (o cómo funciona un átomo para el caso), que cualquiera debe pensar que puede dar el salto a la comprensión de todo el cerebro y para explicar sus fenómenos más complejos. Por favor, recuerden la última frase de Wittgenstein de la cita de apertura:'' y lo que es más, esto satisface un anhelo de lo trascendente, porque, en la medida en que las personas creen que pueden ver "los límites del entendimiento humano", creen, por supuesto, que pueden ver más allá de estos. '' el lenguaje juegos son muy variados y exquisitamente sensibles al contexto así que todos se pierden. Si Estamos muy, muy cuidadoso, podemos diseñar los juegos de idiomas (por ejemplo, especificar las condiciones de satisfacción de varias declaraciones utilizando las palabras conciencia, elección, realidad, Mente Etc.) y la claridad se hace posible, pero Dennett arroja PRECAUCIÓN a los vientos y somos arrastrados a las arenas movedizas.

Hay al menos 3 temas diferentes aquí (evolución de nuestro cerebro, elección y moralidad) y Dennett intenta en vano soldar juntos en un relato coherente de cómo la libertad evoluciona a partir del choque determinista de los átomos. Sin embargo, no hay ninguna razón convincente para aceptar que los átomos que rebotan (o su ejemplo favorito, el juego de la vida que se ejecuta en un ordenador) son isomorfos con la realidad. Nunca se le ocurre que a menos que especifique exactamente un contexto y por lo tanto el COS (condiciones de satisfacción — i. e., lo que hace que las declaraciones sean verdaderas o falsas), sus afirmaciones carecen de significado. Él sabe que la indeterminacia cuántica (o el principio de incertidumbre) es un gran obstáculo para el determinismo, sin embargo definido (y ha sido tomado por muchos como un escape a la libertad), pero lo descarta debido al hecho de que tales eventos son demasiado raros para molestarse. Por extensión, es improbable que cualquier evento de este tipo ocurra ahora o incluso en toda nuestra vida en nuestro cerebro, así que parece que estamos atrapados con un cerebro determinado (lo que sea que puede ser, es decir, nunca especifica el COS). Sin embargo, el universo es un lugar grande y ha estado alrededor de mucho tiempo (tal vez ' para siempre ') y si incluso uno de esos efectos cuánticos ocurre, parecería arrojar todo el universo a un estado indeterminado. La noción''hay en cualquier instante exactamente un futuro físicamente posible'' no puede ser verdad si en cualquier instante, puede ocurrir una indeterminacia cuántica--en este caso parecería haber infinitamente muchos futuros posibles. Pero de nuevo, ¿qué es exactamente la COS de esta afirmación? Esto recuerda uno de los escapes de las contradicciones de la física: cada instante nuestro universo se ramifica en infinitamente muchos universos.

Él rechaza correctamente la idea de que la indeterminacia cuántica nos da la respuesta a cómo podemos tener elección. Esta idea obvia ha sido sugerida por muchos, pero el problema es que nadie tiene idea de cómo especificar una secuencia exacta de pasos que comienza con las ecuaciones de la física y termina con los fenómenos de la conciencia (o cualquier otro fenómeno emergente). Si es así, definitivamente ganarán al menos un premio Nobel, ya que no sólo tendrán ' explicado ' la conciencia, tendrán ' explicado ' (o mucho mejor ' descrito ' como Wittgenstein insistió) el fenómeno universal de emergencia (¿cómo las propiedades de orden superior emergen de los inferiores). Por lo tanto, tendrían que resolver el problema "fácil" (para determinar el estado exacto del cerebro que corresponde a algún estado mental y preferiblemente especificar la posición exacta de todos los átomos en el cerebro con el tiempo-ignorando la incertidumbre) y el ' duro ' uno (¿qué exactamente se correlaciona con o produce conciencia o elección, etc.?). Y mientras están en ello, ¿qué tal también hacer lo imposible-una solución exacta y completa a las ecuaciones de campo cuántico para un cerebro. Es muy sabido que estas ecuaciones son incomputables, incluso para un átomo o un vacío, ya que requeriría una cantidad infinita de tiempo de computadora. Pero infinito hará por un átomo así que tal vez un cerebro ya no tomará más. Nunca cruza su mente (ni nadie que he visto) que nadie puede aclarar cómo un átomo ' emerge ' de electrones, neutrones y protones o una molécula emerge de átomos ni de células de moléculas, etc. Sí, Hay algunas ecuaciones, pero si miras atentamente verás un montón de agitaciones de manos y hechos que simplemente se aceptan como "la forma en que están las cosas" y creo que claramente es lo mismo con la conciencia, el color, la elección, el dolor que surge de los racimos de las células. Por supuesto, después de Wittgenstein nos damos cuenta de que mezclado con las preguntas científicas son los filosóficos-es decir, los diferentes usos (significados, COS) de las palabras no se mantienen claras y por lo que las discusiones son en su mayoría incoherentes.

Él comienza en la primera página apelando a las leyes de la física para la protección contra las nociones fantásticas como las almas inmaterial, pero la física está hecha de nociones tan fantásticas (incertidumbre, entrelazamiento, onda/partícula dualidad, Gato muerto/vivo de Schrodinger, etc.) y como dijo Feynmann muchas veces ' ' nadie entiende la física!´´ muchos piensan que nadie jamás lo hará y yo soy uno de los muchos que dicen que no hay nada que ' entender ', sino que hay un montón de ' cosas ' junto con la existencia, el espacio, el tiempo, la materia, etc. para aceptar. Hay un límite en lo que nuestro cerebro pequeño puede hacer y tal vez estamos en ese límite ahora.

Incluso si creamos una computadora masiva que podría entender (en cierto sentido) mucho mejor que nosotros, no está claro que pueda explicarnos. Entender una idea requiere un cierto nivel de inteligencia o poder (por ejemplo, sosteniendo un cierto número de cosas en mente y realizando un cierto número de cálculos/segundo). La mayoría de la gente nunca agarrará las matemáticas abstrusas de la teoría de cuerdas, sin importar cuánto tiempo tengan que hacerlo. Y no está claro que la teoría de cuerdas (o cualquier otra) tenga sentido como una representación matemática (es decir, real) de nuestro mundo. Esto requiere claro COS que creo que la teoría de cuerdas, la teoría cuántica de la mente etc. carecen. así que, hay una buena razón para suponer que nuestro ordenador muy intelligente, incluso si le enseñamos cómo pensar en el ' mismo' sentido que hacemos, nunca será capaz de explicar cosas realmente complejas para nosotros. Pero como siempre tenemos que especificar el contexto exacto para poder ver los significados (COS) de las palabras y la mayoría de la ciencia de este tipo no tiene conciencia del problema.

En la primera página es una de sus citas favoritas, que compara el cerebro con un montón de pequeños robots, y en PG2 dice que estamos hechos de robots sin sentido. Pero, ¿qué es el COS para una entidad que tiene una mente? La forma en que el cerebro (y cualquier célula) funciona no es nada como la forma en que funcionan los robots y ni siquiera sabemos cómo conceptualizar la diferencia (es decir, sabemos cómo funcionan los robots, pero no cómo funcionan los cerebros — p. ej., cómo hacen elecciones, entienden imágenes y motivos, etc.). Como he señalado anteriormente, esto fue señalado por Searle hace 30 años, pero Dennett (y muchos otros) simplemente no consigue eso.

También se nos dice en la primera página que la ciencia nos permitirá entender nuestra libertad y darnos Un mejor fundamento para nuestra moralidad. Hasta donde puedo ver, ni la ciencia ni la filosofía, ni la religión, tienen ningún efecto en nuestra comprensión de nuestra libertad o moralidad. A pesar de que discute la biología del altruismo y la elección racional por largo tiempo, nunca menciona la abundante evidencia de la psicología cognitiva que nuestras intuiciones morales son innato y demostrable en 4 año los niños mayores. En cambio, pasa mucho tiempo tratando de mostrar cómo la elección y la moralidad provienen de los recuerdos de los acontecimientos y de nuestra interacción con los demás. En PG2 dice que nuestros valores tienen poco que ver con el 'Metas' de nuestras células y en PG2 a 3 que nuestras diferencias de personalidad se deban a la forma en que nuestros equipos robóticos están juntos, durante toda una vida de crecimiento y experiencia. ' ' este es un despido Calvo de la naturaleza humana, de la abundante evidencia de que nuestras diferencias están en gran medida programadas en nuestros genes y fija en la primera infancia, y es típico de su constante confundido vagando de ida y vuelta ruta entre el determinismo y el ambientalismo (es decir, su opinión de que desarrollamos la moralidad a través del tiempo por experiencia y pensando en cuestiones morales). Pero de nuevo él mezcla los problemas científicos con los filosóficos, es decir, ¿exactamente qué juego estamos jugando con "robot", "mente", "determinado", "libre", etc.? Muchas otras secciones del libro muestran la misma confusión. Aquellos que no conocen el Científica evidencia puede desear leer Pinker ' ' la pizarra en blanco´´, Boyer ' la religión explicada´ y cualquiera de los cien textos recientes, y decenas de miles de artículos y páginas web sobre el desarrollo de la personalidad, y la psicología evolutiva y cognitiva.

En PG4 dice que los bisontes no saben que son bisontes y que hemos sabido que somos mamíferos por sólo unos pocos cientos de años. Ambos muestran una falta fundamental de comprensión de la psicología cognitiva. Las plantillas cognitivas para las categorías ontológicas se desarrollaron, en sus formas originales, hace cientos de millones de años y los animales tienen la capacidad innato de reconocer a otros de su especie y de otras especies y clases de animales y plantas y los objetos sin ningún tipo de aprendizaje suficiente para establecer categorías. Bison sabe que son como otros bisontes y nuestros antepasados sabían que eran como otros mamíferos y que los reptiles eran diferentes pero similares entre sí, etc. Los estudios cognitivos han demostrado estos tipos de habilidades en niños muy pequeños. Una vez más, ¿estamos utilizando "know" en su sentido prelingüístico del sistema 1 o en su sistema lingüístico 2? Ver mis otros escritos para la utilidad de los dos sistemas de punto de vista del pensamiento.

Claro, es cierto que las palabras´ Bison´ y ´ mammal´ son recientes, pero no tienen nada que ver con cómo funcionan nuestros cerebros.

En la página 5 atribuye la hostilidad del posmodernismo a la ciencia como un producto de ´ temeroso pensamiento´ pero no especula por qué es eso. A pesar de su conocimiento de la psicología cognitiva no ve que esto es probablemente debido al hecho de que muchos resultados de la ciencia chocan con los sentimientos producidos normalmente por la operación de los motores de inferencia para la psicología intuitiva, la coalición, la mente social, intercambio social, etc. como discuto en otro lugar.

En la página 9 señala que el libre voluntad es un problema y nuestras actitudes hacia ella hacen una diferencia, pero ¿para quién? Nadie más que filósofos. Hacemos elecciones. ¿Cuál es el problema? Uno tiene que salir de la vida para experimentar un problema y luego todo se convierte en un problema. ¿Qué son la consciencia, el dolor, el amarillo, la intención, la materia, los quarks, la gravedad, etc.? Dudo que cualquier persona normal haya experimentado alguna vez un cambio fundamental en su interaccións con la gente o su decisión-hacer procesos debido a su pensamiento sobre la elección. Esto demuestra que hay algo extraño en esas preguntas. Wittgenstein muestra que los juegos de idiomas son diferentes. Hay juegos para el lenguaje conectado con el plantillas cognitivas para decisiones, o ver colores, etc., y pensar filosóficamente es típicamente usando las palabras en el contexto incorrecto o sin ningún contexto claro (uno puede llamar esto desacoplado), así que sin el COS claro (significado).

Los modos desacoplados permiten pensar en el pasado, planear para el futuro, adivinar los Estados mentales de los demás, etc., pero si uno toma los resultados de la manera equivocada y comienza a pensar ´John intentará robar mi billetera´´, en lugar de imaginar que John podría hacerlo, entra la confusión y aquellos que no pueden apagar el modo desacoplado o distinguirlo del modo acoplado, entran en el ámbito de la patología. Algunos aspectos de la esquizofrenia y otras enfermedades mentales pueden ser vistos de esta manera--pierden el control del modo en que se encuentran, por ejemplo, no pudiendo ver la diferencia entre los motivos gente tiene y los motivos que podría haber, entre un juego de idiomas y otro.

Uno puede entonces ver gran parte de las filosofías que la gente hace como operando en estos Desemparejado hipotético Modos, pero fallando para poder mantener delante de ellos las diferencias de la normal Modo. El modo normal — e. g., ¿qué está haciendo ese león-fue indudadblemente el primero evolucionó y los modos desacoplados--qué hizo ese León la última vez o qué pretende hacer a continuación-evolucionó más tarde. Esto probablemente nunca fue un problema para los animales-cualquier animal que pasaba demasiado tiempo preocupándose por lo que podría suceder no sería muy exitoso contribuyendo al grupo genético.

Es interesante especular que sólo cuando los humanos desarrollaron la cultura y empezaron a degenerar genéticamente, un gran número de personas sobrevivió con genes que los llevaron a pasar mucho tiempo en modos desacoplados. Por lo tanto, tenemos la filosofía y este libro, que se trata principalmente de ejecutar las plantillas de decisión en modo desacoplado donde no hay consecuencias reales, excepto ganar regalías por poner los resultados en un libro para que otras personas utilicen para ejecutar sus motores en modo desacoplado. Vamos a alterar la cita de Wittgenstein para que lea: '' mientras siga habiendo un verbo "decidir" que parece que funciona de la misma manera que "comer" y "beber", siempre y cuando sigamos hablando de la libertad de acción, de decir que desearía haber hecho otra cosa, etc., etc., la gente seguirá tropezando con las mismas dificultades desconcertante y se encontrará mirando algo que no explicación parece capaz de aclarar.''

Al igual que con la mayoría de los libros de filosofía, casi cada página, a menudo cada párrafo, cambia de un tipo de juego de idioma a otro, sin darse cuenta de que ahora uno tendría que estar bromeando o soñando o actuando en una obra o recitando una historia, etc., y en realidad no pretendiendo nada, ni describir una situación real en el mundo. En la página 10 dice que contamos con libre voluntad para todo el way de pensar en nuestras vidas, como nosotros contamos en alimentos y agua, pero quien fuera filosofía, de pie frente al mostrador de almuerzo lleno de comida, alguna vez piensa lo bien que es que tienen libre voluntad para que puedan recoger Coca-Cola en lugar de agua mineral? Incluso si quiero ser un compatibilist seria y tratar de pensar esto en el modo desacoplado, tengo que salir y entrar en el modo no desacoplado para hacer la elección real. Sólo entonces puedo volver al modo desacoplado para preguntarme qué podría haber sucedido si no hubiera tenido la capacidad de hacer una elección real.

Wittgenstein notó que los juegos de fingir son parásitos en los reales (esto no es una observación trivial!). La capacidad de participar en escenarios desacoplados muy complejos ya es evidente en niños de 4 años de edad. así que, Yo diría que normalmente, nadie cuenta con la elección, sino más bien sólo elegimos. Como Wittgenstein dejó en claro que es la acción basada en la certeza que es el fundamento de nuestra vida. Vea los escritos recientes de Daniele Moyal-Sharrock y mis otros escritos.

Estar de acuerdo, muestra de nuevo que no capta los fundamentos cognitivos. Él dice que aprendemos a llevar nuestra vida en la atmósfera conceptual de elección, y que ' parece ser una construcción estable y ahistórica, tan eterna e inmutable como la aritmética, pero no lo es.'' y en la página 13-''es una creación evolucionada de la actividad humana y creencias''. Ttodo el empuje de psicología cognitiva (y Wittgenstein) es que nosotros no (y no podemos) aprendemos los fundamentos de planificación, decisión, promesa, resentimiento, etc., pero que estas son funciones incorporadas de los motores de inferencia que funcionan de forma automática e inconsciente y empiezan a correr en la primera infancia.

En la PG 14 sugiere que es probable que nuestra voluntad libre depende de nuestra creencia de que lo tenemos! ¿Creemos que vemos una manzana, sentimos dolor, estamos contentos? El juego de la lengua de la creencia es muy diferente de la de saber en las palabras son incoherentes (no claros COS) en la forma en que Dennett a menudo los utiliza. Podemos creer que tenemos un dólar en el bolsillo, pero si lo tomamos y lo miramos, no podemos decir de manera significativa que todavía lo creemos (excepto como una broma, etc.). El motor de inferencia puede ejecutarse en modo desacoplado (creencia) para que podamos imaginar tener opciones o hacerlos, pero en la vida sólo los hacemos, y es sólo en situaciones muy extrañas podemos decir que creemos que hicimos una elección. Pero Dennett dice que este es el caso universal. Si hacer una elección tenía alguna dependencia de la creencia que lo haría todo lo demás-la conciencia, ver, pensar, etc. Si tomamos esto en serio (y él dice´los serios problemas de libre voluntad´) entonces nos estamos metiendo en problemas y si realmente tratamos de aplicarlo a la vida, entonces la locura está a minutos de distancia. Él, como todos los filósofos hasta hace poco, no tenía idea de que Wittgenstein nos mostro la manera de salir de esta necesidad de sentar nuestras acciones en las creencias mediante la descripción de la base real de saber que son las "bisagras" sin fundamento o automatismos del sistema 1 pensamiento en su última obra ' sobre la certeza '. Daniele Moyal-Sharrock ha explicado esto durante la última década y he resumió su trabajo y lo incorporó en mis reseñas y artículos.

En la página 65 y siguientes, analiza la causalidad, la intención y los "predicados informales" que utilizamos para describir los átomos, etc., pero la investigación cognitiva ha demostrado que describimos todos los ' objetos ' con un número limitado de categorías ontológicas, que analizamos con nuestros módulos de física intuitivos, y que cuando los agentes (es decir, animales o personas o cosas como ellos — i. e., fantasmas o dioses) están involucrados, Utilizamos nuestros conceptos (motores) para la agencia, la psicología intuitiva, las mentes sociales, etc. para decidir cómo comportarse. Casi con certeza no hay módulo de causalidad, sino que implicará todos estos y otros motores de inferencia, dependiendo de la situación precisa. Discutir la posibilidad y la necesidad es mucho EasiER si uno habla en términos de la salida de nuestros módulos para la física intuitiva, agencia, categorías ontológicas, etc. Claro, no hay ninguna mención aquí de los muchos comentarios incisivos de Wittgenstein sobre los juegos de idiomas de causalidad, intención, decisión, ni de las obras clásicas de Searle sobre la intención y la realidad social.

Pasa mucho tiempo en el libro de Ainslie "desglose de la voluntad", en el que se discute las facultades de descuento hiperbólico (es decir, motores de inferencia) por el cual evaluamos los resultados probables.

Él hace gran parte del excelente trabajo de Robert Frank sobre el altruismo, la emoción y la economía, pero el libro que cita tenía 15 años cuando se publicó este libro. Fue idea de Bingham, amplificada por Frank y por Boyd y Richardson (1992) que la cooperación fue muy estimulada por la evolución de los medios para castigar a los tramposos. Los sugiere como ejemplos de enfoques darwinianos que son obligatorios y prometedores. en efecto, son, y de hecho son partes estándar de la teoría económica, evolutiva y cognitiva, pero desafortunadamente, hace poca referencia a la otra obra en estos campos. Todo ese trabajo tiende a mostrar que la gente no elige, pero sus cerebros eligen para ellos (Sistema 1 "opciones" automáticas rápidas frente al sistema 2 "opciones" deliberativas lentas).   No establece ninguna conexión convincente entre esta obra y el problema general de elección y como casi todos los filósofos no tiene comprensión de los dos poderosos sistemas de marco de pensamiento.

Los filósofos de todas las rayas han sido hipnotizados por su capacidad de desacoplar los motores de inferencia para jugar ' lo que sí ' juegos, amar a poner etiquetas contra intuitivas en las categorías ontológicas (es decir, si Sócrates era inmortal, etc.). En este sentido, comparten algunos elementos con la religión primitiva (véase Boyer). Esto no es una broma, ni un insulto, pero simplemente señala que una vez que uno tiene una comprensión de los conceptos cognitivos modernos, uno ve que se aplican a todo el espectro de la actividad humana (y sería extraño si no lo hacían). Pero como Wittgenstein explicó tan bellamente, los juegos de idiomas y los motores de inferencia de S2 tienen su límites--las explicaciones llegan a su fin--golpeamos el lecho de roca (S1). Pero el filósofo cree que puede ver más allá y sale al agua, o como lo puso Wittgenstein, en absoluta oscuridad.

En la PG 216 dice que el hacerse a sí mismo para que uno no podría haber hecho otra cosa es una innovación clave en la ascensión evolutiva a la libre voluntad, y que sólo podemos ser libres si aprendemos cómo nos hacemos insensibles a las oportunidades. Una vez más, uno puede decir cualquier cosa menos que uno no puede significar (COS claro del estado) para cualquier cosa, y Dennett ni siquiera comienza a aclarar el COS. ¿Y cómo estos función ' habilidades ' (es decir, los juegos de ' voluntad ', ' auto ', ' elección ', ' causa ', etc.) Es nunca dejó claro. Dennett tiene la inclinación de esconder sus ideas en una cantidad masiva de texto bastante irrelevante (es decir, ¡ es un verdadero filósofo!).

Una vez más, se pone las cosas al revés, ya que hay un vasto cuerpo de evidencia muy buena de la biología y la psicología que tenemos los sentimientos que debemos comportarse de alguna manera de nuestros motores de inferencia, y estos no son proporcionados por alguna parte de nuestro yo consciente, sino por el funcionamiento automático e inconsciente de los motores. Como él señala, cientos de experimentos con el dilema del prisionero y protocolos relacionados han demostrado lo fácil que es manipular las decisiones de las personas y que sus cálculos no son conscientes y deliberados en absoluto y, de hecho, gran parte de los modernos psicológicos, sociológicos y neurola investigación de la economía se dedica a distinguir los automatismos de S1 del pensamiento deliberativo de S2 y mostrar cómo las reglas S1.

Cuando la situación es manipulada para conciencia a la gente, son mucho más lentas y menos fiables (S2). Por lo tanto, ha habido una presión constante de selección natural para hacer los motores rápidos y automáticos e inaccesibles para el pensamiento deliberado.

Dennett dice ' nos hacemos ' para que no pudiéramos hacer otra cosa y que esta es la base de la moralidad y la elección. La evidencia Es exactamente lo contrario. Nuestros motores de inferencia nos dan intuiciones morales básicas y generalmente actuamos de acuerdo con los resultados. Si nosotros u otros no, sentimos culpa, indignación, resentimiento, etc., y luego los genes tramposo invadirán la población y esta es una de las principales teorías sobre cómo evolucionó una buena parte de la moralidad. Nuestros genes nos hacen para que no podamos (sobre todo) hacer lo contrario, no nuestra voluntad o lo que Dennett piense que puede hacerlo. A menudo podemos optar por hacer lo contrario, pero nuestras propias intuiciones y el conocimiento de la desaprobación social generalmente sirven para limitar nuestras elecciones. Estas intuiciones evolucionaron en pequeños grupos entre 50.000 y algunos millones de años atrás. En el mundo moderno, las intuiciones a menudo no son para nuestra Longtérmino y los controles sociales son débiles. Esta es una razón principal por el inexorable progreso hacia el caos en el mundo.

En PG 225 finalmente se cuela en una definición de libre voluntad como"un gruñido complicado de causas mecaniísticas que parecen tomar decisiones (desde ciertos ángulos)". Él afirma que esto desempeña todos los papeles valiosos de libre voluntad, pero carece de algunas propiedades (no especificadas) poseídas por la voluntad tradicional libre. El humo es grueso, pero estoy bastante seguro de que una de esas propiedades no especificadas es lo que entendemos como opción. Él insiste (arriba de PG 226) que su relato naturalista de la toma de decisiones deja mucho espacio para la responsabilidad moral, pero el hecho de que no pudiéramos hacerlo de otra manera no describe la forma en que realmente funcionamos, ni deja ningún espacio para la moralidad, ya que eso consistiría precisamente en ser capaz de hacer lo contrario.

No propone ninguna prueba para decidir si una elección es voluntaria o forzada y dudo que pueda hacerlo. Normalmente, si alguien nos pide que movamos nuestra mano, sabemos lo que cuenta como tener una opción, pero, típico de los filósofos, espero que, independientemente de si se mueve o no, contará como evidencia para su posición y, por supuesto, si todo cuenta, entonces nada cuenta como W ittgenstein tan aducían comentó muchas veces.

En este punto también comienza su discusión sobre el trabajo bien conocido de Libet sobre la atención consciente, que es la única parte del libro que sentí que valía mi tiempo. Sin embargo, La afirmación de Libet de que hacemos decisiones sin conciencia ha sido desdeñada muchas veces, tanto por psicólogos como por filósofos (por ejemplo, Searle y Kihlstrom).

En la página 253 y siguientes, él se cuela en su definición de voluntad consciente: la "ilusión de usuario de cerebros de sí misma" que tiene como uno de sus principales papeles proporcionándome los medios para interactuar conmigo mismo en otras épocas ''. Y '' ilusorio o no, la voluntad consciente es la guía de las personas a su propia responsabilidad moral para la acción. '' Dice THe truco que necesitamos es ver que '' I '' controlar lo que está sucediendo dentro de la '' barrera de simplificación"...'' donde ocurre la toma de decisiones". '' Eventos mentales' ' se vuelven conscientes al ' entrar en la memoria"."El proceso de auto Descripción... es lo que somos". Lo crucial es que la elección es posible porque el yo se distribuye en el espacio (el cerebro) y el tiempo (memorias). Se da cuenta de que esto va a dejar muchos incrédulos (todos los que pueden seguir esto y realmente entiende los juegos de idiomas extraños!)."Sé que a muchas personas les resulta difícil captar esta idea o tomarlas en serio. Les parece que son un truco con espejos, algún tipo de mano verbal que susurra la conciencia, y el verdadero yo, fuera de la imagen justo cuando estaba a punto de ser introducido." muchos dirán que sacó las palabras de su boca , pero yo diría que es incoherente y que todo lo que sabemos sobre la conciencia y el universo entero (haciendo que las extensiones obvias de tales reclamaciones) se ha ido largo antes de que llegamos tan lejos en su tomo. Y una mirada cuidadosa a los juegos de idiomas muestra su falta de coherencia (es decir, no hay condiciones claras de satisfacción como señalo en mis artículos).

Como la mayoría de los philsophers y casi todos los científicos que se enceran filosóficos, comete errores fatales en sus primeras oraciones – no usar el lenguaje en formas claras (es decir, significativas) y todo lo que sigue es una casa de naipes.

Wittgenstein declaró el problema con su brillo aforístico habitual, así que lo repito de nuevo.

"¿Cómo surge el problema filosófico sobre los procesos mentales y los Estados y sobre el Behaviorismo? – El primer paso es el que se escapa por completo del aviso. Hablamos de procesos y Estados y dejamos su naturaleza indeciso. En algún momento tal vez sabremos más sobre ellos, pensamos. Pero eso es justo lo que nos compromete a una forma particular de ver el asunto. Porque tenemos un concepto definido de lo que significa aprender a conocer mejor un proceso. (El movimiento decisivo en el truco de conjurar se ha hecho, y fue el mismo que pensamos bastante inocente). — Y ahora la analogía que nos hizo entender nuestros pensamientos cae en pedazos. así que, tenemos que negar el proceso aún sin comprender en el medio aún inexplorado. Y ahora parece como si hubiéramos negado los procesos mentales. Y naturalmente no queremos negarlos.   W PI p308

En PG 259 dice que la cultura nos ha hecho animales racionales! Esta es una impresionante negación de la naturaleza humana (y animal) (es decir, la genética y la evolución) procedente de la persona que escribió Darwin ' la idea peligrosa'' !

Presumiblemente está hablando de su idea de que son los recuerdos repartidos por el espacio (el cerebro y otras personas) y el tiempo (al igual que los memes de Dawkins) que nos dan opciones y la moral y la conciencia (línea 6 de abajo). Él dice que la conciencia es una interfaz de usuario, pero nunca se aclara quién o Dónde está el usuario y cómo interactúa con el cerebro (usted tendrá que sufrir a través de la "conciencia explicada" para encontrar que no hay respuesta allí tampoco). A pesar de que hace muchas referencias a la psicología evolutiva y cognitiva, rara vez utiliza cualquiera de la terminología que ha sido actual durante décadas (mente social, psicología intuitiva, intuiciones coalicionales, etc.) y claramente no está familiarizado con la mayoría de los conceptos . Si quiere decir que tenemos los detalles finos de la moralidad de la cultura, está bien, pero esta es la guinda del S2 en el pastel y el pastel S1 fue horneado por los genes.

Aquí también se nos dice que R&D (por el que significa evolución aquí, pero otros cosas en otro lugar) nos ha dado el yo y ese lenguaje crea un nuevo tipo de conciencia y moralidad. Estoy seguro de que obtendrá poco acuerdo sobre esto. Parece bastante claro que la conciencia y los fundamentos de la moralidad evolucionaron en primates (y antes) mucho antes del lenguaje hablado (aunque es muy contencioso en cuanto a cómo el lenguaje evolucionó a partir de capacidades existentes en el cerebro). Él continúa ' ' los memes Morales surgieron por accidente algunas decenas de miles de años atrás ' ' que estaría bien si se refería a la guinda del pastel, pero claramente significa el pastel! Y luego dice que el punto de la moralidad no es la supervivencia de nuestros genes, que es una cosa increíble (y totalmente incorrecta) decir, incluso si sólo se refería a to Memes.

En PG 260 afirma que debido a que no comprenden nuestras "disposiciones sosas para cooperar´´, no significan nada para nosotros, pero es la operación de nuestras plantillas (es decir, Altruis recíprocosm promoviendo la aptitud inclusiva) eso es todo para nosotros y a todas las acciones de todos los animales. Como Dawkins recientemente señaló en sus comentarios sobre el desastroso trabajo reciente de E. O Wilson apoyando el fantasma de ' selección de grupo ', la selección natural es la aptitud inclusiva (ver mi revisión de Wilson ' la conquista social de la tierra '). Hay una amplia evidencia de que si una de nuestras muchas "plantillas" está dañada, una persona no puede funcionar correctamente como un ser social (por ejemplo, autismo, sociopatía, sczhizophrenia). Yo diría que es la operación de las plantillas para la psicología intuitiva, etc., que conducen personas cuando filosofar a las opiniones contraintuitivo que no tenemos conciencia y elección.

También dice aquí que fue una de las mayores transiciones evolutivas cuando pudimos cambiar nuestras opiniones y reflexionar sobre las razones de ellas. Esto refleja de nuevo su falta de comprensión de la psicología evolutiva. No sé de ninguna evidencia que las intuiciones morales básicas, como todas las plantillas, sean accesibles a la conciencia, pero hay un gran cuerpo de trabajo mostrando lo opuesto. Podemos decidir que nuestro engaño fue justificable, o perdonar la trampa de alguien más, pero todavía sabemos que era trampa (es decir, no podemos cambiar el motor). Sospecho que mis antepasados hace un millón de años tenían los mismos sentimientos en la misma situación, pero lo que ha sucedido es que ahora hay muchas otras cosas que se pueden tomar como relevantes, y que a veces Esto me llevará a actuar en contra de mis sentimientos. Otra cuestión es que a medida que la cultura se desarrollaba, uno tenía que tomar muchas decisiones importantes o "de tipo moral" para las cuales los motores no evolucionaron para dar una respuesta clara.

En PG 267 dice que ahora reemplazamos nuestros "fundamentos flotantes libres" (probablemente correspondiendo a lo que los psicólogos cognitivos llaman nuestras plantillas o motores de inferencia) con reflexión y persuasión mutua. Y en la PG 286 dice que es una crianza de un niño--exigiendo y dando razones-que afecta la moral

Razonamiento. Una vez más, simplemente no tiene conocimiento de lo que ha sucedido en los últimos 30 años de investigación-las plantillas son automatismos S1 innatos y no pueden cambiar con la reflexión o la crianza. Entonces se nos dice de nuevo que la conciencia hace que las cuestiones morales estén disponibles con el tiempo para el yo, que asume la responsabilidad. No es más coherente o creíble con la repetición.

En la PG 289 tiene un resumen del capítulo que repite las nociones erróneas de que es la cultura lo que hace posible reflexionar y esa elección depende de la educación (memoria) y el compartir. Está claro que no es la cultura sino las estructuras cognitivas heredadas las que hacen posible reflexionar y elegir y esa cultura determina las acciones aceptables y sus recompensas o castigos. En la pág. 303 discute la clásica barrera filosófica entre' ought' y' is', sin saber que nuestras plantillas resolvieron ese problema hace mucho tiempo — es decir, nos dicen cómo sentir acerca de las situaciones con respecto a otras personas. También parece no ser consciente de que hay cientos de universales "culturales" implantados en nuestros genes (por ejemplo, ver la pizarra en blanco de Pinker) y también del papel clásico de Searle "cómo derivar lo que se debe de es".

A menudo comienza en lo que parece que va a ser una buena discusión de algunos temas en la psicología evolutiva, pero invariablemente se deambula en Arcana filosófico y termina con más confusión. Esto sucede en la pág. 261 donde afirma que conceptos como "elogiables" fueron formados a lo largo de milenios por la cultura, mientras que la mayoría diría que la base de tales conceptos es en los genes y cada cultura sólo determina los detalles de las reacciones aceptables a las intuiciones su los miembros obtienen de sus mecanismos innatos. En PG 262 trata de explicar cómo una ESS (estrategia evolucionariamente estable) puede producir moralidad. Su idea aquí es que la genética ' R&D ' (es decir, evolución) produce un entendimiento tenue de la moral y luego la cultura (memética) produce variaciones y aclaraciones. Yo diría que todos sabemos, y mucha investigación ha hecho claro, que comúnmente tenemos resultados muy claros de nuestros motores de inferencia y sólo vagamente entender en casos especiales. La cultura simplemente decide qué podemos hacer con nuestros sentimientos.

La última parte del libro se refiere principalmente a la culpabilidad moral. Se refiere al clásico legal de Hart y Honore, que empecé a leer hace 30 años, desde que sus autores fueron profundamente influenciados por Wittgenstein. Dennett nos dice que tenemos control sobre nuestra propia moralidad y que pensar en la moralidad nos va a mejorar. Pero, parece que no hay justificación alguna para esta opinión en este libro. No hay nada aquí para ayudar a nadie a escapar de los dictados de la mente del mono y estoy muy seguro de que cuando la civilización industrial colapse en el siglo 22 la gente actuará como sus antepasados hicieron hace 200.000 años. Es un punto de vista defendible que aquellos que logran escapar lo hacen por viajando por un sendero espiritual que no tiene ninguna conexión con la filosofía -y no hay un indicio de espiritualidad en todo este libro-otro punto revelador teniendo en cuenta que muchos místicos tienen cosas fascinantes que decir sobre el funcionamiento de la mente.

Encuentro más sabiduría sobre cómo ser libre y moral en cualquiera de los 200 libros y cintas de Osho que en cualquier parte de la filosofía.

Como era de esperar, rara vez se encuentra espiritualmente y moralmente avanzada personas enseñando en las universidades. No hay señal aquí, ni en nada que ha hecho, que Dennett es moralmente superior. Después de 40 años de pensamiento sobre la moralidad, lanza ataques personales a sus críticos o los rechaza arrogantemente. Parece claro que, como todos nosotros, está atrapado en los límites de sus motores de inferencia.

Entonces, ¿cuánta oportunidad hay para mejorar nuestra moralidad? Parece claro (por ejemplo, ver ' la pizarra en blanco ' de Pinker) que la mayor parte de nuestro comportamiento es genético y el resto debido a factores desconocidos en nuestro entorno, a pesar del esfuerzo vigorosos de padres y religiones y partidos políticos. En promedio, tal vez el 5% de la variación en el comportamiento moral (las variaciones son lo único que podemos estudiar) se debe a nuestros propios esfuerzos (cultura). Las decisiones morales que más importan hoy son las que afectan el destino del mundo. Pero nuestras plantillas no evolucionaron para lidiar con la sobrepoblación (excepto por asesinato) y el cambio climático (excepto por mudarse a otro lugar y matar a cualquier oposición).

Qué notable sería si sólo uno de los cientos de millones de personas educadas en el mundo lograron averiguar qué conciencia o elección o cualquier fenómeno mental realmente es (es decir, cómo describir sus correlatos neurofisiológicos). Y si uno lo hiciera, esperaríamos que fueran un científico a la vanguardia de la investigación utilizando algunos equipos exóticos de fMRI y la última computadora lógica difusa en red neuronal de procesamiento en paralelo, etc. Y eso sólo significaría que especifican los circuitos neuronales y bioquímica/genética. así que, no pueden contestar THe Preguntas de la filosofía (los juegos de lenguaje de la psicología descriptiva del pensamiento de orden superior). Pero no necesita respuesta, como la existencia del espacio, el tiempo, la materia, es sólo la forma en que las cosas son y el trabajo del filósofo es aclarar los juegos de idiomas que podemos jugar con estas palabras. Pero, un filósofo o físicost sentado pensando en venir con un científico solución al mayor Puzzle científico que hay! Y luego escribir un libro entero sobre ello sin consultar primero con los escépticos. Para volver a la cita al principio-'ambición es la muerte del pensamiento'. De hecho-aunque claramente Wittgenstein estaba pensando en el pensamiento profundo!

Reseña de 'Soy un Bucle Extraño' (I am a Strange Loop) de Douglas Hofstadter (2007)

Michael Starks

Abstracto

Último sermón de la iglesia del naturalismo fundamentalista por el pastor Hofstadter. Al igual que su mucho más famoso (o infame por sus incesantemente errores filosóficos) trabajo Godel, Escher, Bach, tiene una plausibilidad superficial, pero si se entiende que se trata de un científico rampante que mezcla problemas científicos reales con los filosóficos (es decir, el sólo los problemas reales son los juegos de idiomas que debemos jugar) entonces casi todo su interés desaparece. Proporciono un marco para el análisis basado en la psicología evolutiva y el trabajo de Wittgenstein (ya actualizado en mis escritos más recientes).

Aquellos que deseen un marco completo hasta la fecha para el comportamiento humano de la moderna dos sistemas punto de vista puede consultar mi libros Talking Monkeys 3ª ed (2019), Estructura Logica de Filosofia, Psicología, Mente y Lenguaje en Ludwig Wittgenstein y John Searle 2a ed (2019), Suicidio pela Democracia 4ª ed (2019), La Estructura Logica del Comportamiento Humano (2019), The Logical Structure de la Conciencia (2019, Entender las Conexiones entre Ciencia, Filosofía, Psicología, Religión, Política y Economía y Delirios Utópicos Suicidas en el siglo 21 5ª ed (2019), Observaciones sobre Imposibilidad, Incompletitud, Paraconsistencia, Indecidibilidad, Aleatoriedad, Computabilidad, Paradoja e Incertidumbre en Chaitin, Wittgenstein, Hofstadter, Wolpert, Doria, da Costa, Godel, Searle, Rodych Berto, Floyd, Moyal-Sharrock y Yanofsky y otras.

"Podría ser justamente preguntado qué importancia tiene la prueba de Gödel para nuestro trabajo. Para un pedazo de matemáticas no puede resolver problemas del tipo que nos molesten. --La respuesta es que la situación, en la que tal prueba nos trae, es de interés para nosotros. ' ¿Qué vamos a decir ahora? ' --Ese es nuestro tema. Sin embargo, extraña que suene, mi tarea en lo que concierne a la prueba de Gödel parece meramente consistir en aclarar lo que tal proposición como: "Supongamos que esto se puede demostrar" significa en matemáticas. " Wittgenstein "Comentarios sobre los fundamentos de las matemáticas" p337 (1956) (escrito en 1937).

"Mis teoremas sólo muestran que la mecanización de las matemáticas, es decir, la eliminación de la mente y de las entidades abstractas, es imposible, si uno quiere tener una base satisfactoria y un sistema de matemáticas. No he probado que haya preguntas matemáticas que sean indescifrables para la mente humana, pero sólo que no hay máquina (o formalismo ciego) que pueda decidir todas las preguntas de la teoría numérica, (incluso de un tipo muy especial) .... No es la estructura misma de los sistemas deductivos que está siendo amenazado con un descompostura, sino sólo una cierta interpretación de la misma, es decir, su interpretación como un formalismo ciego. " Gödel "Obras Recogidas" VOL 5, p 176-177. (2003)

"Toda inferencia tiene lugar a priori. Los acontecimientos del futuro no pueden deducirse de los del presente. La superstición es la creencia en el nexo causal. La libertad de la voluntad consiste en el hecho de que las acciones futuras no se pueden conocer ahora. Sólo podíamos conocerlas si la causalidad fuera una necesidad interna, como la de la deducción lógica. --La conexión del conocimiento y lo que se conoce es la necesidad lógica. ("A sabe que p es el caso" no tiene sentido si p es una tautología.) Si por el hecho de que una proposición es obvia para nosotros, no sigue que es verdad, entonces la evidencia no es ninguna justificación para creer en su verdad. " TLP 5,133--5,1363

"Ahora bien, si no son las conexiones causales que nos preocupan, entonces las actividades de la mente están abiertas ante nosotros." Wittgenstein "el libro azul" P6 (1933)

"Sentimos que incluso cuando todas las preguntas científicas posibles han sido contestadas, los problemas de la vida permanecen completamente intactos. Por supuesto, entonces no quedan preguntas, y esto en sí mismo es la respuesta. " Wittgenstein TLP 6,52 (1922)

He leído algunos 50 comentarios de estos libros (que por el físico cuántico David Deutsch era quizás el mejor) y ninguno de ellos proporciona un marco satisfactorio, por lo que intentaré dar comentarios novedosos que serán útiles, no sólo para este libro, sino para cualquier libro en las Ciencias del comportamiento (que puede incluir cualquier libro, si uno agarra las ramificaciones).

Como su clásico Gödel, Escher, Bach: el Eterna trenza dorada, y muchos de sus otros escritos, este libro de Hofstadter (H) trata de encontrar correlaciones o conexiones o analogías que arrojan luz sobre la conciencia y toda la experiencia humana. Como en GEB, pasa una gran cantidad de tiempo explicando y dibujando analogías con los famosos teoremas "incompletos" de Gödel, el arte "recursivo" de Escher y las "paradojas" del lenguaje (aunque, como con la mayoría de la gente, no ve la necesidad para poner estos términos en Comillas, y este es el núcleo del problema). La idea es que sus aparentemente extrañas consecuencias se deben a "bucles extraños" y que tales bucles son de alguna manera operativos en nuestro cerebro. En particular, pueden "dar lugar" a nuestro yo, que parece más o menos equipara con la conciencia y el pensamiento. Al igual que con todos, cuando empieza a hablar de cómo funciona su mente, se va seriamente descarriado. Sugiero que es para encontrar las razones de esto que el interés en este libro, y el comentario más general sobre el comportamiento se encuentra.

Voy a contrastar las ideas de ISL con las del filósofo (psicólogo descriptivo del pensamiento de orden superior) Ludwig Wittgenstein (W), cuyos comentarios sobre la psicología, escritos de 1912 a 1951, nunca han sido superados por su profundidad y claridad. Es un pionero sin reconocimiento en la psicología evolutiva (EP) y desarrollador del concepto moderno de intencionalidad. Señaló que el problema fundamental en la filosofía es que no vemos nuestros procesos mentales innatos automáticos y cómo estos generan nuestros juegos de idiomas. Él dio muchas ilustraciones (uno puede considerar las 20.000 páginas enteras de su *nachlass* como una ilustración), algunos de ellos para palabras como "es" y "esto", y observó que todos los problemas realmente básicos generalmente se deslizan sin comentarios. Un punto importante que desarrolló fue que casi toda nuestra intencionalidad (más o menos, nuestra psicología evolutiva (EP), racionalidad o personalidad) es invisible para nosotros y tales partes como entrar en nuestra conciencia son en gran parte epifenomenales (es decir, irrelevante para nuestro comportamiento). El hecho de que nadie pueda describir sus procesos mentales de manera satisfactoria, que esto es universal, que estos procesos son rápidos y automáticos y muy complejos, nos dice que son parte de los módulos cognitivos "ocultos" (plantillas o motores de inferencia) que se han fijado gradualmente en el ADN animal durante más de 500 millones años. Por favor, vea mis otros escritos para más detalles.

Como en prácticamente todos los escritos que tratan de explicar el comportamiento (filosofía, psicología, sociología, antropología, historia, política, teología, e incluso, como con H, matemáticas y física), soy un bucle estrano (I am a Strange Loop -ISL) comete este tipo de error (olvido de nuestra automaticidad) continuamente y esto produce los rompecabezas que luego intenta resolver. El título de ISL comprende palabras que todos conocemos, pero como indicó W, los usos de palabras se pueden ver como familias de juegos de idiomas (gramática) que tienen muchos sentidos (usos o significados), cada uno con sus propios contextos. Sabemos lo que estos son en la práctica, pero si

115

tratamos de describirlos o filosofar (teorizando) acerca de ellos, casi siempre nos desviamos y decimos cosas que pueden parecer tener sentido pero carecen del contexto para darles sentido.

Nunca cruza la mente de Hofstadter que tanto "extraño" como "loop" están fuera de contexto y carecen de un sentido claro (para no decir nada sobre "yo" y "soy"!). Si vas a Wikipedia, encuentras muchos usos (juegos como W decía a menudo) para estas palabras y si miras a tu alrededor en ISL, los encontrarás referidos como si fueran todos uno. de la misma manera, para "consciencia", "realidad", "paradoja", "recursiva", "autorreferencial", etc. Por lo tanto, estamos irremediablemente a la deriva de la primera página, como esperaba del título. Un lazo en una cuerda puede tener un sentido muy claro y también un diagrama de un ciclo de retroalimentación del gobernador del motor de vapor, pero ¿qué pasa con los bucles en las matemáticas y la mente? H no ve el "lazo más extraño" de todos-que utilizamos nuestra conciencia, el yo y la voluntad de negarse a sí mismos!

En cuanto a los famosos teoremas de Gödel, ¿en qué sentido pueden ser bucles? Lo que se supone casi universalmente que muestran es que ciertos tipos básicos de sistemas matemáticos son incompletos en el sentido de que hay teoremas "verdaderos" del sistema cuya "verdad" (la desafortunada palabra matemàticos comúnmente sustituyen a la validez) o " falsedad (invalidez) no puede probarse en el sistema. Aunque H no le dice, estos teoremas son lógicamente equivalentes a la solución "incompleta" de Turing del famoso problema de detención para los equipos que realizan un cálculo arbitrario. Él pasa mucho tiempo explicando la prueba original de Gödel, pero no menciona que otros posteriormente encontraron pruebas mucho más cortas y más simples de "incompleta" en matemáticas y demostraron muchos conceptos relacionados. El que menciona brevemente es el del matemático contemporáneo Gregory Chaitin, un originador con Kolmogorov y otros de la teoría de la información algorítmica, que ha demostrado que tal "incompleto" o "aleatoriedad" (término de Chaitin--aunque este es otro juego), es mucho más extenso que el pensamiento prolongado, pero no te dice que los resultados de Gödel y Turing son corolarios del teorema de Chaitin y una instancia de "aleatoriedad algorítmica". Usted debe referirse a Chaitin más escritos recientes como "el número Omega (2005) ", como la única referencia de Hofstadter a Chaitin es de 20 años de edad (aunque Chaitin no tiene más comprensión de los problemas más grandes aquí-es decir, la intencionalidad innata como la fuente de los juegos de idiomas en matemáticas-que H y comparte la fantasía del ' universo es una computadora ' también).

Hofstadter toma este "incompleto" (otra palabra (conceptual) juego fuera de contexto) para significar que el sistema es auto referencial o "loop" y "extraño". No está claro por qué tener teoremas que parecen ser (o son) verdaderos (es decir, válido) en el sistema, pero no es demostrable en él, lo convierte en un bucle ni por qué esto califica como extraño ni por qué esto tiene alguna relación con cualquier otra cosa.

Fue mostrado bastante convincente por Wittgenstein en la década de 1930 (es decir, poco después de la prueba de Gödel) que la mejor manera de mirar esta situación es como un juego de lenguaje típico (aunque uno nuevo para las matemáticas en ese momento) — es decir, los teoremas "verdaderos pero no puede comprobar" son "verdaderos" en un sentido diferente (ya que requieren nuevos axiomas para probarlos). Pertenecen a un sistema diferente, o como deberíamos decir ahora, a un contexto intencional diferente. Sin incompletitud, sin bucles, sin auto referencia y definitivamente no es extraño! W: "la proposición de Gödel, que afirma algo sobre sí misma, no se menciona a sí misma" y "podría decirse: Gödel dice que uno también debe ser capaz de confiar en una prueba matemática cuando uno quiere concebirlo prácticamente, como la prueba de que el patrón proposicional puede construirse de acuerdo con las reglas de la prueba? O: una proposición matemática debe ser capaz de ser concebido como una proposición de una geometría que es realmente aplicable a sí mismo. Y si se hace esto surge que en ciertos casos no es posible confiar en una prueba. " (RFM p336). Estas observaciones apenas dan una pista a la profundidad de la visión de W en la intencionalidad matemática, que comenzó con sus primeros escritos en 1912 pero fue más evidente en sus escritos en los años 30 y 40. W es considerado como un escritor difícil y opaco debido a su estilo aforístico, telegráfico y constante saltando con rara vez un aviso que ha cambiado de tema, ni de hecho lo que el tópico es, pero si uno comienza con su único trabajo de estilo de libro de texto-los libros azul y marrón-y entiende que él está explicando cómo funciona nuestro pensamiento de orden superior evolucionado, todo se hará claro para los persistentes.

W dio conferencias sobre estos temas en la década de 1930 y esto ha sido documentado en varios de sus libros. Hay otros comentarios en alemán en su nachlass (algunos de ellos anteriormente disponibles sólo en un $1000 CDROM pero ahora, como casi todas sus obras, en P2P Torrents, libgen.io y b-ok.org. El filósofo canadiense Victor Rodych ha escrito recientemente dos artículos sobre W y Gödel en la revista Erkenntnis y otros 4 en W y matemáticas, que creo que constituyen un resumen definitivo de W y los fundamentos de las matemáticas. Se pone a descansar la noción anteriormente popular de que W no entendía incompleta (y mucho más concerniente a la psicología de las matemáticas). De hecho, por lo que puedo ver W es uno de muy pocos hasta el día de hoy que hace (y no incluyendo a Gödel! — aunque vea su penetrante comentario citado arriba). Las formas relacionadas de "paradoja" que ejercen H (e innumerables otras) fueron ampliamente discutidas por W con ejemplos en matemáticas y lenguaje y me parece una consecuencia natural de la evolución fragmentaria de nuestras habilidades simbólicas que se extiende también a la música, el arte, juegos, etc. Aquellos que deseen opiniones contrarias los encontrarán en todas partes y con respecto a W y matemáticas, pueden consultar a Chihara en la revisión filosófica V86, p365-81 (1977). Me tienen mucho respeto por Chihara (soy uno de pocos que han leído su portada de "una cuenta estructural de matemáticas" para cubrir) pero él fracasa en muchos temas básicos como las explicaciones de W de paradojas como inevitables y casi siempre inofensivas facetas de nuestro EP.

Años después de que hice esta revisión original escribí uno en Yanofsky ' más allá de los límites del pensamiento ' y en los siguientes párrafos repito aquí los comentarios sobre la incompleta que hice allí. De hecho, toda la revisión es relevante, especialmente las observaciones sobre Wolpert.

En cuanto a Godel y "incompleta", ya que nuestra psicología expresada en sistemas simbólicos como las matemáticas y el lenguaje es "aleatoria" o "incompleto" y está llena de tareas o situaciones ("problemas") que han sido demostradas imposibles (es decir, no tienen solución-ver abajo) o cuya naturaleza no está clara, parece inevitable que todo lo derivado de ella — e. g. física y matemática) también sea "incompleto". AFAIK el primero de ellos en lo que ahora se llama teoría de la elección social o teoría de la decisión (que son continuos con el estudio de la lógica y el razonamiento y la filosofía) fue el famoso teorema de Kenneth Arrow más de 60 años atrás, y ha habido muchos desde entonces. Y señala una imposibilidad reciente o prueba incompleta en dosTeoría de juegos de persona. En estos casos, una prueba muestra que lo que parece una simple opción indicada en inglés simple no tiene solución.

Aunque uno no puede escribir un libro sobre todo, me hubiera gustado Yanofsky al menos mencionar esas famosas "paradojas" como la bella durmiente (disuelta por Rupert Read), el problema de Newcomb (disuelto por Wolpert) y Doomsday, donde lo que parece ser un problema muy simple, o bien no tiene una respuesta clara, o resulta excepcionalmente difícil de encontrar uno. Existe una montaña de literatura sobre los dos teoremas "incompletos" de Godel y el trabajo más reciente de Chaitin, pero creo que los escritos de W en los años 30 y 40 son definitivos. Aunque Shanker, Mancosu, Floyd, Marion, Rodych, Gefwert, Wright y otros han hecho un trabajo perspicaz, es sólo recientemente que el análisis de la penetración única de W de los juegos de idiomas que se juegan en matemáticas han sido clarificados por Floyd (por ejemplo, ' El argumento diagonal de Wittgenstein-una variación en Cantor y Turing '), Berto (por ejemplo, ' la paradoja de Godel y las razones de Wittgenstein, y ' Wittgenstein en la incompleta hace que el sentido paraconsistente ' y el libro ' hay algo sobre Godel ', y Rodych (por ejemplo, Wittgenstein y Godel: los comentarios recién publicados ', ' malentendido Gödel: nuevos argumentos sobre Wittgenstein ', ' nuevos comentarios de Wittgenstein ' y su artículo en la enciclopedia en línea de Stanford de filosofía ' filosofía de las matemáticas de Wittgenstein '). Berto es uno de los mejores filósofos recientes, y aquellos con el tiempo podrían desear consultar sus muchos otros artículos y libros, incluyendo el volumen que co-editó en paraconsistencia (2013). El trabajo de Rodych es indispensable, pero sólo dos de una docena de documentos son gratuitos en línea con la búsqueda habitual, pero por supuesto todo es gratis en línea si uno sabe dónde buscar (p. ej., libgen.io y b-ok.org).

Berto señala que W también negó la coherencia de metamatemática--es decir, el uso por parte de Godel de un metateorema para probar su teorema, probablemente la contabilización de su interpretación "notoria" del teorema de Godel como una paradoja, y si aceptamos su argumento, creo que nos vemos obligados a negar la inteligibilidad de metalenguajes, metateorías y meta cualquier otra cosa. ¿Cómo puede ser que tales conceptos (palabras) como metamatemático e incompletitud, aceptada por millones (e incluso reclamados por no menos de Penrose, Hawking, Dyson et al para revelar verdades fundamentales sobre nuestro mente o el universo) son simples malentendidos acerca de cómo funciona el lenguaje? ¿No es la prueba en este pudin que, como tantas nociones filosóficas "reveladoras" (por ejemplo, la mente y la voluntad como ilusiones-Dennett, Carruthers, las Churchlands etc.), no tienen ningún impacto práctico en absoluto? Berto lo resume muy bien: "dentro de este marco, no es posible que la misma frase... resulta ser expresable, pero indescifrable, en un sistema formal... y demostrablemente cierto (bajo la hipótesis de coherencia antes mencionada) en un sistema diferente (el meta-sistema). Si, como sostiene Wittgenstein, la prueba establece el significado mismo de la sentencia probada, entonces no es posible que la misma frase (es decir, una frase con el mismo significado) sea indescifrable en un sistema formal, sino que se decida en un sistema diferente (el meta-sistema) ... Wittgenstein tuvo que rechazar tanto la idea de que un sistema formal puede estar incompleto sintácticamente, como la consecuencia platónica de que ningún sistema formal que demuestre sólo verdades aritméticas puede probar todas las verdades aritméticas. Si las pruebas establecen el significado de las oraciones aritméticas, entonces no puede haber sistemas incompletos, así como no puede haber significados incompletos. " Y además "aritméticos incoherentes, es decir, aritméticos no clásicos basados en una lógica paraconsistente, son hoy en día una realidad. Lo que es más importante, las características teóricas de tales teorías coinciden precisamente con algunas de las intuiciones de Wittgensteinian antes mencionadas... Su inconsistencia les permite también escapar del primer teorema de Godel, y del resultado de la indecisión de la Church: eles son, eso es decir, demostrablemente completas y decidible. Por lo tanto, cumplen precisamente la solicitud de Wittgenstein, según la cual no puede haber problemas matemáticos que puedan formularse de manera significativa en el sistema, pero que las normas del sistema no pueden decidir. Por lo tanto, la decibilidad de la aritmética paraconsistente armoniza con una opinión que Wittgenstein mantuvo durante su carrera filosófica. "

W también demostró el error fatal en relación con las matemáticas o el lenguaje o nuestro comportamiento en general como un sistema lógico coherente unitario, en lugar de como un variopinto de piezas ensambladas por los procesos aleatorios de selección natural. "Godel nos muestra un poco de claridad en el concepto de ' matemáticas ', que se indica por el hecho de que las matemáticas se toman como un sistema" y podemos decir (contra casi todo el mundo) que es todo lo que Godel y Chaitin muestran. W comentó muchas veces que la ' verdad ' en matemáticas significa axiomas o teoremas derivados de axiomas, y ' falso ' significa que uno cometió un error en el uso de las definiciones, y esto es completamente diferente de los asuntos empíricos donde uno aplica una prueba. W a menudo señaló que para ser aceptable como matemáticas en el sentido habitual, debe ser utilizable en otras pruebas y debe tener aplicaciones del mundo real, pero tampoco es el caso con la incompletitud de Godel. Puesto que no se puede probar en un sistema consistente (aquí la aritmética de Peano pero una arena mucho más amplia para Chaitin), no se puede utilizar en pruebas y, a diferencia de todo el ' resto ' de PA, tampoco se puede utilizar en el mundo real. Como Rodych notas "... Wittgenstein sostiene que un cálculo formal es sólo un cálculo matemático (es decir, un juego de lenguaje matemático) si tiene una aplicación extra-sistémica en un sistema de proposiciones contingentes (por ejemplo, en el conteo ordinario y la medición o en la física) ..." Otra manera de decir esto es que uno necesita una orden para aplicar nuestro uso normal de palabras como ' prueba ', ' proposición ', ' verdadero ', ' incompleto ', ' número ', y ' matemáticas ' a un resultado en la maraña de juegos creados con ' números ' y ' más ' y ' menos ' signos, etc., y con ' Incompletitud ' esta orden carece. Rodych lo resume admirablemente. "En la cuenta de Wittgenstein, no hay tal cosa como un cálculo matemático incompleto porque ' en matemáticas, todo es algoritmo [y la sintaxis] y nada significa [semántica]... "

W tiene mucho lo mismo que decir de la Diagonalización de cantor y la teoría del conjunto. "La consideración del procedimiento diagonal le hace pensar que el concepto de ' número real ' tiene mucho menos analogía con el concepto ' número cardinal ' que nosotros, siendo engañados por ciertas analogías, que se inclinan a creer" y muchos otros comentarios (véase Rodych y Floyd).

En cualquier caso, parecería que el hecho de que el resultado de Gödel ha tenido cero impacto en las matemáticas (excepto para evitar que la gente intente probar la integridad!) debería haber alertado a H de su trivialidad y de la "extrañeza" de intentar que sea una base para cualquier cosa. Sugiero que sea considerado como otro juego conceptual que nos muestra los límites de nuestra psicología. Por supuesto, todas las matemáticas, la física y el comportamiento humano pueden ser aprovechamente tomadas de esta manera.

Mientras que en el tema de W, debemos tener en cuenta que otra obra en la que H pasa mucho tiempo es Whitehead y el clásico de Russell de lógica matemática "Principia Mathematica", principalmente porque fue al menos en parte responsable del trabajo de Gödel que condujo a sus teoremas. W había pasado del estudiante de lógica inicial de Russell a su maestro en aproximadamente un año, y Russell lo había escogido para reescribir los Principia. Pero W tuvo grandes dudas sobre todo el proyecto (y toda la filosofía que resultó) y, cuando regresó a la filosofía en los años 30, demostró que la idea de fundar matemáticas (o racionalidad) en la lógica era un error profundo. W es uno de los filósofos más famosos del mundo e hizo extensos comentarios sobre Gödel y los fundamentos de las matemáticas y la mente; es pionera en EP (aunque nadie parece darse cuenta de esto); el descubridor del esquema básico y el funcionamiento del pensamiento de mayor orden y mucho más, y es asombroso que Dennett & H, después de medio siglo de estudio, son completamente ajenos a los pensamientos de la mayor Intuitiva psicólogo de todos los tiempos (aunque tienen casi 8 mil millones para la compañía). Hay, como algunos han comentado, una amnesia colectiva con respecto a W no sólo en Psicología (para la cual sus obras deberían estar en servicio universal como textos y manuales de laboratorio) sino en todas las ciencias conductuales incluyendo, sorprendentemente, la filosofía.

La Asociación de H con Daniel Dennett (D), otro famoso escritor confundido en la mente, ciertamente no ha hecho nada para ayudarle a aprender nuevas perspectivas en los casi 30 años desde GEB. A pesar del hecho de que D ha escrito un libro sobre intencionalidad (un campo que, en su versión moderna, fue creado esencialmente por W), H parece no tener conocimiento de ello en absoluto. Las percepciones que conducen a recuerdos, alimentándose en disposiciones (inclinaciones) (Los términos de W, también utilizados por Searle, pero llamados "actitudes proposicionales por otros) como creer y suponer, que no son Estados mentales y no tienen una duración precisa, etc., son avances trascendentes en la comprensión de cómo funciona nuestra mente, que W descubrió en los años 20, pero con hilos volviendo a sus escritos antes de la primera guerra mundial.

La trenza dorada eterna no se realiza por H para ser nuestra Psicología evolutiva innata, ahora, 150 años tarder (es decir, desde Darwin), convirtiéndose en un campo floreciente que está fusionando la psicología, la ciencia cognitiva, la economía, la sociología, la antropología, la ciencia política, la religión, la música (por ejemplo, G. Mazzola de "el topos de la música" — topos son sustitutos de los sets, uno de los grandes libros de ciencia (psicología) del siglo 21, aunque no tiene idea sobre W y la mayoría de los puntos en esta revisión), arte, matemáticas, física y literatura. H ha ignorado o rechazado a muchas personas que uno podría considerar como nuestros mejores maestros en el Reino de la mente — W, Buda, John Lilly, John Searle, Osho, ADI da (ver su "la rodilla de la escucha"), Alexander Shulgin y muchos otros. La gran mayoría de los conocimientos de la filosofía, así como los de la física cuántica, la probabilidad, la meditación, el EP, la psicología cognitiva y los psicodélicos no puntuan ni siquiera una referencia pasajera aquí (ni en la mayoría de los escritos filosóficos de los científicos).

Aunque hay algunos buenos libros en su bibliografía, hay muchos que consideraría referencias estándar y cientos de obras importantes en ciencias cognitivas, EP, matemáticas y probabilidad, y filosofía de la mente y la ciencia que no están allí (ni en sus otros escritos). Su francotiradores en Searle es mezquino y sin sentido: la frustración de alguien que no tiene comprensión de los problemas reales. En mi opinión, ni H ni nadie más ha proporcionado una razón convincente para rechazar la Argumento de la habitación China (el artículo más famoso en este campo) que las computadoras no piensan (no es que nunca pueden hacer algo que podríamos querer llamar pensar-que Searle admite es posible). Y Searle (en mi opinión) organizó y extendió el trabajo de W en libros como "la construcción de la realidad social" y "racionalidad en acción"- -brillantes sumas de la organización de HOT (pensamiento de orden superior — i. e., intencionalidad) — libros de filosofía raros que incluso puede tener un sentido perfecto de una vez que traduzcas una pequeña jerga al inglés! H, D y muchos otros en la ciencia cognitiva y la IA están indignados con Searle porque tenía la temeridad de desafiar (destruir-yo diría) su filosofía básica-la teoría computacional de la mente (CTM) hace casi 30 años y continúa señalarlo (aunque uno puede decir que W lo destruyó antes de que existiera). Claro, ellos (casi) todos rechazan la sala China o simplemente lo ignoran, pero el argumento es, a juicio de muchos, incontestable. El reciente artículo de Shani (mentes y máquinas V15, P207-228 (2005)) es un bonito Resumen de la situación con referencias al excelente trabajo de Bickhard sobre este tema. Bickhard también ha desarrollado una teoría de la mente más realista que utiliza la termodinámica de no equilibrio, en lugar de los conceptos de Hofstadter de la psicología intencional utilizado fuera de los contextos necesarios para darles sentido.

Pocos se dan cuenta de que W de nuevo anticipó a todos en estos temas con numerosos comentarios sobre lo que ahora llamamos CTM, AI o inteligencia de la máquina, e incluso hizo experimentos con personas haciendo "traducciones" al chino. Me había dado cuenta de esto (e innumerables otros paralelos estrechos con el trabajo de Searle) cuando llegué sobre el papel de Diane Proudfoot en W y la habitación China en el libro "vistas a la habitación China" (2005). También se pueden encontrar muchas gemas relacionadas con estos temas en la edición de Cora Diamond de las notas tomadas en las primeras conferencias de W sobre matemáticas "conferencias de Wittgenstein sobre los fundamentos de las matemáticas, Cambridge 1934 (1976). Los propios "Comentarios sobre los fundamentos de las matemáticas" de W cubren un terreno similar. Uno de los pocos que ha examinado las opiniones de W sobre esto en detalle es Christopher Gefwert, cuyo excelente libro pionero "Wittgenstein en mentes, máquinas y matemáticas" (1995), es Casi ignorados universalmente. A pesar de que estaba escribiendo antes de que hubiera un pensamiento serio sobre los ordenadores electrónicos o robots, W se dio cuenta de que el problema básico aquí es muy simple---las computadoras carecen de una psicología (e incluso 70 años después tenemos apenas una pista de cómo darles una), y es sólo en el contexto de un ser con una intencionalidad totalmente desarrollada que los términos de la disposicional como pensar, creer, etc. tienen sentido (tienen un significado o claro COS), y como de costumbre lo resumió todo en su forma aforística única "Pero una máquina sin duda no puede pensar! --¿Es una declaración empírica? No. Sólo decimos de un ser humano y lo que es como uno que piensa. También lo decimos de muñecas y sin duda de espíritus también. Mira la palabra "pensar" como una herramienta. " (Investigaciones filosóficas P113). Fuera de contexto, muchos de los comentarios de W pueden parecer insípidos o simplemente equivocados, pero los perspicaces encontrarán que usualmente pagan una reflexión prolongada — él no era el tonto de nadie.

Hofstadter, en todos sus escritos, sigue la tendencia común y hace gran parte de "paradojas", que considera como auto referencias, recursiones o bucles, pero hay muchas "inconsistencias" en la psicología intencional (matemáticas, lenguaje, percepción, arte, etc.) y tienen ningún efecto, ya que nuestra psicología evolucionó para ignorarlos. Así, "paradojas" como "esta frase es falsa" sólo nos dicen que "esto" no se refiere a sí mismo o si prefieres que este es uno de infinitamente muchos arreglos de palabras que carecen de un sentido claro. Cualquier sistema simbólico que tengamos (es decir, idioma, matemáticas, arte, música, juegos, etc.) siempre tendrán áreas de conflicto, problemas insolubles o contraintuitivos o Confuso Definiciones. Por lo tanto, tenemos los teoremas de Gödel, el mentiroso's paradoja, inconsistencias en la teoría del conjunto, dilemas del prisionero, gato muerto/vivo de Schrodinger, problema de Newcomb, principios antropico, estadísticas bayesianas, notas que no puedes sonar juntas o colores que no puedes mezclar y reglas que no se pueden usar en el mismo juego. Un conjunto de subindustrias dentro de la teoría de la decisión, la economía conductual, la teoría del juego, la filosofía, la psicología y la sociología, la ley, la ciencia política, etc. e incluso los fundamentos de la física y las matemáticas (donde comúnmente se disfraza como filosofía de la ciencia) ha surgido que trata de variaciones infinitas en "real" (p. ej., mecánica cuántica) o artificio ((por ejemplo, el problema de Newcomb — ver análisis V64, p187-89 (2004)) situaciones donde nuestra psicología – evolucionó sólo para obtener alimentos, encontrar compañeros y evitar convertirse en el almuerzo – da resultados ambivalentes, o simplemente se rompe.

Prácticamente ninguno de los que escriben los cientos de artículos e innumerables libros sobre estos temas que aparecen anualmente parecen conscientes de que están estudiando los límites de nuestra psicología innata y que Wittgenstein usualmente los anticipó por más de medio siglo. Típicamente, tomó el tema de la paradoja al límite, señalando la ocurrencia común de la paradoja en nuestro pensamiento, e insistió en que incluso las inconsistencias no eran un problema (aunque Turing, asistiendo a sus clases, discrepó), y predijo la aparición de sistemas lógicos inconsistentes. Décadas más tarde, se inventaron lógicas dialeticas y sacerdote en su reciente libro sobre ellos ha llamado a las opiniones de W presciente. Si usted quiere una buena revisión reciente de algunos de los muchos tipos de paradojas del lenguaje (aunque sin la conciencia de que W fue pionero en la década de 1930 y en gran parte inocente de cualquier comprensión del contexto intencional) ver Rosenkranz y Sarkohi "Platitudes Against Paradox" en Erkenntnis V65, p319-41 (2006). La aparición de muchos artículos relacionados con W en esta revista es más apropiada ya que fue fundada en los años 30 por positivistas lógicos cuya Biblia era Tractus Logico Philosophicus de W. Por supuesto, también hay un diario dedicado a W y el nombre de su obra más famosa-"Investigaciones filosóficas".

H, en línea con la práctica casi universal, se refiere a menudo a nuestras "creencias" para "explicaciones" de comportamiento, pero nuestra psicología compartida no descansa en la creencia, sólo tenemos conciencia y dolores y sabemos desde la infancia que los animales son agentes conscientes, autopropulsados que son diferentes de los árboles y las rocas. Nuestra madre no nos enseña que más de lo que la madre de un perro hace y no puede enseñarnos! Y, si esto es algo que aprendemos, entonces podríamos enseñarle a un niño (o un perro) que un pájaro y una roca son realmente el mismo tipo de cosa (es decir, ignorar la psicología intencional innata).

W señaló clara y repetidamente la indeterminación de todos nuestros conceptos (por ejemplo, ver sus comentarios sobre la adición y la finalización de la serie en comentarios sobre los fundamentos de las matemáticas), que ordenó su innato (es decir, la evolución tuvo que resolver este problema por sacrificar innumerables cuadrillones de criaturas cuyos genes no han hecho las elecciones correctas).

Hoy en día esto es comúnmente llamado el problema de la explosión combinatoria y a menudo señalado por los psicólogos evolutivos como evidencia convincente de la innatismo, sin saber que W los anticipó por más de 50 años.

Nuestra psicología innata no descansa en "creencias" cuando claramente no está sujeto a prueba o duda o revisión (por ejemplo, tratar de dar un sentido a "Creo que estoy leyendo esta revisión" y la media (es decir, encontrar un uso real en nuestra vida normal para) algo diferente de "estoy leyendo este revision"). Sí, siempre hay usos derivados de cualquier frase incluyendo este, pero estos son parásitos en el uso normal. Antes de cualquier "explicación" (simplemente descripciones claras, como se señaló W) son posibles, tiene que ser claro que los orígenes de nuestro comportamiento se encuentran en los axiomas de nuestra psicología innata, que son la base para todo entendimiento, y que la filosofía, las matemáticas, la literatura, la ciencia y la sociedad son sus extensiones culturales.

Dennett (y cualquiera que se sienta tentado a seguirlo — i. e., todo el mundo) se ve obligado a reclamar aún más bizarras por su escepticismo (porque yo reclamo que es un secreto ligeramente velado de todos los reduccionistas que son escépticos en el corazón — i. e., deben negar la "realidad" de todo). En su libro "la postura intencional" y otros escritos trata de eliminar esta molesta psicología que pone a los animales en una clase diferente de las computadoras y el ' física Universo' al incluir nuestra intencionalidad innata evolucionada con la intencionalidad derivada de nuestras creaciones culturales (es decir, termómetros, PC y aviones) señalando que son nuestros genes, y en última instancia la naturaleza (es decir, el universo), y no nosotros que "realmente" ha intencionalidad, por lo que todo es "derivado". Claramente algo está gravemente mal aquí! Uno piensa inmediatamente que también debe ser cierto que ya que la naturaleza y los genes producen nuestra fisiología, no debe haber ninguna diferencia sustantiva entre nuestro corazón y uno artificial que fabricamos con plástico. Para la comedia reduccionista más grandiosa de los últimos años, vea "un nuevo tipo de ciencia" de Wolfram que nos muestra cómo el universo y todos sus procesos y objetos son realmente sólo "Computadoras" y "computación" (que no se da cuenta son conceptos intencionales que no tienen significado aparte de nuestra psicología y que no tiene ninguna prueba para distinguir un cálculo de un no-cálculo-i. e., elimina la Psicología por definición).

Uno ve que Dennett no entiende los temas básicos de la intencionalidad por el título de su libro. Nuestra psicología no es una postura o atribución o postulan sobre nosotros mismos, u otro seres mentales, más de lo que es una "postura" que poseen cuerpos. Un niño pequeño o un perro no adivina ni supones y no puede aprender que las personas y los animales son agentes con mentes y deseos y que son fundamentalmente diferentes de árboles y rocas y lagos. Ellos conocen (en vivo) estos conceptos (psicología compartida) desde el nacimiento y si se debilitan, la muerte o la locura supervenes.

Esto nos lleva de nuevo a W, que vio que los intentos reduccionistas de basar la comprensión en la lógica o las matemáticas o la física eran incoherentes. Sólo podemos ver desde el punto de vista de nuestra psicología innata, de la que son todas extensiones. Nuestra Psicología es arbitraria sólo en el sentido de que uno puede imaginar formas en las que podría ser diferente, y este es el punto de W inventando ejemplos extraños de juegos de idiomas (es decir, conceptos alternativos (gramáticas) o formas de vida). Al hacerlo, vemos los límites de nuestra psicología. La mejor discusión que he visto en escenarios imaginarios de W es la de Andrew Peach en PI 24 p299-327 (2004).

Me parece que W fue el primero en entender en detalle (con el debido respeto a Kant) que nuestra vida se basa en nuestra psicología evolucionada, que no puede ser desafiada sin perder sentido. Si uno niega los axiomas de las matemáticas, uno no puede jugar el juego. Uno puede colocar un signo de interrogación después de cada axioma y cada teorema derivado de ellos, pero ¿cuál es el punto? Filósofos, teólogos y la persona común pueden jugar en este juego, siempre y cuando no lo tomen en serio. Las lesiones, la muerte, la cárcel o la locura vendrán rápidamente a quienes lo hagan. Trate de negar que está leyendo esta página o que estas son sus dos manos o hay un mundo fuera de su ventana. El intento de entrar en un juego conceptual en el que estas cosas se pueden dudar presupone el juego de conocerlos — y no puede haber una prueba para los axiomas de nuestra psicología — más que para las matemáticas (derivadas, como demostró W, de nuestros conceptos intuitivos) --sólo son lo que son. Para poder saltar debe haber algún lugar para pararse. Este es el hecho más básico de la existencia, y sin embargo, es una notable consecuencia de nuestra psicología ser automatizado que es lo más difícil para nosotros ver.

Es una visión divertida ver a la gente (no sólo a los filósofos) tratando de usar su psicología intuitiva (la única herramienta que tenemos) para salir de los límites de nuestra psicología intuitiva. ¿Cómo va a ser posible esto? ¿Cómo encontraremos algún punto de vista que nos permita ver nuestra mente en el trabajo y por qué prueba sabremos que la tenemos? Pensamos que si simplemente pensamos lo suficiente o adquirimos suficientes hechos, podemos obtener una visión de la "realidad" que otros no tienen. Pero hay buenas razones para pensar que tales intentos son incoherentes y sólo nos alejan más de la claridad y la cordura. W dijo muchas veces de muchas maneras que debemos sobrevienen este antojo de "claridad", la idea del pensamiento subyacente por la "lógica cristalina", cuyo descubrimiento "explicará" nuestro comportamiento y nuestro mundo y cambiará nuestra visión de lo que es ser humano.

"Cuanto más estrechamente examinamos el lenguaje real, más agudo se convierte en el conflicto entre él y nuestro requisito. (Por supuesto, para la pureza cristalina de la lógica no fue un resultado de la investigación: era un requisito.) " PI 107

A su regreso a la filosofía en 1930 dijo:

"La concepción equivocada que quiero objetar en este conexion es la siguiente, que podemos descubrir algo totalmente nuevo. Eso es un error. La verdad del asunto es que ya lo tenemos todo, y que lo tenemos realmente presente; no necesitamos esperar nada. Hacemos nuestros movimientos en el ámbito de la gramática de nuestro lenguaje ordinario, y esta gramática ya está allí. Por lo tanto, ya tenemos todo y no necesitamos esperar el futuro. " (Waismann "Ludwig Wittgenstein y el círculo de Viena (1979) p183 y en su Zettel P 312-314

"Aquí nos encontramos con un fenómeno notable y característico en la investigación filosófica: la dificultad---podría decir---no es la de encontrar la solución sino más bien la de reconocer como la solución algo que parece ser sólo un preliminares a ella. "Ya hemos dicho todo. ---No hay nada que se desprende de esto, no esto en si es el solución! "

"Esto está conectado, creo, con nuestra espera errónea una explicación, mientras que la solución de la dificultad es una descripción, si le damos el lugar correcto en nuestras consideraciones. Si lo moramos, y no tratamos de ir más allá de él. "

A algunos también les resulta útil leer "por qué no hay una lógica deductiva de la razón práctica" en la magnífica "racionalidad en acción" de Searle (2001). Sólo tiene que sustituir sus frases infeliz "imponer condiciones de satisfacción en las condiciones de satisfacción" por "relacionar los Estados mentales con el mundo moviendo los músculos" — es decir, hablar, escribir y hacer, y su "mente a mundo" y "direcciones del mundo a la mente de ajuste" por " causa se origina en el mundo "y" causa se origina en la mente ".

Otro defecto básico en H (y a través del discurso científico, que incluye la filosofía, ya que es psicología del sillón) se refiere a las nociones de explicaciones o causas. Tenemos pocos problemas para entender cómo estos conceptos trabajar en sus contextos normales, pero la filosofía no es un contexto normal. Son sólo otras familias de conceptos (a menudo llamados gramática o juegos de idiomas por W y aproximadamente equivalentes a módulos cognitivos, motores de inferencia, plantillas o algoritmos) que componen nuestro EP (aproximadamente, nuestra intencionalidad) pero, fuera de contexto, nos sentimos obligados a proyectarlos en el mundo y ver "causa" como una ley universal de la naturaleza que determina los acontecimientos. Como dijo W, necesitamos reconocer descripciones claras como respuestas que terminan la búsqueda de "explicaciones" definitivas.

Esto nos lleva de nuevo a mi comentario sobre por qué la gente se extravía cuando tratan de "explicar" las cosas. Una vez más, esto conecta íntimamente con juicios, la teoría de la decisión, la probabilidad subjetiva, la lógica, la mecánica cuántica, la incertidumbre, la teoría de la información, el razonamiento bayesiano, la prueba de Wason, el principio Anthropic ((Bostrum "The Anthropic Principle" (2002)) y la economía conductual, por nombrar algunos. No hay espacio aquí para entrar en este nido de ratas de aspectos estrechamente ligados de nuestra psicología innata, pero uno podría recordar que incluso en sus escritos previos a Tractatus, Wittgenstein comentó que la idea de la necesidad causal no es *a* superstición, pero el *Fuente* de la superstición. Sugiero que este comentario aparentemente trivial es uno de sus más profundos-W no fue dado a la trivialidad ni a la falta de cuidado. ¿Cuál es la "causa" del Big Bang o de un electrón en un "lugar" particular o de "aleatoriedad" o caos o la "ley" de la gravitación? Pero hay descripciones que pueden servir como respuestas. Así, H siente que todas las acciones deben ser causadas y "materiales" y así, con su amigo D y la alegre banda de materialistas reduccionistas, niega la voluntad, el yo y la conciencia. D niega que los niega, pero los hechos hablan por sí mismos. Su libro "la conciencia explicada" es comúnmente referido como "conciencia denegada" y fue revisado por Searle como "la conciencia explicada".

Esto es especialmente extraño en el caso de H, ya que comenzó un físico y su padre ganó el Premio Nobel de física, por lo que uno podría pensar que sería consciente de los famosos papeles de Einstein, Podolsky y Rosen y de von Neumann en los años 20 y 30, en el que explicaron cómo la mecánica cuántica no tenía sentido sin la conciencia humana (y una abstracción digital no lo hará en absoluto). En este mismo período, otros incluyendo Jeffreys y de Finetti mostraron que la probabilidad sólo tenía sentido como un método subjetivo (es decir, psicológico) y los amigos cercanos de Wittgenstein, John Maynard Keynes y Frank Ramsey, primero claramente equipararon la lógica con la racionalidad, y Popper y otros señalaron la equivalencia de la lógica y la probabilidad y sus raíces comunes en la racionalidad. Hay una vasta literatura sobre las interrelaciones de estas disciplinas y el crecimiento gradual de la comprensión de que son todas facetas de nuestra psicología innata. Los interesados pueden comenzar con el artículo de Ton Sales en el Manual de Lógica Filosófica 2º Ed. vol 9 (2002) ya que también ellos introducirá a esta excelente fuente, que ahora se extiende a unos 20 volúmenes (todos en P2P, libgen.io y b-ok.org).

Ramsey fue uno de los pocos de su tiempo que fue capaz de entender las ideas de W y en sus documentos seminales de 1925-26 no sólo desarrolló las ideas pioneras de Keynes sobre la probabilidad subjetiva, sino que también extendió las ideas de W del Tractatus y las conversaciones y cartas en la primera declaración formal de lo que más tarde se conoció como semántica sustitutiva o la interpretación sustitutiva de los cuantificadores lógicos. (Véase el artículo de LeBlanc en Manual de Lógica Filosófica 2º Ed. V2, p53-131 (2002)). La muerte prematura de Ramsey, como la de W, von Neumann y Turing, fueron grandes tragedias, ya que cada uno de ellos solo y ciertamente juntos habrían alterado el clima intelectual del siglo 20 a un grado aún mayor. Si hubieran vivido, bien podrían haber colaborado, pero como era, sólo W se dio cuenta de que estaba descubriendo facetas de nuestra psicología innata. W y Turing fueron profesores de Cambridge enseñando clases sobre los fundamentos de las matemáticas, aunque W desde la posición que descansaba en axiomas no declarados de nuestra psicología innata y Turing desde la visión convencional de que era una cuestión de lógica que se mantuvo por sí misma. Si estos dos genios homosexuales se involucraban íntimamente, podrían haber surgido cosas asombrosas.

Creo que todo el mundo tiene estas tendencias reduccionistas "deflacionarias", por lo que sugiero que esto se debe a los valores predeterminados de los módulos de psicología intuitivos que están sesgados a la asignación de causas en términos de propiedades de los objetos, y los fenómenos culturales que podemos ver y a nuestra necesidad de Generalidad. Nuestros motores de inferencia clasifican y buscan de forma compulsiva la fuente de todos los fenómenos. Cuando nos fijamos en busca de causas o explicaciones, nos inclinamos a mirar hacia el exterior y tomamos el punto de vista de la tercera persona, para lo cual tenemos pruebas empíricas o criterios, ignorando el funcionamiento invisible automático de nuestra propia mente, para lo cual no tenemos tales pruebas (otra arena iniciada por W hace unos 75 años). Como se ha señalado aquí, una de las tomas de W en este problema "filosófico" universal fue que nos falta la capacidad de reconocer nuestras explicaciones intuitivas normales como los límites de nuestra comprensión, confundiendo los axiomas INCOMPROBABLES e indisputables de nuestros Sistema 1 Psicología con hechos del mundo que podemos investigar, diseccionar y explicar a través del sistema 2. Esto no niega la ciencia, sólo la noción de que proporcionará el significado "verdadero" y "real" de la "realidad".

Hay una vasta literatura sobre las causas y las explicaciones, por lo que sólo me referiremos al excelente artículo de Jeffrey Hershfield "Cognitivismo y la relatividad explicativa" en el canadiense J. de filosofía V28 P505-26 (1998) y al libro de Garfinkel "formas de explicación" (1981). esta literatura se está fusionó rápidamente con los de la epistemología, la probabilidad, la lógica, la teoría del juego, la economía conductual y la filosofía de la ciencia, que parecen casi completamente desconocidas para H. de los cientos de libros recientes y miles de artículos, uno puede empezar con los libros de Nancy Cartwright, que proporcionan un antídoto parcial a la ilusión de "la regla de la física y la matemática del universo". O, uno puede simplemente seguir los vínculos entre la racionalidad, la causalidad, la probabilidad, la información, las leyes de la naturaleza, la mecánica cuántica, determinismo, etc. en Wikipedia y la enciclopedia de filosofía de Stanford en línea, durante décadas (o, con los comentarios de W en mente, tal vez solo días) antes de que uno se dé cuenta de que lo hizo bien y que no nos aclaramos nuestra "realidad" psicológica estudiando la naturaleza. Una forma de mirar a ISL es que sus fallas nos recuerdan que las leyes y explicaciones científicas son extensiones frágiles y ambiguas de nuestra psicología innata y no, como lo haría H, al revés.

Es un hecho curioso y raramente notado que los reduccionistas severos primero niegan la psicología, pero, con el fin de tener en cuenta (ya que hay claramente algo que genera nuestra vida mental y social), se ven obligados a acampar con los grupos de pizarra en blanco (todos nosotros antes de que educarse), que atribuyen psicología a la cultura o a aspectos muy generales de nuestra inteligencia (es decir, nuestra intencionalidad es aprendida) en contraposición a un conjunto innato de funciones. H y D dicen que el yo, la conciencia, la voluntad, etc. son ilusiones — meramente "patrones abstractos" (el "espíritu" o "alma" de la iglesia del naturalismo fundamentalista). Ellos creen que nuestro "programa" puede ser digitalizado y puesto en computadoras, que por lo tanto adquieren psicología, y que "creer" en "fenómenos mentales" es como creer en la magia (pero nuestra psicología no está compuesta de creencias-que son sólo sus extensiones-y la naturaleza es mágica). Sugiero que es fundamental ver por qué nunca consideran que los "patrones" (otro juego de lenguaje encantador!) en las computadoras son mágicos o ilusorios. Y, incluso si permitimos que el programa reduccionista es realmente coherente y no circular (por ejemplo, somos demasiado educados para señalar-al igual que W y Searle y muchos otros-que no tiene ninguna prueba para sus afirmaciones más críticas y requiere el funcionamiento NORMAL de voluntad, auto, realidad, conciencia, etc., para ser entendido), no podemos razonablemente decir "bien Doug y dan, una rosa por cualquier otro nombre huele como dulce!" No creo que los reduccionistas vean que incluso si fuera cierto que podríamos poner nuestra vida mental en algoritmos que se ejecutan en silicio (o--en el famoso ejemplo de Searle — en una pila de latas de cerveza), todavía tenemos el mismo "problema duro de la conciencia": ¿Cómo surgen los fenómenos mentales de la materia bruta? Casi siempre se pasa por alto que uno podría considerar la existencia de todo como un "problema duro". Esto añadiría otro misterio sin una forma obvia de reconocer una respuesta — ¿qué significa (¿por qué es posible) codificar "propiedades emergentes" como "algoritmos"? Si podemos tener sentido de la idea de que la mente o el universo es una computadora (es decir, puede decir claramente lo que cuenta para y en contra de la idea), ¿qué seguirá si es o no lo es?

"Computacional" es una de las palabras de moda más importantes de la ciencia moderna, pero pocas se detienen a pensar lo que realmente significa. Es un clásico juego de lenguaje Wittgensteinian o una familia de conceptos (usos) que tienen poco o nada en común. Hay computadoras analógicas y digitales, algunas hechas de bloques o engranajes mecánicos solamente (Babbage, etc.), calculamos a mano (como es bien sabido, los primeros comentarios de Turing sobre esto se refieren a los seres humanos que computan y sólo más tarde se piensa en las máquinas que simulan esto), y los físicos hablan de las hojas de la computación "su" trayectoria a medida que caen del árbol, etc. etc. Cada juego tiene su propio uso (significado) pero estamos hipnotizados por la palabra en ignorar estos. W ha analizado los juegos de palabras (módulos psicológicos) con una profundidad y claridad insuperables (ver ESP. la larga discusión de saber cómo continuar un cálculo en el libro marrón), comprensión de los cuales debe poner fin al asombro supersticioso que generalmente rodea esta palabra y todas las palabras, pensamientos, sentimientos, intuiciones, etc.

Está chorreando con ironía de que D escribiera un libro en el EP de la religión, pero no puede ver su propio materialismo como una religión (ie., también se debe a sesgos conceptuales innatos). Timothy O'Connor ha escrito (Metaphilosophy V36, p436-448 (2005)) un magnífico artículo sobre el naturalismo fundamentalista de D (aunque en realidad no consigue todo el camino hasta el punto de vista del EP que tomo aquí), señalando que simplemente aceptar el surgimiento de la intencionalidad es la visión más razonable a tomar. Pero Pastores D y H leen de los libros de Churchland y las otras Biblias de la CTM (teoría computacional de la mente) y exhortan a uno y a todos a reconocer sus hornos de PC y tostador como seres sensibles (o al menos pronto lo serán). El pastor Kurzweil hace lo mismo, pero pocos asisten a sus sermones ya que ha llenado las bancos con el reconocimiento de voz de la PC y sistemas de habla y su coro de voces sintéticas idénticas gritan "Bendito sea Turing" después de cada oración. Vea mi reseña de su libro "¿Los hominoides o androides destruirán la tierra? — Una revisión de cómo crear una mente" por Ray Kurzweil (2012) en la siguiente sección.

La aparición de "propiedades de orden superior" de "materia inerte" (más juegos de idiomas!) es de hecho desconcertante, pero se aplica a todo en el universo, y no sólo a la psicología. Nuestros cerebros no tenían ninguna razón (es decir, no hay fuerzas selectivas operativas) para evolucionar un nivel avanzado de entendimiento de sí mismos o del universo, y sería demasiado costoso para hacerlo. ¿Qué ventaja selectiva podría haber tenido al ver nuestros propios procesos de pensamiento? El cerebro, como el corazón, fue seleccionado para funcionar rápida y automáticamente y sólo una parte de sus operaciones está disponible para la conciencia y sujeto al control consciente. Muchos piensan que no hay posibilidad de un "entendimiento final" y W nos dice que esta idea es una tontería (y si no, entonces qué prueba nos dirá que lo hemos alcanzado)?

Tal vez la última palabra pertenece a Wittgenstein. Aunque sus ideas cambiaron mucho, hay muchos indicios de que comprendió lo esencial de su filosofía madura en sus primeras reflexiones y el Tractatus puede ser considerado como la declaración más poderosa de metafísica reduccionista jamás escrita (aunque pocos se dan cuenta es la última declaración de computacionalismo). También es una tesis defendible que la estructura y los límites de nuestra psicología intencional estaban detrás de su positivismo y atomismo tempranos. Por lo tanto, vamos a terminar con la famosa primera y última frase de su Tractatus, visto como resumir su opinión de que los límites de nuestra psicología innata son los límites de nuestro entendimiento. "El mundo es todo lo que es el caso." "En cuanto a aquello de lo que no podemos hablar, debemos permanecer en silencio."

Otro retrato de caricatura de la mente de la metafísicos reduccionista-un review de Peter Carruthers ' La Opacidad de la Mente ' (The Opacity of Mind) (2011) (revisión revisada 2019)

Michael Starks

Abstracto

El materialismo, el reduccionismo, el Behaviorismo, el funcionalismo, la teoría de los sistemas dinámicos y el computacionalismo son puntos de vista populares, pero Wittgenstein demostró que no era coherente. El estudio del comportamiento abarca toda la vida humana, pero el comportamiento es en gran medida automático e inconsciente e incluso la parte consciente, expresada principalmente en lenguaje (que Wittgenstein equipara con la mente), no es perspicuo, por lo que es fundamental tener un marco que Searle llame a la estructura lógica de la racionalidad (LSR) y llamo a la psicología descriptiva del pensamiento de orden superior (DPHOT). Después de resumir el marco elaborado por Wittgenstein y Searle, ampliado por la investigación de razonamiento moderno, muestro las insuficiencias en las opiniones de Carruthers, que impregnan la mayoría de las discusiones sobre el comportamiento, incluyendo las Ciencias del comportamiento contemporáneas. Mantengo que su libro es una amalgama de dos libros, uno un resumen de la psicología cognitiva y el otro un resumen de las confusiones filosóficas estándar en la mente con una nueva jerga añadida. Sugiero que este último debe ser considerado como incoherente o como una vista de dibujos animados de la vida y que tomando Wittgenstein en su palabra, podemos practicar la autoterapia exitosa con respecto a la cuestión de la mente/cuerpo como un tema de idioma/cuerpo.

Aquellos que deseen un marco completo hasta la fecha para el comportamiento humano de la moderna dos sistemas punta de vista puede consultar mi libro 'La estructura lógica de la filosofía, la psicología, la mente y lenguaje en Ludwig Wittgenstein y John Searle ' 2a ED (2019). Los interesados en más de mis escritos pueden ver 'Monos parlantes--filosofía, psicología, ciencia, religión y política en un planeta condenado--artículos y reseñas 2006-2019 3a ED (2019) y Delirios utópicos suicidas en el siglo 21 4ª Ed (2019) y otras.

En primer lugar, voy a ofrecer algunos comentarios sobre la filosofía y su relación con la investigación psicológica contemporánea como ejemplificado en las obras de John Searle (S) y Ludwig Wittgenstein (W) (WS conjuntamente) ya que considero S el sucesor de W y uno debe estudiar su trabajo juntos. Ayudará a ver mis reseñas de PNC (filosofía en un nuevo siglo), TLP, PI, OC, haciendo que el mundo social (MSW) y otros libros por y sobre estos dos genios, que proporcionan una descripción clara del comportamiento que me referiremos como el marco de WS. Con este marco, que Searle llama la estructura lógica de la racionalidad (LSR) y yo llamo a la psicología descriptiva del pensamiento de orden superior (DPHOT), it es posible tener descripciones claras del comportamiento, pero está completamente ausente de casi todos los Tal Discusiones.

Incluso en las obras de la WS no se establece claramente y en prácticamente todos los demás sólo se insinuó, con las habituales consecuencias desastrosas. Comenzaré con algunas citas de W y S. Estas cotizaciones no se eligen al azar, sino que resultan de una década de estudio y juntos son un esquema de comportamiento (la naturaleza humana) de nuestros dos mejores psicólogos descriptivos. Si uno los entiende, penetran tan profundamente como es posible entrar en la mente (en gran parte coextensiva con el lenguaje que W dejó claro) y proporcionar tanta orientación como uno necesita-es entonces sólo una cuestión de mirar cómo funciona el lenguaje en cada caso y de lejos el mejor lugar para encontrar ejemplos de lenguaje analizados con detalladamente se encuentra en las 20.000 páginas de la nachlass de Wittgenstein.

"La confusión y el esterilidad de la psicología no debe explicarse llamándola" ciencia joven "; su estado no es comparable con el de la física, por ejemplo, en sus inicios. (Más bien con el de ciertas ramas de las matemáticas. Establecer teoría.) En Psicología hay métodos experimentales y confusión conceptual. (Como en el otro caso, confusión conceptual y métodos de prueba.) La existencia del método experimental nos hace pensar que tenemos los medios para resolver los problemas que nos molesten; Aunque el problema y el método pasan entre sí por. " Wittgenstein (PI p. 232)

"Los filósofos ven constantemente el método de la ciencia ante sus ojos, y son irresistiblemente tentados a preguntar y responder en la forma en que la ciencia lo hace. Esta tendencia es la verdadera fuente de la metafísica, y lleva al filósofo a una completa oscuridad. " El Libro Azul de Wittgenstein

"Aquí nos encontramos con un fenómeno notable y característico en la investigación filosófica: la dificultad---podría decir---no es la de encontrar la solución sino más bien la de reconocer como la solución algo que parece ser sólo un preliminares a ella. Ya lo hemos dicho todo. ---No hay nada que se desprende de esto, ¡ no es la solución! .... Esto está conectado, creo, con nuestra espera errónea de una explicación, mientras que la solución de la dificultad es una descripción, si le damos el lugar correcto en nuestras consideraciones. Si lo moramos, y no tratamos de ir más allá de él. " Zettel p312 llamar-314

"El movimiento decisivo en el truco de conjuros se ha hecho, y fue el mismo que pensamos bastante inocente." Wittgenstein, PI para. 308

"Pero no he tenido mi imagen del mundo satisfaciendo su corrección: ni la tengo porque estoy satisfecho de su corrección. No: es el trasfondo heredado en el que distingo entre verdadero y falso. " Wittgenstein OC 94

"Ahora bien, si no son las conexiones causales que nos preocupan, entonces las actividades de la mente están abiertas ante nosotros." Wittgenstein "el libro azul" P6 (1933)

"Tonterías, tonterías, porque estás haciendo suposiciones en lugar de simplemente describir. Si su cabeza está embrujada por explicaciones aquí, usted está descuidando para recordar los hechos más importantes. " Wittgenstein Z 220

"La filosofía simplemente pone todo ante nosotros y no explica ni deduce nada... Uno podría dar el nombre ' filosofía ' a lo que es posible antes de todos los nuevos descubrimientos e invenciones. " Wittgenstein PI 126

"Lo que estamos suministrando son realmente comentarios sobre la historia natural del hombre, no Curiosidades; sin embargo, sino más bien observaciones sobre hechos que nadie ha dudado y que no han sido comentados porque siempre están ante nuestros ojos. " Wittgenstein RFM I p142

"El objetivo de la filosofía es levantar una pared en el punto donde el lenguaje se detiene de todos modos." Ocasiones filosóficas de Wittgenstein p187

"El límite del lenguaje se demuestra por su imposibilidad de describir un hecho que corresponde a (es la traducción de) una frase sin simplemente repetir la frase (esto tiene que ver con la solución kantiana al problema de la filosofía)." Wittgenstein CV P10 (1931)

"¿Puede haber razones para actuar que son vinculantes para un agente racional sólo en virtud de la naturaleza del hecho reportado en la declaración de razón, e independientemente de los deseos, valores, actitudes y evaluaciones del agente? ... La verdadera paradoja de la discusión tradicional es que intenta plantear la guillotina de Hume, la rígida distinción de valor de hecho, en un vocabulario, cuyo uso ya presupone la falsedad de la distinción. " Searle PNC p165-171

"... todas las funciones de estado y por lo tanto toda la realidad institucional, con la excepción del lenguaje, son creadas por actos de habla que tienen la forma lógica de Declaraciones... las formas de la función de status en cuestión son casi invariablemente cuestiones de poderes deóntica... reconocer algo como un derecho, un deber, una obligación, un requisito, etcétera, es reconocer un motivo de acción... Estas estructuras deonóticas hacen posible el deseo-razones independientes de la acción... El punto general es muy claro: la creación del campo general de los motivos de acción basados en el deseo presuponía la aceptación de un sistema de razones de acción independientes del deseo. " Searle PNC P34-49

"Algunas de las características lógicas más importantes de la intencionalidad están más allá del alcance de la fenomenología porque no tienen una realidad fenomenológica inmediata... Porque la creación del significado de la falta de sentido no se experimenta conscientemente... no existe... Esto es... la ilusión fenomenológica. " Searle PNC P115-

"... la relación intencional básica entre la mente y el mundo tiene que ver con las condiciones de satisfacción. Y una proposición es cualquier cosa que pueda estar en una relación intencional con el mundo, y ya que esas relaciones intencionales siempre determinan las condiciones de satisfacción, y una proposición se define como cualquier cosa suficiente para determinar las condiciones de satisfacción, resulta que toda intencionalidad es una cuestión de proposiciones. " Searle PNC p193

"Así que, funciones de estado son el pegamento que une a la sociedad. Son creados por la intencionalidad colectiva y funcionan mediante el transporte de poderes deóntica... Con la importante excepción del lenguaje en sí, toda la realidad institucional y por ello en cierto sentido toda la civilización humana es creada por los actos del habla que tienen la forma lógica de las declaraciones... toda la realidad institucional humana se crea y se mantiene en existencia por (representaciones que tienen la misma forma lógica que) declaraciones de función de estado, incluyendo los casos que no son actos de habla en la forma explícita de declaraciones. " Searle MSW p11-13

"Pero no se puede explicar un sistema físico como una máquina de escribir o un cerebro mediante la identificación de un patrón que comparte con su simulación computacional, porque la existencia del patrón no explica cómo el sistema funciona realmente como un sistema físico. ... En Resumen, el hecho de que la atribución de sintaxis no identifique otras potencias causales es fatal para la afirmación de que los programas proporcionan explicaciones causales de la cognición... Sólo hay un mecanismo físico, el cerebro, con sus diversos niveles causales físicos y físicos/mentales de la descripción. " La filosofía Searle en un nuevo siglo (PNC) P101-103

"En Resumen, el sentido de" procesamiento de la información "que se utiliza en la ciencia cognitiva es un nivel demasiado alto de abstracción para captar la realidad biológica concreta de la intencionalidad intrínseca... Estamos cegados a esta diferencia por el hecho que la misma frase ' veo un coche viniendo hacia mí ', se puede utilizar para registrar tanto la intencionalidad visual como la salida del modelo computacional de la visión... en el sentido de ' información ' utilizada en la ciencia cognitiva, es simplemente falso decir que el cerebro es un dispositivo de procesamiento de información. " Searle PNC P104-105

"El estado intencional representa sus condiciones de satisfacción... personas suponen erróneamente que cada representación mental debe ser conscientemente pensada... pero la noción de una representación como la estoy usando es una noción funcional y no ontológica. Cualquier cosa que tenga condiciones de satisfacción, que pueda triunfar o fracasar de una manera que sea característica de la intencionalidad, es por definición una representación de sus condiciones de satisfacción... podemos analizar la estructura de la intencionalidad de los fenómenos sociales analizando sus condiciones de satisfacción. " Searle MSW p28-32

"Orador significa... es la imposición de condiciones de satisfacción en condiciones de satisfacción. La capacidad de hacer esto es un elemento crucial de las capacidades cognitivas humanas. Se requiere la capacidad de pensar en dos niveles a la vez, de una manera que es esencial para el uso del lenguaje. En un nivel, el orador produce intencionalmente una expresión física, pero en otro nivel la expresión representa algo. Y la misma dualidad infecta el símbolo en sí. En un nivel, es un objeto físico como cualquier otro. En otro nivel, tiene un significado: representa un tipo de estado de asuntos "MSW P74"

... una vez que usted tiene el lenguaje, es inevitable que usted tendrá deontología porque no hay manera que usted puede hacer actos explícitos de la voz realizados de acuerdo con las convenciones de un idioma sin crear compromisos. Esto es cierto no sólo para las declaraciones, sino para todos los actos de habla "MSW P82

"Cuanto más estrechamente examinamos el lenguaje real, más agudo se convierte en el conflicto entre él y nuestro requisito. (Por supuesto, para la pureza cristalina de la lógica no fue un resultado de la investigación: era un requisito.) " PI 107

Un tema importante en todas las discusiones sobre el comportamiento humano es la necesidad de separar los automatismos genéticamente programados de los efectos de la cultura. Todo estudio de comportamiento de orden superior es un esfuerzo para desordenar no sólo rápido S1 y lento pensamiento S2 (por ejemplo, percepciones y otros automatismos vs. disposiciones), pero las extensiones lógicas de S2 en la cultura (S3).

El trabajo de Searle (S) en su conjunto proporciona una descripción impresionante del comportamiento social S2/S3 de orden superior, que se debe a la reciente evolución de los genes para la psicología disposicional, mientras que el posterior Wittgenstein (W) muestra cómo se basa en axiomas inconscientes de solo verdadero de S1 que evolucionó hasta convertirse en conscientes pensamiento de proposicional disposicional de S2.

S1 es las funciones automatizadas simples de nuestro involuntario, sistema 1, pensamiento rápido, neurona espejo, verdadero-sólo, no proposicional, Estados mentales-nuestras percepciones y recuerdos y actos reflexivos incluyendo System 1 verdades y UA1--comprensión de la Agencia 1-y emociones 1-como la alegría, el amor, la ira) que pueden describirse causalmente, mientras que las funciones lingüísticas evolutivamente posteriores son expresiones o descripciones de voluntariado, sistema 2, pensamiento lento, mentalización de las neuronas, comprobables verdadero o falso, proposicional, Truth2 y los UA2 y Emotions2-alegría, amorosa, odiando-el disposicional (y a menudo contrafáctico) imaginar, suponiendo, pretendiendo, pensando, sabiendo, creyendo, etc. que sólo puede describirse en términos de razones (es decir, es sólo un hecho que intenta describir Sistema 2 en términos de Neuroquímica, física atómica, matemáticas, no tiene sentido-ver W para muchos ejemplos y Searle y hacker (3 volúmenes en Naturaleza humana) para las disquisiciones).

Uno debe tomar seriamente el comentario de W que incluso si Dios pudiera mirar en nuestra mente que no podía ver lo que estamos pensando-este debe ser el lema de la psicología cognitiva. Sí, un psicólogo cognitivo del futuro puede ser capaz de ver lo que estamos percibiendo y recordando y nuestro pensamiento reflexivo y la actuación, ya que estas funciones S1 son siempre Estados mentales causales (CMS) pero las disposiciones S2 son sólo potencialmente CMS y por lo tanto no se realiza o visible. Esto no es una teoría sino una descripción de nuestro lenguaje, mente, vida, gramática (W). S, Carruthers (C) y otros fangoso las aguas aquí porque a veces se refieren a disposiciones como Estados mentales, así, pero como W hizo hace mucho tiempo, S, hacker y otros muestran que el lenguaje de causalidad simplemente no se aplica a las descripciones de S2 de orden superior emergente-- otra vez no una teoría, sino una descripción de cómo nuestros Estados de disposicional (lenguaje, pensamiento) trabajan.

S1 se compone de inconsciente, rápido, físico, causal, automático, no proposicional, verdaderos sólo Estados mentales, mientras que el S2 lento sólo puede ser descrito coherentemente en términos de las acciones que son más o menos disposiciones conscientes para el comportamiento (potencial acciones) que son o pueden convertirse en proposicionales (T o F). Me parece bastante obvio (ya que era a W) que la visión mecánica de la mente existe por la misma razón que casi todos los comportamientos-es la operación por defecto de nuestra psicología evolucionada (EP) que busca explicaciones en términos de lo que podemos deliberadamente pensar a través de lentamente (S2), en lugar de en el S1 automatizado, del que en su mayoría permanecemos inconsciente--llamado por S en la PNC ' la ilusión fenomenológica ' (TPI). El TPI no es un error filosófico inofensivo, sino una obliviosidad universal a nuestra biología que produce la ilusión de que controlamos nuestra vida y entre las consecuencias se encuentra el colapso inexorable de lo que pasa por la civilización.

Nuestro lento o reflexivo, más o menos "consciente" (¡ cuidado con otra red de juegos de idiomas!) la actividad de segundo cerebro propio se corresponde con lo que W caracterizó como "disposiciones" o "inclinaciones", que se refieren a habilidades o posibles acciones, no son Estados mentales (o no en el mismo sentido que los Estados S1), y no tienen ningún tiempo definido de ocurrencia y/o duración. Pero las palabras de disposición como "saber", "entender", "pensar", "creer", que W discutió extensamente, tienen al menos dos usos básicos. Uno es un uso filosófico peculiar (pero se gradúa en los usos cotidianos) que se refiere a las oraciones verdaderas sólo resultantes de la percepción directa y la memoria, es decir, nuestra psicología axiomática S1 innata (' sé que estas son mis manos ')-es decir, son causalmente Self Referencial (CSR) — es decir, ver a un gato lo hace verdadero y en el caso normal no hay prueba posible, y el uso de S2, que es su uso normal como disposiciones, que puede ser actuado fuera, y que puede llegar a ser verdadero o falso (' yo sé mi camino a casa ')-es decir, , tienen condiciones de satisfacción (COS) externas, públicas, comprobables y no son CSR.

La investigación del pensamiento rápido involuntario del sistema 1 ha revolucionado la psicología, la economía y otras disciplinas bajo nombres como "ilusiones cognitivas", "cebado", "enmarcado", "heurística" y "sesgos". Por supuesto, estos también son juegos de idiomas por lo que habrá más y menos útiles maneras de utilizar estas palabras, y los estudios y discusiones variarán de "puro" sistema 1 a combinaciones de 1 y 2 (la norma como W dejó claro), pero presumiblemente no siempre de lento sistema 2 disposicional delgado rey sólo, ya que cualquier sistema 2 pensamiento o acción intencional no puede ocurrir sin involucrar gran parte de la intrincada red de "módulos cognitivos", "motores de inferencia", "reflejos intracerebrales", "automatismos", "axiomas cognitivos", "fondo" o "lecho de roca"-como W y más tarde Searle llama a nuestra Psicología evolutiva (EP).

Una forma de hablar de esto es que el sistema automático inconsciente 1 activa la mayor personalidad de conciencia cortical del sistema 2, trayendo consigo contracciones musculares de la garganta que informan a otros que ve el mundo de ciertas maneras, que lo comprometen a potencial Acciones. Un gran avance sobre las interacciones prelingüísticas o protolingüísticas en las que sólo los movimientos musculares brutos fueron capaces de transmitir información muy limitada sobre las intenciones.

Las estructuras deonóticas o ' pegamento social ' son las acciones rápidas automáticas de S1 produciendo las disposiciones lentas de S2 que se expanden inexorablemente durante el desarrollo personal en una amplia gama de relaciones deonóticas culturales universales automáticas (S3). Espero que esto describa bastante bien la estructura básica del comportamiento.

Estas descripciones de la cognición y la volición se resumen en la tabla 2,1 de MSW, que Searle ha utilizado durante muchos años y es la base para una extendida que he creado. En mi opinión, ayuda enormemente a relacionar esto con la investigación psicológica moderna mediante el uso de mi S1, S2, terminología S3 y W verdadero-sólo vs proposicional (disposicional) Descripción. Así, CSR hace referencia a la percepción de true-Only S1, la memoria y la intención anterior (causa se origina en el mundo), mientras que S2 se refiere a proposicional (verdadero o falso Testable) disposiciones como la creencia y el deseo (causa se origina en la mente).

Por lo tanto, reconociendo que S1 es sólo una causa causal (mundo a la mente) y sin contenido (falta de representaciones o información) mientras que S2 tiene contenidos y es una causa descendente (mente a mundo) (por ejemplo, ver mi reseña de Hutto y el ' Enactivismo radical ' de Myin), cambiaría el párrafos de MSW P39 comenzando "en suma" y terminando en PG 40 con "condiciones de satisfacción" de la siguiente manera.

En Resumen, la percepción, la memoria y las intenciones y acciones reflexivas previas ("voluntad") son causadas por el funcionamiento automático de nuestro EP axiomático de solo verdadero de S1. A través de intenciones previas e intenciones en acción, tratamos de igualar cómo deseamos que las cosas sean con cómo pensamos que son.

139

Debemos ver que la creencia, el deseo (y la imaginación-desea que el tiempo desplazado y desacoplado de la intención) y otras disposiciones de la proposicionalidad S2 de nuestro pensamiento lento evolucionado más adelante segundo yo, son totalmente dependientes sobre (tienen su COS originando en) la CSR rápida automático primitivo true-Only reflexiva S1. En el lenguaje y la neurofisiología hay casos intermedios o combinados tales como la intención (anteriores intenciones) o recordar, donde la conexión causal con COS (es decir, con S1) se desplaza el tiempo, ya que representan el pasado o el futuro, a diferencia de S1 que siempre está en el presente. S1 y S2 se alimentan entre sí y a menudo son orquestos a la perfección por las relaciones culturales deóntica aprendidas de S3, de modo que nuestra experiencia normal es que conscientemente controlamos todo lo que hacemos. Esta vasta arena de ilusiones cognitivas que dominan nuestra vida SEarle ha descrito como ' la ilusión fenomenológica. '

Se sigue de una manera muy directa e inexorable, tanto del trabajo del 3er período de W y de las observaciones de la psicología contemporánea, que "voluntad", "self" y "conciencia" son elementos axiomáticos verdaderos-sólo del sistema 1 al igual que ver, oír, etc., y no hay posibilidad (inteligibilidad) de demostrar (de dar sentido a) su falsedad. Como W hizo tan maravillosamente claro en numerosas ocasiones, que son la base para el juicio y por lo tanto no puede ser juzgado. Los verdaderos axiomas de nuestra psicología no son probatorios.
Al igual que Carruthers y otros, SEarle a veces los Estados (por ejemplo, p66-67 MSW) que S1 (es decir, memorias, percepciones, actos reflejos) tiene una estructura proposicional (es decir, verdadero-falso). Como he señalado anteriormente, y muchas veces en otras reseñas, parece cristalino que W es correcto, y es básico para entender el comportamiento, que sólo S2 es proposicional y S1 es axiomático y verdadero-solamente. Ambos tienen COS y direcciones de ajuste (DOF) porque la intencionalidad genética, axiomática de S1 genera la de S2 pero si S1 fuera proposicional en el mismo sentido significaría que el escepticismo es inteligible, el caos que era la filosofía antes de que W regresaría, y de hecho, si es cierto, la vida no sería posible. Como W mostró innumerables veces y la biología demuestra, la vida debe basarse en la certeza-las reacciones rápidas inconscientes automatizadas. Los organismos que siempre tienen una duda y una pausa para reflexionar morirán, sin evolución, sin gente, sin filosofía.

El lenguaje y la escritura son especiales porque la longitud de onda corta de las vibraciones de los músculos vocales permite una transferencia de información de ancho de banda mucho mayor que las contracciones de otros músculos y esto es en promedio varios órdenes de magnitud superiores para la información visual.

El pensamiento es proposicional y por lo tanto se ocupa de las declaraciones verdaderas o falsas, lo que significa que es una disposición típica S2 que se puede probar, a diferencia de las funciones cognitivas automáticas sólo verdaderas de S1. O se puede decir que las declaraciones espontáneas y acciones son los reflejos primitivos o juegos de lenguaje primario (PLG) de S1, mientras que las representaciones conscientes son los juegos de lenguaje secundario (SLG) de la disposicional de S2. Suena trivial y de hecho lo es, pero esta es la declaración más básica de cómo funciona el comportamiento y casi nadie lo ha entendido nunca.

Traduzco el Resumen de S de la razón práctica en p127 de MSW de la siguiente manera: "cedemos a nuestros deseos (necesidad de alterar la química del cerebro), que típicamente incluyen el deseo-razones independientes de acción (DIRA-es decir, los deseos desplazados en el espacio y el tiempo, más a menudo para altruismo recíproco), que producen disposiciones para el comportamiento que comúnmente resultan tarde o temprano en los movimientos musculares que sirven a nuestra aptitud inclusiva (aumento de la supervivencia de los genes en nosotros mismos y aquellos estrechamente relacionados). " Y me gustaría reafirmar su descripción en P129 de cómo llevamos a cabo DIRA2/3 como "la resolución de la paradoja es que el DIRA1 inconsciente que sirve la aptitud inclusiva a largo plazo generan el DIRA2 consciente que a menudo anula los deseos inmediatos personales a corto plazo." Los agentes de hecho crean conscientemente las razones próximas de DIRA2/3, pero estas son extensiones muy restringidas de DIRA1 inconsciente (la causa última).

La evolución por la aptitud inclusiva ha programado las acciones causales reflexivas rápidas e inconscientes de S1 que a menudo dan lugar al pensamiento lento consciente de S2 (a menudo modificado en las extensiones culturales de S3), que produce razones de acción que a menudo resultan en activación de los músculos del cuerpo y/o del habla por S1 causando acciones. El mecanismo general es a través de la neurotransmisión y por los cambios en los neuromoduladores en las áreas específicas del cerebro. La ilusión cognitiva general (llamada por S ' la ilusión fenomenológica ', por Pinker ' la pizarra en blanco ' y por Tooby y Cosmides ' el modelo de ciencias sociales estándar ') es que S2/S3 ha generado la acción conscientemente por razones de las cuales somos plenamente conscientes y en control de, pero cualquier persona familiarizada con la biología moderna y la psicología puede ver que esta visión no es creíble.

Aunque W es correcto que no hay un estado mental que constituya un significado, S notas (como se ha citado anteriormente) que hay una manera general de caracterizar el acto de significado-"orador significado... es la imposición de condiciones de satisfacción en las condiciones de satisfacción "que es un acto y no un estado mental. Esto se puede ver como otra declaración del argumento de W contra el idioma privado (interpretaciones personales frente a los comprobables públicamente). de la misma manera, con la siguiente y la interpretación de la regla--sólo pueden ser actos públicamente verificables--no hay reglas privadas o interpretaciones privadas tampoco. Y hay que tener en cuenta que muchos (el más famoso Kripke) pierden el barco aquí, siendo engañados por las frecuentes referencias de W a la práctica comunitaria en el pensamiento de que es sólo la práctica pública arbitraria que subyacen a las convenciones sociales y del lenguaje. W deja claro muchas veces que tales convenciones sólo son posibles dada una psicología compartida innata que a menudo llama el trasfondo, y esto que subyace a todo comportamiento y que está esquematizado en la mesa.

Como he señalado en mis otros comentarios, pocos si alguno han comprendido completamente la W posterior y, carente de la S1, marco S2 no es sorprendente. Así, uno puede entender por qué uno no puede imaginar un objeto mientras lo ve como el dominio de S2 por S1. No hay pruebas para mis experiencias internas, así que lo que me venga a la mente cuando me imagino la cara de Jack es la imagen de Jack. Semejantemente, con la lectura y el cálculo que puede referirse a S1, S2 o una combinación, y existe la constante tentación de aplicar términos S2 a los procesos S1 donde la falta de cualquier prueba los hace inaplicables. Dos de los famosos ejemplos de W utilizados para combatir esta tentación son jugar al tenis sin una pelota (' 1 tenis '), y una tribu que sólo tenía cálculo S2 por lo que ' calculando en la cabeza (' ' 1 calculando ') no era posible.

"Jugar" y "calcular" describen los actos reales o potenciales--es decir, son palabras de disposición, pero con los usos de S1 reflexivos plausibles por lo que he dicho antes uno realmente debe mantenerlos directamente escribiendo ' playing1 ' y ' playing2 ', etc. Pero no se nos enseña a hacer esto, así que queremos descartar ' calculating1 ' como una fantasía, o pensamos que podemos dejar su naturaleza indeciso hasta más tarde. Por lo tanto, otro de los famosos comentarios de W-"el movimiento decisivo en el truco de conjurar se ha hecho, y fue el único que pensamos muy inocente." ese es, las primeras frases o a menudo el título de cometer uno a una manera de ver las cosas (un juego de idiomas) que impide el uso claro del lenguaje en el contexto actual.

Una frase expresa un pensamiento (tiene un significado), cuando tiene un COS claro, y esto significa que tiene condiciones de verdad públicas. De ahí el comentario de W: "cuando pienso en el lenguaje, no hay ' significados ' pasando por mi mente, además de las expresiones verbales: el lenguaje es en sí mismo el vehículo del pensamiento." Y, si pienso con o sin palabras, el pensamiento es lo que yo (honestamente) diga que es como no hay otro criterio posible (COS). Así, Los aforismos preciosos de W (p132 Budd) "es en el lenguaje que el deseo y la realización se reúnen" y "como todo lo metafísico, la armonía entre el pensamiento y la realidad se encuentra en la gramática de la lengua." Y uno podría notar aquí que la "gramática" en W generalmente se puede interpretar como la estructura lógica del lenguaje, y que a pesar de sus frecuentes advertencias contra la teoría y la generalización, esto es tan amplio como una caracterización de la filosofía y el orden superior Psicología descriptiva como uno puede encontrar.

de la misma manera, con la pregunta "¿Qué hace que sea verdad que mi imagen de Jack es una imagen de él?" Imaginar es otra disposición y el COS es que la imagen que tengo en mi cabeza es Jack y es por eso que voy a decir ' sí ' si se muestra su imagen y ' NO ' si se muestra uno de otra persona. La prueba aquí no es que la foto coincida con la imagen vaga que tenía, pero que pretendía que (tenía la COS que) para ser una imagen de él. De ahí la famosa cita de W: "si Dios hubiera mirado en nuestras mentes, no habría podido ver allí de quien estábamos hablando (PI P217)" y sus comentarios de que todo el problema de la representación está contenido en "eso es él" y "... lo que da a la imagen su interpretación es el camino en el que se encuentra, "o como S dice su COS. por lo tanto, la suma de W (P140 Budd) que" lo que siempre llega al final es que sin ningún significado más, él llama lo que sucedió el deseo de que eso suceda "..." la cuestión de si sé lo que deseo antes de que se cumpla mi deseo no puede surgir en absoluto. Y el hecho de que algún evento pare mis deseos no significa que lo cumpla. Tal vez no debería haberme satisfecho si mi deseo había sido satisfecho "... Supongamos que se le preguntó ' ¿sé por cuánto tiempo antes de conseguirlo? Si he aprendido a hablar, entonces lo sé. "

Palabras de disposición se refieren a eventos potenciales (PE) que acepto como el cumplimiento de la COS y mis estados mentales, emociones, cambio de interés, etc. no tienen ninguna influencia en la función de las disposiciones de la manera. Espero, deseando, esperando, pensando, con intención, deseando, etc. dependiendo del estado que me tomo a estar en-en el COS que expreso. Pensamiento y la intención son disposiciones S2 que sólo se pueden expresar por contracciones del músculo S1 reflexivo, especialmente los de habla.

Ahora que tenemos un comienzo razonable en la estructura lógica de la racionalidad (la psicología descriptiva del pensamiento de orden superior), podemos ver la tabla de intencionalidad que resulta de esta obra, que he construido en los últimos años. Se basa en una mucho más simple de Searle, que a su vez le debe mucho a Wittgenstein. También he incorporado en las tablas de forma modificada que son utilizados por los investigadores actuales en la psicología de los procesos de pensamiento que se evidencian en las últimas 9 filas. Debería resultar interesante compararlo con los 3 volúmenes recientes de Peter hacker en Human Nature. Ofrezco esta tabla como una heurística para describir el comportamiento que encuentro más completo y útil que cualquier otro marco que he visto y no como un análisis final o completo, que tendría que ser tridimensional con cientos (al menos) de flechas que van en muchos direcciones con muchas (tal vez todas) vías entre S1 y S2 siendo bidireccional. Además, la distinción entre S1 y S2, cognición y voluntad, percepción y memoria, entre sentimiento, saber, creer y esperar, etc. son arbitrarias--es decir, como demostró W, todas las palabras son contextualmente sensibles y la mayoría tienen varios diferentes usos (significados o COS).

Muchos gráficos complejos han sido publicados por los científicos, pero los encuentro de utilidad mínima cuando se piensa en el comportamiento (en contraposición a pensar en la función cerebral). Cada nivel de descripción puede ser útil en ciertos contextos, pero me parece que ser más grueso o más fino limita la utilidad.

La estructura lógica de la racionalidad (LSR), o la estructura lógica de la mente (LSM), la estructura lógica del comportamiento (LSB), la estructura lógica del pensamiento (LST), la estructura lógica de la conciencia (LSC), la estructura lógica de la personalidad (LSP), el Psicología descriptiva de la conciencia (DSC), la psicología descriptiva del pensamiento de orden superior (DPHOT), la intencionalidad-el término filosófico clásico.

El sistema 1 es involuntario, reflexivo o automatizado "reglas" R1 mientras pensar

(cognición) no tiene lagunas y es voluntario o deliberativo "reglas" R2 y Willing (Volition) tiene 3 lagunas (ver Searle)

Sugiero que podamos describir el comportamiento más claramente cambiando "imponer condiciones de satisfacción en las condiciones de satisfacción" de Searle a "relacionar los Estados mentales con el mundo moviendo los músculos" — es decir, hablar, escribir y hacer, y su "mente al mundo Dirección de ajuste"y" la dirección del mundo a la mente de ajuste "por" causa se origina en la mente "y" causa origina en el mundo "S1 es sólo causal (mundo a la mente) y sin contenido (falta de representaciones o información) mientras que S2 tiene contenidos y es una causal descendente (mente a mundo). He adoptado mi terminología en esta tabla.

DESDE EL ANALISIS DE LOS JUEGOS DE IDIOMAS

	Disposición	Emoción	Memoria	Percepción	Deseo	PI * *	IA * * *	Acción-Palabra
Causa origina de * * * *	Mundo	Mundo	Mundo	Mundo	Mente	Mente	Mente	Mente
Provoca cambios en * * * * *	Ninguno	Mente	Mente	Mente	Ninguno	Mundo	Mundo	Mundo
Causalmente Auto Reflexivo * * * * * *	No	Sí	Sí	Sí	No	Sí	Sí	Sí
Verdadero o falso (Comprobable)	Sí	T sólo	T sólo	T sólo	Sí	Sí	Sí	Sí
Condiciones públicas de satisfacción	Sí	Sí/No	Sí/No	No	Sí/No	Sí	No	Sí
Describir Un estado mental	No	Sí	Sí	Sí	No	No	Sí/No	Sí
Prioridad evolutiva	5	4	2, 3	1	5	3	2	2
Contenido voluntario	Sí	No	No	No	No	Sí	Sí	Sí
Iniciación voluntaria	Sí/No	No	Sí	No	Sí/No	Sí	Sí	Sí
Sistema cognitivo * * * * * * *	2	1	2/1	1	2/1	2	1	2
Cambiar intensidad	No	Sí	Sí	Sí	Sí	No	No	No
Duración precisa	No	Sí	Sí	Sí	No	No	Sí	Sí
Aquí y Ahora o Allá y Luego (H + N, T + T) * * * * * * * *	TT	HN	HN	HN	TT	TT	HN	HN
Calidad especial	No	Sí	No	Sí	No	No	No	No
Localizado en Cuerpo	No	No	No	Sí	No	No	No	Sí
Las expresiones corporales	Sí	Sí	No	No	Sí	Sí	Sí	Sí
Autocontradiccion es	No	Sí	No	No	Sí	No	No	No
Necesita un yo	Sí	Sí/No	No	No	Sí	No	No	No
Necesita lenguaje	Sí	No	No	No	No	No	No	Sí/No

DE LA INVESTIGACIÓN DE DECISIONES

	Disposición	Emoción	Memoria	Percepción	Deseo	PI **	IA ***	Acción/Palabra
Efectos subliminales	No	Sí/No	Sí	Sí	No	No	No	Sí/No
Asociativa Basada en reglas	RB	A/RB	A	A	A/RB	RB	RB	RB
Dependiente del contexto/ Abstracto	A	CD/A	CD	CD	CD/A	A	CD/A	CD/A
Serie/Paralelo	S	S/P	P	P	S/P	S	S	S
Heurístico Analítica	A	H/A	H	H	H/A	A	A	A
Necesita trabajar Memoria	Sí	No	No	No	No	Sí	Sí	Sí
Dependiente general de la inteligencia	Sí	No	No	No	Sí/No	Sí	Sí	Sí
La carga cognitiva Inhibe	Sí	Sí/No	No	No	Sí	Sí	Sí	Sí
Excitación facilita o inhibe	I	F/I	F	F	I	I	I	I

Condiciones públicas de satisfacción de S2 son a menudo referidos por Searle y otros como COS, representaciones, creadores de la verdad o significados (o COS2 por mí mismo), mientras que los resultados automáticos de S1 son designados como presentaciones por otros (o COS1 por mí mismo).

* Aka Inclinaciones, Capacidades, Preferencias, Representaciones, Posibles Acciones, etc.
** Intenciones anteriores de Searle
*** La intención de Searle en acción.
**** Dirección de ajuste de Searle
***** Dirección de causalidad de Searle
****** (Las instancias del estado mental - Causas o se cumple a sí mismo). Searle anteriormente llamó a esto causalmente auto-referencial.
******* Tversky / Kahneman / Frederick / Evans / Stanovich definieron los sistemas cognitivos.
******** Aquí y ahora o allí y luego

Uno siempre debe tener en cuenta el descubrimiento de Wittgenstein que después de haber descrito los posibles usos (significados, verdades, condiciones de satisfacción) del lenguaje en un contexto particular, hemos agotado su interés, y los intentos de explicación (es decir, filosofía) sólo nos alejan de la verdad. Es fundamental tener en cuenta que esta tabla es sólo una heurística libre de contexto muy simplificada y cada uso de una palabra debe examinarse en su contexto. El mejor examen de la variación de contexto está en los últimos 3 volúmenes de Peter hacker en la naturaleza humana, que proporcionan numerosas tablas y gráficos que se deben comparar con este.

Aquellos que deseen una cuenta completa hasta la fecha de Wittgenstein, Searle y su análisis de comportamiento de la vista moderna de dos sistemas pueden consultar mi artículo la estructura lógica de la filosofía, la psicología, la mente y el lenguaje como se reveló en Ludwig Wittgenstein y John Searle 2Nd Ed (2019).

EXPLICACIÓN DE LA TABLA

Hace aproximadamente un millón de años, los primates evolucionaron la capacidad de usar los músculos de la garganta para hacer series complejas de ruidos (es decir, discursos primitivos) para describir eventos presentes (percepciones, memoria, acciones reflexivas que pueden describirse como lenguaje primario o primitivo Juegos (PLG)-es decir, una clase de reflejos de la rápida asociativa inconsciente sistema automatizado 1, subcortical, no representacional, causalmente autorreferencial, intransigente, informationless, verdadero sólo estadismo mental con un tiempo y ubicación precisos) y gradualmente desarrollaron la capacidad de abarcar los desplazamientos en el espacio y el tiempo para describir memorias, actitudes y eventos potenciales (el pasado y el futuro y, a menudo, las preferencias contrafas, condicionales o ficticias, inclinaciones o disposiciones-el Juegos de lenguaje secundario o sofisticado (SLG) del sistema 2 lento, cortical, consciente, información que contiene, transitivo (tener COS públicos), representacional, verdadero o falso pensamiento de actitud de proposicional, que no tiene tiempo preciso y son habilidades y no estados mentales). Las preferencias son intuiciones, tendencias, reglas ontológicas automáticas, comportamientos, habilidades, módulos cognitivos, rasgos de personalidad, plantillas, motores de inferencia, inclinaciones, emociones, actitudes proposicionales, valoraciones, capacidades, hipótesis. Algunas emociones son preferencias de tipo 2 (W RPP2 148). "Yo creo", "él ama", "piensan" son descripciones de posibles actos públicos típicamente discolocado en el espacio-tiempo. Mi primerdeclaraciones de persona sobre mí son verdaderas-sólo (excluyendo mentir) mientras que las declaraciones en tercera persona sobre otros son verdaderas o falsas (ver mi reseña de Johnston ' Wittgenstein: Rethinking el Inner ').

Las "preferencias" como clase de Estados intencionales--opuestos a percepciones, actos reflexivos y memorias--fueron descritas por primera vez claramente por Wittgenstein (W) en la década de 1930 y denominadas "inclinaciones" o "disposiciones". Se han denominado comúnmente "actitudes proposicionales" desde Russell, pero esta es una frase engañosa desde creyendo, pretendiendo, sabiendo, recordando, etc., a menudo no son proposiciones ni actitudes, como se ha demostrado, por ejemplo, por W y por Searle (por ejemplo, CF conciencia y lenguaje P118). Son representaciones mentales intrínsecas y observadoras independientes (a diferencia de las presentaciones o representaciones del sistema 1 al sistema 2 – Searle-C + L p53).

Son posibles actos desplazados en el tiempo o en el espacio, mientras que los recuerdos evolutivamente más primitivos de las percepciones S1 y las acciones reflexivas están siempre aquí y ahora. Esta es una manera de caracterizar el sistema 2 – el mayor avance en la psicología de los vertebrados después del sistema 1 – la capacidad de representar eventos y pensar en ellos como ocurriendo en otro lugar o tiempo (la tercera Facultad de Searle de imaginación contrafable que complementa cognición y volición). Las disposiciones S2 son habilidades para actuar (los músculos del contrato producen movimientos del habla o del cuerpo a través de S1 en el que tiempo se convierten en Estados causales y mentales). A veces las disposiciones

148

pueden ser consideradas como inconscientes ya que pueden volverse conscientes más tarde-Searle -Phil issues 1:45-66 (1991).

Las percepciones, memorias y acciones reflexivas (automáticas) pueden describirse como S1 o juegos de idiomas primarios (PLG-por ejemplo, veo el perro) y hay, en el caso normal, NO hay pruebas posibles para que puedan ser true only.

Las disposiciones pueden sere descrita como secundaria de LG (SLG-por ejemplo, creo que veo al perro) y también debe ser actuado, incluso para mí en mi propio caso (es decir, ¿cómo puedo saber lo que creo, pensar, sentir hasta que actúo-ver las cotizaciones anteriores de W). Las disposiciones también se convierten en acciones cuando se habla o se escriben, así como se actúan de otras maneras, y estas ideas son todas debidas a Wittgenstein (mediados de 1930) y no son Behaviorismo (Hintikka & Hintikka 1981, Searle, Hutto etc.,). Wittgenstein puede ser considerado como el fundador de la psicología evolutiva y su trabajo una investigación única del funcionamiento de nuestra psicología axiomática System 1 y su interacción con el sistema 2. Aunque pocos lo han entendido bien (y posiblemente nadie completamente hasta el día de hoy) fue desarrollado por unos pocos--sobre todo por John Searle, que hizo una versión más simple de esta tabla en su libro clásico racionalidad en acción (2001). Se expande en la encuesta de W de la estructura axiomática de la psicología evolutiva desarrollada a partir de sus primeros comentarios en 1911 y tan bellamente establecido en su última obra sobre certeza (OC) (escrita en 1950-51). OC es la piedra fundacional de la conducta o epistemología y ontología (posiblemente la misma), lingüística cognitiva o DPHOT, y en mi opinión el trabajo más importante en filosofía (psicología descriptiva) y por lo tanto en el estudio de la conducta. Percepción, memoria, acciones reflexivas y emociones básicas son primitivos Estados mentales involuntarios subcorticales, que pueden describirse en PLG, en los que la mente se ajusta automáticamente al mundo - El S1 es sólo una causal ascendente (mundo a la mente Dirección de ajuste) y sin contenido (carente de representaciones o información) (es causally autorreferencial—Searle --la incuestionable, verdadera única, base axiomática de racionalidad sobre la que no hay control posible). Preferencias, deseos e intenciones son descripciones de habilidades voluntarias conscientes de pensamiento lento — que se pueden describir en las SLG-en las que la mente intenta encajar el mundo - S2 tiene contenido y es una causal descendente (mente a mundo Dirección de ajuste).

El Behaviorismo y todas las demás confusiones de nuestra psicología descriptiva predeterminada (filosofía) surgen porque no podemos ver S1 trabajando y describir todas las acciones con juegos de lenguaje secundario (SLG) que S llama la ilusión fenomenológica (TPI). W entendió esto y lo describió con una claridad inigualable con cientos de ejemplos de lenguaje (la mente) en acción a lo largo de sus obras. Razón tiene acceso a la memoria de trabajo y por lo que utilizamos conscientemente aparente pero razones típicamente incorrectas para explicar el comportamiento (los dos seres de la investigación actual). Las creencias y otras disposiciones pueden describirse como pensamientos que intentan igualar los hechos del mundo (mente a la dirección mundial de ajuste), mientras que Volitions son intenciones de actuar (Prior intenciones — PI, y IntentionsIn Action-IA-Searle) más actos que intentan igualar el mundo a los pensamientos — mundo a mente dirección de ajuste — CF. Searle e.g., C + L P145, 190).

A veces hay lagunas en el razonamiento para llegar a la creencia y otras disposiciones. Las palabras de inclinación se pueden utilizar como sustantivos que parecen describir los Estados mentales (por ejemplo, creencias), o como verbos que describen habilidades (agentes que actúan o pueden actuar) (por ejemplo, creer) y a menudo se denominan incorrectamente "actitudes proposicionales".

Las percepciones se convierten en memorias y nuestros programas innatos (módulos cognitivos, plantillas, motores de inferencia de S1) los utilizan para producir disposiciones — (actos públicos reales o potenciales también llamados inclinaciones, preferencias, capacidades, representaciones de S2) y Volition-y no hay lenguaje (concepto, pensamiento) de los Estados mentales privados para el pensamiento o la voluntad (es decir, ningún idioma privado).

Los animales más altos pueden pensar y actuarán y en esa medida tienen una psicología pública.

PERCEPTIONS: ("X" es true): escuchar, ver, oler, dolor, tacto, temperatura

MEMORIES: Recordando, soñando S1

PRFERENCES, MeNCLINATIONS, DISPOSICIONES (X podría convertirse en true) (S2)

CLASE 1: creyendo, juzgando, pensando, representando, entendiendo, eligiendo, decidiendo, prefiriendo, interpretando, conociendo (incluyendo habilidades y habilidades), asistiendo (aprendiendo), experimentando, significado, recordando, pretendiendo, Considerando, deseando, esperando, deseando, queriendo, esperando (una clase especial), viendo como (aspectos),

CLASE 2: modo DESACOPLADO--soñar, imaginar, mentir, predecir, dudar

CLASE 3: emociones: amar, odiar, temer, pesar, alegría, celos, depresión. Su función es modular las preferencias para aumentar la aptitud inclusiva (la utilidad máxima esperada) facilitando el procesamiento de la información de las percepciones y memorias para una acción rápida. Hay cierta separación entre las emociones S1 como la rabia y el miedo y S2 como el amor, el odio, el asco y la ira.

DESEOS: (Quiero que la "X" sea verdadera, quiero que Change el mundo para adaptarse a mis pensamientos): Anhelo, esperando, esperando, esperando, necesitando, requiriendo, obligados a hacer

INTENCIONES: (voy a hacer "X" verdadero) con la intención

ACTIONS (estoy haciendo "X" true): actuando, hablando, leyendo, escribiendo, calculando, persuadiendo, mostrando, demostrando, convincente, haciendo intento, tratando, riendo, jugando, comiendo, bebiendo, llorando, afirmando (describiendo, enseñando, predicando, Reportando), prometiendo, haciendo o usando mapas, libros, dibujos, programas de computadora – estos son públicos y voluntarios y transfieren información a otros para que dominen los reflejos inconscientes, involuntarios e Informacionarios S1 en explicaciones de comportamiento.

TODAS LAS PALABRAS SON PARTES DE COMPLEJOS JUEGOS DE IDIOMAS (PENSAMIENTOS QUE CONDUCEN A ACCIONES) TENER VARIAS FUNCIONES EN NUESTRA VIDA Y NO SON LOS NOMBRES DE LOS OBJETOS NI DE UN SOLO TIPO DE EVENTO.

Conducimos un coche, pero también lo tenemos, lo vemos, vemos su foto, soñamos con él, lo imagino, lo esperamos, lo recordamos. Las interacciones sociales de los seres humanos se rigen por módulos cognitivos — aproximadamente equivalentes a los guiones o esquemas de la psicología social (grupos de neuronas organizadas en motores de inferencia), que, con percepciones y recuerdos, conducen a la formación de preferencias que conducen a las intenciones y luego a las acciones. La intencionalidad o la psicología intencional se pueden tomar para ser todos estos procesos o sólo las preferencias que conducen a acciones y en el sentido más amplio es el tema de la psicología cognitiva o Neurociencias cognitivas cuando se incluye Neurofisiología, neuroquímica y Neurogenética. La psicología evolutiva puede ser considerada como el estudio de todas las funciones precedentes o del funcionamiento de los módulos que producen comportamiento, y es entonces coextenso en evolución, desarrollo y acción individual con preferencias, intenciones y acciones. Dado que los axiomas (algoritmos o módulos cognitivos) de nuestra psicología están en nuestros genes, podemos ampliar nuestro entendimiento dando descripciones claras de cómo funcionan y pueden extenderlo (cultura) a través de la biología, la psicología, la filosofía (psicología descriptiva), las matemáticas, lógica, física y programas de computación, haciéndolos más rápidos y eficientes. Hajek (2003) da un análisis de las disposiciones como probabilidades condicionales y son algatizados por Spohn etc.

La intencionalidad (psicología cognitiva o evolutiva) consiste en diversos aspectos de la conducta que se programan innatamente en módulos cognitivos (sin embargo definido) que crean y requieren conciencia, voluntad y el yo y en los adultos humanos normales todas las disposiciones son de significado, requieren actos públicos (por ejemplo, el lenguaje), y nos comprometen a las relaciones (llamados razones independientes del deseo para la acción-DIRA por Searle) con el fin de aumentar nuestra aptitud inclusiva (la máxima utilidad esperada, a veces llamada-la maximización de la utilidad-polémica-bayesiana) a través del dominio y el altruismo recíproco e imponer condiciones de satisfacción en las condiciones de satisfacción-Searle-(es decir, relacionar los pensamientos con el mundo a través de actos públicos - movimientos musculares – es decir, matemáticas, lenguaje, arte, música, sexo, deportes, etc.). Los fundamentos de esto fueron deducido por nuestro mayor psicólogo natural Ludwig Wittgenstein de la década de 1930 a 1951 pero con prefiguralas claras de vuelta a 1911 ("el árbol General de los fenómenos psicológicos.

No me esfuerzo por la exactitud, sino por una visión del todo. " RPP Vol 1 P895 CF Z P464), y con refinamientos por muchos, pero sobre todo por John Searle comenzando en la década de 1960. Gran parte de nuestra intencionalidad S2 admite grados o tipos (principalmente juegos de idiomas). Como observó W, las inclinaciones (por ejemplo, el pensamiento) son a veces conscientes y deliberativos. Todas nuestras plantillas (funciones, conceptos, juegos de idiomas) tienen bordes difusos en algunos contextos, ya que deben ser útiles. Hay al menos dos tipos de pensamiento (es decir, dos juegos de idiomas o formas de usar el verbo disposicional 'Pensando') — no racional sin conciencia y racional con conciencia parcial (W), ahora descrito como el pensamiento rápido y lento de S1 y S2. Es útil considerarla como juegos de idiomas y no como meros fenómenos (W RPP2 129). Fenómenos mentales (nuestras "experiencias" subjetivas o internas) son epifenomenales, carecen de criterios, por lo tanto carecen de información incluso para uno mismo y por lo tanto no pueden desempeñar ningún papel en la comunicación, el pensamiento o la mente. Pensar como todas las disposiciones (inclinaciones, actitudes proposicionales) no es un estado mental, y no contiene ninguna información hasta que se convierte en un acto público (se da cuenta de una COS) en el habla, la escritura u otras contracciones musculares. Nuestras percepciones y memorias pueden tener información (significando-COS) cuando se manifiestan en acciones públicas a través de S2, porque sólo entonces tienen cualquier significado (consecuencias) incluso para nosotros mismos.

La memoria y la percepción están integradas por los módulos en disposiciones que se vuelven psicológicamente efectivas cuando se actúan sobre ellas. El desarrollo del lenguaje significa manifestar la capacidad innata de sustituir palabras por actos. El término común TOM (teoría de la mente) es mucho mejor llamado (UA-comprensión ofAgency).

La intencionalidad es la innata producción genéticamente programada de conciencia, de sí mismo y de pensamiento que conduce a las intenciones y luego a las acciones mediante la contratación de los músculos. Por lo tanto, la "actitud proposicional" es un término confuso para el speec racional intuitivo normal o no racionalh y la acción, pero lo doy como un Sinónimo de disposiciones, ya que todavía es ampliamente utilizado por aquellos que no están familiarizados con W y S. Los esfuerzos de la ciencia cognitiva para entender el pensamiento, las emociones, etc. mediante el estudio de la neurofisiología no va a decirnos nada más acerca de cómo la mente (pensamiento, lenguaje) funciona (en contraposición a cómo funciona el cerebro) de lo que ya sabemos, porque "mente" (pensamiento, idioma) ya está en la vista pública completa (W). Cualquier fenómeno que esté oculto in Neurofisiología, bioquímica, la genética, la mecánica cuántica, o la teoría de cuerdas, son tan irrelevantes para nuestra vida social como el hecho de que una tabla está compuesta de átomos que "obedecen" (puede ser descrito por) las leyes de la física y la química es almorzar en ella. Como dijo W tan famoso "nada está oculto". Todo el interés sobre la mente (pensamiento, lenguaje) está abierto a ver si sólo examinamos cuidadosamente el funcionamiento del lenguaje.

El lenguaje se desarrolló para facilitar la interacción social y, por lo tanto, la recolección de recursos, supervivencia y reproducción. Su gramática funciona automáticamente y es extremadamente confusa cuando tratamos de analizarla. Las palabras y oraciones tienen múltiples usos dependiendo del contexto. Yo creo y como tengo papeles profundamente diferentes como creo y creo o creo y él cree. El presente en primera persona el uso expresivo de los verbos inclinacionales como 'Creo que' describir mi capacidad para predecir mis actos probables y no son descriptivos de mi estado mental ni basados en el conocimiento o la información en el sentido usual de esas palabras (W). "Creo que llueve", "creí que llovía", "él cree que llueve", "él va a creer que llueve"," Creo que lloverá "o" pensará que llueve "son actos públicos potencialmente verificables desplazados en el espacio-tiempo que pretenden transmitir información (o información errónea) y así tienen COS que son sus creadores de la verdad (o falsedad).

Las palabras no reflectantes o no racionales (automáticas) habladas sin intención previa han sido llamadas palabras como Deeds por W y luego por DMS en su papel en Psicología filosófica en 2000) son típicas de gran parte de nuestro comportamiento ya que puente S1 y S2 que interactúan en ambos direcciones la mayor parte de nuestra vida consciente.

Las percepciones, memorias, algunas emociones y muchas "disposiciones tipo 1" son mejor llamadas reflejos de S1 y son automáticas, no reflectantes, no proposicionales y no-attitudinal funcionamiento de las bisagras (axiomas, algoritmos) de nuestra Psicología evolutiva (Moyal-Sharrock después de Wittgenstein).

Ahora para algunos comentarios sobre "la opacidad de la mente" (OM).

En el momento en que terminé la primera página del prefacio, me di cuenta de que este libro era simplemente otro lío desesperado (la norma en filosofía). Él dejó en claro que no tenía ninguna comprensión de la sutileza de los juegos de idiomas (por ejemplo, los usos drásticamente diferentes de ' sé que estoy despierto ', ' sé lo que quiero decir ' y ' sé qué hora es ') ni la naturaleza de las disposiciones (que él llama por el término engañoso y obsoleto ' actitudes proposicionales ') y estaba basando sus ideas sobre el comportamiento en nociones tales como el lenguaje privado , la introspección del "discurso interno" y la descripción computacional de la mente, que fueron puestos a descansar por W 3/4 de hace un siglo y por S y muchos otros desde entonces. Pero sabía que la mayoría de los libros sobre el comportamiento humano están tan confundidos y que iba a dar un resumen del trabajo científico reciente sobre las funciones cerebrales correspondientes a un pensamiento de orden superior (HOT), así que seguí.

Antes de leer cualquier libro en filosofía o ciencia cognitiva, voy al índice y la bibliografía para ver a quién citan y luego tratar de encontrar algunas reseñas y especialmente un artículo en BBS ya que tiene retroalimentación de pares, que generalmente es altamente informativo. Como se mencionó anteriormente, W y S son dos de los nombres más famosos en este campo, pero en el índice y la bibliografía encontré sólo 3 menciones triviales de W y no uno para S o hacker-sin duda el logro más notable de este volumen. Como era de esperar, varios comentarios de las revistas filosóficas eran inútiles y las respuestas BBS a sus Précis de este libro parecen devastadoras-aunque, característicamente (con la excepción de una mención de W)- que también son despistados acerca de WS. Más notable, aunque incluye muchas referencias tan recientes como 2012, la 2009 artículo BBS no está entre ellos y, por lo que puedo recordar, no proporciona respuestas sustantivas a sus críticas en este libro. En consecuencia, el potente marco LSR inspirado en WS está totalmente ausente y todas las confusiones que ha borrado son abundantes en casi todas las páginas. Si usted lee lo anterior y mis otras reseñas y luego el artículo BBS (fácilmente disponible en la red) su vista de este libro (y la mayoría de la escritura en esta arena) probablemente será muy diferente. Claro, el defecto principal de BBS es aparente--- los comentadores obtienen sólo una Comentario de página y sin respuesta, mientras que los autores obtienen un artículo largo y una respuesta larga, por lo que siempre parece que prevalecen. Sin embargo, está claro que la teoría de la ISA de C, como la mayoría (todas?) las teorías filosóficas es un metamorfo que se altera para "explicar" cada objeción. Así, la línea entre una teoría significativa (en realidad una descripción) ligada a los hechos, y una vaga noción de que "no explica" nada, Desenfoca. Claro, C a menudo dice que su teoría "predice" tal y tal observación, pero esto parece ocurrir después del hecho y, por supuesto, las teorías opuestas también cambian de forma. Una poderosa teoría predice cosas que nadie esperaba e incluso lo opuesto A lo que esperaban. También recordamos los mandamientos constantes de W para seguir describiendo los hechos y evitar las "explicaciones" de la otiosa.

Los argumentos definitivos de W contra la introspección y el lenguaje privado se observan en mis otras reseñas y son muy conocidos. Básicamente, son tan claros como el día, debemos tener una prueba para diferenciar entre A y B y las pruebas solo pueden ser externa y pública. El famoso ilustró esto con el escarabajo en la caja. Si todos tenemos una caja que no se puede abrir ni rayos x, etc. y llamar a lo que está dentro de un ' escarabajo ' entonces ' escarabajo ' no puede tener ningún papel en el lenguaje, para cada caja podría contener una cosa diferente o incluso podría estar vacío. Por lo tanto, no hay un lenguaje privado que sólo yo pueda saber y ninguna introspección de ' discurso interno '. Si X no es públicamente demostrable no puede ser una palabra en nuestro idioma. Esto dispara la teoría de la mente de la ISA de Carruther (C), así como todas las otras teorías de "sentido interno" que él hace referencia y un gran número de otros libros y artículos. He explicado el desmantelamiento de W de la noción de introspección y el funcionamiento del lenguaje disposicional ("actitudes proposicionales") por encima y en mis reseñas de Budd, Johnston y varios de los libros de S. Básicamente, demostró que la relación causal y el modelo de palabra y objeto que funciona para S1 no se aplica a S2.

En cuanto a ISA, muchos han deconstruido la idea de un ' lenguaje de pensamiento ', pero en mi opinión ninguno mejor que W en BBB P37 —, "si tenemos en cuenta la posibilidad de una imagen que, aunque correcta, no tiene similitud con su objeto, la interpolación de una sombra entre la oración y la realidad pierde todo punto. Por ahora, la frase en sí puede servir como una sombra. La frase es sólo una imagen, que no tiene la menor similitud con lo que representa. "

Una cosa a tener en cuenta es que las teorías filosóficas no tienen ningún impacto práctico en absoluto-el papel real de la filosofía es para aclarar las confusiones acerca de cómo se utiliza el lenguaje en casos particulares (W). Al igual que varias "teorías físicas", pero a diferencia de otras vistas de dibujos animados de la vida (es decir, las opiniones religiosas, políticas, psicológicas, sociológicas, biológicas, médicas, económicas, antropológicas e históricas de la mayoría de las personas), es demasiado cerebral y esotérico para ser captado por más de una franja diminuta y es tan poco realista que incluso sus adherentes lo ignoran totalmente en su vida cotidiana. de la misma manera, con otras "teorías de la vida" académicas como el modelo de ciencias sociales estándar o pizarra en blanco ampliamente compartida por la sociología, la antropología, la psicología del pop, la historia y la literatura. Sin embargo, las religiones grandes y pequeñas, los movimientos políticos y a veces la economía a menudo generan o abrazan caricaturas ya existentes que ignoran la física y la biología (la naturaleza humana), las fuerzas terrestres o cósmicas que refuerzan nuestras supersticiones (nuestra innatamente inspirados incumplimientos psicológicos), y ayudan a poner los desechos en la tierra (el verdadero propósito de casi todas las prácticas sociales y la institución que están allí para facilitar la replicación de los genes y el consumo de recursos). El punto es darse cuenta de que estos están en un continuo con caricaturas filosóficas y tienen la misma fuente. Todos nosotros podríamos decir que tienen varias vistas de la vida de dibujos animados cuando son jóvenes y sólo unos pocos crecen de ellos.

También tenga en cuenta que, como W comentó hace mucho tiempo, el prefijo "meta" es innecesario y confuso en la mayoría (tal vez todos) contextos, por lo que para ' metacognición ' en este libro, sustituir ' cognición ' o ' pensamiento ', ya que pensar en lo que nosotros u otros creen o conocemos es pensar como cualquier otro y no tiene que ser visto como ' mindreading ' (UA en mi terminología). En términos de S, el COS son la prueba de lo que se piensa y son idénticos para ' está lloviendo ', creo que está lloviendo ', ' creo que usted cree que está lloviendo ' y ' él cree que está lloviendo ' (del mismo modo para ' sabe ', deseos, jueces, entiende, etc.), es decir, que Está lloviendo. Este es el dato crítico a tener en cuenta con respecto a la ' metacognición ' y la ' mentalidad ' de las disposiciones (' actitudes proposicionales ') que promueve C.

Una de las respuestas en BBS fue por Dennett (que comparte la mayoría de las ilusiones de C), que parece encontrar estas ideas bastante bueno, excepto que C debe eliminar el uso de ' I ' ya que asume la existencia de un yo superior (el objetivo es la reducción dura de S2 a S1). Claro, el mismo acto de escribir, leer y todo el lenguaje y los conceptos de cualquier cosa que presuponen el yo, la conciencia y la voluntad (como S a menudo notas), por lo que tal relato sería sólo una caricatura de la vida sin ningún valor, que uno podría decir probablemente de la mayoría relatos filosóficos de conducta. El marco de trabajo de WS ha señalado desde hace tiempo que el punto de vista de primera persona no es eliminable o reducible a una 3ª persona, pero esto no es un problema para la vista de dibujos animados de la vida. de la misma manera, con la descripción de la función cerebral o el comportamiento como ' computacional ', ' procesamiento de la información ', etc., todos bien desdeñados innumerables veces por WS, Hutto, Read, hacker y muchos otros. Lo peor de todo es la "representación" crucial pero totalmente poco clara, para lo cual creo que el uso de S como condición de satisfacción (COS) de representar (es decir, la misma forma que para todos los sustantivos y sus verbos) es de lejos el mejor. Es decir, la ' representación ' de ' creo que está lloviendo ' es la COS que está lloviendo.

Más triste de todo es que C (como Dennett) piensa que es un experto en W, después de haberlo estudiado a principios de su carrera y decidió que el argumento del idioma privado debe ser rechazado como ' Behaviorismo '! W ha rechazado el Behaviorismo y gran parte de su trabajo se dedica a describir por qué no puede servir como una descripción del comportamiento. "¿No eres realmente un conductista disfrazado? ¿No estás realmente diciendo que todo excepto el comportamiento humano es una ficción? Si hablo de una ficción, entonces es de una ficción gramatical. " (PI P307) Y también se puede apuntar al Behaviorismo real en C en su forma moderna ' computacionalista '. WS insiste en el carácter indispensable del punto de vista en primera persona, mientras que C se disculpa con D en el artículo BBS para usar "yo" o "self". Esto es en mi opinión la diferencia entre una descripción exacta del uso del lenguaje y el uso que uno puede imaginar en un dibujo animado.

HUTTO ha mostrado el vasto abismo entre W y Dennett (D) que servirá para caracterizar a C también, ya que tomo D y C (junto con los Churchland y muchos otros) para estar en la misma página. S es uno de los muchos que han deconstruido D en varios escritos, y todos estos pueden leerse en oposición a C. Y recordemos que W se adhiere a ejemplos de lenguaje en acción, y una vez que uno consigue el punto que es en su mayoría muy fácil de seguir, mientras que C es cautivador por ' teoría ' (es decir, encadenar numerosas oraciones sin COS claros) y rara vez se molesta con juegos de idiomas específicos , prefiriendo experimentos y observaciones que son bastante difíciles de interpretar de cualquier manera definitiva (ver las respuestas BBS), y que en cualquier caso no tienen relevancia para las descripciones de mayor nivel de comportamiento (por ejemplo, exactamente cómo encajan en la intencionalidad Tabla). Un libro C elocia como definitivo (memoria y el cerebro computacional) presenta el cerebro como un procesador de información computacional, una visión de segundo año aniquilada a fondo y repetidamente por S y otros. En la última década, He leído miles de páginas por y sobre W y es bastante claro que C no tiene una pista. En esto se une a una larga línea de distinguidos filósofos y científicos cuya lectura de W fue infructorada: Russell, Quine, Godel, Kreisel, Chomsky, Dummett, Kripke, Dennett, Putnam, etc. (aunque Putnam comenzó a ver la luz más tarde). Simplemente no pueden ver que la mayoría filosofía son chistes gramaticales y viñetas imposibles, una vista de dibujos animados de la vida.

Libros como este que intentan cerrar dos niveles de descripción son realmente dos libros y no uno. Existe la descripción (no explicación, como W dejó claro) de nuestro lenguaje y comportamiento no verbal y luego los experimentos de psicología cognitiva. "La existencia del método experimental nos hace pensar que tenemos los medios para resolver los problemas que nos molesten; Aunque el problema y el método pasan entre sí por. " (W PI p232), C et al están cautivados por la ciencia y simplemente suponen que es un gran avance para casarse Metafísica a la neurociencia y la psicología experimental, pero el WS y muchos otros han demostrado que esto es un error. Lejos de hacer la descripción de la conducta científica y clara, lo hace incoherente. Y debe haber sido por la gracia de Dios que Locke, Kant, Hume Nietzsche, Sartre, Wittgenstein, Searle et al fueron capaces de dar tales relatos memorables de comportamiento sin ningún expeCiencia rimental en absoluto. De Curso, como los políticos, los filósofos raramente admiten errores o se callan para que esto se encienda y se encienda por razones que W diagnosticaron a la perfección. La línea de fondo tiene que ser lo que es útil y lo que tiene sentido en nuestra vida cotidiana. Sugiero que las opiniones filosóficas de los CDC (Carruthers, Dennett, Churchland), a diferencia de las de la WS, no sean útiles y sus conclusiones definitivas que harán, el yo y la conciencia son ilusiones no tienen sentido en absoluto — es decir, no tienen sentido que no tengan un COS claro. Queda por determinar si los comentarios de los CDC sobre la ciencia cognitiva tienen algún valor heurístico.

Este libro (como un gran cuerpo de otra escritura) trata de descontar el HOT de otros animales y reducir el comportamiento a las funciones cerebrales (para absorber la psicología en la fisiología). La filosofía es un desastre pero, siempre que uno lee primero los muchos críticas en el BBS, el comentario sobre la psicología reciente y la fisiología puede ser de interés. Como Dennett, Churchland y muchos otros lo hacen a menudo, C no revela sus verdaderas gemas hasta el final, cuando se nos dice que el yo, la voluntad, la conciencia (en los sentidos en que estas palabras normalmente funcionan) son ilusiones (supuestamente en el sentido normal de esta palabra). Dennett tuvo que ser desenmascarado por S, Hutto et al por explicar estas ' supersticiones ' (es decir, no explicar en absoluto y de hecho ni siquiera describir), Pero sorprendentemente C también lo admite al principio, aunque por supuesto él piensa que nos está mostrando estas palabras no significan lo que pensamos y que su uso de dibujos animados es el válido.

Uno también debería ver las críticas de hacker de la ciencia de la cremallera con las respuestas de S y Dennett en "Neurociencia y filosofía" y bien exploradas en los libros de hackers "Human Nature"(3 volúmenes) y "fundamentos filosóficos de la neurociencia" (ver mis comentarios de HN v1). Es notable que prácticamente nadie en todas las disciplinas conductuales (en la que incluyo literatura, historia, política, religión, derecho, arte, etc. así como los obvios) alguna vez declara su marco lógico o lo que está tratando de lograr y qué papel desempeña el análisis del lenguaje y la ciencia, por lo que todos aquellos interesados en el comportamiento podrían considerar la memorización del encantador Resumen de hacker de qué filosofía (DPHOT) tiene como objetivo hacer y cómo esto se relaciona con las actividades científicas.

"Los epistemologistas tradicionales quieren saber si el conocimiento es una creencia verdadera y otra condición... o si el conocimiento ni siquiera implica la creencia... Queremos saber cuándo lo hace el conocimiento y cuándo no requiere justificación. Tenemos que ser claros lo que se atribuye a una persona cuando se dice que él sabe algo. ¿Es un estado mental distintivo, un logro, una actuación, una disposición o una habilidad? ¿Podría saber o creer que p ser idéntico con un estado del cerebro? ¿Por qué uno puede decir ' él cree que p, pero no es el caso de p ', mientras que uno no puede decir ' creo que p, pero no es el caso de p '? ¿Por qué hay maneras, métodos y medios de lograr, alcanzar o recibir conocimiento, pero no creencia (en contraposición a la fe)? ¿Por qué uno puede saber, pero no creer quién, qué, qué, Cuándo, si y cómo? ¿Por qué uno puede creer, pero no saber, de todo corazón, con pasión, vacilante, tontamente, sin pensar, de manera irregular, dogmáticamente o razonablemente? ¿Por qué uno puede saber, pero no creer, algo perfectamente bien, a fondo o en detalle? Y así sucesivamente-a través de muchos cientos de preguntas similares concernientes no sólo al conocimiento y la creencia, sino también a la duda, la certeza, recordar, olvidar, observar, notar, reconocer, asistir, ser consciente de, ser consciente de, sin mencionar los numerosos verbos de percepción y sus cognados. Lo que hay que aclarar si estas preguntas han de ser contestadas es la Web de nuestros conceptos epistémicos, las formas en que los diversos conceptos cuelgan juntos, las diversas formas de sus compatibilidades e incompatibilidades, su punto y propósito, sus presuposiciones y diferentes formas de dependencia del contexto. Para este venerable ejercicio en el análisis conectivo, el conocimiento científico, la psicología, la neurociencia y la ciencia cognitiva autoproclamados no pueden aportar nada en absoluto. " (Pasando por el giro naturalista: en la calle cul-de-SAC-P15-2005 de Quine). Claro, Añadiría que es el estudio de nuestra psicología evolucionada, de DPHOT, Y la sensibilidad contextual del lenguaje (juegos de idiomas de W). No es trivial para afirmar estos hechos, ya que es bastante raro encontrar a alguien que agarre el cuadro grande e incluso mi héroe como Searle, sacerdote, Pinker, leer, etc. caen vergonzosamente cortas cuando intentan definir sus profesiones.

Ha habido libros durante mucho tiempo en Atómica física y la química física, pero no hay ninguna señal de que los dos se fusionarán (ni es una idea coherente), ni que la química absorberá la bioquímica ni ese a su vez absorberá la fisiología o la genética, ni que la biología desaparezca ni que eliminará la psicología, la sociología, etc. Esto no se debe a la "juventud" de estas disciplinas, sino al hecho de que son diferentes niveles de descripción con conceptos totalmente diferentes, datos y mecanismos explicativos. Pero la envidia de la física es poderosa, y simplemente no podemos resistir la "precisión" de la física, las matemáticas, la información y el cómputo frente a la 'Vaguedad' de niveles superiores. "Debe" ser posible.

El reduccionismo prospera a pesar de la incomprensibilidad (falta de aplicación a nuestra escala normal de espacio, tiempo y vida) de la mecánica cuántica, la incertidumbre, las olas/partículas, los gatos vivos/muertos, el entrelazamiento cuántico y la aleatoriedad de las matemáticas (Godel/Chaitin) incompleta y algorítmica (ver mi reseña de ' los límites externos de la razón ' de Yanofsky) y su irresistible pull nos dice que se debe a los valores predeterminados de EP. Otra vez, un soplo de aire fresco mal necesitado de W: "para la pureza cristalina de la lógica era, por supuesto, no el resultado de la investigación: era un requisito." PI P107. Y una vez más W del libro azul- "Los filósofos ven constantemente el método de la ciencia ante sus ojos, y son irresistiblemente tentados a preguntar y responder en la forma en que la ciencia lo hace. Esta tendencia es la verdadera fuente de la metafísica, y lleva al filósofo a una completa oscuridad. " Es difícil resistirse a tirar la mayoría de los libros sobre el comportamiento y releer a W y S. Simplemente salta de cualquier cosa para, por ejemplo, estas cotizaciones de su Pi http://topologicalmedialab.net/xinwei/classes/readings/Wittgenstein/pi 94-138 239-309. html.

Sugiero ver la cuestión de la mente como esencialmente la misma que todas las preguntas filosóficas "profundas". Queremos entender la ' realidad ' percibida por S1, pero S2 no es programado para eso. Es todo (o mayormente) en las maquinaciones inconscientes de S1 a través del ADN. No lo sabemos, pero nuestro ADN es cortesía de la muerte de billones de organismos en unos 3 mil millones años. así que, luchamos con la ciencia y siempre tan lentamente describir los mecanismos de la mente (es decir, del cerebro), sabiendo que incluso debemos llegar al conocimiento "completo" del cerebro, sólo tendríamos una descripción de lo que exacta patrón neuronal corresponde a ver rojo o hacer una elección y una "explicación" de por qué eso no es posible (no inteligible).

Es obvio para mí después de leer decenas de miles de páginas de la filosofía que el intento de hacer más alto nivel de psicología descriptiva de este tipo, donde el lenguaje ordinario se transforma en usos especiales, tanto deliberada como inadvertidamente, es esencialmente imposible (es decir, la situación normal en la filosofía y otras disciplinas conductuales). El uso de palabras especiales de jerga (por ejemplo, la intensionalidad, el realismo, etc.) no funciona ya que no hay ninguna policía de filosofía para imponer una definición estrecha y los argumentos sobre lo que significan son interminables. Hacker es bueno, pero su escritura tan preciosa y densa que a menudo es dolorosa. Searle es muy bueno, pero requiere un poco de esfuerzo para abrazar su terminología y creo que comete algunos errores importantes, mientras que W es manos abajo el más claro y más perspicaz, una vez que comprenda lo que está haciendo, y nadie nunca ha sido capaz de emular a él. Su TLP sigue siendo la última declaración de la visión reduccionista mecánica de la vida, pero más tarde vio su error y diagnosticó y curó la ' enfermedad de los dibujos animados ', pero pocos consiguen el punto y más simplemente lo ignoran y la biología también, y por lo que hay decenas de miles de libros y millones de artículos y la mayoría de las organizaciones religiosas y políticas (y hasta hace poco la mayor parte de la economía) y casi todas las personas con vistas de dibujos animados de la vida. Pero el mundo no es una caricatura, por lo que una gran tragedia se está reproduciendo como las vistas de dibujos animados de la vida colisionan con la realidad y la ceguera universal y el egoísmo traen consigo el colapso de la civilización en los próximos dos Siglos (o menos).

Dudo en recomendar los escritos de C a cualquier persona, ya que los experimentados deben tener sobre la misma perspectiva que yo, y los ingenuos estarán perdiendo su tiempo. Ya sea leer la filosofía o la ciencia cognitiva y evitar las amalgamas.

Entre los interminables libros y artículos disponibles, felicito a los 3 volúmenes de Human Nature editados por Carruthers (sí, el mismo), el 3 en la naturaleza humana escrito por hacker, el manual de la psicología evolutivaology 2Nd Ed, y mis comentarios de W/S, Hutto, DMS, hacker et al. y su libros originales. Finalmente, sugiero que si aceptamos la ecuación del lenguaje y la mente de W y consideremos el "problema de la mente/cuerpo" como el "problema del lenguaje/cuerpo" puede ayudar a lograr su objetivo terapéutico.

¿Los hominoides o androides destruirán la tierra? — Una revisión de 'Cómo Crear una Mente' (How to Create a Mind) por Ray Kurzweil (2012) (revisión revisada 2019)

Michael Starks

Abstracto

Hace algunos años, Llegué al punto en el que normalmente puedo decir del título de un libro, o al menos de los títulos de los capítulos, qué tipos de errores filosóficos se harán y con qué frecuencia. En el caso de trabajos nominalmente científicos, estos pueden estar en gran parte restringidos a ciertos capítulos que enceran filosóficos o tratan de sacar conclusiones generales sobre el significado o significado a largo plazo de la obra. Normalmente, sin embargo, las cuestiones científicas de hecho se entrelazan generosamente con la galimatías filosóficas en cuanto a lo que estos hechos significan. Las claras distinciones que Wittgenstein describió hace unos 80 años entre los asuntos científicos y sus descripciones por varios juegos de idiomas rara vez se toman en consideración, y por lo tanto uno es cautivado alternativamente por la ciencia y consternado por su incoherente Análisis. Así es con este volumen.

Si uno es crear una mente más o menos como la nuestra, uno necesita tener una estructura lógica para la racionalidad y una comprensión de los dos sistemas de pensamiento (teoría del proceso dual). Si se trata de filosofar sobre esto, se necesita entender la distinción entre cuestiones científicas de hecho y la cuestión filosófica de cómo funciona el lenguaje en el contexto en cuestión, y de cómo evitar las trampas del reduccionismo y el cientismo, pero Kurzweil, como más estudiantes de conducta, no tiene ni idea. Él está encantado con los modelos, teorías y conceptos, y el impulso de explicar, mientras que Wittgenstein nos mostró que sólo necesitamos describir, y que las teorías, conceptos, etc., son sólo formas de usar el lenguaje (juegos de idiomas) que tienen valor sólo en la medida en que tienen un claro prueba (claro que los creadores de la verdad, o como John Searle (el crítico más famoso de AI) le gusta decir, claras condiciones de satisfacción (COS)). He intentado proporcionar un comienzo en este en mis escritos recientes.

Aquellos que deseen un marco completo hasta la fecha para el comportamiento humano de la moderna dos sistemas punta da vista puede consultar mi libro 'La estructura lógica de la filosofía, la psicología, la mente y lenguaje en Ludwig Wittgenstein y John Searle ' 2a ED (2019). Los interesados en más de mis escritos pueden ver 'Monos parlantes--filosofía, psicología, ciencia, religión y política en un planeta condenado--artículos y reseñas 2006-2019 3rd ED (2019) y Delirios utópicos suicidas en el siglo 21 4ª Ed (2019) y otras.

También, como es habitual en las cuentas "fácticas" de la IA/robótica, no da tiempo a las amenazas muy reales a nuestra privacidad, seguridad e incluso la supervivencia de la creciente ' androidización ' de la sociedad que es prominente en otros autores (Bostrum, Hawking, etc.) y frecuentes en SciFi y películas, así que hago algunos comentarios sobre las delirios utópicos muy posiblemente suicidas de androides ' agradables ', humanoides, inteligencia artificial (IA), la democracia, la diversidad y la ingeniería genética.

Me da por sentado que los avances técnicos en electrónica, robótica e IA ocurrirán, resultando en profundos cambios en la sociedad. Sin embargo, creo que los cambios provenientes de la ingeniería genética son al menos tan grandes y potencialmente mucho mayores, ya que nos permitirán cambiar totalmente Quiénes somos. Y será factible hacer servidores SuperSmart/súper fuertes modificando nuestros genes o los de otros monos. Al igual que con otras tecnologías, cualquier país que resista se quedará atrás. Pero, ¿será socialmente y económicamente factible implementar BioBots o superhumanos a gran escala? E incluso si es así, no parece Probable, económica o socialmente, para evitar que el Destrucción de la civilización industrial por la sobrepoblación, el agotamiento de los recursos, el cambio climático y probablemente también la regla tiránica de los siete sociópatas que gobiernan China.

Por lo tanto, ignorando los errores filosóficos en este volumen como irrelevantes, y dirigiendo nuestra atención sólo a la ciencia, lo que tenemos aquí es otra ilusión utópica suicida enraizada en el fracaso de captar la biología básica, la psicología y la ecología humana, las mismas ilusiones que están destruyendo Estados Unidos y el mundo. Veo una remota posibilidad de que el mundo se pueda salvar, pero no por la robótica, CRISPR, ni por neomarxismo, diversidad y la igualdad.

Hace algunos años, Llegué al punto en el que normalmente puedo decir del título de un libro, o al menos de los títulos de los capítulos, qué tipos de errores filosóficos se harán y con qué frecuencia. En el caso de trabajos nominalmente científicos, estos pueden estar en gran parte restringidos a ciertos capítulos que enceran filosóficos o tratan de sacar conclusiones generales sobre el significado o significado a largo plazo de la obra. Normalmente, sin embargo, las cuestiones científicas de hecho se entrelazan generosamente con la galimatías filosóficas en cuanto a lo que estos hechos significan. Las claras distinciones que Wittgenstein describió hace unos 80 años entre los asuntos científicos y sus descripciones por varios juegos de idiomas rara vez se toman en consideración, y por lo tanto uno es cautivado alternativamente por la ciencia y consternado por su incoherente Análisis. así que, es con este volumen.

Si uno es crear una mente más o menos como la nuestra, uno necesita tener una estructura lógica para la racionalidad y una comprensión de los dos sistemas de pensamiento (teoría del proceso dual). Si se trata de filosofar sobre esto, se necesita entender la distinción entre cuestiones científicas de hecho y la cuestión filosófica de cómo funciona el lenguaje en el contexto en cuestión, y de cómo evitar las trampas del reduccionismo y el cientismo, pero Kurzweil, como Más estudiantes de conducta, no tiene ni idea. Él, está encantado por los modelos, teorías y conceptos, y el impulso de explicar, mientras que Wittgenstein nos mostró que sólo tenemos que describir, y que las teorías, conceptos, etc., son sólo formas de usar el lenguaje (juegos de idiomas) que tienen valor sólo en la medida en que tienen un claro prueba (claro que los creadores de la verdad, o como John Searle (el crítico más famoso de AI) le gusta decir, claras condiciones de satisfacción (COS)).

Aquellos que deseen un marco completo hasta la fecha para el comportamiento humano de la moderna dos sistemas punta da vista puede consultar mi libro 'La estructura lógica de la filosofía, la psicología, la mente y lenguaje en Ludwig Wittgenstein y John Searle ' 2a ED (2019). Los interesados en más de mis escritos pueden ver 'Monos parlantes--filosofía, psicología, ciencia, religión y política en un planeta condenado--artículos y reseñas 2006-2019 3a ed (2019) y Delirios utópicos suicidas en el siglo 21 4ª Ed (2019) y otras.

Realmente 'Reducción' es un juego de lenguaje complejo o un grupo de juegos (usos de palabras con varios significados o COS) por lo que su uso varía mucho dependiendo del contexto y a menudo no está claro lo que significa. de la misma manera, Con 'Modelado' o 'Simulando' o 'Equivalente a ' o ' el mismo que ' etc. de la misma manera con las afirmaciones aquí y en todas partes que 'computo' de procesos biológicos o mentales no se realiza, ya que llevaría demasiado tiempo, pero no 'computable' o 'calculable' significa muchas cosas, o nada en absoluto dependiendo del contexto, y esto es por lo general simplemente ignorado totalmente.

El capítulo 9 es la típica pesadilla que uno espera. La primera cita de Minsky "milos NDS son simplemente lo que hacen los cerebros " es un truismo en el que en algunos juegos uno puede, por ejemplo, decir ' mi cerebro está cansado ', etc. pero como la mayoría no tiene ninguna comprensión en toda la línea entre las preguntas científicas y aquellos acerca de cómo se juegan los juegos de idiomas (cómo podemos utilizar el lenguaje inteligible). Las descripciones del comportamiento no son las mismas que las descripciones de los procesos cerebrales. Este ' reduccionismo ' es una visión irremediablemente en bancarrota de la vida,-simplemente no funciona, es decir, no es coherente, y esto se ha explicado extensamente, primero por Wittgenstein y posteriormente por Searle, hacker y muchos otros. Para una cosa, hay varios niveles de Descripción (física, química, bioquímica, genética, Neurofisiología, cerebro, pensamiento/comportamiento) y los conceptos (juegos de lenguaje) útiles e inteligible (tener significado claro o COS) en un nivel de trabajo diferente en otro. Además, un "estado mental", "disposición" o "pensamiento" o "acción", pueden describirse en primera persona o en tercera persona por muchas declaraciones y viceversa, Y una declaración puede describir muchos diferentes "Estados mentales", "disposiciones", "pensamientos" o "acciones", dependiendo intrincadamente en el contexto, por lo que la coincidencia entre el comportamiento y el lenguaje está enormemente infrresuelta incluso para actos o oraciones "simples". y como estos se vuelven más complejos hay una explosión combinatoria. Hacker y otros han explicado esto muchas veces.

163

No hay un significado claro para describir mi deseo de ver la puesta de sol en los niveles más bajos, y nunca lo serán. Son diferentes niveles de descripción, diferentes conceptos (diferentes juegos de idiomas) y uno no puede incluso tener sentido de reducir uno a otro, de la conducta en la neurofisiología en la bioquímica en la genética a la química en la física en matemáticas o Computación y como la mayoría de los científicos de Kurzweil saludando y afirma que no se hace porque su inconveniente o poco práctico no puede ver que el verdadero problema es que la ' reducción ' no tiene un significado claro (COS), o más bien muchos significados dependiendo de forma aguda en contexto, y en ningún caso podemos dar una cuenta coherente que elimina cualquier nivel.

Sin embargo, el cadáver podrido del reduccionismo flota a la superficie con frecuencia (por ejemplo, P37 y la cita de Minsky en p199) y se nos dice que la química "se reduce" a la física y que la termodinámica es una ciencia separada porque las ecuaciones se convierten en "difíciles de manejar", pero otra manera de decir esto es que la reducción es incoherente, los juegos de idiomas (conceptos) de un nivel simplemente no se aplican (tener sentido) en niveles más altos y más bajos de la descripción, y no es que nuestra ciencia o nuestro lenguaje es inadecuado. He discutido esto en mis otros artículos y es bien sabido en la filosofía de la ciencia, pero es probable que nunca va a penetrar en la "ciencia dura".

La psicología del pensamiento de orden superior no es descriptible por causas, sino por razones, y uno no puede hacer que la psicología desaparezca en fisiología ni fisiología en Bioquímica ni en física, etc. Son sólo diferentes e indispensables niveles de descripción. Wittgenstein lo describió con fama hace 80 años en el libro azul.

"Nuestro anhelo de generalidad tiene [como una] fuente... nuestra preocupación por el método de la ciencia. Me refiero al método de reducir la explicación de los fenómenos naturales al menor número posible de leyes naturales primitivas; y, en matemáticas, de unificar el tratamiento de diferentes temas mediante el uso de una generalización. Los filósofos ven constantemente el método de la ciencia ante sus ojos, y son irresistiblemente tentados a preguntar y responder en la forma en que la ciencia lo hace. Esta tendencia es la verdadera fuente de la metafísica, y lleva al filósofo a completa oscuridad. Quiero decir aquí que nunca puede ser nuestro trabajo para reducir cualquier cosa, o para explicar cualquier cosa. La filosofía es realmente "puramente descriptiva."

Como casi todos los científicos "duros" e incluso tristemente "blandos" también, no tiene ninguna comprensión de cómo funciona el lenguaje, por ejemplo, de cómo "pensar" y otros verbos psicológicos funcionan, por lo que los hace un mal uso constantemente a lo largo de sus escritos (por ejemplo, ver sus comentarios en Searle en P170). No voy a entrar en una explicación aquí, ya que he escrito extensamente sobre esto (Delirios utópicos suicidas en los 21St Siglo 4ª Ed (2019)). Así que, como la mayoría de los científicos, e incluso la mayoría de los filósofos, juega un juego de idiomas (utiliza las palabras con un significado o condición de satisfacción), pero lo mezcla con otros significados bastante diferentes, al mismo tiempo insistiendo en que su juego es el único que se puede jugar (tiene algún sentido "real"). Como la mayoría, tampoco está claro en la distinción entre cuestiones científicas de hecho y los temas de cómo el lenguaje se puede utilizar de manera inteligible. Además, no tiene una comprensión clara de la distinción entre los dos sistemas de pensamiento, las automaticidades del sistema no lingüístico S1 y las deliberaciones conscientes del sistema lingüístico S2, pero he descrito esto extensamente en mis escritos y no lo voy a hacer aquí.

Otra cosa que Kurzweil nunca menciona es el hecho obvio de que habrá conflictos graves y probablemente mortales con nuestros robots. Sólo piense en los continuos problemas diarios que tenemos con otros seres humanos, sobre el número de asaltos, abusos y asesinatos todos los días. ¿Por qué estos deben ser menos con los androides- y luego quién toma la culpa? No parecería haber ninguna razón en absoluto por qué los androides/AI deben estar menos en conflicto entre sí, y con nosotros, que otros humanos ya están.

Y todos los dispositivos/funciones/armas están siendo voltean a la IA a un ritmo rápido. Pronto todos los sistemas de armamento, comunicaciones, redes eléctricas, actividades financieras, sistemas médicos, vehículos, dispositivos electrónicos serán controlados por la IA. Cientos de miles de millones de dispositivos ' inteligentes ' conectados al Internet de las cosas y sólo un puñado de programadores incluso posiblemente capaces de entenderlos o controlarlos. Millones de missles inteligentes, naves, submarinos, tanques, cañones, satélites, drones en todo el mundo, programados para eliminar automáticamente ' enemigos ' y cada vez más dominado por un masivo Ejército chino internacional dirigido por los siete sociópatas. Un hacker (o una IA rogue) podría paralizar o activar cualquiera de ellos en cualquier momento, y una vez que comiencen los fuegos artificiales, ¿quién podría detenerlo?

La ley de robótica de Asimov-no daña a los seres humanos, es una fantasía que es inalcanzable en la práctica para los androides/AI tal como lo es para nosotros. Admito (como Searle tiene muchas veces) que somos ' androides ' también, aunque diseñado por la selección natural, no tener ' inteligencia ' desde un punto de vista, pero habiendo Casi "inteligencia" ilimitada de otra.

¿Qué es detener Ai tener todas las dolencias mentales que tenemos: neurosis, psicosis, sociopatías, egomanía, codicia, deseo egoísta de producir copias interminables del propio ' genoma ' (electrome, digitome, silicome?), racismo (programismo?), algo equivalente a la drogadicción, tendencias homicidas y suicidas o deberíamos simplemente término estos ' bichos biocidas '? Claro, los humanos intentarán excluir el mal comportamiento de los programas, pero esto tendrá que ser después del hecho, es decir, cuando ya está disperso a través de la red a millones o miles de millones de dispositivos, y como serán la autoprogramación y actualización, cualquier maldad que le otorgue una ventaja de supervivencia Debe extenderse casi instantáneamente. Esto es, por supuesto, sólo el Ai equivalente de la evolución humana por selección natural (fitness inclusivo).

John Searle mató la idea de la IA fuerte con la habitación China y otras descripciones de la incoherencia de varios juegos de idiomas (como Wittgenstein había hecho magníficamente mucho antes de que hubiera computadoras, aunque pocos se han dado cuenta). Él es considerado por algunos como el némesis de la IA, pero de hecho sólo tiene lo describió con precisión, y no tiene antipatía en absoluto. Searle ha dicho repetidamente que, por supuesto, las máquinas pueden pensar y sentir, porque somos tales máquinas! Hecho de proteínas, etc., y no de metal, pero las máquinas en un sentido muy fundamental, sin embargo. Y las máquinas que tomaron alrededor de 4 mil millones años de experimentación en un laboratorio del tamaño de la tierra con trillones of trillones de máquinas que se crean y sólo un pequeño número de los supervivientes más exitosos. Los esfuerzos de la IA parecen o al menos robótica, hasta ahora parecen triviales en comparación. Y como él señala es posible que gran parte o la totalidad de nuestra psicología puede ser única para los seres carnosos, al igual que gran parte de la IA puede ser para silicon. ¿Cuánto podría ser 'verdad' superposición y cuánta simulación vaga es imposible de decir.

La selección Darwiniana o la supervivencia del más apto, ya que se aplica a Ai es un tema importante que nunca es abordado por Kurzweil, ni la mayoría de los otros, pero es el tema de un libro entero del filósofo-científico Nik Bostrum y de repetidas advertencias por el físico del agujero negro y el más largo sobreviviente del mundo de ALS, Stephen Hawking. La selección natural es mayormente equivalente a la aptitud inclusiva o favoritismo hacia parientes cercanos (selección de parientes). Y "selección de grupo compensatorio" para ' niceness ' es ilusorio (vea mi reseña de la red social de conquista de la tierra de Wilson (2012)). sí, no tenemos ADN y genes en robots (todavía), pero en lo que es tal vez el filósofo Daniel Dennett más (sólo?) contribución sustantiva a la filosofía, es útil considerar la aptitud inclusiva como el ' ácido universal ' que come a través de todas las fantasías sobre la evolución, naturaleza y la sociedad. Por lo tanto, cualquier androide auto-replicante o programa que tiene incluso la más mínima ventaja sobre otros Puede eliminarlos automáticamente y los seres humanos y todas las demás formas de vida, proteínas o metales, que son competidores de recursos, o simplemente para ' diversión ', como humanos con otros animales.

¿Exactamente qué evitará que los programas evolucionen del egoísmo y sustituyan a todas las demás máquinas/programas o formas biológicas de la competencia? Si uno toma la "singularidad" en serio, entonces ¿por qué no tomar esto sólo un serio? Comenté esto hace mucho tiempo y, por supuesto, es un elemento básico de la ciencia ficción. así que, AI es sólo la siguiente etapa de la selección natural con los seres humanos acelerando en ciertas direcciones hasta que son reemplazados por sus creaciones, al igual que las ventajas en nuestro ' programa ' resultó en la extinción de todas las otras subespecies hominoides y está exterminando rápidamente todas las otras formas de vida grandes (excepto por supuesto los que comemos y algunas mascotas degeneradas, la mayoría de las cuales se comen como los diferenciales de hambre).

Como es habitual en las cuentas "fácticas" de la IA/robótica, Kurzweil no da tiempo a las amenazas reales a nuestra privacidad, seguridad e incluso a la supervivencia de la creciente ' androidización ' de la sociedad, que son prominentes en otros autores de no ficción (Bostrum, Hawking etc.) y frecuentes en SciFi y películas. Se requiere poca imaginación para ver este libro como simplemente otra ilusión de utopía suicida que se concentra en los aspectos ' agradables ' de los androides, humanoides, democracia, computadoras, tecnología, diversidad étnica e ingeniería genética. Sin embargo, es gracias a estos que los últimos vestigios de nuestra estabilidad/privacidad/seguridad/prosperidad/tranquilidad/cordura están desapareciendo rápidamente. Además, los drones y los vehículos autónomos están aumentando rápidamente en capacidades y bajando de costo, por lo que no será mucho antes de que se utilicen versiones de la mejoradas para el crimen, la vigilancia y el espionaje por todos los niveles de gobierno, terroristas, ladrones, acosadores, secuestradores y asesinos. Dada su foto, huellas dactilares, nombre, lugar de trabajo, dirección, teléfono móvil #, correos electrónicos y chats, todos cada vez más fácil de conseguir, drones alimentados por energía solar o auto-carga, Microbots, y los vehículos serán capaces de llevar a cabo casi cualquier tipo de crimen. Los virus inteligentes continuarán invadido su teléfono, PC, tableta, refrigerador, coche, TV, reproductor de música, monitores de salud, androides y sistemas de seguridad para robar sus datos, monitorear sus actividades, seguirle, y si lo desea, extorsionar, secuestrar o matar. Su cristal claro que si los aspectos positivos sucedan entonces los negativos también. Es un lanzamiento que va a hacer el más malvado-los yihadistas, los siete sociópatas, los hackers o nuestros propios programas, o tal vez todos ellos en concierto. Este lado oscuro de AI/Robotics/The Internet de Coisas a no se mencionan en este libro, y esta es la norma.

Aunque la idea de que los robots se apoderen ha estado en SciFi durante muchos años, empecé a pensar seriamente en ello cuando leí sobre los nanobots en los motores de creación de Drexler en 1993. Y muchos se han preocupado por la ' goo Gris ' problema — i. e., de los nanobots replicando hasta que sofoque todo lo demás.

Otra singularidad que Kurzweil y la mayoría en la IA no mencionan es la posibilidad de que la ingeniería genética pronto conducirá al ADN desplazando el silicio como el medio para la inteligencia avanzada. CRISPR y otras técnicas nos permitirá cambiar los genes a voluntad, añadiendo nuevos genes/cromosomas enteros en meses o incluso horas, con el desarrollo superrápido de organismos o cerebros en tinas sin cuerpos molestos para gravarlos. Incluso ahora, sin la ingeniería genética, hay genios precoces dominando la mecánica cuántica en sus primeros años de adolescencia o tomando el cubo de un número de 10 dígitos en su cabeza. Y la programación de los genes puede ser hecha por los mismos ordenadores y programas que se utilizan para la IA.

Cualquiera que tome IA en serio también podría encontrar interés en mi artículo sobre el trabajo de David Wolpert sobre la Ley Suprema en la teoría de la máquina de Turing que sugiere algunas facetas notables y límites a la computación y la ' inteligencia '. Lo escribí porque su trabajo ha escapado de alguna manera a la atención de toda la comunidad científica. Es fácilmente disponible en la red y en mi Artículo "Wolpert, Godel, Chaitin y Wittgenstein sobre la imposibilidad, la incompletitud, la paradoja mentirosa, el teísmo, los límites de la computación, un principio de incertidumbre mecánica no cuántica y el universo como computadora, el teorema definitivo en la teoría de la máquina de Turing' (2015).

Para su crédito, Kurzweil hace un esfuerzo para entender a Wittgenstein (P220 etc.), pero (como 50 millones otros académicos) sólo tiene una comprensión superficial de lo que hizo. Antes de que existiesen ordenadores, Wittgenstein discutió en profundidad los temas básicos de lo que era el cálculo y lo que hace que los seres humanos sean distintos de las máquinas, pero sus escritos sobre esto son desconocidos para la mayoría. Gefwert es uno de los pocos que los analizan en detalle, pero su trabajo ha sido ignorado en gran medida.

En p222 Kurzweil comenta que es ' tonto ' negar el ' mundo físico ' (un juego de lenguaje intrincado), pero es más bien que uno no puede dar ningún sentido a tal negación, ya que presupone la inteligibilidad (realidad) de lo que niega. Esta es la siempre presente cuestión de cómo damos sentido a (estamos seguros de) cualquier cosa, lo que nos lleva de nuevo a la famosa obra de Wittgenstein ' sobre la certeza ' (ver mi reseña) y la noción de la "verdadera única" Proposición. Al igual que todas las discusiones de comportamiento, Kurzweil necesita una estructura lógica para la racionalidad (intencionalidad) y (lo que es equivalente) una comprensión profunda de cómo funciona el lenguaje, pero está casi totalmente ausente. Como gran parte de mi Trabajo trata de estos problemas que no voy a entrar en ellos aquí, excepto para proporcionar el cuadro resumido de la intencionalidad.

Después de medio siglo en el olvido, la naturaleza de la conciencia es ahora el tema más caliente en las Ciencias del comportamiento y la filosofía. Comenzando con el pionero obra de Ludwig Wittgenstein en la década de 1930 (los libros azul y marrón) a 1951, y desde los años 50 hasta el presente por sus sucesores Searle, Moyal-Sharrock, Read, hacker, Stern, Horwich, Winch, Finkelstein, etc., he creado la siguiente tabla como una heurística para avanzar en este estudio. Las filas muestran diversos aspectos o formas de estudiar y las columnas muestran los procesos involuntarios y comportamientos voluntarios que comprenden los dos sistemas (procesos duales) de la estructura lógica de la conciencia (LSC), que también pueden considerarse como la estructura lógica de la racionalidad (LSR-Searle), de la conducta (LSB), de la personalidad (LSP), de la mente (LSM), del lenguaje (LSL), de la realidad (LSOR), de la intencionalidad (LSI)-el término filosófico clásico, la psicología descriptiva de la conciencia (DPC), el descriptivo Psicología del pensamiento (DPT) – o mejor, el lenguaje de la psicología descriptiva del pensamiento (LDPT), términos introducidos aquí y en mis otros escritos muy recientes.

Las ideas para esta tabla se originaron en el trabajo de Wittgenstein, una mesa mucho más simple de Searle, y se correlaciona con extensas tablas y gráficos en los tres recientes BooKS sobre la naturaleza humana por P. m. S hacker. Las últimas 9 filas provienen principalmente de la investigación de la decisión de Johnathan St. B.T. Evans y colegas como revisado por mí mismo.

El sistema 1 es involuntario, reflexivo o automatizado "reglas" R1 mientras pensar (cognición) no tiene lagunas y es voluntario o deliberativo "reglas" R2 y Willing (Volicion) tiene 3 lagunas (ver Searle).

Sugiero que podamos describir el comportamiento más claramente cambiando "imponer condiciones de satisfacción en las condiciones de satisfacción" de Searle a "relacionar los Estados mentales con el mundo moviendo los músculos" — es decir, hablar, escribir y hacer, y su "mente al mundo Dirección de ajuste" y " la dirección del mundo a la mente de ajuste "por" causa se origina en la mente "y" causa se origina en el mundo "S1 es sólo de forma ascendente causal (mundo a la mente) y sin contenido (falta de representaciones o información) mientras que S2 tiene contenidos y es descendente causal (mente al mundo). He adoptado mi terminología en esta tabla.

DESDE EL ANALISIS DE LOS JUEGOS DE IDIOMAS

	Disposición	Emoción	Memoria	Percepción	Deseo	PI * *	IA * * *	Acción-Palabra
Causa origina de * * * *	Mundo	Mundo	Mundo	Mundo	Mente	Mente	Mente	Mente
Provoca cambios en * * * * *	Ninguno	Mente	Mente	Mente	Ninguno	Mundo	Mundo	Mundo
Causalmente Auto Reflexivo * * * * * *	No	Sí	Sí	Sí	No	Sí	Sí	Sí
Verdadero o falso (Comprobable)	Sí	T sólo	T sólo	T sólo	Sí	Sí	Sí	Sí
Condiciones públicas de satisfacción	Sí	Sí/No	Sí/No	No	Sí/No	Sí	No	Sí
Describir Un estado mental	No	Sí	Sí	Sí	No	No	Sí/No	Sí
Prioridad evolutiva	5	4	2, 3	1	5	3	2	2
Contenido voluntario	Sí	No	No	No	No	Sí	Sí	Sí
Iniciación voluntaria	Sí/No	No	Sí	No	Sí/No	Sí	Sí	Sí
Sistema cognitivo * * * * * * *	2	1	2/1	1	2/1	2	1	2
Cambiar intensidad	No	Sí	Sí	Sí	Sí	No	No	No
Duración precisa	No	Sí	Sí	Sí	No	No	Sí	Sí
Aquí y Ahora o Allá y Luego (H + N, T + T) * * * * * * * *	TT	HN	HN	HN	TT	TT	HN	HN
Calidad especial	No	Sí	No	Sí	No	No	No	No
Localizado en Cuerpo	No	No	No	Sí	No	No	No	Sí
Las expresiones corporales	Sí	Sí	No	No	Sí	Sí	Sí	Sí
Autocontradicciones	No	Sí	No	No	Sí	No	No	No
Necesita un yo	Sí	Sí/No	No	No	Sí	No	No	No
Necesita lenguaje	Sí	No	No	No	No	No	No	Sí/No

DE LA INVESTIGACIÓN DE DECISIONES

	Disposición	Emoción	Memoria	Percepción	Deseo	PI **	IA ***	Acción/ Palabra
Efectos subliminales	No	Sí/No	Sí	Sí	No	No	No	Sí/No
Asociativa Basada en reglas	RB	A/RB	A	A	A/RB	RB	RB	RB
Dependiente del contexto/ Abstracto	A	CD/A	CD	CD	CD/A	A	CD/A	CD/A
Serie/Paralelo	S	S/P	P	P	S/P	S	S	S
Heurístico Analítica	A	H/A	H	H	H/A	A	A	A
Necesita trabajar Memoria	Sí	No	No	No	No	Sí	Sí	Sí
Dependiente general de la inteligencia	Sí	No	No	No	Sí/No	Sí	Sí	Sí
La carga cognitiva Inhibe	Sí	Sí/No	No	No	Sí	Sí	Sí	Sí
Excitación facilita o inhibe	I	F/I	F	F	I	I	I	I

Condiciones públicas de satisfacción de S2 son a menudo referidos por Searle y otros como COS, representaciones, creadores de la verdad o significados (o COS2 por mí mismo), mientras que los resultados automáticos de S1 son designados como presentaciones por otros (o COS1 por mí mismo).

* Aka Inclinaciones, Capacidades, Preferencias, Representaciones, Posibles Acciones, etc.

** Intenciones anteriores de Searle

*** La intención en acción de Searle.

**** Dirección de ajuste de Searle

***** Dirección de causalidad de Searle

****** (Las instancias del estado mental - Causas o se cumple a sí mismo). Searle anteriormente llamó a esto causalmente auto-referencial.

******* Tversky / Kahneman / Frederick / Evans / Stanovich definieron los sistemas cognitivos.

******** Aquí y ahora o allí y luego

Uno siempre debe tener en cuenta el descubrimiento de Wittgenstein que después de haber descrito los posibles usos (significados, creadores de la verdad, condiciones de satisfacción) de idioma en un determinado contexto, hemos agotado su interés, y los intentos de explicación (es decir, filosofía) sólo nos alejan de la verdad. Nos mostró

171

que sólo hay un problema filosófico: el uso de oraciones (juegos de idiomas) en un contexto inapropiado y, por lo tanto, sólo una solución, mostrando el contexto correcto.

En p 278 comenta sobre nuestra mejora de la vida y referencias ' abundancia ' por su colega Diaminidis-otra fantasía utópica, y menciona la reciente obra de Pinker "los mejores ángeles de nuestra naturaleza: ¿por qué la violencia ha disminuido", pero no se da cuenta de que estas mejoras son sólo temporal, y se compran a costa de destruir el futuro de nuestro descendiente. Como he revisado el libro de Pinker y comentado en detalle sobre el próximo colapso de Estados Unidos y el mundo en mi libro ' suicidio por la democracia ' 2Nd Ed (2019) No voy a repetirlo aquí.

Cada día perdemos un menos 100 millones de toneladas de tierra vegetal en el mar (CA. 6kg/persona/día) y unas 20.000 hectáreas de tierra agrícola se vuelven salinificadas e inútiles. El agua dulce está desapareciendo en muchas áreas y el calentamiento global reducirán drásticamente la producción de alimentos en muchos 3Rd países del mundo. E cada día las madres del 3er mundo (el 1er mundo ahora disminuyendo diariamente) nos ' bendicen ' con otros 300.000 bebés o así, lo que conduce a un aumento neto de alrededor de 200000, otro de las Vegas cada 10 días, otro de los Angeles cada mes. Alrededor de 4 mil millones más en 2100, la mayoría en África, la mayoría del resto en Asia. Los musulmanes, famosamente tolerantes, probablemente aumentarán de aproximadamente 1/5 a alrededor de 1/3 de la tierra y controlarán numerosas bombas de H y drones controlados por la IA. Gracias a los delirios sociales de los pocos cientos de políticos que lo controlan, el romance de Estados Unidos con la "diversidad" y la "democracia" garantizará su transformación en un 3er infierno mundial y el famosamente benevolente Siete sociópatas que corren China ahora están Tomando etapa central (buscar la iniciativa cinturón y carretera, la diplomacia trampa de la deuda y agacharse tigre en la red o YouTube). Se proyecta que el nivel del mar se elevará de uno a tres metros por 2100 y algunas proyecciones son diez veces mayores. No hay ninguna duda de que eventualmente se elevará mucho más alto y cubrirá gran parte de las zonas principales del mundo de tierras de cultivo y más densamente pobladas. También está claro que el petróleo y el gas natural y la buena calidad fácil de conseguir el carbón se habrá ido, gran parte de la tierra despojado de suelo, todos los bosques se han ido, y la pesca se redujo drásticamente. Me gustaría ver un relato plausible de cómo la IA arreglará esto. Incluso si es teóricamente posible, ¿a qué costo en dinero y contaminación y sufrimiento social para crearlos y mantenerlos? La segunda ley de la termodinámica y el resto de la física, química y economía trabaja para los androides, así como los hominoides. ¿Y quién va a obligar al mundo a cooperar cuando su vida obvia es un cero-juego de suma en el que su ganancia es mi pérdida? Ciertamente no los yihadistas o los siete sociópatas. No hay almuerzo gratis. Incluso si los robots pudieran hacer todas las tareas humanas Pronto no salvaría al mundo de los constantes conflictos internacionales, el hambre, la enfermedad, el crimen, la violencia y la guerra. Cuando eles no se puede hacer para cooperar en este tiempo limitado de abundancia (comprado por violar la tierra) es desesperadamente ingenuo suponer que lo harán cuando la anarquía está arrasando el planeta.

Me da por sentado que los avances técnicos en electrónica, robótica e IA ocurrirán, resultando en profundos cambios en la sociedad. Sin embargo, creo que los cambios provenientes de la ingeniería genética son al menos tan grandes y potencialmente mucho mayores, ya que nos permitirán cambiar totalmente Quiénes somos. Y será factible hacer servidores SuperSmart/súper fuertes modificando nuestros genes o los de otros monos. Al igual que con otras tecnologías, cualquier país que resista se quedará atrás. Pero, ¿será socialmente y económicamente factible implementar BioBots o superhumanos a gran escala? E incluso si es así, no parece remotamente posible, económica o socialmente para evitar el colapso de la civilización industrial.

Por lo tanto, ignorando los errores filosóficos en este volumen como irrelevantes, y dirigiendo nuestra atención sólo a la ciencia, lo que tenemos aquí es otra ilusión utópica suicida enraizada en el fracaso de captar la biología básica, la psicología y la ecología humana, las mismas ilusiones que están destruyendo Estados Unidos y el mundo. Veo una remota posibilidad de que el mundo se pueda salvar, pero no por la/robótica, CRISPR, ni por la democracia, diversidad y la igualdad.

¿Qué significa paraconsistente, indescifrable, aleatorio, computable e incompleto? Una revisión de' la Manera de Godel: explota en un mundo indecible' (Godel's Way: Exploits into an Undecidable World) por Gregory Chaitin, Francisco A Doria, Newton C.A. da Costa 160p (2012) (revisión revisada 2019)

Michael Starks

Abstracto

En ' Godel's Way ', tres eminentes científicos discuten temas como la indecisión, la incompleta, la aleatoriedad, la computabilidad y la paracoherencia. Me acerco a estas cuestiones desde el punto de vista de Wittgensteinian de que hay dos cuestiones básicas que tienen soluciones completamente diferentes. Existen las cuestiones científicas o empíricas, que son hechos sobre el mundo que necesitan ser investigados Observacionalmente y cuestiones filosóficas en cuanto a cómo el lenguaje se puede utilizar inteligiblemente (que incluyen ciertas preguntas en matemáticas y lógica), que necesitan decidirse por unt cómo realmente usar palabras en contextos concretos. Cuando tenemos claro sobre qué juego de idiomas estamos jugando, estos temas son vistos como preguntas científicas y matemáticas ordinarias como cualquier otra. Las percepciones de Wittgenstein rara vez se han igualado y nunca superado y son tan pertinentes hoy como lo fueron hace 80 años cuando dictó los libros azul y marrón. A pesar de sus fallas — realmente una serie de notas en lugar de un libro terminado —, esta es una fuente única de la obra de estos tres eruditos famosos que han estado trabajando en los bordes sangrantes de la física, las matemáticas y la filosofía durante más de medio siglo. Da Costa y Doria son citados por Wolpert (ver abajo o mis artículos sobre Wolpert y mi reseña de ' los límites de la razón ' de Yanofsky) desde que escribieron en el cómputo universal, y entre sus muchos logros, da Costa es pionera en paraconsistencia.

Aquellos que deseen un marco completo hasta la fecha para el comportamiento humano de la moderna dos sistemas punta da vista puede consultar mi libro 'La estructura lógica de la filosofía, la psicología, la mente y lenguaje en Ludwig Wittgenstein y John Searle ' 2a ED (2019). Los interesados en más de mis escritos pueden ver 'Monos parlantes--filosofía, psicología, ciencia, religión y política en un planeta condenado--artículos y reseñas 2006-2019 3rd ED (2019) y Delirios utópicos suicidas en el siglo 21 4a Ed (2019) y otras.

A pesar de sus fallas — realmente una serie de notas en lugar de un libro terminado —, esta es una fuente única de la obra de estos tres eruditos famosos que han estado trabajando en los bordes sangrantes de la física, las matemáticas y la filosofía durante más de medio siglo. Da Costa y Doria son citados por Wolpert (ver abajo o mis artículos sobre Wolpert y mi reseña de ' los límites de la razón ' de Yanofsky) desde que escribieron en el cómputo universal, y entre sus muchos logros, da Costa es pionera en paraconsistencia.

La prueba de Chaitin de la aleatoriedad algorítmica de las matemáticas (de la que los resultados de Godel son un corolario) y el número Omega son algunos de los resultados matemáticos más famosos en los últimos 50 años y los ha documentado en muchos libros y artículos. Sus coautores de Brasil son menos conocidos, a pesar de sus muchas contribuciones importantes. Para todos los temas aquí, la mejor manera de obtener artículos gratuitos y libros en la vanguardia es visitar ArXiv.org, viXra.org, academia.edu, citeseerx.ist.psu.edu, philpapers.org, libgen.is o b-OK.org, donde hay millones de Preprints/articles/Books en cada tema (se advierte que esto puede utilizar todo su tiempo libre para el resto de su vida!).

Como los lectores de mis otros artículos son conscientes, en mi opinión hay dos temas básicos que se ejecutan a lo largo de la filosofía y la ciencia que tienen soluciones completamente diferentes. Existen las cuestiones científicas o empíricas, que son hechos sobre el mundo que necesitan ser investigados Observacionalmente, y cuestiones filosóficas sobre cómo el lenguaje puede ser utilizado de manera inteligible, que necesitan ser decididos mirando cómo realmente usamos ciertas palabras en contextos particulares y cómo se extienden a nuevos usos en contextos nuevos. Desafortunadamente, no hay casi ninguna conciencia de que estas son dos tareas diferentes y por lo que este trabajo, al igual que toda la escritura científica que tiene un aspecto ' filosófico ', mezcla los dos con resultados desafortunados. Y luego está el cientismo, que aquí podemos tomar como el intento de tratar todas las cuestiones como los científicos y el reduccionismo que trata de tratarlos como física y/o matemática. Desde que he notado en mis reseñas de libros de Wittgenstein (W), Searle y otros, cómo una comprensión del lenguaje utilizado en lo que Searle llama la estructura lógica de la realidad (LSR) y yo llamo a la psicología descriptiva del pensamiento de orden superior (DPHOT), junto con el proceso dual marco de referencia (los dos sistemas del pensamiento) ayuda a aclarar los problemas filosóficos, no voy a repetir las razones de esa opinión aquí.

Dado que los teoremas de Godel son corollarios del teorema de Chaitin mostrando aleatoriedad algorítmica (incompleta) a lo largo de las matemáticas (que es sólo otro de nuestros sistemas simbólicos que pueden dar lugar a acciones comprobables públicas-i. e., si es significativo que tiene COS), parece ineludible que el pensamiento (disposicional comportamiento que tiene COS) está lleno de declaraciones y situaciones imposibles, aleatorias o incompletas. Ya que podemos ver cada uno de estos dominios como sistemas simbólicos evolucionados por la oportunidad de hacer que nuestro trabajo de psicología, tal vez debería ser considerado como no sorprendente que no son "completos". Para las matemáticas, Chaitin dice que esta ' aleatoriedad ' (otro grupo de juegos de idiomas) muestra que hay teoremas ilimitados que son ' verdaderos ' pero no puede comprobar-es decir, ' verdadero ' sin ' razón '. Entonces uno debería poder decir que hay declaraciones ilimitadas que hacen un perfecto sentido "gramatical" que no describen situaciones reales alcanzables en ese dominio. Sugiero que estos rompecabezas desaparecen si uno considera las opiniones de W. Escribió muchas notas sobre el tema de los teoremas de Godel, y la totalidad de su trabajo se refiere a la plasticidad, "incompleta" y la sensibilidad de contexto extrema del lenguaje, las matemáticas y la lógica, y los recientes documentos de Rodych, Floyd y Berto son la mejor introducción que conozco para Los comentarios de W sobre los fundamentos de las matemáticas y así a la filosofía.

En cuanto a Godel y "incompleta", ya que nuestra psicología expresada en sistemas simbólicos como las matemáticas y el lenguaje es "aleatoria" o "incompleto" y está llena de tareas o situaciones ("problemas") que han sido demostradas imposibles (es decir, no tienen solución-ver abajo) o cuya naturaleza no está clara, parece inevitable que todo lo derivado de ella mediante el uso de pensamiento de orden superior (sistema 2 o S2) para extender nuestra psicología axiomática innata (sistema 1 o S1) en interacciones sociales complejas como juegos, economía, física y matemáticas, también serán "incompletas".

El primero de ellos en lo que ahora se llama teoría de la elección social o teoría de la decisión (que son continuos con el estudio de la lógica y el razonamiento y la filosofía) fue el famoso teorema de Kenneth Arrow hace 63 años, y ha habido muchos desde como el reciente imposibilidad o prueba incompleta de Brandenburger y Kreisel (2006) en dos-Teoría de juegos de persona. En estos casos, una prueba muestra que lo que parece una simple elección que se indica en inglés simple no tiene solución. También hay muchas famosas "paradojas" como la bella durmiente (disuelta por Rupert Read), el problema de Newcomb (disuelto por Wolpert) y Doomsday, donde lo que parece ser un problema muy simple o bien no tiene una respuesta clara, o resulta excepcionalmente difícil de encontrar. Existe una montaña de literatura sobre los dos teoremas "incompletos" de Godel y el trabajo más reciente de Chaitin, pero creo que los escritos de W en los años 30 y 40 son definitivos. Aunque Shanker, Mancosu, Floyd, Marion, Rodych, Gefwert, Wright y otros han hecho un trabajo perspicaz en la explicación de W, es sólo recientemente que el análisis único penetrante de W de los juegos de idiomas que se juegan en matemáticas y lógica han sido aclarados por Floyd (por ejemplo, ' el argumento diagonal de Wittgenstein-una variación en cantor y Turing '), Berto (por ejemplo, ' la paradoja de Godel y las razones de Wittgenstein ', y ' Wittgenstein en incompletitud hace que Sentido paraconsistente ', y Rodych (por ejemplo, ' Wittgenstein y Godel: los comentarios recién publicados ' y ' malentendido Gödel: nuevos argumentos sobre Wittgenstein y nuevos comentarios de Wittgenstein '). Berto es uno de los mejores filósofos recientes, y aquellos con el tiempo podrían desear consultar sus muchos otros artículos y libros, incluyendo el volumen que co-editór en paraconsistencia. El trabajo de Rodych es indispensable, pero sólo dos de una docena de documentos son gratuitos en línea (pero ver b-OK.org y también su en línea Artículos de la enciclopedia de filosofía de Stanford).

Berto señala que W también negó la coherencia de metamatematics-i. e., el uso por parte de Godel de un metateorema para probar su teorema, probablemente que representa la interpretación "notoria" de W del teorema de Godel como una paradoja, y si aceptamos el argumento de W, creo que nos vemos obligados a negar la inteligibilidad de metangulos, metateorías y meta cualquier otra cosa. ¿Cómo puede ser que tales conceptos (palabras) como metamatemático, indecibilidad e incompletitud, aceptada por millones (e incluso reclamados por no menos de Penrose, Hawking, Dyson et al para revelar verdades fundamentales sobre nuestra mente o el universo) son simples malentendidos acerca de cómo funciona el lenguaje? ¿No es la prueba en este pudin que, como tantas nociones filosóficas "reveladoras" (por ejemplo, mente y voluntad como ilusiones a la Dennett, Carruthers, etc.), no tienen ningún impacto práctico en absoluto? Berto lo resume muy bien: "dentro de este marco, no es posible que la misma frase... resulta ser expresable, pero indescifrable, en un sistema formal... y demostrablemente cierto (bajo la hipótesis de coherencia antes mencionada) en un sistema diferente (el meta-sistema). Si, como sostiene Wittgenstein, la prueba establece el significado mismo de la sentencia probada, entonces no es posible que la misma frase (es decir, una frase con el mismo significado) sea indescifrable en un sistema formal, sino que se decida en un sistema diferente (el meta-sistema) ... Wittgenstein tuvo que rechazar tanto la idea de que un sistema formal puede estar incompleto sintácticamente, como la consecuencia platónica de que ningún sistema formal que demuestre sólo verdades aritméticas puede probar todas las verdades aritméticas. Si las pruebas establecen el significado de las oraciones aritméticas, entonces no puede haber sistemas incompletos, así como no puede haber significados incompletos. " Y además "aritméticos incoherentes, es decir, aritméticos no clásicos basados en una lógica paraconsistente, son hoy en día una realidad. Lo que es más importante, las características teóricas de tales teorías coinciden precisamente con algunas de las intuiciones de Wittgensteinian antes mencionadas... Su incongruencia les permite también escapar del primer teorema de Godel, y del resultado de la indecisión de la iglesia: son, es decir, demostrablemente completos y decisibles. Por lo tanto, cumplen precisamente la solicitud de Wittgenstein, según la cual no puede haber problemas matemáticos que puedan formularse de manera significativa en el sistema, pero que las normas del sistema no pueden decidir. Por lo tanto, la decidabilidad de los aritméticos paraconsistentes armoniza con una opinión que Wittgenstein mantuvo en su carrera filosófica. "

W también demostró el error fatal en relación con las matemáticas o el lenguaje o nuestro comportamiento en general como un sistema lógico coherente unitario, en lugar de como un variopinto de piezas ensambladas por los procesos aleatorios de selección natural. "Godel nos muestra un poco de claridad en el concepto de ' matemáticas ', que se indica por el hecho de que las matemáticas se toman como un sistema" y podemos decir (contra casi todo el mundo) que es todo lo que Godel y Chaitin muestran. W comentó muchas veces que la ' verdad ' en matemáticas significa axiomas o teoremas derivados de axiomas, y "falso" significa que uno cometió un error en el uso de las definiciones (de los cuales los resultados siguen necesariamente y algorítmicamente), y esto es totalmente diferente de los asuntos empíricos donde uno aplica una prueba (los resultados de los cuales son impredecibles y discutible). W a menudo señaló que para ser aceptable como matemáticas en el sentido habitual, debe ser utilizable en otras pruebas y debe tener aplicaciones del mundo real, pero tampoco es el caso con la incompletitud de Godel. Puesto que no se puede probar en un sistema consistente (aquí la aritmética de Peano pero una arena mucho más amplia para Chaitin), no se puede utilizar en pruebas y, a diferencia de todo el ' resto ' de la aritmética de Peano, tampoco se puede utilizar en el mundo real. Como Rodych notas "... Wittgenstein sostiene que un cálculo formal es sólo un cálculo matemático (es decir, un juego de lenguaje matemático) si tiene una aplicación extra-sistémica en un sistema de proposiciones contingentes (por ejemplo, en el conteo ordinario y la medición o en la física) ..." Otra manera de decir esto es que uno necesita una orden para aplicar nuestro uso normal de palabras como ' prueba ', ' proposición ', ' verdadero ', ' incompleto ', ' número ', y ' matemáticas ' a un resultado en la maraña de juegos creados con ' números ' y ' más ' y ' menos ' signos, etc., y con ' Incompletitud ' esta orden carece. Rodych lo resume admirablemente. "En la cuenta de Wittgenstein, no existe tal cosa como un cálculo matemático incompleto porque ' en matemáticas, todo es algoritmo [y sintaxis] y nada es significado [semántica]..."

W tiene mucho lo mismo que decir de la Diagonalización de cantor y la teoría del conjunto. "La consideración del procedimiento diagonal le da la idea de que el concepto de ' número real ' tiene mucho menos analogía con el concepto ' número cardinal ' que nosotros, siendo engañados por ciertas analogías, que se inclinan a creer" y hace muchos otros comentarios penetrantes (véase Rodych y Floyd). Claro, las mismas observaciones se aplican a todas las formas de lógica y cualquier otro sistema simbólico.

Como Rodych, Berto y Priest (otro pionero en la paraconsistencia) han señalado, W fue el primero (por varias décadas) en insistir en la inevitable capacidad y utilidad de la incoherencia (y debatió este tema con Turing durante sus clases sobre los fundamentos de las matemáticas). Ahora vemos que los comentarios despectivos sobre las observaciones de W sobre las matemáticas hechas por Godel, Kreisel, Dummett y muchos otros fueron mal concebidos. Como siempre, es una mala idea apostar contra W. Algunos pueden sentimos que nos hemos desviado del camino aquí — después de todo en ' Godel's Way ' sólo queremos entender ' ciencia ' y ' matemáticas ' (entre comillas porque parte del problema les concierne como ' sistemas ') y por qué surgen estas ' paradocitas ' e ' inconsistencias ' y cómo deshacerse de Ellos. Pero yo reclamo que es exactamente lo que he hecho señalando el trabajo de W. Nuestros sistemas simbólicos (lenguaje, matemáticas, lógica, computación) tienen un uso claro en los estrechos confines de la vida cotidiana, en lo que podemos llamar vagamente al Reino mesoscópico-el espacio y el tiempo de los eventos normales que podemos observar sin ayuda y con certeza (el lecho axiomático innato o el fondo como W y posterior Searle lo llaman). Pero dejamos atrás la coherencia cuando entramos en los reinos de la física de partículas o el cosmos, la relatividad, las matemáticas más allá de la simple suma y resta con números enteros, y el lenguaje utilizado fuera del contexto inmediato de los acontecimientos cotidianos. Las palabras o frases enteras pueden ser iguales, pero el significado se pierde (es decir, para usar el término preferido de Searle, sus condiciones de satisfacción (COS) se cambian u opacos). A mí me parece la mejor manera de entender la filosofía Quizás para entrar en él a través de Berto, Rodych y el trabajo de Floyd en W, con el fin de entender las sutilezas del lenguaje, ya que se utiliza en matemáticas y después "metafísicos" temas de todo tipo pueden ser disueltos. Como señala Floyd "en cierto sentido, Wittgenstein está literalizando el modelo de Turing, llevándolo de vuelta al diario y dibujando el aspecto de comando antropomórfico de las metáforas de Turing."

W señaló cómo en matemáticas, estamos atrapados en más de LG (juegos de idiomas) donde no está claro lo que "verdadero", completa," demostrable" ," número ","infinito", etc. significan (es decir, cuáles son sus COS o los creadores de la verdad en este contexto), y por lo tanto qué significado adjuntar a ' incompleto ' y también para la "aleatoriedad algorítmica" de Chaitin. Como W señaló con frecuencia, hacer el "inconsistencias "de las matemáticas o los resultados contradictorio de la metafísica causan problemas reales en las matemáticas, la física o la vida? Los casos aparentemente más serios de declaraciones contradictorias-por ejemplo, en la teoría de los---se han sabido durante mucho tiempo, pero las matemáticas van de todos modos. Del mismo modo para los innumerables paradojas de mentiroso (self-referencing statements) en el lenguaje y en el incompletitud y "inconsistencia" (grupos de LG complejos) de matemáticas también.

Es una lucha constante para tener en cuenta que diferentes contextos significan diferentes LG (significados, COS) para "tiempo", "espacio", "partícula" "objeto", "dentro", "fuera", "siguiente", "simultáneo", "ocurrir", "suceder", "evento", "pregunta", "respuesta", "infinito", "pasado" , "futuro", "problema", "lógica", "ontología", "epistemología", "solución", "paradoja", "prueba", "extraña", "normal", "experimento", "completo", "incontable", "decidable", "dimensión", "completa", "fórmula", "proceso", "algoritmo", "axioma", " matemáticas "," número "," física "," causa "," lugar "," mismo "," en movimiento "," límite "," razón "," todavía "," suposición real "," creencia "," saber "," evento "," recursivo "," meta-", "autorreferencial" "continuar", "partícula", "onda", "frase" e incluso (en algunos contextos) "y", "o", "también", "añadir", "dividir", "si... luego "," sigue ", etc.

Como señaló W, la mayoría de lo que la gente (incluyendo muchos filósofos y la mayoría de los científicos) han decir cuando la filosofar no es filosofía sino su materia prima. Chaitin, Doria, y da Costa se unen a Yanofsky (Y), Hume, Quine, Dummett, Kripke, Dennett, Churchland, Carruthers, Wheeler, etc. en la repetición de los errores de los griegos con elegante jerga filosófica mezclada con la ciencia. Sugiero antídotos rápidos a través de mis críticas y algunos Rupert Read tales como sus libros ' una manera Wittgensteinian con paradojas ' y ' Wittgenstein entre las ciencias ', o ir a academia.edu y obtener sus artículos, especialmente ' Kripke's Conjuring trick ' y ' contra el tiempo rebanadas ' y luego tanto de Searle como sea factible, pero al menos su más reciente como ' filosofía en un nuevo siglo ', ' la filosofía de Searle y la filosofía China ', ' haciendo el mundo social ' y ' pensando en el mundo real ' (o al menos mis reseñas) y su Reciente volumen de percepción. Hay unlso sobre 100 YouTubes de Searle, que confirman su reputación como el mejor filósofo de Standup (en persona) desde Wittgenstein.

Una superposición importante que ahora existe (y se está expandiendo rápidamente) entre teóricos del juego, físicos, economistas, matemáticos, filósofos, teóricos de la decisión y otros, todos los cuales han estado publicando para DecADES pruebas estrechamente relacionadas de indescifrabilidad, imposibilidad, ininformatibilidad e incompletitud. Una de las más extrañas es la reciente prueba de Armando Assis de que en la formulación relativa del estado de Quantum mecánicos uno puede configurar un cero-juego de suma entre el universo y un observador usando el equilibrio de Nash, del cual siguen la regla del Born y el colapso de la función de onda. Godel fue el primero en demostrar un resultado imposible y (hasta Chaitin y sobre todo Wolpert-ver mi artículo sobre su trabajo) es el más de largo alcance (o simplemente trivial/incoherente), pero ha habido una avalancha de otros. Como se señaló, uno de los primeros en la teoría de la decisión fue el famoso teorema de imposibilidad general (GIT) descubierto por Kenneth Arrow en 1951 (por lo que obtuvo el Premio Nobel de economía en 1972-y cinco de sus estudiantes son ahora premios Nobel por lo que esto no es ciencia marginal). Afirma que no existe un sistema de votación razonablemente consistente y equitativo (es decir, ningún método para agregar las preferencias de las personas a las preferencias del grupo) puede dar resultados sensatos. El grupo está dominado por una persona y por lo tanto GIT es a menudo llamado el "teorema dictador", o hay preferencias intransitivas. El papel original de Arrow se tituló "una dificultad en el concepto de bienestar social" y se puede decir así: "es imposible formular una orden de preferencia social que satisfaga todas las condiciones siguientes: no dictadura; Soberanía individual; Unanimidad Libertad de alternativas irrelevantes; Singularidad del rango de grupo. " Aquellos familiarizados con la teoría de la decisión moderna aceptan esto y los muchos relacionados restringiendo los teoremas como puntos de partida. Aquellos que no lo pueden encontrar (y todos estos teoremas) increíble y en ese caso, necesitan encontrar una trayectoria profesional que no tenga nada que ver con ninguna de las disciplinas anteriores. Ver "El teorema de la imposibilidad de la flecha" (2014) o "toma de decisiones e imperfección" (2013) entre legiones de publicaciones.

Otro resultado de imposibilidad reciente es el de Brandenburger y Keisler (2006) para juegos de dos personas (pero por supuesto no limitado a "juegos" y como todos estos resultados de imposibilidad se aplica ampliamente a las decisiones de cualquier tipo), lo que demuestra que cualquier modelo de creencias de cierto tipo conduce a contradicciones. Una interpretación del resultado es que si las herramientas del analista de decisiones (básicamente, sólo la lógica) están disponibles para los jugadores en un juego, entonces hay declaraciones o creencias que los jugadores pueden anotar o "pensar", pero en realidad no pueden sostener. Pero nota la caracterización de W de "pensar" como una acción potencial con COS, que dice que realmente no tienen un significado (uso), como la infinidad de Chaitin de fórmulas aparentemente bien formadas que en realidad no pertenecen a nuestro sistema de matemáticas. "Ann cree que Bob asume que Ann cree que la suposición de Bob es errónea" parece irreprochable y múltiples capas de ' recursividad ' (otro LG) se han asumido en la argumentación, la lingüística, la filosofía, etc., por lo menos durante un siglo, pero B&K demostró que es imposible que Ann y Bob asuman estas creencias. Y hay un cuerpo de rápido crecimiento de tales resultados de imposibilidad para una persona o multijugador situaciones de decisión (por ejemplo, que la calificación en Arrow, Wolpert, Koppel y Rosser etc.). Para un buen papel técnico de entre la avalancha en la paradoja de B&K, obtener el papel de Abramsky y Zvesper de arXiv que nos lleva de vuelta a la paradoja del mentiroso y el infinito de cantor (como su título señala que se trata de "formas interactivas de diagonalización y auto-referencia") y por lo tanto a Floyd, Rodych, Berto, W y Godel. Muchos de estos documentos citan el papel de Yanofsky (Y) "un enfoque universal para las paradocitas autorreferenciales y los puntos fijos. Boletín de la lógica simbólica, 9 (3): 362 – 386, 2003.

Abramsky (un polímata que es entre otras cosas un pionero en la computación cuántica) es un amigo de y y así y contribuye un papel a la reciente Festschrift a él ' computación, Logic, Games y Quantum Foundations ' (2013). Para tal vez la mejor reciente (2013) Comentarios sobre el BK y paradojes relacionados ver la Conferencia de PowerPoint 165p libre en la red por Wes Holliday y Eric Pacuit ' Diez puzzles y paradojes sobre el conocimiento y la creencia '. Para una buena encuesta de varios autores, véase ' toma de decisiones colectivas (2010).

Una de las principales omisiones de todos estos libros es el increíble trabajo del físico polimatemático y teórico de la decisión David Wolpert, que demostró algunos teoremas sorprendentes de imposibilidad o incompletos (1992 a 2008-ver arxiv.org) en los límites de la inferencia (computación) que son tan generales que son independiente del dispositivo que realiza el cálculo, e incluso independiente de las leyes de la física, por lo que se aplican a través de los ordenadores, la física y el comportamiento humano, que resumió de manera: "no se puede construir un equipo físico que pueda estar seguro de procesar correctamente información más rápida que el universo. Los resultados también significan que no puede existir un aparato de observación infalible y de propósito general, y que no puede haber un aparato de control infalible y de propósito general. Estos resultados no se basan en sistemas que son infinitos, y/o no clásicos, y/o obedecen dinámicas caóticas. También se encuentran incluso si uno utiliza una computadora infinitamente rápida e infinitamente densa, con potencias computacionales mayores que las de una máquina de Turing. " También publicó lo que parece ser el primer trabajo serio sobre el equipo o la inteligencia colectiva (COIN) que dice que pone este tema en una sólida base científica. Aunque ha publicado varias versiones de estas pruebas durante dos décadas en algunas de las revistas de física revisadas por pares más prestigiosas (por ejemplo, physica D 237:257-81 (2008)), así como en revistas de la NASA y ha recibido noticias en revistas científicas importantes, pocas parecen han notado, y he mirado en docenas de libros recientes sobre física, matemáticas, teoría de decisiones y computación sin encontrar una referencia.

La comprensión presciente de W de estos temas, incluyendo su abrazo de finitismo estricto y paraconsistencia, finalmente se está extendiendo a través de las matemáticas, la lógica y la informática (aunque raramente con cualquier reconocimiento). Bremer ha sugerido recientemente la necesidad de un teorema de

Lowenheim-Skolem paraconsistente. "Cualquier teoría matemática presentada en la lógica del primer orden tiene un modelo paraconsistente finito." Berto continúa: "por supuesto, el finitismo estricto y la insistencia en la decidibilidad de cualquier pregunta matemática significativa van de la mano. Como Rodych ha señalado, la visión intermedia de Wittgenstein está dominada por su ' finitismo y su visión [...] del significado matemático como decidibilidad algorítmica ' según la cual ' [sólo] sumas y productos lógicos finitos (que contienen sólo predicados aritméticos) son significativos porque son algorítmicamente decidibles. ". En términos modernos esto significa que tienen condiciones públicas de satisfacción (COS)-es decir, pueden ser indicadas como una proposición que es verdadera o falsa. Y esto nos lleva a la visión de W de que en última instancia todo en matemáticas y lógica descansa en nuestra innata (aunque por supuesto extensible) capacidad de reconocer una prueba válida. Berto de nuevo: "Wittgenstein creía que la noción ingenua (es decir, del matemático de trabajo) tenía que ser decidible, porque la falta de decibilidad significaba para él simplemente falta de significado matemático: Wittgenstein creía que todo tenía que ser decidible en Matemáticas... Por supuesto, uno puede hablar en contra de la decisión de la ingenua noción de la verdad sobre la base de los propios resultados de Godel. Pero uno puede argumentar que, en el contexto, esto suplicaría la pregunta contra los paraconsistentistas-y contra Wittgenstein también. Tanto Wittgenstein como los paraconsistentistas de un lado, y los seguidores de la vista estándar por el otro, coinciden en la siguiente tesis: la decigabilidad de la noción de prueba y su incompatibilidad son incompatibles. Pero inferir de esto que la ingenua noción de la prueba no es decidible invoca la indigenibilidad de la coherencia, que es exactamente lo que Wittgenstein y el argumento paraconsistente cuestionan... ya que Victor Rodych ha argumentado enérgicamente, la coherencia del sistema pertinente es precisamente lo que se cuestiona por el razonamiento de Wittgenstein. " Y así: "por lo tanto, la aritmética inconsistente evita el primer teorema incompleto de Godel. También evita el segundo teorema en el sentido de que su no trivialidad puede establecerse dentro de la teoría: y el teorema de Tarski también, incluyendo su propio predicado no es un problema para una teoría inconsistente "[como Graham Priest señaló hace más de 20 años].

Esto trae a la mente famoso comentario de W.

"Lo que estamos ' tentados a decir ' en tal caso es, por supuesto, no la filosofía, pero es su materia prima. Así, por ejemplo, lo que un matemático se inclina a decir acerca de la objetividad y la realidad de los hechos matemáticos, no es una filosofía de las matemáticas, pero algo para el tratamiento filosófico. " PI 234

Y de nuevo, la ' decidibilidad ' se refiere a la capacidad de reconocer una prueba válida, que descansa sobre nuestra psicología axiomática innata, que las matemáticas y la lógica tienen en común con el lenguaje. Y esto no es sólo un asunto histórico remoto, pero es totalmente actual. He leído mucho de Chaitin y nunca he visto una pista de que él ha considerado estos asuntos. El trabajo de Douglas Hofstadter también viene a la mente. Su Godel, Escher, Bach ganó un premio Pulitzer y un Premio Nacional de Libro de Ciencia vendió millones de copias y sigue teniendo buenas críticas (por ejemplo, casi 400 comentarios sobre la mayoría de 5 estrellas en Amazon hasta la fecha), pero no tiene idea sobre los problemas reales y repite los errores filosóficos clásicos en casi todas las páginas. Sus posteriores escritos filosóficos no han mejorado (ha elegido a Dennett como su musa), pero, como estas opiniones son vacuas y desconectadas con la vida real, sigue haciendo una excelente ciencia.

Una vez más, tenga en cuenta que "infinito", "cómputo", "información", etc., sólo tienen significado en contextos humanos específicos, es decir, como Searle ha enfatizado, son todos los observadores relativos o atribulos vs intrínsecamente intencionados. El universo aparte de nuestra psicología no es ni finito ni infinito y no puede computar ni procesar nada. Sólo en nuestros juegos de idiomas hacer nuestro ordenador portátil o el universo de cómputo.

W señaló que cuando llegamos al final de los comentarios científicos, el problema se convierte en una filosofía filosófica, es decir, uno de cómo el lenguaje se puede utilizar de forma inteligible. Prácticamente todos los científicos y la mayoría de los filósofos, no tienen que hay dos tipos distintos de "preguntas" o "afirmaciones" (ambas familias de language Juegos). Hay aquellos que son asuntos de hecho acerca de cómo el mundo es, es decir, que son públicamente observables proposicionales (verdadero o falso) Estados de asuntos que tienen significados claros (COS)-i.e., declaraciones científicas, y luego hay aquellos que son temas acerca de cómo el lenguaje puede ser utilizado coherentemente para describir estos Estados de cosas, y estos pueden ser respondidos por cualquier persona sana, inteligente, alfabetizada con poco o ningún recurso a los hechos de la ciencia, aunque por supuesto hay casos límite donde tenemos que decidir. Otro hecho poco entendido pero crítico es que, aunque el pensamiento, representando, inferir, entender, intuir, etc. (es decir, la psicología disposicional) de una declaración verdadera o falsa es una función de la cognición de orden superior de nuestra lentitud, Sistema consciente 2 (S2), la decisión sobre si las "partículas" están entrelazadas, la estrella muestra un cambio rojo, un teorema ha sido probado (es decir, la parte que implica ver que los símbolos se utilizan correctamente en cada línea de la prueba), siempre se hace por el ayuno , automático, inconsciente sistema 1 (S1) a través de ver, oír, tocar, etc. en el que no hay procesamiento de información, no hay representación (es decir, no hay COS) y no hay decisiones en el sentido en que estos ocurren en S2 (que recibe sus entradas de S1).

Este enfoque de dos sistemas es ahora una forma estándar de ver el razonamiento o la racionalidad y es una heurística crucial en la descripción del comportamiento, de la cual la ciencia y las matemáticas son casos especiales. Hay una literatura enorme y en rápido crecimiento sobre el razonamiento que es indispensable para el estudio de la conducta o la ciencia. Un libro reciente que profundila en los detalles de cómo realmente razonamos (es decir, utilizar el lenguaje para llevar a cabo acciones — ver W y S) es ' razonamiento humano y ciencia cognitiva ' por Stenning y van Lambalgen (2008), que, a pesar de sus limitaciones (por ejemplo, la comprensión limitada de W /S y la amplia estructura de la psicología intencional), es (a partir de principios de 2015) la mejor fuente única que conozco. Hay interminables libros y documentos sobre razonamiento, teoría de la decisión, teoría de juegos, etc. y muchas variantes de y algunas alternativas al marco de dos sistemas, pero yo soy uno de un número que aumenta rápidamente que encontrar el marco simple S1/S2 el mejor para la mayoría de las situaciones. El mejor libro reciente sobre la razón del enfoque de sistemas duales es las teorías de doble proceso de la mente social (2014) editado por Sherman et al. y Manktelow et al ' la ciencia de la razón ' (2011) también es indispensable.

Lo que ahora está llegando a la palestra, después de milenios de discusión de razonamiento en filosofía, psicología, lógica, matemáticas, economía, sociología, etc., es el estudio de la manera real en la que usamos palabras como y,' pero, o, quiere decir, significa, implica, no', y sobre todo "si" (el condicional es el tema de más de 50 documentos y un libro (' si ') de Evans, uno de los principales investigadores en este ámbito. Claro, Wittgenstein entendió los problemas básicos aquí, probablemente mejor que nadie hasta el día de hoy, y estableció los hechos que empiezan más claramente con el Blue y Brown Books a partir de los años 30 y terminando con la soberbia ' sobre certeza ' (que puede ser vista como una tesis sobre lo que ahora se llama los dos sistemas de pensamiento), pero lamentablemente la mayoría de los estudiantes de conducta no tienen ni idea de su trabajo.

El libro de Yanofsky (los límites externos de la razón) es un tratamiento extendido de estos temas, pero con poca perspicacia filosófica. Dice que las matemáticas están libres de contradicciones, sin embargo, como se ha señalado, ha sido bien sabido durante más de medio siglo que la lógica y las matemáticas están llenas de ellos-sólo Google incongruencia en matemáticas o buscarlo en Amazon o ver las obras de Priest, Berto o el artículo de Weber en la enciclopedia de Internet lexiopedia de la filosofía. W fue el primero en predecir inconsistencia o paraconsistencia, y si seguimos a Berto podemos interpretarlo como la sugerencia de W para evitar ser incompleta. En cualquier caso, la paraconsistencia es ahora una característica común y un importante programa de investigación en geometría, teoría de conjunto, aritmética, análisis, lógica y Ciencias de la computación. Y en P346 dice que la razón debe estar libre de contradicciones, pero está claro que "libre de" tiene diferentes usos y surgen con frecuencia en la vida cotidiana, pero tenemos mecanismos innatos para contenerlos. Esto es cierto porque fue el caso en nuestra vida cotidiana mucho antes de las matemáticas y la ciencia. Hasta hace muy poco sólo W vio que era inevitable que nuestra vida y todos nuestros sistemas simbólicos son paraconsistentes y que nos llevamos bien, ya que tenemos mecanismos para encapsular o evitarlo. W trató de explicar esto a Turing en sus conferencias sobre los fundamentos de las matemáticas, dado en Cambridge al mismo tiempo que el curso de Turing sobre el mismo tema.

Ahora voy a hacer algunos comentarios sobre los elementos específicos en el libro. Como se señaló en P13, el teorema de Rice muestra la imposibilidad de un antivirus universal para computadoras (y quizás también para organismos vivos) y así es, como el teorema de la detención de Turing, otra declaración alternativa de los teoremas de Godel, pero a diferencia de Turing, rara vez se Mencionado.

En P33 la discusión de la relación de compresibilidad, estructura, aleatoriedad, etc. está mucho mejor indicada en muchos otros libros y papeles de Chaitin. También de importancia fundamental es el comentario de Weyl sobre el hecho de que uno puede ' probar ' o ' derivar ' cualquier cosa de cualquier otra cosa si se permite arbitrariamente ' complejas ' ' ecuaciones ' (con "constantes" arbitrarias) pero hay poca conciencia de esto entre los científicos o Filósofos. Como dijo W, necesitamos mirar el papel que cualquier afirmación, ecuación, prueba lógica o matemática juega en nuestra vida para discernir su significado ya que no hay límite en lo que podemos escribir, decir o "probar", pero sólo un pequeño subconjunto de estos tiene un uso. ' Caos ', ' complejidad ', ' ley ', ' estructura ', ' teorema ', ' ecuación ', ' prueba ', ' resultado ', ' aleatoriedad ', ' compresibilidad ', etc. son todas las familias de juegos de idiomas con significados (COS) que varían mucho, y uno debe mirar su papel preciso en el contexto dado. Esto rara vez se hace de manera sistemática deliberada, con resultados desastrosos. Como señala Searle repetidamente, estas palabras tienen intencionalidad intrínseca sólo relevante para la acción humana y significados bastante diferentes (atribuados) de otra manera. Sólo se atribuye la intencionalidad derivada de nuestra psicología cuando decimos que un termómetro ' dice ' la temperatura o una computadora es ' computación ' o una ecuación es una ' prueba '.

Como es típico en la discusión científica de estos temas, los comentarios sobre p36 (sobre Omega y matemáticas cuasi-empíricas) y en gran parte del libro cruzan la línea entre la ciencia y la filosofía. Aunque hay una gran literatura sobre la filosofía de las matemáticas, hasta ahora, asl lo sabemos, todavía no hay mejor análisis que el de W, no sólo en sus comentarios publicados como ' comentarios sobre los fundamentos de las matemáticas ' y ' conferencias sobre las fundaciones de Matemáticas ', pero a lo largo de las 20.000 páginas de su *nachlass* (a la espera de una nueva edición en CDROM de OUP CA. 2020 pero mucho en línea ahora-ver por ejemplo, Pichler http://wab.uib.no/alois/Pichler%2020170112%20Geneva.pdf). Las matemáticas, como la lógica, el lenguaje, el arte, los artefactos y la música, solo tienen un significado (uso o COS en un contexto) cuando se conectan a la vida mediante palabras o prácticas.

de la misma manera, en p54 et seq. fue W quien nos ha dado el primer y mejor razonamiento para la paraconsistencia, mucho antes de que alguien realmente funcionara una lógica paraconsistente. Otra vez, como W señaló muchas veces, es fundamental tener en cuenta que no todo es un ' problema ', ' pregunta ', ' respuesta ', ' prueba ' o una ' solución ' en el mismo sentido y aceptar algo como uno u otro se compromete a un punto de vista a menudo confuso.

En la discusión de la física en P108-9 debemos recordar que "punto", "energía", "espacio", "tiempo", "infinito", "principio", "fin", "partícula", "onda", "Quantum", etc. son todos los juegos de lenguaje típicos que nos seducen en vistas incoherentes de cómo son las cosas por aplicar significados (COS) de un juego a uno bastante diferente.

así que, Este libro es un diamante defectuoso con mucho valor, y espero que los autores sean capaces de revisarla y ampliarla. Hace que el error casi universal y fatal de la ciencia, especialmente las matemáticas, la lógica y la física, como si fueran sistemas-es., dominios donde "número", "espacio", "tiempo", "prueba", "evento", "punto", "se produce", "fuerza", "fórmula", etc. se pueden utilizar a lo largo de sus "procesos" y "Estados" sin cambios en el significado — es decir, sin alterar las condiciones de satisfacción, que son pruebas públicamente observables de verdad o falsedad. Y cuando es un problema casi insuperable para personas tan inteligentes y experimentadas como los autores, ¿qué probabilidades tiene el resto de nosotros? Recordemos el comentario de W sobre este fatal error.

"El primer paso es el que se escapa por completo del aviso. Hablamos de procesos y Estados y dejamos su naturaleza indeciso. En algún momento quizás sepamos más sobre ellos, pensamos. Pero eso es justo lo que nos compromete a una forma particular de ver el asunto. Porque tenemos un concepto definido de lo que significa aprender a conocer mejor un proceso. (El movimiento decisivo en el truco de conjurar se ha hecho, y fue el mismo que pensamos bastante inocente.) " PI p308

Mientras escribía este artículo, llegué a la infame ' condenación con alabanza débil ' de Dennett, un resumen de la importancia de W, que se le pidió que escribiera cuando la revista Time, con una perspicacia asombrosa, eligiera a Wittgenstein como una de las 100 personas más importantes del siglo 20 . Al igual que con sus otros escritos, muestra su fracaso total para captar la naturaleza del trabajo de W (es decir, de la filosofía) y me recuerda a otro famoso comentario W que es pertinente aquí.

"Aquí nos encontramos ante un fenómeno notable y característico en la investigación filosófica: la dificultad---podría decir--- no es la de encontrar la solución sino más bien la de reconocer como solución algo que parece ser sólo un preliminar. Ya lo hemos dicho todo. ---No hay nada que se desprende de esto, ¡ no es la solución! .... Esto está conectado, creo, con nuestra espera erróneamente una explicación, mientras que la solución de la dificultad es una descripción, si le damos el lugar correcto en nuestras consideraciones. Si lo moramos, y no tratamos de ir más allá de él. " Zettel p312 -314

Chaitin es un estadounidense y sus muchos libros y artículos son bien conocidos y fáciles de encontrar, pero da Costa (que tiene 89) y Doria (79) son brasileños y la mayor parte de la obra de da Costa es sólo en Portugués, pero Doria tiene muchos artículos en inglés. Puede encontrar una bibliografía parcial para Doria aquí http://www.math.buffalo.edu/mad/PEEPS2/doria_franciscoA.html y, por supuesto, ver sus wikis.

Las mejores colecciones de su trabajo están en el caos, las computadoras, los juegos y el tiempo: un cuarto de siglo de trabajo conjunto con Newton da Costa por F. Doria 132p (2011), Sobre los fundamentos de la ciencia por da Costa y Doria 294p (2008), y Metamatemático de la ciencia por da Costa y Doria 216p (1997), pero fueron publicados en Brasil y casi imposible de encontrar. Es probable que tenga que conseguirlos a través de préstamo interbibliotecario o como archivos digitales de los autores, pero como siempre intente libgen.IO y b-OK.org.

Hay un buen Festschrift en honor a Newton C.A. da Costa con motivo de su septuagésimo Birthday editado por Décio Krause, Steven French, Francisco Antonio Doria. (2000) que es un tema de Synthesis (Dordrecht). Vol. 125, no. 1-2 (2000), también publicado como un libro, pero el libro está en sólo 5 bibliotecas en todo el mundo y no en Amazon.

Vea también Doria (Ed.), "los límites del modelado matemático en las ciencias sociales: la importancia del fenómeno de la incompletitud de Godel" (2017) y Wuppuluri y Doria (eds.), "el mapa y el territorio: explorando los fundamentos de la ciencia, el pensamiento y la realidad" (2018) .

Otro elemento relevante es <u>Nuevas tendencias en los fundamentos de la ciencia: artículos dedicados al 80 º cumpleaños de Patrick Suppes, presentado en Florianópolis, Brasil, abril 22-23, 2002</u> por Jean-Yves Beziau; Décio Krause; Otávio bueno; Newton C da Costa; Francisco Antonio Doria; Patrick Suppes; (2007), que es Vol. 154 # 3 de Synthesis, pero de nuevo el libro está en sólo 2 bibliotecas y no en Amazon.

<u>Estudios brasileños en phililosofía y la historia de la ciencia: una cuenta de las obras recientes</u> por Decio Krause; Antônio Augusto Passos Videira; tiene un artículo por cada uno de ellos y es un libro caro pero barato en Kindle. A pesar de que es una década de edad, algunos pueden estar interesados en "son los fundamentos de la informática lógica dependiente?" por Carnielli y Doria, que dice que la teoría de la máquina de Turing (TMT) puede ser visto como ' aritmética disfrazada ', en particular como la teoría de diophantine Ecuaciones en las que se formalizan, y concluyen que ' la ciencia de la computación axiomatizada es dependiente de la lógica '. Claro, como Wittgensteinianos, queremos mirar con mucho cuidado los juegos de idiomas (o juegos de matemáticas), es decir, las condiciones precisas de satisfacción (los creadores de la verdad) resultantes del uso de cada una de estas palabras (es decir, ' axiomatized ', ' informática ', y ' dependiente de la lógica '). Carnielli y Agudello también formalizan TMT en términos de lógica paraconsistente, creando un modelo para las máquinas de Turing paraconsistentes (PTM) que tiene similitudes con la computación cuántica y por lo tanto con una interpretación cuantitativa de la misma crean una máquina de Turing cuántica modelo con el que resuelven los problemas Deutsch y Deutsch-Jozsa.

Esto permite que se ejecuten y almacenen simultáneamente instrucciones contradictorias y cada célula de cinta, cuando y si se detiene, puede tener múltiples símbolos, cada uno de los cuales representa una salida, permitiendo así el control de las condiciones de unicidad versus multiplicidad, que simulan algoritmos cuánticos, preservando la eficiencia.

Doria y da Costa también demostraron (1991) que <u>Teoría del caos</u> es indescifrable, y cuando está correctamente axiomatizado dentro de la teoría de conjunto clásico, es incompleto en <u>Gödel</u>s entido.

Los artículos, y especialmente la discusión grupal con Chaitin, Fredkin, Wolfram et al al final de Zenil H. (Ed.) ' aleatoriedad a través de la computación ' (2011) es una continuación estimulante de muchos de los temas aquí, pero de nuevo carece de conciencia de la filosofía filosófica problemas, y tan a menudo perder el punto. Chaitin también contribuye a la "causalidad, complejidad significativa y cognición encarnada" (2010), repleta de artículos que tienen la mezcla usual de perspicacia científica y de incoherencia filosófica, y como de costumbre nadie es consciente de que Ludwig Wittgenstein (W) proporcionó una visión profunda e insuperable de los problemas hace más de medio siglo, incluyendo la cognición encarnada (Enactivismo).

Finalmente, Me gustaría mencionar la obra del físico/filósofo Nancy Cartwright cuyos escritos sobre el significado de las "leyes" naturales y la "causalidad" son indispensables para cualquier persona interesada en estos temas.

Wolpert, Chaitin y Wittgenstein sobre la imposibilidad, la incompletitud, la paradoja mentirosa, el teísmo, los límites de la computación, un principio de incertidumbre mecánica no cuántica y el universo como computadora, el teorema definitivo en la teoría de la máquina de Turing (revisado en 2019)

Michael Starks

Abstracto

He leído muchas discusiones recientes sobre los límites de la computación y el universo como computadora, con la esperanza de encontrar algunos comentarios sobre el increíble trabajo del físico polimatemático y teórico de la decisión David Wolpert pero no han encontrado una sola citación y así que presento esta muy breve Resumen. Wolpert demostró algunos teoremas sorprendentes de imposibilidad o incompletos (1992 a 2008-ver arxiv.org) en los límites de la inferencia (computación) que son tan generales que son independientes del dispositivo que hace el cómputo, e incluso independiente de las leyes de la física, por lo que se aplican a través de computadoras, física y comportamiento humano. Hacen uso de la Diagonalización de cantor, la paradoja mentirosa y las líneas del mundo para proporcionar lo que puede ser el teorema definitivo en la teoría de la máquina de Turing, y aparentemente proporcionan información sobre la imposibilidad, la incompleta, los límites de la computación, y el universo como computadora, en todos los universos posibles y todos los seres o mecanismos, generando, entre otras cosas, un principio de incertidumbre mecánica no cuántica y una prueba de monoteísmo. Hay conexiones obvias al trabajo clásico de Chaitin, Solomonoff, Komolgarov y Wittgenstein y a la noción de que ningún programa (y por lo tanto ningún dispositivo) puede generar una secuencia (o dispositivo) con mayor complejidad de la que posee. Uno podría decir que este cuerpo de trabajo implica el ateísmo, ya que no puede haber ninguna entidad más compleja que el universo físico y desde el punto de vista de Wittgensteinian, ' más complejo ' carece de sentido (no tiene condiciones de satisfacción, es decir, creador de la verdad o prueba). Incluso un ' Dios ' (es decir, un ' device' con tiempo/espacio ilimitado y energía) no puede determinar si un ' número ' dado es ' aleatorio ', ni encontrar una cierta manera de demostrar que una determinada "fórmula", "teorema" o "frase" o "dispositivo" (todos estos son juegos de lenguaje complejos) es parte de un "sistema" en particular.

Aquellos que deseen un marco completo hasta la fecha para el comportamiento humano de la moderna Dos Sistemas Punto de Vista puede consultar mi libro 'La estructura lógica de la filosofía, la psicología, la mente y lenguaje En Ludwig Wittgenstein y John Searle ' 2Nd Ed (2019). Los interesados en más de mis escritos pueden ver 'Monos parlantes--filosofía, psicología, ciencia, religión y política en un

planeta condenado--artículos y reseñas 2006-2017' 3R^d Ed (2019) y otras.

He leído muchas discusiones recientes sobre los límites de la computación y el universo como computadora, con la esperanza de encontrar algunos comentarios sobre el increíble trabajo del físico polimatemático y teórico de la decisión David Wolpert pero no han encontrado una sola citación y así que presento esta muy breve Una rtículo. Wolpert demostró alguna imposibilidad impresionante o incompleta teoremas (1992 a 2008-ver arXiv.org) en los límites de la inferencia (computación) que son tan generales que son independientes del dispositivo que hace el cómputo, e incluso independiente de las leyes de la física, por lo que se aplican a través de los ordenadores, la física y el comportamiento humano, que resumió thusly: "Uno no puede construir un ordenador físico que pueda estar seguro de procesar correctamente la información más rápido que el universo. Los resultados también significan que no puede existir un aparato de observación infalible y de propósito general, y que no puede haber un aparato de control infalible y de propósito general. Estos resultados no se basan en sistemas que son infinitos, y/o no clásicos, y/o obedecen dinámicas caóticas. También se encuentran incluso si uno utiliza una computadora infinitamente rápida e infinitamente densa, con potencias computacionales mayores que las de una máquina de Turing. " También publicó lo que parece ser el primer trabajo serio sobre el equipo o la inteligencia colectiva (COIN) que dice que pone este tema en una sólida base científica. Aunque ha publicado varias versiones de estos durante más de dos décadas en algunas de las revistas de física revisadas por pares más prestigiosas (por ejemplo, Physica D 237:257-81 (2008)), así como en revistas de la NASA y ha recibido noticias en revistas científicas importantes, pocas parecen tener notado y he mirado en docenas de libros recientes sobre física, matemáticas, Teoría de decisiones y computación sin encontrar un Referencia.

Es muy lamentable que casi nadie sea consciente de Wolpert, ya que su trabajo puede ser visto como la última extensión de la computación, el pensamiento, la inferencia, la incompletitud, y la indecisión, que logra (como muchas pruebas en la teoría de la máquina de Turing) extendiendo el paradoja mentirosa y la Diagonalización de los cantores para incluir todos los universos posibles y todos los seres o mecanismos y por lo tanto puede ser visto como la última palabra no sólo en la computación, sino en la cosmología o incluso deidades. Él logra esta generalidad extrema mediante la partición del universo inferir utilizando las líneas del mundo (es decir, en términos de lo que hace y no cómo lo hace) para que sus pruebas matemáticas son independientes de cualquier ley física particular o estructuras computacionales en establecer los límites físicos de la inferencia para el pasado, presente y futuro y todos los cálculos posibles, la observación y el control. Él señala que incluso en un universo clásico Laplace estaba equivocado sobre ser capaz de predecir perfectamente el futuro (o incluso perfectamente representar el pasado o el presente) y que sus resultados de imposibilidad pueden ser vistos como un "no cuántico principio de incertidumbre mecánica " (es decir, no puede haber un dispositivo de observación o control infalible). Cualquier dispositivo físico universal debe ser infinito, sólo puede ser en un momento en el tiempo, y ninguna realidad puede tener más de uno (el "Teorema del monoteísmo"). Dado que el espacio y el tiempo no aparecen en la definición, el dispositivo puede incluso ser todo el universo a través de todos los tiempos. Se puede ver como un análogo físico de incompleto con dos dispositivos de inferencia en lugar de un dispositivo autorreferencial. Como él dice, "o bien el hamiltoniano de nuestro universo proscribe un cierto tipo de cálculo, o la complejidad de la predicción es única (a diferencia de la complejidad de la información algorítmica) en que hay una y sólo una versión de la misma que puede ser aplicable a lo largo de nuestro universo. " Otra manera de decir esto es que uno no puede tener dos dispositivos de inferencia física (computadoras) tanto capaces de hacerse preguntas arbitrarias sobre la salida de la otra, o que el universo no puede contener una computadora a la que se puede plantear cualquier cálculo arbitrario tarea, o que para cualquier par de motores de inferencia física, siempre hay preguntas de valor binario sobre el estado del universo que ni siquiera puede ser planteada a al menos uno de ellos. No se puede crear un equipo que pueda predecir una condición futura arbitraria de un sistema físico antes de que ocurra, incluso si la condición es de un conjunto restringido de tareas que pueden ser planteadas a él, es decir, no puede procesar la información (aunque se trata de una frase molesta, como muchos incluyendo John Searle y Rupert leer Nota) más rápido que el universo.

El ordenador y el sistema físico arbitrario que se está calculando no tienen que estar físicamente acoplados y se mantiene independientemente de las leyes de la física, el caos, la mecánica cuántica, la causalidad o conos de luz e incluso para una velocidad infinita de la luz. El dispositivo de inferencia no tiene que estar localizado espacialmente, pero puede ser procesos dinámicos no locales que ocurren en todo el universo. Él es muy consciente de que esto pone las especulaciones de Wolfram, Landauer, Fredkin, Lloyd, etc., sobre el universo como computadora o los límites de "procesamiento de la información", en una nueva luz (aunque los índices de sus escritos no hacen referencia a él y otra omisión notable es que ninguno de los anteriores son mencionados por Yanofsky en su reciente libro completo ' los límites externos de la razón ' (ver mi opinión). Wolpert dice que muestra que ' el universo ' no puede contener un dispositivo de inferencia que pueda ' procesar información ' tan rápido como pueda, y puesto que muestra que no puede tener una memoria perfecta ni un control perfecto, su estado pasado, presente o futuro nunca puede ser perfectamente o completamente representado, caracterizado, conocido o copiado. También demostró que ninguna combinación de computadoras con códigos de corrección de errores puede superar estas limitaciones. Wolpert también señala la importancia crítica del observador ("el mentiroso") y esto nos conecta a los enigmas familiares de la física, las matemáticas y el lenguaje. Como se ha señalado en mis otros artículos, creo que los comentarios definitivos sobre muchos temas relevantes aquí (integridad, certeza, la naturaleza de la computación, etc.) fueron hechos hace mucho por Ludwig Wittgenstein y aquí hay un comentario relevante of Juliet Floyd en Wittgenstein:

"Él está articulando en otras palabras una forma generalizada de la diagonalización. Por lo tanto, el argumento es generalmente aplicable, no sólo a las expansiones decimales, sino a cualquier supuesta enumeración o expresión gobernada por la regla de ellos; no depende de ningún dispositivo notacional en particular ni de las disposiciones espaciales preferidas de los signos. En ese sentido, el argumento de Wittgenstein no atrae a ninguna imagen y no es esencialmente esquemático o representacional, aunque puede ser diagramada e insofaras es un argumento lógico, su lógica puede ser representada formalmente). Al igual que los argumentos de Turing, está libre de un vínculo directo con cualquier formalismo en particular. A diferencia de los argumentos de Turing, invoca explícitamente la noción de un juego de idiomas y se aplica a (y presupone) una concepción cotidiana de las nociones de las reglas y de los humanos que las siguen. Cada línea en la presentación diagonal anterior se concibe como una instrucción o un comando, análogo a una orden dada a un ser humano... " Los paralelismos con Wolpert son evidentes.

Sin embargo, una vez más, tenga en cuenta que "infinito", "computación", "información", etc., sólo tienen significado (es decir, son transitivos (Wittgenstein) o tienen COS-condiciones de satisfacción (Searle)) en contextos humanos específicos, es decir, como Searle ha enfatizado, son todos los observadores relativos o atribulos vs intrínsecamente intencionados. El universo aparte de nuestra psicología no es ni finito ni infinito y no puede computar ni procesar nada. Sólo en nuestros juegos de idiomas hacer nuestro ordenador portátil o el universo de cómputo.

Sin embargo no todos son ajenos a Wolpert. Conocidos econometristas Koppl y Rosser en su famoso papel 2002 "todo lo que tengo que decir ya ha cruzado su mente" dar tres teoremas en los límites a la racionalidad, la predicción y el control en la economía. La primera utiliza el teorema de Wolpert sobre los límites de la computabilidad para mostrar algunos límites lógicos para predecir el futuro. Wolpert señala que puede ser visto como el análogo físico del teorema incompleto de Godel y K y R dicen que su variante se puede ver como su análogo de las ciencias sociales, aunque Wolpert es muy consciente de las implicaciones sociales. Dado que los teoremas de Godel son corollarios del teorema de Chaitin mostrando aleatoriedad algorítmica (incompleta) a través de las matemáticas (que es sólo otro de nuestros sistemas simbólicos), parece ineludible que pensar (comportamiento) esté lleno de imposibles, aleatorios o declaraciones y situaciones incompletas. Ya que podemos ver cada uno de estos dominios como sistemas simbólicos evolucionados por la oportunidad de hacer que nuestro trabajo de psicología, tal vez debería ser considerado como no sorprendente que no son "completos". Para las matemáticas, Chaitin dice que esta ' aleatoriedad ' (de nuevo un grupo de juegos de idiomas en términos de Wittgenstein) muestra que hay teoremas ilimitados que son verdaderos pero no puede comprobar, es decir, verdaderos sin razón. Entonces uno debería poder decir que hay declaraciones ilimitadas que hacen un perfecto sentido "gramatical" que no describen situaciones reales alcanzables en ese dominio. Sugiero que estos puzzles desaparecen si uno considera las opiniones de W. Escribió muchas notas sobre el tema de los teoremas de Godel, y la totalidad de su trabajo se refiere a la plasticidad, "incompleta" y la sensibilidad de contexto extrema del lenguaje, las matemáticas y la lógica, y los recientes documentos de Rodych, Floyd y Berto son la mejor introducción que conozco para Las observaciones de W sobre los fundamentos de las matemáticas y Quizás a la filosofía.

K y Rel segundo Teorema de la misma muestra una posible no convergencia para la previsión bayesiana (probabilística) en un espacio de dimensiones infinitas. El tercero muestra la imposibilidad de una computadora que pronostique perfectamente una economía con agentes que sepan su programa de previsión. El astuto se dará cuenta de que estos teoremas pueden ser vistos como versiones de la paradoja del mentiroso, y el hecho de que estamos atrapados en imposibilidades cuando tratamos de calcular un sistema que incluye a nosotros mismos ha sido observado por Wolpert, Koppl, Rosser y otros en estos contextos y una vez más hemos vuelto a los rompecaezas de la física cuando el observador está involucrado. K&R concluir "así, el orden económico es en parte el producto de algo distinto de la racionalidad calculadora".

La racionalidad delimitada es ahora un campo importante en sí mismo, el tema de miles de papeles y cientos de libros. Y este trabajo aparentemente abstruso de Wolpert puede tener implicaciones para toda racionalidad. Claro, uno debe tener en cuenta que (como señaló Wittgenstein) las matemáticas y la lógica son toda sintaxis y ninguna semántica y no tienen nada que decirnos hasta que estemos conectados a nuestra vida por el lenguaje (es decir, por la psicología) y por lo que es fácil hacerlo de manera útil (significativa o tener COS) o no son (COS claros).

Finalmente, uno podría decir que muchos de los comentarios de Wolpert son reajustes de la idea de que ningún programa (y por lo tanto ningún dispositivo) puede generar una secuencia (o dispositivo) con mayor complejidad de lo que posee. Hay conexiones obvias al trabajo clásico de Chaitin, Solomonoff, Komolgarov y Wittgenstein y a la noción de que ningún programa (y por lo tanto ningún dispositivo) puede generar una secuencia (o dispositivo) con mayor complejidad de la que posee. Uno podría decir que este cuerpo de trabajo implica el ateísmo, ya que no puede haber ninguna entidad más compleja que el universo físico y desde el punto de vista de Wittgensteinian, ' más complejo ' carece de sentido (no tiene condiciones de satisfacción, es decir, creador de la verdad o prueba). Incluso un ' Dios ' (es decir, un ' dispositivo ' con tiempo/espacio y energía ilimitados) no puede determinar si un ' número ' dado es ' aleatorio ' ni puede encontrar una cierta manera de demostrar que una ' fórmula ', ' teorema ' o ' frase ' o ' dispositivo ' (todos estos son juegos de lenguaje complejos) es parte de un "sistema" en particular.

Reseña de ' Los Límites Exteriores de la Razón '(The Outer Limits of Reason) por Noson Yanofsky 403p (2013) (revision revisada 2019)

Michael Starks

Abstracto

Doy una revisión detallada de ' los límites externos de la razón ' por Noson Yanofsky desde una perspectiva unificada de Wittgenstein y la psicología evolutiva. Yo indiqué que la dificultad con cuestiones como la paradoja en el lenguaje y las matemáticas, la incompletitud, la indeterminación, la computabilidad, el cerebro y el universo como ordenadores, etc., surgen de la falta de mirada cuidadosa a nuestro uso del lenguaje en el adecuado contexto y, por tanto, el Error al separar los problemas de hecho científico de las cuestiones de cómo funciona el lenguaje. Discuto las opiniones de Wittgenstein sobre la incompletitud, la paracoherencia y la indecisión y el trabajo de Wolpert en los límites de la computación. Resumiendo: el universo según Brooklyn---buena ciencia, no tan buena filosofía.

Aquellos que deseen un marco completo hasta la fecha para el comportamiento humano de la moderna dos sistemas punto de vista puede consultar mi libros Talking Monkeys 3ª ed (2019), Estructura Logica de Filosofia, Psicología, Mente y Lenguaje en Ludwig Wittgenstein y John Searle 2ª ed (2019), Suicidio pela Democracia 4ª ed (2019), La Estructura Logica del Comportamiento Humano (2019), The Logical Structure de la Conciencia (2019, Entender las Conexiones entre Ciencia, Filosofía, Psicología, Religión, Política y Economía (2019), Delirios Utópicos Suicidas en el siglo 21 5ª ed (2019), Observaciones sobre Imposibilidad, Incompletitud, Paraconsistencia, Indecidibilidad, Aleatoriedad, Computabilidad, Paradoja e Incertidumbre en Chaitin, Wittgenstein, Hofstadter, Wolpert, Doria, da Costa, Godel, Searle, Rodych Berto, Floyd, Moyal-Sharrock y Yanofsky y otros.

La mamá de Alvy responde a su depresión porque el universo se expande — "¿Qué tiene que ver el universo con eso? ¡ estás aquí en Brooklyn! ¡ Brooklyn no está expandiéndose! "

Esta famosa broma de Woody Allen hace un punto profundo sobre la sensibilidad del contexto del lenguaje que se aplica a través de la filosofía y la ciencia. Es gracioso porque es obvio que el significado de "expandir" en los dos casos es bastante diferente.

Brooklyn podría expandirse si la población aumenta o la ciudad anexa tierras periféricas, pero se dice que el universo se expande debido a los telescopios cósmicos que muestran un cambio rojo que indica que las estrellas están retrocediendo entre sí o a mediciones de la densidad de la materia, etc. Diferentes significados (juegos de idiomas) (de LG) fueron caracterizados por el austríaco-britanico filósofo Ludwig Wittgenstein (W) como el problema central de la filosofía y demostró ser un defecto universal de nuestra psicología. A pesar de que hizo esto comenzando con los libros azules y marrones (BBB) a principios de los años 30, dejó una 20.000 página nachlass, y es el filósofo más ampliamente discutido de los tiempos modernos, pocos lo entienden.

Para el crédito de Yanofsky (Y), que ha prestado mucha atención a la filosofía e incluso citas W un par de veces, pero sin ninguna comprensión real de los temas. Es la norma entre los científicos y filósofos para mezclar las cuestiones científicas de hecho con las cuestiones filosóficas de cómo se utiliza el lenguaje y, como señaló W, — "El problema y la respuesta se pasan unos a otros". Yanofsky (un residente de Brooklyn como muchos de sus amigos y profesores) ha leído ampliamente y hace un buen trabajo de topografía de los bordes sangrantes de la física, las matemáticas y la informática en un claro y autoritaria manera, pero cuando llegamos a los límites de la explicación científica y no está claro qué decir, nos vamos a la filosofía.

La filosofía puede ser vista como la psicología descriptiva del pensamiento de orden superior o como el estudio de las variaciones contextuales del lenguaje utilizado para describir la cognición o la intencionalidad (mis caracterizaciones), o el estudio de la estructura lógica de la racionalidad LSR (Searle). En cuanto a LSR, el filósofo de Berkeley John Searle (S) es uno de los mejores ya que W y su trabajo pueden ser vistos como una extensión de W. He revisado muchos libros por ellos y otros y juntos estos comentarios constituyen un contorno esquelético de pensamiento o intencionalidad de orden superior, y por lo tanto de los fundamentos de la ciencia.

Es común que los libros y papeles traicionar sus limitaciones en sus títulos y ese es el caso aquí. "reason" y "limits" son complejos de juegos de idiomas. así que, Debería parar aquí y pasar toda la revisión mostrando cómo el título de Y revela el profundo malentendido de cuáles son los verdaderos problemas. Sabía que estábamos en un momento difícil por P5 donde se nos dice que nuestras concepciones normales de tiempo, espacio, etc., se equivocan y esto se conocía incluso a los griegos. Esto trae a la mente W: "la gente dice una y otra vez que la filosofía no progresa realmente, que todavía estamos ocupados con los mismos problemas filosóficos que los griegos... en algo que ninguna explicación parece capaz de aclarar... Y lo que es más, esto satisface un anhelo de lo trascendente, porque en la medida en que las personas piensan que pueden ver los "límites del entendimiento humano", creen, por supuesto, que pueden ver más allá de estos. -CV (1931) "y también" el límite del lenguaje se demuestra por su imposibilidad de describir un hecho que corresponde a (es la traducción de) una frase sin simplemente repetir la frase... " así que, Yo diría que sólo tenemos que analizar los diferentes tipos de juegos de idiomas. Mirar más profundo es esencial, pero renunciar a nuestro uso anterior es incoherente.

Piense en lo que implica "los límites externos de la razón". "outer", "limites" y "razón" todos tienen usos comunes, pero con frecuencia son utilizados por Y de diferentes maneras, y van a parecer "bastante inocentes", pero esto sólo puede ser discutido en un contexto específico.

Estamos utilizando la palabra "pregunta" (o "afirmación", "declaración", etc.) con sentidos totalmente diferentes si preguntamos "¿se produce 777 en la expansión decimal de PI?" que si preguntamos "¿se produce 777 en los primeros 1000 dígitos de la expansión decimal de PI?" utilizar uno de los ejemplos de W. En este último caso está claro lo que cuenta como una respuesta verdadera o falsa, pero en el primero sólo tiene la forma de una pregunta. En P10 encontramos un grupo de "afirmaciones" que tienen significados muy diferentes. Los tres primeros son definiciones y uno podría entenderlos sin conocer ningún hecho sobre su uso, por lo tanto, X no puede ser y y no y.

Y recomienda el documental "Into the Infinite", pero en realidad no se puede ver a menos que estés en el Reino Unido. Me pareció libre en la red poco después de que salió y estaba muy decepcionado. Entre otras cosas, sugiere que Godel y Cantor se volvieron locos debido a trabajar en problemas de infinito — para los cuales no hay una pizca de evidencia — y pasa mucho tiempo con Chaitin, quien, aunque es un excelente matemático, sólo tiene una noción nebulosa sobre los diversos filosóficos cuestiones discutidas aquí. Si quieres un hermoso documental de "ciencia profunda" de torbellino, sugiero "¿Somos reales?" en YouTube, aunque comete algunos de los mismos errores.

W señaló que cuando llegamos al final de los comentarios científicos, el problema se convierte en un filosófico-i. e., uno de cómo el lenguaje se puede utilizar de forma inteligible. Yanofsky, como virtualmente todos los científicos y la mayoría de los filósofos, no consigue que haya dos tipos distintos de "preguntas" o "afirmaciones" (es decir, juegos de idiomas o de LG) aquí. Hay aquellos que son asuntos de hecho acerca de cómo es el mundo, es decir, que son públicamente observables proposicionales (verdadero o falso) Estados de asuntos que tienen significados claros (condiciones de satisfacción-COS) en la terminología de Searle-i. e., declaraciones científicas, y luego están los que son temas sobre cómo el lenguaje puede ser utilizado coherentemente para describir estos Estados de asuntos, y estos pueden ser contestadas por cualquier persona sana, inteligente, alfabetizada con poco o ningún recurso a los hechos de la ciencia. Otro hecho poco entendido pero crítico es que, aunque el pensamiento, representando, inferir, entender, intuir, etc. (es decir, la psicología disposicional) de una declaración verdadera o falsa es una función de la cognición de orden superior de nuestra lentitud, Sistema consciente 2 (S2), la decisión sobre si las "partículas" están entrelazadas, la estrella muestra un cambio rojo, un teorema ha sido probado (es decir, la parte que implica ver que los símbolos se utilizan correctamente en cada línea de la prueba), siempre se hace por el sistema rápido, automático e inconsciente 1 (S1) a través de ver, oír, tocar, etc. en el que no hay procesamiento de información, no hay representación (es decir, no hay COS) y no hay decisiones en el sentido en que estos ocurren en S2 (que recibe sus entradas de S1). Este enfoque de dos sistemas es ahora la forma estándar de ver el razonamiento o la racionalidad y es una heurística crucial en la descripción del comportamiento, de la que la ciencia, las matemáticas y la filosofía son casos especiales. Hay una literatura enorme y en rápido crecimiento sobre el razonamiento que es indispensable para el estudio de la conducta o la ciencia. Un libro reciente que profundila en los detalles de cómo realmente razonamos (es decir, usamos el lenguaje para llevar a cabo acciones) véase Wittgenstein y Searle) es ' razonamiento humano y ciencia cognitiva ' por Stenning y van Lambalgen (2008), que, a pesar de sus limitaciones (por ejemplo, la comprensión limitada de W/S y la amplia estructura de la psicología intencional), es (a mediados de 2016) la mejor fuente única que conozco.

En cuanto a "incompletitud" o "aleatoriedad" en matemáticas, el fracaso de Y de mencionar el trabajo de Gregory Chaitin es realmente asombroso, ya que debe saber de su trabajo, y la prueba de Chaitin de la aleatoriedad algorítmica de las matemáticas (de la cual Los resultados de Godel son un corolario) y el número Omega son algunos de los resultados matemáticos más famosos en los últimos 50 años.

de la misma manera, no se ve nada sobre la computación no convencional, como aquellas con membranas, ADN, etc., que no tienen puertas lógicas y siguen los patrones biológicos de "procesamiento de la información". La mejor manera de obtener artículos gratuitos y libros en la vanguardia es visitar ArXiv.org, viXra.org, academia.edu, citeseerx.ist.psu.edu, researchgate.net o philpapers.org, libgen.IO y b-OK.org donde hay Millones de preimpresiones gratuitas, documentos y libros en cada tema (se advierte que esto puede utilizar todo su tiempo libre para el resto de su vida!).

En cuanto a Godel y "incompleta", ya que nuestra psicología expresada en sistemas simbólicos como las matemáticas y el lenguaje es "aleatoria" o "incompleto" y está llena de tareas o situaciones ("problemas") que han sido demostradas imposibles (es decir, no tienen solución-ver abajo) o cuya naturaleza no está clara, parece inevitable que todo lo derivado de ella — e. g. física y matemática) también sea "incompleto". Por lo que se, el primero de ellos en lo que ahora se llama teoría de la elección social o teoría de la decisión (que son continuos con el estudio de la lógica y el razonamiento y la filosofía) fue el famoso teorema de Kenneth Arrow 65 años atrás, y ha habido muchos desde entonces. Y señala una reciente imposibilidad o prueba de incompletitud en la teoría de juegos de dos personas. En estos casos, una prueba muestra que lo que parece una simple opción indicada en Inglés simples, no tiene solución.

Aunque uno no puede escribir un libro sobre todo, me hubiera gustado Y al menos mencionar esas famosas "paradojas" como la bella durmiente (disuelta por Read), el problema de Newcomb (disuelto por Wolpert) y Doomsday, donde lo que parece ser un problema muy simple, o bien no tiene una respuesta clara, o resulta excepcionalmente difícil de encontrar uno. Existe una montaña de literatura sobre los dos teoremas "incompletos" de Godel y el trabajo más reciente de Chaitin, pero creo que los escritos de W en los años 30 y 40 son definitivos. Aunque Shanker, Mancosu,

Floyd, Marion, Rodych, Gefwert, Wright y otros han hecho un trabajo perspicaz, es sólo recientemente que el análisis de la penetración única de W de los juegos de idiomas que se juegan en matemáticas han sido clarificados por Floyd (por ejemplo, ' El argumento diagonal de Wittgenstein-una variación en cantor y Turing '), Berto (por ejemplo, ' la paradoja de Godel y las razones de Wittgenstein, y ' Wittgenstein en la incompleta hace que el sentido paraconsistente ' y el libro ' hay algo sobre Godel ', y Rodych (por ejemplo, Wittgenstein y Godel: los comentarios recién publicados ', ' malentendido Gödel: nuevos argumentos sobre Wittgenstein ', ' nuevos comentarios de Wittgenstein ' y su artículo en la enciclopedia en línea de Stanford de filosofía ' filosofía de las matemáticas de Wittgenstein '). Berto es uno de los mejores filósofos recientes, y aquellos con el tiempo podrían desear consultar sus muchos otros artículos y libros, incluyendo el volumen que co-editó en paraconsistencia (2013). El trabajo de Rodych es indispensable, pero sólo dos de una docena de documentos son gratuitos en línea con la búsqueda habitual, pero es Probablemente todo gratis en línea si uno sabe dónde buscar.

Berto señala que W también negó la coherencia de metamatemática--es decir, el uso por parte de Godel de un metateorema para probar su teorema, probablemente la contabilización de su interpretación "notoria" del teorema de Godel como una paradoja, y si aceptamos su argumento, creo que nos vemos obligados a negar la inteligibilidad de metangulos, metateorías y meta cualquier otra cosa. ¿Cómo puede ser que tales conceptos (palabras) como metamatemático e incomplecortesía, aceptada por millones (e incluso reclamados por no menos de Penrose, Hawking, Dyson et al para revelar verdades fundamentales sobre nuestro mente o el universo) son simples malentendidos acerca de cómo funciona el lenguaje? ¿No es la prueba en este pudin que, como tantas nociones filosóficas "reveladoras" (por ejemplo, la mente y la voluntad como ilusiones-Dennett, Carruthers, las Churchlands etc.), no tienen ningún impacto práctico en absoluto? Berto lo resume muy bien: "dentro de este marco, no es posible que la misma frase... resulta ser expresable, pero indescifrable, en un sistema formal... y demostrablemente cierto (bajo la hipótesis de coherencia antes mencionada) en un sistema diferente (el meta-sistema). Si, como sostiene Wittgenstein, la prueba establece el significado mismo de la sentencia probada, entonces no es posible que la misma frase (es decir, una frase con el mismo significado) sea indescifrable en un sistema formal, sino que se decida en un sistema diferente (el meta-sistema) ... Wittgenstein tuvo que rechazar tanto la idea de que un sistema formal puede estar incompleto sintácticamente, como la consecuencia platónica de que ningún sistema formal que demuestre sólo verdades aritméticas puede demostrar todo verdades aritméticas. Si las pruebas establecen el significado de las oraciones aritméticas, entonces no puede haber sistemas incompletos, así como no puede haber significados incompletos. " Y además "aritméticos incoherentes, es decir, aritméticos no clásicos basados en una lógica paraconsistente, son hoy en día una realidad. Lo que es más importante, las características teóricas de tales teorías coinciden precisamente con algunas de las intuiciones de Wittgensteinian antes mencionadas... Su incongruencia les permite también escapar del primer teorema de Godel, y del resultado de la indecisión de la iglesia: hay, es decir, demostrablemente completo y decidible. Por lo tanto, cumplen precisamente la solicitud de Wittgenstein, según la cual no puede haber problemas matemáticos que puedan formularse de manera significativa en el sistema, pero que las normas del sistema no pueden decidir. Por lo tanto, la decibilidad de la aritmética paraconsistente armoniza con una opinión que Wittgenstein mantuvo durante su carrera filosófica. "

W también demostró el error fatal en relación con las matemáticas o el lenguaje o nuestro comportamiento en general como un sistema lógico coherente unitario, en lugar de como un variopinto de piezas ensambladas por los procesos aleatorios de selección natural. "Godel nos muestra un poco de claridad en el concepto de ' matemáticas ', que se indica por el hecho de que las matemáticas se toman como un sistema" y podemos decir (contra casi todo el mundo) que es todo lo que Godel y Chaitin muestran. W comentó muchas veces que la ' verdad ' en matemáticas significa axiomas o teoremas derivados de axiomas, y ' falso ' significa que uno cometió un error en el uso de las definiciones, y esto es completamente diferente de los asuntos empíricos donde uno aplica una prueba. W a menudo señaló que para ser aceptable como matemáticas en el sentido habitual, debe ser utilizable en otras pruebas y debe tener aplicaciones del mundo real, pero tampoco es el caso con la incompletitud de Godel. Puesto que no se puede probar en un sistema consistente (aquí la aritmética de Peano pero una arena mucho más amplia para Chaitin), no se puede utilizar en pruebas y, a diferencia de todo el ' resto ' de PA, tampoco se puede utilizar en el mundo real. Como Rodych notas "... Wittgenstein sostiene que un cálculo formal es sólo un cálculo matemático (es decir, un juego de lenguaje matemático) si tiene una aplicación extra-sistémica en un sistema de proposiciones contingentes (por ejemplo, en el conteo ordinario y la medición o en la física) ..." Otra manera de decir esto es que uno necesita una orden para aplicar nuestro uso normal de palabras como ' prueba ', ' proposición ', ' verdadero ', ' incompleto ', ' número ', y ' matemáticas ' a un resultado en la maraña de juegos creados con ' números ' y ' más ' y ' menos ' signos, etc., y con ' Incompletitud ' esta orden carece. Rodych lo resume admirablemente. "En la cuenta de Wittgenstein, no hay tal cosa como un cálculo matemático incompleto porque ' en matemáticas, todo es algoritmo [y la sintaxis] y nada significa [semántica]... "

W tiene mucho lo mismo que decir de la Diagonalización de cantor y la teoría del conjunto. "La consideración del procedimiento diagonal le enfunda que el concepto de ' real número ' tiene mucho menos analogía con el concepto ' número cardinal ' que nosotros, siendo engañados por ciertas analogías, estamos inclinados a creer "y muchos otros comentarios (véase Rodych y Floyd).

Como Rodych, Berto y Priest (otro pionero en la paraconsistencia) han señalado, W fue el primero (por varias décadas) en insistir en la inevitable capacidad y utilidad de la incoherencia (y debatió este tema con Turing durante sus clases sobre los fundamentos de las matemáticas). Ahora vemos que los comentarios despectivos sobre las observaciones de W sobre las matemáticas hechas por Godel, Kreisel, Dummett y muchos otros fueron mal concebidos. Como siempre, es una mala idea apostar contra W. Algunos pueden sentir que nos hemos desviado del camino aquí, después de todo en "los límites de la razón" sólo queremos entender la ciencia y las matemáticas y por qué surgen estas paradomas e inconsistencias y cómo deshacerse de ellas. Pero yo afirme que eso es exactamente lo que he hecho señalando la obra de W y sus herederos intelectuales. Nuestros sistemas simbólicos (lenguaje, matemáticas, lógica, computación) tienen un uso claro en los estrechos confines de la vida cotidiana, de lo que podemos llamar vagamente al Reino mesoscópico-el espacio y el tiempo de los eventos normales que podemos observar sin ayuda y con certeza (la innata piedra angular o fondo axiomático). Pero dejamos atrás la coherencia cuando entramos en los reinos de la física de partículas o el cosmos, la relatividad, las matemáticas más allá de la simple suma y resta con números enteros, y el lenguaje utilizado fuera del contexto inmediato de los acontecimientos cotidianos. Las palabras o frases enteras pueden ser iguales, pero el significado se pierde. Me parece que la mejor manera de entender la filosofía es introducirme a través de Berto, Rodych y el trabajo de Floyd en W, con el fin de entender las sutilezas del lenguaje, ya que se utiliza en matemáticas y después los problemas "metafísicos" de todo tipo pueden ser disueltos. Como señala Floyd "en cierto sentido, Wittgenstein está literalizando el modelo de Turing, llevándolo de vuelta al diario y dibujando el aspecto de comando antropomórfico de las metáforas de Turing."

W señaló cómo en matemáticas, estamos atrapados en más de LG (juegos de idiomas) donde no está claro lo que "verdadero", "completo", "sigue a partir de", "demostrable", "número", "infinito", etc. significan (es decir, cuáles son sus COS o los creadores de la verdad en este contexto), y por lo tanto qué significado adjuntar a ' incompleto ' y también para la "aleatoriedad algorítmica" de Chaitin. Como W observó con frecuencia, hacer el "inconsistencias "de las matemáticas o los resultados contradictorio de la metafísica causan problemas reales en las matemáticas, la física o la vida? Los casos aparentemente más serios de declaraciones contradictorias-por ejemplo, en la teoría de los---se han sabido durante mucho tiempo, pero las matemáticas van de todos modos. Del mismo modo, para el sinnúmero de mentiras (autorreferenciación) paradojas en el lenguaje que Y discute, pero él no entiende realmente su base, y no deja claro que la autorreferenciación está involucrada in el "incompleta" e "inconsistencia" (grupos de LG complejas) de matemáticas también.

Otro trabajo interesante es "el camino de Godel" (2012) por Chaitin, da Costa y Doria (ver mi opinión). A pesar de sus muchos fracasos — realmente una serie de notas en lugar de un libro terminado — es una fuente única de la obra de estos tres famosos eruditos que han estado trabajando en los bordes sangrantes de la física, las matemáticas y la filosofía durante más de medio siglo. Da Costa y Doria son citados por Wolpert (ver más abajo) ya que escribieron sobre computación universal y entre sus muchos logros, da Costa es un pionero en paraconsistencia. Chaitin también contribuye a la "causalidad, complejidad significativa y cognición encarnada" (2010), repleta de artículos que tienen la mezcla habitual de perspicacia e incoherencia y como de costumbre, nadie es consciente de que W puede ser considerado como el originador de la posición actual como Cognición o Enactivismo encarnado. Muchos encontrarán los artículos y especialmente la discusión grupal con Chaitin, Fredkin,

Wolfram et al al final de Zenil H. (Ed.) ' aleatoriedad a través de la computación ' (2011) una continuación estimulante de muchos de los temas aquí, pero carente de conciencia de la cuestiones filosóficas y así mezclar ciencia (hallazgo de hechos) con la filosofía (juegos de idiomas). Véase también Doria (Ed.), "los límites del modelado matemático en las ciencias sociales: la importancia del fenómeno de la incompletitud de Godel" (2017) y Wuppuluri y Doria (eds.), "el mapa y el territorio: explorando los fundamentos de la ciencia, el pensamiento y la realidad "(2018).

Es una lucha constante para tener en cuenta que diferentes contextos significan diferentes LG (significados, COS) para "tiempo"," espacio "," partícula "," objeto ", "dentro", "fuera", "siguiente", "simultáneo", "ocurrir", "suceder", "evento" , "pregunta", "respuesta", "infinito", "pasado", "futuro", "problema", "lógica", "ontología", "epistemología", "solución", "paradoja", "probar", "extraño", "normal", "experimento", "completo", "incontable", "decidable", "dimensión", "completo", "fórmula", " proceso "," algoritmo "," axioma "," matemáticas "," física "," causa "," lugar "," mismo "," en movimiento "," límite "," razón "," todavía "," real "" suposición "," creencia "," saber "," evento "," recursivo "," meta-"," autorreferencial "" continuar "," partícula "," onda "," frase "e incluso (en algunos contextos)" y "," o "," también "," añadir "," dividir "," si... luego "," sigue ", etc.

Parafraseando a W, la mayoría de lo que la gente (incluyendo muchos filósofos y la mayoría de los científicos) tienen que decir cuando la filosofar no es filosofía sino su materia prima. Yanofsky se une a Hume, Quine, Dummett, Kripke, Dennett, Churchland, Carruthers, Wheeler, etc. en la repetición de los errores de los griegos con la jerga filosófica elegante mezclado con la ciencia. Como antídotos, sugiero mis reseñas y algunos Rupert Read, tales como sus libros ' un camino Wittgensteinian con paradojas ' y ' Wittgenstein entre las ciencias ', o ir a academia.edu y obtener sus artículos, especialmente ' ' Kripke Conjuring trick ' y ' contra rebanadas de tiempo ' y luego tanto de S como sea factible, pero al menos su más reciente como ' filosofía en un nuevo siglo ', ' filosofía de Searle y filosofía China ', ' haciendo el mundo social ' y ' pensando en el mundo real ' (o mis reseñas si el tiempo es corto) y su Reciente volumen de percepción. También hay más de 100 YouTubes de Searle que confirman su reputación como el mejor filósofo de Standup (hablando en vivo) desde Wittgenstein.

Y no aclara la superposición principal que ahora existe (y se expande rápidamente) entre los teóricos del juego, los físicos, los economistas, los matemáticos, los filósofos, los teóricos de las decisiones y otros, todos los cuales han estado publicando durante décadas las pruebas estrechamente relacionadas de indecidabilidad, imposibilidad, incomputabilidad e incompletitud. Uno de los más "extraños" (es decir, no es así si aclaramos los juegos de idiomas) es la prueba reciente de Armando Assis de que en la formulación del estado relativo de la mecánica cuántica se puede configurar un juego de suma cero entre el universo y un observador utilizando el Equilibrio de Nash, a partir del cual se sigue la regla de Born y el colapso de la función de onda. Godel fue el primero en demostrar un resultado imposible y (hasta que Wolpert) es el más lejano (o simplemente trivial/incoherente) pero ha habido una avalancha de otros. Como se señaló, uno de los primeros en la teoría de la decisión fue el famoso teorema de imposibilidad general (GIT) descubierto por Kenneth Arrow en 1951 (por lo que obtuvo el Premio Nobel de economía en 1972-y cinco de sus estudiantes son ahora premios Nobel por lo que esto no es ciencia marginal). Afirma que no existe un sistema de votación razonablemente consistente y equitativo (es decir, ningún método para agregar las preferencias de las personas a las preferencias del grupo) puede dar resultados sensatos. El grupo está dominado por una persona y por lo tanto GIT es a menudo llamado el "teorema dictador", o hay preferencias intransitivas. El papel original de Arrow se tituló "una dificultad en el concepto de bienestar social" y se puede decir así: "es imposible formular una orden de preferencia social que satisfaga todas las condiciones siguientes: no dictadura; Soberanía individual; Unanimidad Libertad De alternativas irrelevantes; Singularidad del rango de grupo. " Aquellos familiarizados con la teoría de la decisión moderna aceptan esto y los muchos teoremas de restricción relacionados como sus puntos de partida. Aquellos que no lo pueden encontrar (y todos estos teoremas) increíble y en ese caso, necesitan encontrar una trayectoria profesional que no tenga nada que ver con ninguna de las disciplinas anteriores. Ver "El teorema de la imposibilidad de la flecha" (2014) o "toma de decisiones e imperfección" (2013) entre legiones de publicaciones.

Y menciona el famoso resultado imposible de Brandenburger y Keisler (2006) para los juegos de dos personas (pero por supuesto no se limitan a los "juegos" y como todos estos resultados de imposibilidad se aplica ampliamente a las decisiones de cualquier tipo) que muestra que cualquier modelo de creencias de un cierto tipo conduce a contradicciones. Una interpretación del resultado es que si las herramientas del analista de decisiones (básicamente, sólo la lógica) están disponibles para los jugadores en un juego, entonces hay declaraciones o creencias que los jugadores pueden anotar o "pensar", pero en realidad no pueden sostener. "Ann cree que Bob asume que Ann cree que la suposición de Bob es errónea" parece irreprochable y "recursividad" (otro LG) se ha asumido en la argumentación, la lingüística, la filosofía, etc., por lo menos durante un siglo, pero demostraron que es imposible para Ann y Bob para asumir estas creencias. Y hay un cuerpo de rápido crecimiento de tales resultados de imposibilidad para 1 o multijugador situaciones de decisión (por ejemplo, se gradía en Arrow, Wolpert, Koppel y Rosser etc). Para un buen papel técnico de entre la avalancha en la paradoja de B&K, obtener el papel de Abramsky y Zvesper de arXiv que nos lleva de vuelta a la paradoja del mentiroso y el infinito de cantor (como su título señala que se trata de "formas interactivas de diagonalización y auto-referencia") y por lo tanto a Floyd, Rodych, Berto, W y Godel. Muchos de estos documentos citan el documento de Y "un enfoque universal para las paradocitas autorreferenciales y los puntos fijos. Boletín de la lógica simbólica, 9 (3): 362 – 386, 2003. Abramsky (un polímata que es entre otras cosas un pionero en la computación cuántica) es un amigo de y y así y contribuye un papel a la reciente Festschrift a él ' computación, lógica, juegos y fundamentos cuánticos ' (2013). Para tal vez el mejor reciente (2013) Comentario sobre el BK y paradojes relacionados ver la Conferencia de PowerPoint 165p libre en la red por Wes Holliday y Eric Pacuit ' diez puzzles y Paradojes sobre el conocimiento y la creencia '. Para una buena encuesta de varios autores, véase

' toma de decisiones colectivas (2010).

Una de las principales omisiones de todos estos libros es el increíble trabajo del físico polimatemático y teórico de la decisión David Wolpert, que demostró algunos teoremas sorprendentes de imposibilidad o incompletos (1992 a 2008-ver arxiv.org) en los límites de la inferencia (computación) que son tan generales que son independientes del dispositivo que hace el cálculo, e incluso independiente de las leyes de la física, por lo que se aplican a través de los ordenadores, la física y el comportamiento humano, que resumió asi: "uno no puede construir un equipo físico que se puede asegurado de procesar correctamente la información más rápido que el universo. Los resultados también significan que no puede existir un aparato de observación infalible, de propósito general, y que no puede haber un infalible, de propósito general Control Aparato. Estos resultados no se basan en sistemas que son infinitos, y/o no clásicos, y/o obedecen dinámicas caóticas. También se encuentran incluso si uno utiliza una computadora infinitamente rápida e infinitamente densa, con potencias computacionales mayores que las de una máquina de Turing. "

También publicó lo que parece ser el primer trabajo serio sobre el equipo o la inteligencia colectiva (COIN) que dice que pone este tema en una sólida base científica. Aunque ha publicado varias versiones de estos durante más de dos décadas en algunas de las revistas de física revisadas por pares más prestigiosas (por ejemplo, Physica D 237:257-81 (2008)), así como en revistas de la NASA y ha recibido noticias en revistas científicas importantes, pocas parecen tener notado y he mirado en docenas de libros recientes sobre física, matemáticas, teoría de decisiones y computación sin encontrar una referencia.

Es muy lamentable que Yanofsky y otros no tengan conciencia de Wolpert, ya que su trabajo es la última extensión de la computación, el pensamiento, la inferencia, la incompletitud y la indecisión, que logra (como muchas pruebas en la teoría de la máquina de Turing) por extendiendo la paradoja mentirosa y la Diagonalización de los cantores para incluir todos los universos posibles y todos los seres o mecanismos y por lo tanto puede ser visto como la última palabra no sólo en la computación, sino en la cosmología o incluso deidades. Él logra esta generalidad extrema mediante la partición del universo inferir utilizando las líneas del mundo (es decir, en términos de lo que hace y no cómo lo hace) para que sus pruebas matemáticas son independientes de cualquier ley física particular o estructuras computacionales en establecer los límites físicos de la inferencia para el pasado, presente y futuro y todos los cálculos posibles, la observación y el control. Señala que incluso en un universo clásico Laplace estaba equivocado sobre ser capaz de predecir perfectamente el futuro (o incluso perfectamente representar el pasado o el presente) y que sus resultados de imposibilidad pueden ser vistos como un "principio de incertidumbre mecánica no cuántica" (es decir, no puede haber un dispositivo de observación o control infalible). Cualquier dispositivo físico universal debe ser infinito, sólo puede ser en un momento en el tiempo, y ninguna realidad puede tener más de uno (el "Teorema del monoteísmo").

Dado que el espacio y el tiempo no aparecen en la definición, el dispositivo puede incluso ser todo el universo a través de todos los tiempos. Se puede ver como un análogo físico de incompleto con dos dispositivos de inferencia en lugar de un dispositivo autorreferencial. Como él dice, "o bien el hamiltoniano de nuestro universo proscribe un cierto tipo de cálculo, o la complejidad de la predicción es único (a diferencia de la complejidad de la información algorítmica) en que hay una y sólo una versión de la misma que puede ser aplicable en todo nuestro universo. " Otra manera de decir esto es que uno no puede tener dos dispositivos de inferencia física (computadoras) tanto capaces de hacerse preguntas arbitrarias sobre la salida de la otra, o que el universo no puede contener una computadora a la que se puede plantear cualquier cálculo arbitrario tarea, o que para cualquier par de motores de inferencia física, siempre hay preguntas de valor binario sobre el estado del universo que ni siquiera puede ser planteada a al menos uno de ellos. Uno no puede crear un equipo que pueda predecir una condición futura arbitraria de un sistema físico antes de que ocurra, incluso si la condición es de un conjunto restringido de tareas que pueden ser planteadas a él-es decir, no puede procesar la información (aunque esta es una frase molesta como S y leer y otros señalan) más rápido que el universo. El ordenador y el sistema físico arbitrario que se está calculando no tienen que estar físicamente acoplados y se mantiene independientemente de las leyes de la física, el caos, la mecánica cuántica, la causalidad o conos de luz e incluso para una velocidad infinita de la luz. El dispositivo de inferencia no tiene que estar localizado espacialmente, pero puede ser procesos dinámicos no locales que ocurren en todo el universo. Él es muy consciente de que esto pone las especulaciones de Wolfram, Landauer, Fredkin, Lloyd, etc., en relación con el Universe como el ordenador o los límites de "procesamiento de la información", en una nueva luz (aunque los índices de sus escritos no hacen referencia a él y otra omisión notable es que ninguno de los anteriores son mencionados por Yanofsky tampoco).

Wolpert dice que muestra que el universo no puede contener un dispositivo de inferencia que pueda procesar la información tan rápido como pueda, y puesto que muestra que no puede tener una memoria perfecta ni un control perfecto, su estado pasado, presente o futuro nunca puede ser perfectamente o completamente representado, caracterizado, conocido o copiado. También demostró que ninguna combinación de computadoras con códigos de corrección de errores puede superar estas limitaciones. Wolpert también señala la importancia crítica del observador ("el mentiroso") y esto nos conecta a los enigmas familiares de la física, las matemáticas y el lenguaje que se refieren a y. De nuevo CF. Floyd en W: "Él está articulando en otras palabras una forma generalizada de la diagonalización. Por lo tanto, el argumento es generalmente aplicable, no sólo a las expansiones decimales, sino a cualquier supuesta enumeración o expresión gobernada por la regla de ellos; no depende de ningún dispositivo notacional en particular ni de las disposiciones espaciales preferidas de los signos. En ese sentido, el argumento de Wittgenstein no apela a ninguna imagen y no es esencialmente esquemático o representacional, aunque puede ser diagramada y en la medida en que es un argumento lógico, su lógica puede ser representada formalmente). Al igual que los argumentos de Turing, está libre de un vínculo directo con cualquier formalismo en particular. [Los paralelos a Wolpert son obvios.] A diferencia de los argumentos de Turing, invoca explícitamente la noción de un juego de idiomas y se aplica a (y presupone) una concepción cotidiana de las nociones de las reglas y de los humanos que las siguen. Cada línea en la presentación diagonal anterior se concibe como una instrucción o un comando, análogo a una orden dada a un ser humano... "

W es prescient Mirador de estas cuestiones, incluyendo su abrazo de finitismo estricto y paraconsistencia, Finalmente se está extendiendo a través de matemáticas, lógica y Ciencias de la computación (aunque raramente con cualquier reconocimiento). Bremer ha sugerido recientemente la necesidad de un teorema de Lowenheim-Skolem paraconsistente. "Cualquier teoría matemática presentada en la lógica del primer orden tiene un modelo paraconsistente finito." Berto continúa: "por supuesto, el finitismo estricto y la insistencia en la decidibilidad de cualquier pregunta matemática significativa van de la mano. Como Rodych ha comentado que la visión intermedia de Wittgenstein está dominada por su ' finitismo y su visión [...] de la significancad matemática como la decidibilidad algorítmica ' según la cual ' [sólo] sumas y productos lógicos finitos (que contienen sólo predicados aritméticos) son significativos porque son algorítmicamente decisibles. " En términos modernos esto significa que tienen condiciones públicas de satisfacción-es decir, se puede afirmar como una proposición que es verdadera o falsa. Y esto nos lleva a la visión de W de que en última instancia todo en matemáticas y lógica descansa en nuestra innata (aunque por supuesto extensible) capacidad de reconocer una prueba válida. Berto de nuevo: "Wittgenstein creía que la noción ingenua (es decir, los matemáticos en funcionamiento) de la prueba tenía que ser decidible, porque la falta de decidibilidad significaba para él simplemente falta de significado matemático: Wittgenstein creía que todo tenía que ser decidible en Matemáticas... Por supuesto, uno puede hablar en contra de la decisión de la ingenua noción de la verdad sobre la base de los propios resultados de Godel. Pero uno puede argumentar que, en el contexto, esto suplicaría la pregunta contra los paraconsistentistas-y contra Wittgenstein también. Tanto Wittgenstein como los paraconsistentistas de un lado, y los seguidores de la opinión estándar por el otro, coinciden en la siguiente tesis: la decisión de la noción de prueba y su incompatibilidad son incompatibles. Pero inferir de esto que la ingenua noción de la prueba no es decidible invoca la indigenibilidad de la coherencia, que es exactamente lo que Wittgenstein y el argumento paraconsistente cuestionan... ya que Victor Rodych ha argumentado enérgicamente, la coherencia del sistema pertinente es precisamente lo que se cuestiona por el razonamiento de Wittgenstein. " Y así: "por lo tanto, la aritmética inconsistente evita el primer teorema incompleto de Godel. También evita el segundo teorema en el sentido de que su no trivialidad puede establecerse dentro de la teoría: y el teorema de Tarski también, incluyendo su propio predicado, no es un problema para una teoría inconsistente "[como señaló el sacerdote hace más de 20 años]. El Prof. Rodych piensa que mis comentarios representan razonablemente sus puntos de vista, pero señala que los problemas son bastante complejos y hay muchas diferencias entre él, Berto y Floyd.

Y de nuevo, la ' decisibilidad ' se refiere a la capacidad de reconocer una prueba válida, que descansa sobre nuestra psicología axiomática innata, que las matemáticas y la lógica tienen en común con el lenguaje. Y esto no es sólo un asunto histórico remoto, pero es totalmente actual. He leído mucho de Chaitin y nunca he visto una pista de que él ha considerado estos asuntos. El trabajo de Douglas Hofstadter también viene a la mente. Su Godel, Escher, Bach ganó un premio Pulitzer y un <u>Premio Nacional de Libro de Ciencia</u>, vendió millones de copias y sigue teniendo buenas críticas (por ejemplo, casi 400 comentarios sobre la mayoría de 5 estrellas en Amazon hasta la fecha), pero no tiene idea sobre los problemas reales y repite los errores filosóficos clásicos en casi todas las páginas. Sus posteriores escritos filosóficos no han mejorado (ha elegido a Dennett como su musa), pero, como estas opiniones son vacuas y desconectadas con la vida real, sigue haciendo una excelente ciencia.

Sin embargo, una vez más, tenga en cuenta que "infinito", "computación", "información", etc., sólo tienen significado en contextos humanos específicos, es decir, como Searle ha enfatizado, son todos los observadores relativos o atribulos vs intrínsecamente intencionados. El universo aparte de nuestra psicología no es ni finito ni infinito y no puede computar ni procesar nada. Sólo en nuestros juegos de idiomas hacer nuestro ordenador portátil o el universo de cómputo.

Sin embargo no todos son ajenos a Wolpert. Los econometristas bien conocidos Koppl y Rosser en su famoso papel de 2002 "todo lo que tengo que decir ya ha cruzado su mente" dan tres teoremas sobre los límites de la racionalidad, la predicción y el control en la economía. La primera utiliza el teorema de Wolpert sobre los límites de la computabilidad para mostrar algunos límites lógicos para predecir el futuro. Wolpert señala que puede ser visto como el análogo físico del teorema incompleto de Godel y K y R dicen que su variante se puede ver como su análogo de las ciencias sociales, aunque Wolpert es muy consciente de las implicaciones sociales. Desde Godel son corollarios del teorema de Chaitin mostrando aleatoriedad algorítmica (incompleta) a través de las matemáticas (que es sólo otro de nuestros sistemas simbólicos), parece ineludible que el pensamiento (comportamiento) está lleno de imposible, aleatorio o incompleto declaraciones y situaciones. Ya que podemos ver cada uno de estos dominios como sistemas simbólicos evolucionados por la oportunidad de hacer que nuestro trabajo de psicología, tal vez debería ser considerado como no sorprendente que no son "completos". Para las matemáticas, Chaitin dice que esto ' aleatoriedad ' (de nuevo un grupo de LG) muestra que hay teoremas ilimitados que son verdaderos pero no puede comprobar, es decir, verdadero sin razón. Entonces uno debería poder decir que hay declaraciones ilimitadas que hacen un perfecto sentido "gramatical" que no describen situaciones reales alcanzables en ese dominio. Sugiero que estos rompecabezas desaparecen si uno considera las opiniones de W. Escribió muchas notas sobre el tema de los teoremas de Godel, y la totalidad de su trabajo se refiere a la plasticidad, "incompleta" y la sensibilidad de contexto extrema del lenguaje, las matemáticas y la lógica, y los recientes documentos de Rodych, Floyd y Berto son la mejor introducción que conozco para Los comentarios de W sobre los fundamentos de las matemáticas y así a la filosofía.

El segundo Teorema de K y R muestra una posible no convergencia para la previsión bayesiana (probabilística) en un espacio de dimensiones infinitas. El tercero muestra la imposibilidad de una computadora que pronostique perfectamente una economía con agentes que sepan su programa de previsión. El astuto se dará cuenta de que estos teoremas pueden ser vistos como versiones de la paradoja del mentiroso y el hecho de que estamos atrapados en imposibilidades cuando tratamos de calcular un sistema que incluye a nosotros mismos ha sido observado por Wolpert, Koppl, Rosser y otros en estos contextos y una vez más hemos vuelto a los rompecabezas de la física cuando el observador está involucrado. K&R concluir "por lo tanto, el orden económico es en parte el producto de otra cosa de racionalidad calculadora ". La racionalidad delimitada es ahora un campo importante en sí mismo, el tema de miles de papeles y cientos de libros.

En el P19 Yanofsky dice que las matemáticas están libres de contradicciones, sin embargo, como se ha señalado, ha sido bien sabido durante más de medio siglo que la lógica y las matemáticas (y física) están llenos de ellos-sólo Google inconsistencia en matemáticas o buscarlo en Amazon o ver las obras de Priest, Berto o el artículo de Weber en la enciclopedia de Internet de la filosofía. W fue el primero en predecir inconsistencia o paraconsistencia, y si seguimos a Berto podemos interpretarlo como la sugerencia de W para evitar ser incompleta. En cualquier caso, la paraconsistencia es ahora una característica común y un importante programa de investigación en geometría, teoría de conjunto, aritmética, análisis, lógica y Ciencias de la computación. Y vuelve a este problema otros lugares como en P346 donde dice que la razón debe estar libre de contradicciones, pero está claro que "libre de" tiene diferentes usos y surgen con frecuencia en la vida cotidiana, pero tenemos mecanismos innatos para contenerlos. Esto es cierto porque fue el caso en nuestra vida cotidiana mucho antes de las matemáticas y la ciencia

En cuanto a los viajes en el tiempo (P49), sugiero a Rupert Read "contra rebanadas de tiempo" en sus papeles en línea gratuitos o "viaje en el tiempo-la idea misma" en su libro "un camino Wittgensteinian con paradojas."

Con respecto a la discusión del famoso filósofo de la ciencia Thomas Kuhn en p248, los interesados pueden ver el trabajo de Rupert Read y sus colegas, más recientemente en su libro "Wittgenstein entre las Ciencias" y mientras que allí, usted puede hacer un comienzo en la eliminación de la dura problema de la conciencia al leer "disolviendo el difícil problema de la conciencia de nuevo en la vida ordinaria" (o su ensayo anterior sobre esto que es libre en la red).

Es en el último capítulo "más allá de la razón" que las fallas filosóficas son más agudas a medida que volvemos a los errores sugeridos por mis comentarios sobre el título. El razonamiento es otra palabra para pensar, que es una disposición como saber, entender, juzgar, etc. Como Wittgenstein fue el primero en explicar, estos verbos disposicionales describen proposiciones (oraciones que pueden ser verdaderas o falsas) y por lo tanto tienen lo que Searle llama condiciones de satisfacción (COS). Es decir, hay Estados públicos de asuntos que reconocemos como mostrando su verdad o falsedad. "Más allá de la razón" significaría una frase cuyas condiciones de verdad no son claras, y la razón sería que no tiene un contexto claro. Es una cuestión de hecho si tenemos claro COS (i.e., significado) pero simplemente no podemos hacer la observación-esto no está más allá de la razón, pero más allá de nuestra capacidad de lograr, pero es una materia filosófica (lingüística) si no conocemos el COS. "son la mente y las computadoras del universo? "parece que necesita una investigación científica o matemática, pero sólo es necesario aclarar el contexto en el que este idioma se utilizará ya que estos son ordinarios y términos no problemáticos y es sólo su (falta de un claro) contexto que es desconcertante. E.g, las paradojas "autorreferenciales" en p344 surgen porque el contexto y por lo tanto el COS no están claros.

En P140 podríamos notar que 1936 no era realmente "largo" antes de las computadoras desde Zeus en Alemania y Berry y Atanasoff en Iowa ambos hicieron máquinas primitivas en los años 30, aunque estos pioneros son muy desconocidos para muchos en el campo. Vi algunos de Zeus en el Deutsches Museum de Múnich, mientras que la máquina B & A fue reconstruida a partir de su diseño recientemente en la Universidad Estatal de Iowa, Dónde Ellos Trabajado.

Wittgenstein discutió los aspectos filosóficos de las computadoras algunos años antes de que existiesen (véase Gefwert, Proudfoot, etc.).

En p347, lo que descubrimos acerca de los números irracionales que les dieron un significado es que se les puede dar un uso o un COS claro en ciertos contextos y en la parte inferior de la página de nuestras "intuiciones"sobre objetos, lugares, tiempos, longitud no se confunden-más bien comenzamos a utilizar estas palabras en nuevos contextos donde el COS de oraciones en el que se utilizan eran totalmente diferentes. Esto puede parecer un punto pequeño para algunos, pero sugiero que sea todo el asunto. Alguna "partícula" que puede "estar en dos lugares" a la vez no es un objeto y/o no es "estar en lugares" en el mismo sentido que una pelota de fútbol, es decir, como tantos términos, sus juegos de idiomas tienen COS claros en nuestro reino mesoscópico pero carecen de ellos (o tienen diferentes y comúnmente no declarados) en los reinos macro o micro.

En cuanto a su referencia en p366 a los famosos experimentos de Libet, que se han tomado para mostrar que los actos ocurren antes de nuestra conciencia de ellos y por lo tanto negar voluntad, esto ha sido cuidadosamente desdeñada por muchos incluyendo Searle y Kihlstrom.

Es de destacar que en la última página del libro comenta sobre el hecho de que muchas de las palabras básicas que utiliza no tienen definiciones claras, pero no dice que esto es porque requiere gran parte de nuestra psicología innata para proporcionar significado, y aquí de nuevo es el error fundamental de la filosofía. "Límite" o "existe" tiene muchos usos, pero el punto importante es--cuál es su uso en este contexto. "El límite de la razón" o "el mundo existe" no tienen (sin contexto) un significado claro (COS), pero "el límite de velocidad en US 15" y "una póliza de seguro de vida existe para él" son perfectamente claros.

En cuanto al solipsismo en p369, esta y otras ' posiciones ' filosóficas clásicas fueron mostradas por W para ser incoherentes.

Y finalmente, por qué es exactamente que el entrelazamiento cuántico es más paradójico que hacer un cerebro de proteínas y otro material y tener que sentir y ver y recordar y predecir el futuro?

¿No es sólo que el primero es nuevo y no está directamente presente a nuestros sentidos (es decir, necesitamos instrumentos sutiles para detectarlo) mientras que los sistemas nerviosos de los animales han evolucionado para hacer los últimos cientos de millones de años atrás y lo encontramos natural desde el nacimiento? No veo el difícil problema de la conciencia para ser un problema en absoluto, o si uno insiste entonces OK, pero está en cuatro patas con un sinfín de otros − por qué hay (o qué es exactamente) el espacio, el tiempo, el rojo, las manzanas, el dolor, el universo, las causas, los efectos, o cualquier cosa en absoluto.

En general, un excelente libro siempre que se lea con esta revisión en mente.

EL DELIRIO RELIGIOSO – UN UNIVERSO BENÉVOLO NOS SALVARÁ

Reseña de la 'Religión Explicada--los orígenes evolutivos del pensamiento religioso'(Religion Explained—the evolutionary origins of religious thought) por Pascal Boyer (2002) (revisión revisada 2019)

Michael Starks

Abstracto

Puede obtener un resumen rápido de este libro en p 135 o 326. Si no estás a la velocidad de la psicología evolutiva, primero debe leer uno de los numerosos textos recientes con este término en el título. Uno de los mejores es "el manual de la psicología evolutiva" 2Nd Ed por Buss. Hasta hace unos 15 años, las explicaciones del comportamiento no han sido realmente explicaciones de los procesos mentales, sino descripciones vagas y en gran medida inútiles de lo que la gente hizo y lo que dijeron, sin ninguna idea de por qué. Podríamos decir que la gente se reúne para conmemorar un acontecimiento, alabar a Dios, recibir sus (o sus) bendiciones, etc., pero nada de esto describe los procesos mentales relevantes, por lo que podríamos decir que son explicaciones de la misma manera que explica por qué una manzana cae al suelo si decimos que es porque la lanzamos, y es pesada-no hay ningún mecanismo y ninguna potencia explicativa o predictiva. Este libro continúa la elucidación de la base genética del comportamiento humano que ha sido casi universalmente ignorado y negado por el mundo académico, la religión, la política y el público (véase el excelente libro de Pinker ' ' The Blank Slatè '). Su declaración (P3) de que no tiene sentido preguntar si la religión es genética se confunde como el porcentaje de variación de cualquier comportamiento debido a los genes y el medio ambiente se pueden estudiar, tal como lo son para todos los demás comportamientos (ver por ejemplo, Pinker). El título debe ser "intentos preliminares para explicar algunos aspectos de la religión primitiva", ya que él no trata la conciencia superior en absoluto (por ejemplo, Satori, iluminación, etc.) que son, con mucho, los fenómenos más interesantes y la única parte de la religión de interés personal a las personas inteligentes, educados en el siglo 21. Leyendo todo este libro, nunca adivinaría que esas cosas existirían. de la misma manera, para el inmenso campo de las drogas y la religión. Carece de un marco para la racionalidad y no menciona los sistemas duales de visión del pensamiento que ahora es tan productivo. Para eso sugiero mis documentos recientes. Sin embargo, el libro tiene mucho interés, y a pesar de estar fechada todavía vale la pena leer.

Aquellos que deseen un marco completo hasta la fecha para el comportamiento humano de la moderna Dos Sistemas Punto de Vista puede consultar mi libro 'La estructura lógica de la filosofía, la psicología, la mente y lenguaje en Ludwig

Wittgenstein y John Searle ' 2ª Ed (2019). Los interesados en más de mis escritos pueden ver 'Monos parlantes--filosofía, psicología, ciencia, religión y política en un planeta condenado--artículos y reseñas 2006-2019 3a Es (2019) y Delirios utópicos suicidas en el siglo 21 5ª Ed (2019) y otras.

"Dios está muerto y el hombre es libre" Nietzsche

"Este mismo cuerpo el Buda, este tierra el paraíso del loto " Osho

"bien puedo imaginar una religión en la que no hay doctrinas, por lo que no se habla nada. Claramente, entonces, la esencia de la religión no puede tener nada que ver con lo que se dice "Wittgenstein

Cuando este libro apareció, fue un esfuerzo pionero, pero ahora hay interminables discusiones sobre este tema, por lo que voy a dar un resumen suficientemente detallado y preciso que sólo los especialistas necesitarán leerlo. Puede obtener un resumen rápido de este libro en p 135 o 326. Si no está al tanto de la psicología evolutiva, primero debe leer uno de los numerosos textos recientes con este término en el título. Los mejores son "El manual de Psicología evolutiva" 2ᴺᵃ Ed (2015) y 5ª Ed. de Psicología evolutiva por Buss, fácilmente disponible en la red.

Hasta unos 15 años atrás, "explicaciones" de comportamiento no han sido realmente explicaciones de los procesos mentales en absoluto, pero descripciones vagas y en gran parte inútiles de lo que personas lo hicieron y lo que dijeron, sin ninguna idea de por qué. Podríamos decir que la gente se reúne para conmemorar un evento, alabanza a Dios, recibir su bendiciones, etc., pero nada de esto describe los procesos mentales relevantes, por lo que podríamos decir que son explicaciones de la misma manera que explica por qué una manzana cae al suelo si decimos que es porque lo liberamos y es pesado-no hay ningún mecanismo y ninguna potencia explicativa o predictiva.

Este libro continúa la elucidación de la base genética del comportamiento humano que ha sido casi univeralmente ignorado y negado por el mundo académico, la religión, la política y el público (ver el excelente libro de Pinker ' ' la pizarra en blanco ' '). Su declaración (P3) de que no tiene sentido preguntar si la religión es genética se confunde como el porcentaje de variación en cualquier comportamiento debido a los genes y el medio ambiente se pueden estudiar, tal como lo son para todos los demás comportamientos (ver por ejemplo, Pinker).

El título debe ser "intentos preliminares para explicar algunos aspectos de la religión primitiva", ya que no trata la conciencia superior en absoluto (por ejemplo, Satori, iluminación, etc.) que son, con mucho, los fenómenos más interesantes y la única parte de la religión de interés personal para personas inteligentes y educadas en el siglo 21.

212

Leyendo todo este libro, nunca adivinaría que esas cosas existirían. de la misma manera, para el inmenso campo de las drogas y la religión. ¿Cómo y por qué los enteógenos activan los motores de inferencia y qué papel han desempeñado en la religión y la vida durante los últimos millones de años? Hay una enorme mina de información sobre drogas y plantillas de comportamiento, pero no encontrarás ni una pista aquí. Puedes comenzar con los libros recientes ʽEntheogens y el futuro de la religión ʼ y ʼ ʼ Budismo y Psicodéfosˮ o puedes leer la asombrosa probación de mi amigo Alexander Shulgin de las "plantillas cognitivas en PHIKAL y TIKAL, disponible, ya que casi todo ahora, gratis en la red. Uno de los más inusuales de las sondas de drogas es la ketamina, descrita por muchos, más notablemente en "Viajes al Mundo Brillante" por Altounian y Moore, Jansen en "ketamina" y en probablemente el relato más detallado de una sola droga enteógena por un solo usuario en los dos últimos capitulos de "el científico" de John Lilly. Lilly, casi sola, el fundador de la investigación de delfines, fue una generación o más por delante de casi todo el mundo en muchos temas y también sonró su propia mente con LSD y tanques de aislamiento. Ver sus ʼ simulaciones de Dios ʼ (1975 y mi revisión de la misma) por sus especulaciones sobre la mente, Dios y el cerebro y más aspectos de lo espiritual y mental no tocado por Boyer. También para la reciente autoterapia heroica con enteógenos ver ʼXenolinguisticsʼ por Slattery y 'DMT & Mi Mente Oculta', de Khan.

No hay prácticamente nada aquí sobre la relación entre los estados físicos y mentales. La práctica de las muchas formas de yoga fue muy avanzada hace miles de años. Su objetivo principal era desencadenar estados espirituales con energía corporal y al revés. Hay una inmensa literatura y cientos de millones lo han practicado. La mejor cuenta personal que conozco por un místico detallando la interacción de la física y mental a través de yoga se encuentra en ' La rodilla de la escucha ' de ADI da (ver mi opinión). Entrelazados con el relato fascinante de su progreso espiritual son los detalles de su trabajo con la energía Shakti del yoga (por ejemplo, P95-9, 214-21, 249281-3, 439-40 de la 1995 edición--preferible a los posteriores). Estas pocas páginas valen más que un estante entero de libros de yoga si quieres llegar al corazón de la relación mente/cuerpo en la espiritualidad.

Zen y otras prácticas sondean las plantillas del cerebro con meditación y trucos. Boyer no entiende que las principales religiones (e innumerables menores) fueron iniciadas por personas que rompieron el molde — i. e., de alguna manera bloqueado o evadió algunas plantillas para destruir gran parte del ego y para descubrir aspectos de su mente normalmente escondidos. No es difícil ver por qué la iluminación completa es rara, ya que aquellos que lo tienen dejan de comportarse como monos (es decir, luchando, engañando, reproduciendo, acumulando) y esto sería fuertemente seleccionado en contra. Una podría decir que los que lo lograron son los únicos que se volvieron completamente humanos (es decir, Jesús, ADI da, Mohammed, Buddha, Mahavira, Rumi, Osho y 1000 o así otros que conocemos). Parece que Boyer no tiene experiencia personal con la meditación, los enteógenos y la conciencia superior (por ejemplo, ver las páginas 317, 320-324) por lo que claramente no trata a toda la religión. Esto es nuevamente evidente (p32) cuando dice que la religión no tiene origen ni explicación clara que es curioso, ya que proporciona exactamente este. Claro, Esto es cierto en cierto sentido de las religiones primitivas que discute, pero el budismo, el cristianismo, el Islam, etc., tienen orígenes y explicaciones muy claros en la iluminación de Jesús, Buda, Mahoma, etc. Él se equivoca (p308) en su creencia de que la religión oriental se trata principalmente de rituales, en lugar de experiencia personal y Estados internos y que consiguió tales ideas de la filosofía occidental (hace 3000 años!).

Sorprendentemente, rechaza la noción de William James de que la religión es el resultado de las experiencias de individuos excepcionales que posteriormente son degradados por las masas (P310 llamar). James está claramente en lo cierto y Boyer está de nuevo, sólo pensando en la religión primitiva. Tal vez el mejor relato personal de los diversos estados de samadhi, la iluminación, etc. es el libro de Adi da--' la rodilla de la escucha ', pero con mucho la mejor fuente para las cuentas personales por un maestro iluminado son los numerosos libros, audios y videos de Osho, todos gratuitos en el Red.

Presenciar los pensamientos de uno es una de las técnicas más comunes de los meditadores de principio en muchas tradiciones diferentes. El progreso posterior fusiona el percebedor y percibe (todo es uno). Uno se pregunta cómo esto se relaciona con las plantillas — ¿entran en la conciencia, el cambio espiritual abre nuevas conexiones neuronales o cierra algunas? La psicología cognitiva apenas ha comenzado en este, pero sería interesante ver PET o fMRI en una persona iluminada o una en un estado Samadhi con buenos controles y se ha hecho. Aunque tiene razón de que muchas experiencias son de algún agente, los Estados avanzados han sido descritos en una vasta literatura que muestra que típicamente no tienen pensamientos, ni mente, ni persona, ni Dios. Esto parecería ser lo último en desacoplamiento Sistema 2 plantillas en una persona funcional.

Para que los tipos sobrenaturales de conceptos religiosos evolucionen y sobrevivan, deben pertenecer a una de las categorías o plantillas ontológicas básicas (planta, herramienta, objeto natural, animal, persona, etc.) que el cerebro utiliza para organizar la percepción y el pensamiento. Estas son comúnmente dadas propiedades contraintuitivo tales como prescience, Telepatía, inmortalidad, abililidad a escuchar una's palabras o leer uno's pensamientos, capacidad de sanar o conferir gran poder, etc. Los buenos conceptos sobrenaturales usualmente permiten que todas las inferencias no estén específicamente prohibidas por la violación de la intuición — i. e., un Dios tendrá todas las propiedades humanas, pero no envejece ni muere. La gran cantidad de conceptos religiosos está contenida en esta breve lista de Plantillas. Es la naturaleza contraintuitivo de los conceptos lo que los hace fáciles de recordar y para transmitir a los demás y esto parece por una razón por la que los conceptos sobrenaturales son una parte central de casi todas las religiones. Los conceptos sobrenaturales interactúan con otros tipos de plantillas como la psicología intuitiva, la física intuitiva, la función de estructura y la detección de objetivo. Si activa la física, la detección de objetivo, la psicología intuitiva y el uso intencional, entonces será un ser humano con propiedades sobrehumanas. Esta es la psicología cognitiva estándar y las partes contraintuitivas se añaden para el uso religioso. Hay abundantes evidencias de que las áreas cerebrales que se activan cuando hacemos algo también se activan cuando vemos a otra persona haciendo una cosa similar (neuronas espejo). Es factible que esto se correlacione con la necesidad de unirse y la satisfacción de participar en los rituales integrales a la sociedad (deportes, política, música, etc.) y la religión.

También hay evidencias de que ver las emociones de otras personas activa las mismas áreas que las nuestras. Nuestra teoría de la mente (es decir, de la vida mental de otras personas--la psicología intuitiva que prefiero llamar a Understanding of Agency-UA) parece no ser un motor de inferencia, pero la suma de muchos y, a medida que se realiza más investigación, se descubrieran más módulos. Otra característica crítica de motores de inferencia es que a menudo se ejecutan en desacoplados (contrafáctico o imaginario) modo mientras consideramos el pasado o el futuro. Esto comienza muy temprano como se muestra en la presencia común de los compañeros de juego imaginarios en los niños, su capacidad para captar historias y televisión, y señala que la investigación parece mostrar que los niños que crean compañeros de juego parecen ser mejores en captar los Estados mentales de otras personas y Emociones. El punto en este contexto es que parece bastante natural atribuir características humanísticas a espíritus, fantasmas, dioses, etc. no hay ninguna evidencia en absoluto para su real presencia.

Los motores de inferencia innata son automáticos, ya que tienen que ser rápidos y no distraernos (es decir, son el sistema 1, pero lamentablemente no utiliza el marco de dos sistemas aquí — ver mis papeles para esto). La mente no fue evolucionado como una máquina de explicación y antes del reciente ascenso de la ciencia, nadie trató nunca de explicar por qué nuestro pie se mueve cuando caminamos, una manzana cae al suelo, tenemos hambre o enojo o por qué experimentamos o hacemos algo. Sólo ocurrencias extrañas o cósmicas como el rayo o el amanecer necesitaban una causa. Nuestra psicología intuitiva y plantillas de agencia también nos impulsó a atribuir buena y mala suerte a algún agente. Gran parte de esto puede sonar especulativo, pero ahora que el EP (psicología evolutiva) es un paradigma importante, la evidencia de tal S1 funciones en la primera infancia y la infancia se está montando rápidamente.

Los agentes sobrenaturales (incluyendo antepasados fallecidos) son tratados por la psicología intuitiva como agentes intencionales, por el sistema de intercambio social (una parte de o variante de los sistemas de costo/beneficio) por el sistema moral como testigos de las acciones Morales, y por el sistema de la persona-archivo como individuos. Puesto que todos estos sistemas pueden funcionar en el modo desacoplado, no hay necesidad de considerar si estos agentes realmente existen. Están impulsados por la relevancia, por la riqueza de las inferencias que resultan y por la facilidad con que pueden ser recordadas y comunicadas. Las plantillas están muy afinadas para reunir información, obtener cooperación y calcular beneficios de una manera muy rápida, subconsciente y normalmente libre de errores, mientras que la razón consciente es lenta y falible. En los tiempos modernos, el ego tiene tiempo para perder en el debate, la explicación y la interpretación en interminables intentos de engañar y manipular a otros para obtener beneficios personales. Con grandes poblaciones móviles y una rápida comunicación los resultados de nuestro intercambio social, la evaluación de la confianza, la detección de tramposa y otras plantillas son a menudo inútiles y autodestructivos. La información estratégica (que pasa los filtros de relevancia) activa los motores relacionados con la interacción social y nuestro conocimiento de la información que otros tienen es una parte crítica de la mente social. Los agentes sobrenaturales suelen tener un conocimiento perfecto. Aunque no parece mencionarlo, la gente poderosa a menudo viene a tener algunas de las características de los agentes sobrenaturales y por lo que la gente comenzará a responder a ellos como a los dioses. Alienígenas, ovnis, misticismo de la nueva era, astrología, fantasía y ciencia ficción atraen gran atención debido a la activación, y a menudo poseen agentes con información estratégica. Sin embargo, cientos de millones han seguido a líderes carismáticos con información estratégica falsa (es decir, agentes cuasi-sobrenaturales) a sus muertes (la Branch Davidians de Waco, comunismo, nazismo, Vietnam, Jonestown, George Bush, cometa Kahoutek etc.).

Las interacciones sociales requieren una mente social — es decir, sistemas mentales que los organizan. Como la mayoría de los comportamientos, sólo recientemente se dio cuenta de que necesitábamos mecanismos incorporados para hacerlo. La información estratégica es lo que activa la mente social. Nuestra teoría de la mente UA nos indica qué agentes también está disponible esta información. Es común atribuir a los agentes sobrenaturales la capacidad de acceder completamente a la información que normalmente estaría parcial o totalmente inaccesible para otros.

Todos los motores deben tener algún tipo de filtro de relevancia para que no se activen constantemente por Trivia. Tenemos taxonomías que nos dicen cómo agrupar las cosas de manera relevante a su comportamiento o propiedades en el mundo ahora llamado sistema 1 (S1), y luego utilizamos nuestro sistema lingüístico deliberado lento más recientemente evolucionado 2 (S2) cuando hay tiempo. Esperamos grandes cosas felina con grandes dientes y garras para ser depredadores y no herbívoros. Los espíritus se adaptan a la taxonomía humana y automáticamente tienen necesidades y deseos, gustos y aversiones y, por lo tanto, darán recompensas y castigos y toda la cultura tiene que hacer es especificar lo que son. Esos conceptos que dan las inferencias más ricas con el menor esfuerzo se han seleccionado en S1.

Un punto de vista común viene dado por la teoría de la relevancia, que trata de determinar cómo y por qué algunos 'Conceptos' (es decir, los juegos de idiomas del sistema 2) se transmiten más fácilmente. Presumiblemente, los conceptos que desencadenan motores ("Conceptos S1") más intensamente o con frecuencia, o más motores diferentes, será superior. Por lo tanto, es posible que tengamos muchos Juegos de idiomas que son más fáciles de recordar y aplicar, en lugar de porque tienen sentido o son Más útil de alguna manera que otros. Esto puede ayudar a explicar la existencia de muchos conceptos o prácticas que parecen arbitrarios o estúpidos, o que hacen la vida más difícil y se aplica a toda la cultura, no sólo a la religión.

Casi todas las religiones tienen agentes de acceso completo — es... saben todo o casi todo sobre nosotros y Boyer distingue 3 clases--brutos divinos con poco o ningún acceso pero que sin embargo tienen poder, agentes de Aquinas que lo saben todo y agentes estratégicos completos que tener acceso a toda la información estratégica o importante. Él dice que esto puede tener en cuenta nuestro interés en conocer a otra persona's ideas religiosas o en convirtiéndolos a los nuestros. solamente de esta manera podemos entender cómo pueden comportarse e interactuar.

Los agentes que son conscientes y capaces de afectar a nuestro interacción social son más ricas en las inferencias, y por lo tanto son más fáciles de representar y recordar mentalmente y así disfrutar de una gran ventaja en la transmisión cultural. Así, Ahora podemos decir que la religión no crea ni siquiera apoya la moralidad, sino que nuestra construcción en intuiciones morales (es decir, los reflejos mentales rápidos prelingüísticos automáticos de S1) hacer que la religión sea plausible y útil. Del mismo modo, nuestros mecanismos para explicar la buena y la mala suerte hacen que su conexión con agentes sobrenaturales sea simple. Y ya que compartimos nuestro sistema moral y nuestra informaciónn con ellos, es natural esperar que harán cumplir nuestras actitudes.

Recipcrocalmente un el truismo y el engaño son partes centrales del comportamiento humano. Mostrar sentimientos apasionados y honestidad que son genuinos (difíciles de falsificar) es de gran valor social (y genético). Esto puede ser reforzado por la religión como uno elegiría cooperar con esas personas en lugar de con calculadoras racionales que pueden cambiar de opinión o engañar cada vez que sus motores de inferencia calculan que es en su mejor interés. Este sistema también requiere que los tramposos sean castigados, incluso cuando el engaño tiene un costo social mínimo. Un grupo común de conceptos religiosos son aquellos que hacen trampa inmoral. El mecanismo es sentimientos (p. ej., los rápidos reflejos S1 de enojo, celos, resentimiento, confusión) en lugar de el lento reflexión racional de S2. Esto puede sonar extraño, pero se ha demostrado no sólo en los monos, sino en los animales inferiores. Sí hay un sinfín de elaboraciones de engaño en la sociedad moderna, pero como todo nuestro comportamiento se construye sobre la genética y S1..Sentimos que está mal que alguien robe el dinero de otro en lugar de tener que sentarse y pensar-bueno, si él toma ese dinero, entonces tal vez él tomará el mío o tendrá alguna ventaja futura sobre mí, etc. Tal vez aquí hay un lugar donde la culpa entra para hacer la práctica socialmente (genéticamente) destructiva de hacer trampa menos atractiva. Esto nos lleva a la enorme literatura sobre los tramposos y cooperadores, halcones y palomas y pretendientes y enal altruismo recíproco y al juego Teoría. Ten en cuenta que el "altruismo verdadero" o la selección de grupos es claramente una fantasía como he detallado en mi reseña de la "conquista social de la tierra" de Wilson. Así, como todo comportamiento, la religión evolucionó porque tenía valor de supervivencia para las personas.

Muchos tipos de artilugios de compromiso han evolucionado que tienden a asegurar la cooperación--mantener un seguimiento de la reputación, los enlaces legales o cuasi-legales (contratos), las fuertes pasiones, la honestidad compulsiva, el resentimiento y la necesidad de castigar a los tramposos. Los artilugios de cooperación se construyen también--intuiciones morales, culpabilidad, orgullo, gratitud, hostilidad. En contraste con la idea casi universal de que el realismo moral (ese comportamiento en sí mismo tiene un valor moral específico que no depende del punto de vista de uno) sólo es desarrollado por los adultos o es dado por la religión, ahora está claro que esto aparece en los niños de 3 y 4 años y los cambios Provenza e con la edad. Los métodos ahora se han desarrollado para estudiar a los bebés y a finales de 2007 un estudio apareció en la naturaleza que demostró que pueden distinguir ayudante de objetos no auxiliares y ha habido mucho trabajo en humanos y otros animales desde. Claro moralidad intuitiva a menudo dará los resultados equivocados para los adultos en el mundo moderno, al igual que todos nuestros reflejos S1 en muchos contextos.

La mayoría de los fundamentos de lo que antes se consideraba cultura, ahora se sabe o se sospecha que es heredado. Pinker enumera cientos de diferentes aspectos de las sociedades humanas que son universales y por lo tanto buenos candidatos. Uno puede compilar una lista muy larga de conceptos religiosos que no necesitamos que nos enseñen---espíritus entender los pensamientos humanos, las emociones y las intenciones y diferenciar entre los deseos o las imágenes y la realidad, etc.

Parece que la única característica de los seres humanos que siempre se proyecta sobre dioses, espíritus, fantasmas, etc., es una mente muy semejante a la nuestra. La psicología intuitiva se aplica a los agentes intencionales en general (es decir, personas, animales y cualquier cosa que parezca moverse por sus propios objetivos). La física intuitiva probablemente también se compone de muchos subsegmentos y debe estar conectado con el módulo de intencionalidad – por ejemplo, cuando un León está persiguiendo a un antílope, sabemos que si cambia de rumbo, el León probablemente lo hará. Uno esperaría que la detección de tales agentes era una prioridad evolutiva muy antigua e incluso hace 500 millones años una Trilobite que carecía de tales genes pronto sería el almuerzo. Como más comportamiento genes se asignan están encontrando el mismo o similares en las moscas frutales, al igual que tenemos para otros genes como los que controlan la segmentación del cuerpo y Inmunidad, y se han hecho grandes progresos en esta dirección desde que apareció este libro. Sólo busca el comportamiento de Drosophila.

Al igual que nuestros otros conceptos, los religiosos son a menudo vagos y su uso idiosincrásico debido al hecho de que resultan del funcionamiento inconsciente de los motores de inferencia (S1) según lo elaborado por los caprichos de la cultura. No podemos decir con precisión incluso qué palabras simples significan, pero sabemos cómo usarlas. Así como Chomsky descubrió la gramática de profundidad, uno podría decir que Wittgenstein descubrió la semántica de profundidad.

Wittgenstein fue el primero (y aún uno de los pocos) que entendió que la filosofía— que termino con la psicología descriptiva del pensamiento de orden superior- (y todos los intentos de entender el comportamiento) estaba luchando con fue ante todo Estos incorporados S1 funciones que son inaccesibles para el pensamiento consciente. Aunque nunca lo he visto declarado, parece razonable considerarlo como un pionero en la psicología cognitiva y evolutiva.

Boyer también tiene una nueva visión de la muerte. Los cadáveres tienen propiedades que hacen que los conceptos sobrenaturales sean relevantes aparte de nuestra necesidad de consuelo y esta parte de la religión puede ser menos sobre la muerte que sobre los cadáveres. Producen una disociación entre la animacia, la psicología intuitiva y la persona 'sistemas de archivos'. Vemos tal disociación en autismo y Estados neurológicos extraños como el síndrome de Capgras.

Él ve esto como otra manera que la cultura hace uso de gadgets sobresalientes (eventos, objetos, etc.) que son muy relevantes y captar la atención de los motores de inferencia. Y desde que apareció este libro, la evidencia continúa acumulando que los genes crean cultura en una medida mucho mayor que la mayoría de las personas (incluyendo a los eruditos) jamás imaginaron. Tiene su propio campo — cognición implícita.

Nunca nadie piensa en preguntar sobre los motivos si una roca que cae y nos golpea, pero siempre lo hacemos si viene de la mano de una persona. Incluso un niño muy pequeño lo sabe, debido a su psicología intuitiva, agencia, animismo y otros motores. Estos motores (genes, comportamientos reflexivos) debe ser, en sus formas orginales, cientos de millones de años de antigüedad. Un carbonífero era libélula diferenciaba entre objetos animados e inanimados y calculaba la trayectoria de su presa.

La religión trabajaba originalmente en un ambiente de miedo perpetuo. Los motores de inferencia evolucionaron para encontrar compañeros y alimento y refugio y evitar la muerte, de ahí el acercamiento a los dioses como un suplicante impotente y el uso de rituales y ofrendas de apaciguamiento (como lo haría con una persona). Nuestra evasión de peligros es altamente imperfecta en el mundo moderno debido a las armas, las drogas y el transporte rápido (coches, esquís). En todas partes del mundo se puede ver a la gente caminando o bicicletas de equitación en las calles a un paso de los vehículos de exceso de velocidad, a pesar de que al menos un millón al año se han bajado.

Él dice (P40) que los memes (Dawkins famoso análogo cultural del gen) no son un muy buen concepto para la transmisión cultural ya que las ideas son cambiadas por cada persona, mientras que los genes siguen siendo los mismos. Sin embargo, ¿qué pasa con los medios de comunicación-es., cine, TV, impresión, correo electrónico? Ellos enlatar replicar más exactamente que los genes. Estos son ahora los primer medio para transmitir y comprobar la validez de los memes, no sólo lo que alguien dice. En cualquier caso, los genes tampoco son perfectos. Así como hay un fenotipo que corresponde al genotipo, hay un 'phene' correspondiente al meme.

¿Por qué invocamos a agentes sobrenaturales para la buena y la mala suerte? Activan nuestros sistemas de intercambio social y ya que los vemos como teniendo información estratégica pueden controlar lo que sucede.

Se me ocurre que tal vez exista una gran oposición a las explicaciones genéticas para el comportamiento porque la gente siente que cualquiera que acepte esto rechazará automáticamente el intercambio social y otras plantillas y siempre hará trampa. O tal vez temen que la psicología intuitiva ya no funcionará. Y llama su atención a la ilusión fenomenológica (el sentimiento ilusorio que tenemos de que nuestro comportamiento se debe a decisiones conscientes-ver mis otros escritos).

Los rituales sociales son ejemplos de lo que los psicólogos han denominado reglas cautelares y estos comúnmente incluyen preocupaciones sobre la contaminación, rituales de purificación (activación del sistema de contagio), evasión de contacto, tipos especiales de tocar, atención especial a límites y umbrales, violaciones de reglas, uso de cierto número de colores brillantes, matrices simétricas y patrones precisos, sonidos especiales o música, danza especial y otros movimientos, etc. Todos estos activan ciertos grupos de plantillas, crean sentimientos satisfactorios, y son comúnmente acoplados a conceptos religiosos, y a la política, el deporte, la caza y la agricultura, el matrimonio, la crianza de los hijos, la música, el arte, el folclore, la literatura, etc.

La agencia que detecta los sistemas (por ejemplo, la detección de depredadores y presas) está sesgada para la sobredetección — es., no necesitan ver a un León o a una persona para activarse, sino sólo una huella o un sonido del tipo correcto. Basados en muy poca información, estos sistemas luego producen sentimientos y expectativas sobre los agentes ' naturaleza e intenciones. En el caso de las agencias sobrenaturales nuestras plantillas de psicología intuitivas también se activan y generalmente producen una entidad como persona más las características contraintuientes, pero sus características precisas generalmente se dejan vagas.

La fijación de una etiqueta contraintuitivo (por ejemplo, levantarse de los muertos) a un agente (por ejemplo, Jesús) u otra categoría ontológica hace que sea fácil de recordar y un buen candidato para la religión.

Todos estos módulos son heredados, pero por supuesto un bebé no los tiene completamente desarrollados y sólo con el tiempo y un ambiente ' normal ' surgirán.

Leí esto poco antes de leer "sexo, ecología y espiritualidad" de Ken Wilber y pude ver en casi todas las páginas cuán anticuadas y vacías están la mayoría de las obras que Wilber está discutiendo. Una gran parte del libro de Wilbur y de los cientos que analiza sobre la religión, la psicología y la filosofía son ahora arcaicos. Sin embargo, Wilbur ha escrito muchos libros de gran interés en la espiritualidad y es triste que Boyer ni siquiera le haga referencia--pero tampoco hace referencia a las drogas, Wittgenstein, meditación, yoga, Satori o iluminación en su índice!

Uno podría Decir que el Premio Nobel de la paz se concede a quienes son los mejores alentándonos a extender coaliciones a la inclusiónde otros marginales o incluso de otros países o del mundo entero. O, uno podría decir que obtienen el premio por los esfuerzos para apagar el ' detector tramposo ' o plantillas de intercambio social que requieren que sólo los que se correspondan están encuentes en un grupo y se les dio acceso a resource (que la mayoría de los pobres del mundo claramente no puede hacer).

Él da un breve resumen de algunas de las inferencias autoengañosas que juegan un papel en la religión como en toda la vida-consenso, falso consenso, efecto de la generación, ilusiones de memoria, defectos de monitoreo de la fuente, sesgo de confirmación y disonancia cognitiva. Al igual que las otras plantillas, estos dieron muy buenos resultados hace 100.000 años, pero con la vida en el carril rápido, ahora pueden resultar fatales para los individuos y para el mundo. Las intuiciones y conceptos de esencia coalicionales se delinan como partes críticas del comportamiento humano. Los seres humanos forman automáticamente grupos y muestran hostilidad a las personas que no están en el grupo y la amistad totalmente no merecida a los del grupo (intuiciones coalicionales), incluso cuando el grupo está compuesto por desconocidos totales. Esto se relaciona con los motores de operación tales como costo/beneficio y el cálculo de la confiabilidad mencionada antes. Las esencias son los conceptos que utilizamos para describir nuestros sentimientos (intuiciones) sobre coaliciones y otras categorías sociales (por ejemplo, jerarquías y dominio). Aunque estos mecanismos evolucionaron en pequeños grupos, hoy en día estos son comúnmente operando con personas a quienes no estamos estrechamente relacionados, por lo que a menudo dan resultados falsos. El estereotipado, el racismo y sus acompañamientos (es decir, distinciones arbitrarias (o no tan arbitrarias) son probablemente los resultados de la operación de intuiciones coalicionales incorporadas en nuestros cerebros, en lugar de estereotipar siendo unn S2 función psicológica y las coaliciones con su exclusión, dominio y antipatía son los resultados. Estos motores bien pueden explicar la "magia social" que forma y guía a las sociedades.

Sugiere que uno podría explicar el fundamentalismo como una reacción natural a la violación común del pensamiento coalicional en las sociedades modernas. La libertad de actuar como uno elige y en oposición directa a los demás en la misma comunidad crea sentimientos fuertes y a menudo violentos en aquellos sin la educación o la experiencia para lidiar con la diversidad y el cambio. A menudo quieren castigos públicos y espectaculares para calmar sus sentimientos. El fundamentalismo puede explicarse mejor como intentos de preservar las jerarquías basadas en coaliciones, cuando éstas se ven amenazadas por la deserción o la falta de atención. Estas están funcionando en todas las personas todo el tiempo, pero llegan a la superficie principalmente cuando hay una situación que crea algunos especiales amenaza (es decir, la vida moderna). De Curso, como siempre, tenemos que tener en cuenta que la fuente definitiva y el beneficio para todos los comportamientos están en los genes.

Aunque dice poco al respecto, las nociones de ontológica S1 categorías y etiquetas contraintuitivo que ' Stick' a ellos también van muy lejos para explicar la magia, lo paranormal, el folclore, la mitología, la medicina popular, la astrología, la teología, los trabajadores milagrosos, posesión demoníaca y angelical, las artes, y antes incluso gran parte de la ciencia. Los rituales actúan como trampas para el pensamiento. Nuestras plantillas de contagio son potentes activadores de comportamiento y es natural incluir muchos rituales de purificación en la religión. También hacen uso de nuestros sistemas de planificación, que podemos ver en forma extrema en el trastorno obsesivo compulsivo. Hay una preocupación con los colores, los espacios, los límites, los movimientos y el contacto. Se incorporan artilugios salientes. Tenemos una poderosa necesidad de imitar a los demás.

Los rituales activan nuestros sistemas de peligro no detectados. Las ofrendas de sacrificio a los agentes invisibles hacen uso de nuestros sistemas de intercambio social. Nuestras intuiciones coalicionales se satisfacen con los ritos grupales y el matrimonio. La "sociología ingenua" del hombre común se extiende en gran parte de la filosofía, la sociología, la teología, la antropología, la psicología, la economía, la política y es el resultado de nuestros intentos de dar sentido a nuestro propio comportamiento, pero esto es el resultado de la diversión automática e inconscientectioning de nuestras plantillas. Así gran parte de la cultura parece mágica-de ahí el término ' magia social '. Inevitablemente, la sociología ingenua es débil, por lo que los sistemas de rituales y creencias enfatizan los beneficios de la cooperación y los costos de engaño o defección. Los rituales y artilugios estimulan la memoria y satisfacen el sistema de contagio. La participación en las señales de cooperación y los dioses y espíritus son opcionales. Por lo tanto, las plantillas conducen a la religión que conduce a las doctrinas y no al revés.

Creo que se extravía seriamente al hablar de ciencia vs religión (P320). Dice que es un error hablar de la religión como un objeto real en el mundo (lo que sea que que podría ser), pero por supuesto los fenómenos externos e internos (mentales) pueden ser estudiados así como cualquier otro, y muestra en este libro que la religión es una rama de la psicología cognitiva. Él dice que no hay ciencia como tal, y sabemos que él significa que es complejo, pero entonces no hay religión, ley, deportes, carreras de autos o cualquier cosa en absoluto, como tal. Se opone a la "teología pop", que dice que la religión hace que el mundo sea más bello o significativo, o que aborda las cuestiones definitivas, pero toda la religión aborda las preguntas definitivas y trata de hacer que el mundo sea significativo y menos feo. Además, lo que yo llamo "religión avanzada"--es decir, la forma en que se inicia en las no-mentes de Jesús, Buda, Osho, etc.-tiene una toma muy diferente del mundo que la religión primitiva que discute en este libro (por ejemplo, ver los 200 libros y DVD de Osho en Oshoworld.com o en torrents, libgen.io, b-ok.org etc., o ver Wilber, Adi da, etc.). Una vez más, en p 327 él piensa que no hay un centro religioso en el cerebro y aunque esto es probablemente cierto para la religión primitiva, parece más probable que haya centros (redes de conexiones) para las experiencias de Satori e iluminación y tal vez para los enteógenos También. También piensa (P321) que la ciencia es menos natural y más difícil que la religión, pero en vista del gran número de científicos y los hechos que casi todo el mundo es capaz de absorber la ciencia en la escuela primaria, y que probablemente ha habido menos de 1000 iluminado personas en toda la historia humana, parece claro que el situación es bastante al revés para la espiritualidad avanzada. ¡ es mucho menos difícil convertirse en un botánico o un químico que disolver el ego de uno! La selección natural eliminará claramente los genes de mayor conciencia, pero el cálculo racional de la ciencia es bastante consistente con la recolección de resource y niños productores. De curso, el problema es que está de nuevo obsesionado con la religión primitiva.

Lo resume diciendo (p 135) que actividades religiosas se activan sistemas de inferencia que ' gobiernan nuestras emociones más intensas, moldean nuestra interacción con otras personas, nos dan una sensación moral y organizar grupos sociales`. Claro, no tienen nada que ver con Satori o iluminación! Señala que las ideas religiosas son parasitarias sobre nuestra ontología intuitiva (es decir, que son relevantes). Se transmiten con éxito debido a las capacidades mentales que la evolución ya ha creado. Al igual que con otros comportamientos, la religión es el resultado de la relevancia agregada, es decir, la suma de la operación de todos los motores de inferencia. Así, conceptos y comportamientos religiosos están presentes no porque sean necesarios o incluso útiles, sino porque activan fácilmente nuestras plantillas, son fáciles de recordar y transmiten, y sobreviven con el tiempo. Él da un resumen final (p326) de ' ' la historia completa de toda religión (siempre) ' ' de la siguiente manera (por supuesto que deja fuera ' religión avanzada (espiritualidad, misticismo)`). Entre los millones de cosas que la gente discutió fueron algunas que violaron nuestras intuiciones y esto los hizo más fáciles de recordar y transmitir. Los que se trataba de agentes eran especialmente sobresalientes, ya que activaban dominios ricos de posibles inferencias como las de los depredadores y la psicología intuitiva. Agentes con propiedades contraintuitivo, especialmente la capacidad de entender y afectar el comportamiento humano o el mundo fueron fuertemente transmitidos. Se conectaron con otros eventos extraños y algo contraintuitivo, como la muerte y los sentimientos sobre la presencia continuada de los muertos. De alguna manera los rituales surgen y se asocian con los poderosos agentes sobrenaturales. Algunas personas serán más expertas en llevar a cabo tales rituales y guiar las interacciones con los espíritus. Inevitablemente crearán versiones más abstractas y comenzarán a adquirir poder y riqueza. Sin embargo, la gente seguirá teniendo sus propias inferencias sobre la religión.

Señala que la religión debe mucho a la aparición probablemente reciente (en la evolución hominoide) de la capacidad de desacoplamiento y se me ocurre que uno podría considerar experiencias de drogas enteógena, Satori y la iluminación como la última en la disociación-ningún pasado, ningún futuro, y ni siquiera un regalo-no aquí, no hay, no yo, no tú y todo es una cosa e ilusoria. La otra transición clave en la evolución está postulada para ser la capacidad de aceptar la violación de las expectativas intuitivas en el nivel de los dominios ontológicos (es decir, las clases de cosas-plantas, personas, mover cosas, etc.). Considera que estas capacidades conducen a la invención de la religión (y por supuesto mucho más), pero está claro que Buda, Jesús y Osho fue un poco más lejos. Rechaza la idea de que los pensamientos religiosos hacen que las mentes sean más flexibles y abiertas (más bien se volvieron susceptibles a ciertos conceptos que activaron las inferencias de agencia, depredación, moralidad, intercambio social, muerte, etc.), pero algo nos hizo susceptibles también a los enteógenos, Satori e iluminación y esto es tan flexible y abierto como la gente puede ser y permanecer cuerdo. Por lo tanto, está claro que queda mucho por descubrir sobre la espiritualidad y la religión y el progreso en la comprensión del comportamiento traerá esto.

223

Reseña de 'Sexo, Ecología, Espiritualidad'(Sex, Ecology, Spirituality) por Ken Wilber 2nd Ed 851p (2001) (revisión revisada 2019)

Michael Starks

Abstracto

Es increíble y apropiado que esta enorme, cargada de jerga (este libro realmente necesita un glosario!), el trabajo muy académico se ha convertido en un mejor vendido en el mundo de los educados. Uno tiene que ser dedicado a aprender la jerga y luego arado a través de 551 páginas de texto y 238 páginas de notas. Mientras, se nos dice tiempo y otra vez que esto es sólo un bosquejo de lo que está por venir!

A pesar de que critica severamente los excesos de los tres movimientos, esto es un deconstructivo y NEW edad mística y posmoderna interpretación de la religión, la filosofía y la Ciencias del comportamiento de un muy liberal, punto de vista espiritual — i. e., sin lo peor de deconstrucion, la jerga de postmodernismo y nuevo edad mysticismo, el igualitarismo rabioso y anti-intelectualismo anti-científico.

Analiza en algunos detallar las diversas opiniones del mundo de la filosofía, la psicología, la sociología y la religión, exponiendo sus fallas reduccionistas fatales con (principalmente) cuidado y brilliantez, pero la mayoría de las fuentes que analiza no son casi ninguna relevancia hoy en día. Utilizan terminología y conceptos que ya estaban obsoletos cuando estaba investigando y escribiendo hace 20 años. Uno tiene que lucha a través de interminables páginas de jerga-la discusión cargada de Habermas, Kant, Emerson, Jung et.al. para llegar a las perlas.

Tienes una excelente muestreo de mala escritura, ideas confusas y anticuadas y jerga obsoleta.

Si uno tiene una buena educación actual, es doblemente doloroso leer este libro (y la mayoría escribiendo sobre el comportamiento humano). Doloroso porque es tan torturado y confuso, y luego de nuevo cuando te das cuenta lo sencillo que es con la psicología moderna y la filosofía. La terminología y las ideas son horriblemente confusas y anticuadas (pero menos en el propio análisis de Wilber que en sus fuentes).

Este libro y la mayoría de sus fuentes son textos de psicología, aunque la mayoría de los autores no se dan cuenta. Se trata de la conducta humana y el razonamiento-acerca de por qué pensamos y actuamos de la manera que hacemos y cómo podríamos cambiar en el futuro. Pero (como toda esa discusión Hasta recientemente) ninguna de las explicaciones son realmente explicaciones, y por lo que no dan ninguna idea del comportamiento humano. Nadie discute los mecanismos mentales involucrados. Es como describir cómo funciona un coche para discutiendo el volante y metal y pintura sin ningún conocimiento del motor, combustible o tren de impulsión. De hecho, como la mayoría "explicaciones" más antiguas del comportamiento, los textos citada aquí y el comentarios de Wilber son a menudo más interesantes para qué tipo de las cosas que aceptan (y omitir!) como explicaciones, y el tipo de razonamiento ele uso, que para el contenido real.

Si uno está en la filosofía y la psicología cognitiva y evolutiva, la mayor parte de esto es arcaico. Como casi todo el mundo (académicos y públicos por igual—e.g., ver mi reseña de la libertad evoluciona de Dennett y otros libros), él no entiende que los fundamentos de la religión y la ética--de hecho, toda la conducta humana, se programan en nuestros genes. Una revolución en la comprensión nosotros mismos estábamos tomando lugar mientras escribía sus muchos libros y lo pasaba por allí.

Aquellos que deseen un marco completo hasta la fecha para el comportamiento humano de la moderna Dos Sistemas Punto de Vista puede consultar mi libro 'La estructura lógica de la filosofía, la psicología, la mente y lenguaje en Ludwig Wittgenstein y John Searle ' 2ª Ed (2019). Los interesados en más de mis escritos pueden ver 'Monos parlantes--filosofía, psicología, ciencia, religión y política en un planeta condenado--artículos y reseñas 2006-2019 3a Es (2019) y Delirios utópicos suicidas en el siglo 21 5ª Ed (2019) y otras.

´Cualquier cosa que se pueda decir puede decirse claramente ' Ludwig Wittgenstein

"Él cielo y la tierra es inhumana-que ver a las innumerables criaturas como perros de paja ' TaoTe Ching

Es increíble y apropiado que esta enorme, cargada de jerga (este libro realmente necesita un glosario!), el trabajo muy académico se ha convertido en un mejor vendido en el mundo de los educados. Uno tiene que ser dedicado a aprender la jerga y luego arado a través de 551 páginas de texto y 238 páginas de notas. Mientras tanto, se nos dice una y otra vez que esto es sólo un bosquejo de lo que está por venir!

Este libro y la mayoría de sus fuentes son textos de psicología, aunque la mayoría de los autores no se dan cuenta. Se trata de la conducta humana y el razonamiento-acerca de por qué pensamos y actuamos de la manera que hacemos y cómo podríamos cambio en el futuro. Pero (como toda esa discusión hasta hace poco) ninguna de las explicaciones son realmente explicaciones y por lo tanto no dieron ninguna idea sobre el comportamiento humano. Nadie discute los mecanismos mentales involucrados. Es como describir cómo funciona un coche discutiendo el volante y el metal y la pintura y las ruedas sin ningún conocimiento del motor o tren de impulsión. De hecho, como la mayoría de las "explicaciones" de la conducta, los textos citados aquí y los comentarios de Wilber son a menudo más interesantes para qué tipo de cosas aceptan (y omiten!) como explicaciones, y el tipo de razonamiento que uso, que para el contenido real.

Al igual que con todo el razonamiento y explicando uno ahora quiere saber cuál de los motores de inferencia de cerebros se activan para producir los resultados y cómo el pensamiento rápido automatizado sistema prelingüístico 1 (S1) y el sistema lingüístico deliberativo de pensamiento lento 2 (S2) están involucrados y lo que es la estructura lógica de la racionalidad que explica (o más bien describe como Wittgenstein insistió) comportamiento. Son los filtros de relevancia (los procesos reflexivos) de S1 que determinan qué tipo de cosas que se pueden introducir como datos apropiados para cada motor y su operación e interacción automática e inconsciente que determina qué nuestro cerebro pasará a S2 para una expresión de orden superior en el lenguaje.

La psicología cognitiva y evolutiva aún no ha evolucionado lo suficiente como para proporcionar explicaciones completas descripciones pero se ha hecho un comienzo interesante. La ' religión explicada ' de Boyer es un buen lugar para ver lo que una explicación científica moderna del comportamiento humano se parece a partir de 2002 (aunque se pierda por completo la iluminación!). Pinker ' Cómo funciona la mente ' es una buena encuesta general y su ' la pizarra en blanco ' (ver mis comentarios) con mucho la mejor discusión sobre el problema de la herencia-ambiente en el comportamiento humano. Ellos no 'Explicar' toda la inteligencia o el pensamiento, pero resuma lo que se conoce. Véanse varios de los textos recientes (i.e., 2004 en adelante) con la psicología evolutiva en el título (sobre todo "El manual de Psicología evolutiva" 2Nd Ed por Buss) o la web para obtener más información.

Ahora reconocemos que las bases para el arte, la música, las matemáticas, la filosofía, la psicología, la sociología, el idioma y la religión se encuentran en el funcionamiento automático de las plantillas o motores de inferencia de S1. Es por eso que nos enlatar Esperar similitudes y rompecabezas e inconsistencias o incompletitud y a menudo, callejones sin salida como sin un sondeo cuidadoso por experimentos o análisis filosófico (lingüístico) es invisible para nosotros (' la ilusión fenomenológica ' de Searle). El cerebro no tiene inteligencia general, pero numerosos módulos especializados, cada uno de los cuales trabaja en ciertos aspectos de algún problema y los resultados se añaden, lo que resulta en los sentimientos que conducen a la conducta. Wilber, como todo el mundo, sólo puede generar o reconocer explicaciones que son consistente con las operaciones de sus propios motores de inferencia, que fueron evolucionados para lidiar con cosas tales como la acumulación de recursos, coaliciones en pequeños grupos, intercambios sociales y la evaluación de las intenciones de otras personas. Es asombroso que puedan producir filosofía y ciencia, y no sorprender que averiguar cómo trabajan juntos para producir conciencia o elección o la espiritualidad es mucho más allá Alcanzar.

Wilber es un escolar y ha pasado décadas analizando textos clásicos y modernos. Él es extremadamente brillante, ha tenido claramente su propio despertar, y también conoce las minucias de la religión oriental, así como de cualquiera. Dudo que haya más de un puñado en el mundo que podría escribir este libro. Sin embargo Este es un caso clásico de ser demasiado inteligente para su propio bien y su fascinación por la historia intelectual y su capacidad para leer, analizar y escribir sobre cientos de difíciles libros lo ha empantanado en el pasado muerto.

A pesar de que critica severamente los excesos de los tres movimientos, esto es un deconstructivo y nuevo edad místico (NAM) y posmoderna (PM) interpretación de la religión, la filosofía y la ciencias del comportamiento de un muy liberal, punto de vista espiritual — i. e., sin lo peor de deconstrucion, PM y jerga NAM, anti-científico anti-Intelectualismo, y el opresivo Rabioso Neomarxista tercer mundo supremacist Egalitarismo que está destruyendo Estados Unidos y el mundo entregando poder a la chusma de clase baja en Occidente y a los yihadistas y a los siete sociópatas que ejecutan China.

Boyer señala (P20), cuando el miedo y la pobreza dan paso a la seguridad y la riqueza, los resultados de la inferencia motores cambian y encuentras la religión cambiando de los rituales de apaciguamiento para los poderosos dioses en un universo hostil a autoempderamiento y control en una benevolente (es decir, el misticismo de la nueva era Etc.).

Analiza con algún detalle el diferentes mundo vistas de filosofía, psicología, sociología y religión, exponiendo sus defectos fatales mortales con (principalmente) cuidado y brillantez, pero la mayoría de las fuentes que analiza son de dudosa relevancia hoy en día. Utilizan terminología y conceptos que ya estaban obsoletos cuando estaba investigando y escribiendo hace 20 años. Uno tiene que lucha a través de interminables páginas de jerga-la discusión cargada de Habermas, Kant, Emerson, Jung et.al. para llegar a las perlas. Él se sumerge en Freud y la interpretación psicoanalítica de los sueños (por ejemplo,, P92), aunque la mayoría ahora consideras como artefactos meramente pintorescos de la historia intelectual.

Si uno está arriba hasta la fecha sobre filosofía y psicología cognitiva y evolutiva, la mayor parte de esto es arcaico. Como casi todo el mundo (académicos y público por igual-por ejemplo, ver mi revisión de la libertad evoluciona Dennett y otros libros), él no entiende que los fundamentos de la religión y la ética-de hecho, toda la conducta humana, se programan en nuestros genes. Una revolución en la comprensión de nosotros mismos estaba teniendo lugar mientras escribía sus muchos libros y lo pasó en gran medida, aunque no he leído sus últimas obras.

Si uno tiene una buena educación actual, es doblemente doloroso leer este libro (y la mayoría escribiendo sobre el comportamiento humano). Doloroso porque es tan torturado y confuso y luego de nuevo cuando te diste cuenta de lo simple que es con la psicología moderna y la filosofía. La terminología y las ideas son horriblemente confusas y anticuadas (pero menos en el propio análisis de Wilber que en sus fuentes). Ahora pensamos en términos de plantillas cognitivas que evolucionaron hace unos 100.000 años (en la mayoría de los casos varios cientos de millones de años antes en sus formas originales). Operan automáticamente, no son accesibles a la conciencia y hay abundantes evidencias de que limitan severamente las opciones conducoriales para los individuos y para la sociedad. Su nuevo prefacio señala un estudio de este tipo, pero el libro necesita una reescritura total.

Hay una enorme resistencia en nosotros a aceptarnos como parte de la naturaleza, y en particular, cualquier explicación basada en genes de la conducta, a pesar del hecho de que todo nuestro comportamiento, como toda nuestra fisiología, se basa en el gen de sus raíces. Como todos nuestros pensamientos, estos sentimientos se deben al funcionamiento de las plantillas cognitivas, por lo que tal vez es el conflicto entre las explicaciones biológicas y nuestra psicología intuitiva automática o sistemas de la mente social que es responsable (la evidencia de nuestras convenciones y cultura lingüística y la opacidad de nuestros automatismos que Searle ha llamado ' la ilusión fenomenológica '). Estos sistemas genéticos han funcionado durante cientos de miles o millones de años y los nuevos datos de la ciencia nos están contando los resultados de sus operaciones (nuestros sentimientos   sobre qué hacer) Son frecuentemente Incorrecto en nuestro complejo mundo moderno. Hay un gran programa de investigación en comportamiento social, económico y político desde este nuevo punto de vista.

Una jerga que necesitarás está en la PG X del nuevo prefacio donde encuentras que la visión-lógica usada constantemente es cognición postformal o de red-lógica o integral-aperspectival (todos los puntos de vista son iguales y deben ser considerados). También declara el manifiesto postmoderno aquí: todas las vistas iguales, dependientes de contextos ilimitados y meramente interpretaciones. Como él nota con gran detalle, esto pone uno en la pendiente resbaladizo que conduce a mucha irracionalidad e incoherencia y hay defectos muy básicos en ella. Sin embargo, prácticamente se apoderó de las universidades de Estados Unidos y Europa durante varias décadas y está lejos de estar muerto, habiéndose transformado en el neomarxista supremacista egalitarianismo. tú también necesitarán su definición de Eros de p528.

Obtienes una excelente muestra de mala escritura, ideas confusas y anticuadas y jerga obsoleta. En p52 hay una cita de Jakobson que pueden sustituirse por ' los motores de inferencia para la psicología y el lenguaje se desarrollan a medida que maduramos' ; y párrafos de Jantsch (P58) que dicen que la evolución es la evolución y las células son células y (P71) el ambiente cambia a medida que los organismos evolucionan. Hay una cita de Foucault para abrir el libro dos (p327) que, traducido de deconstructese, dice ' el conocimiento ayuda a entender el mundo '.

Hay una cita larga (P60-61) de Rupert Sheldrake que, cuando es inteligible, dice cosas que se traducen como "las proteínas son proteínas" y "las células son células". Hay numerosos desastres lingüísticos de Habermas (por ejemplo, si usted tiene tiempo para perder, tratar de averiguar las cotizaciones en P77 o 150), pero algunos son realmente traducibles, como los de P153-4, que dicen que la gente tiene la moral, por lo que la sociedad tiene leyes y lenguaje evolucionado para que la sociedad evolucionada. Y mucho de esto de Wilber mismo, como en P109 donde pasa la mayor parte de la página para decir que la mayoría de las mutaciones y recombinaciones fallan y los sobrevivientes son compatibles con sus evirones. A pesar de su conocido con el trabajo de Searle, a menudo es cofusionados sobre la conciencia. él dice (P117-8) que podemos considerar lo que queramos como consciente, pero claramente, una vez que dejamos el Reino de los animales que tienen ojos y un cerebro y caminan, se convierte en una broma. de la misma manera, él está en hielo muy delgado cuando se habla de nuestro interior y la necesidad de interpretar las mentes de los demás. Esto está muy lejos de la marca si uno conoce algunos Searle, Wittgenstein y cognitivo Psicología (ver mis otros escritos). Como con el "explicaciones" de Wolf en p742 que son erróneas por las mismas razones que las "explicaciones" de la conciencia están equivocadas. Debe ser cierto que la mente y el espíritu se basan en la física (al menos no hay una alternativa inteligible), pero no sabemos cómo conceptualizar esto o incluso cómo reconocer tal concepto (es decir, los juegos de idiomas o condiciones de satisfacción no están claros). Muchos sospechan que nunca entenderemos esto pero más bien es sólo una cuestión de aceptar cómo son las cosas y también con los fundamentos del universo (por ejemplo, ver mi reseña de Kaku ' Hyperspace ' y Dennett).

Sus notas (P129) que los estudios culturales han hecho un pequeño paso, pero ni él ni sus fuentes entienden que no tenían ningún marco para hacerlo y Típicamente porque abrazaron la idea estéril de la pizarra en blanco. Quieren ser fácticos, incluso científicos, pero constantemente se deshacen de la fantasía. Delinea la integración del arte, la ciencia y la moralidad como la gran tarea del posmodernismo, y él y otros se esfuerzan muchísimo para hacer conexiones y organizarlo todo en un plan coherente para pensar y vivir. Sin embargo No puedo ver ningún sentido realmente útil en el que esto es Posible. La vida no es un juego de ajedrez. Incluso en el limitado Reino del arte o la moralidad no es en absoluto claro que hay algo más que eso son partes de la experiencia humana que los dibuja juntos, es decir, los genes hacen cerebro y las reglas automáticas del sistema 1 inconsciente. Se pueden poner pinturas y esculturas y ropa y edificios y figuras de palo en un libro de arte, pero esto realmente nos está consiguiendo en cualquier lugar? Por favor, vea mi opiniónes para obtener detalles sobre cómo describir el comportamiento utilizando los dos modernos sistemas de pensamiento y una estructura lógica para la racionalidad. Boyer (ver mi opinión) muestra en detalle cómo la religión se debe a un complejo de sistemas cerebrales que sirven a muchas funciones diferentes que evolucionaron mucho antes de que hubiera algo como la religión.

El cerebro tiene numerosas plantillas que toman los datos, lo organizan y lo relacionan en tiempo real con o datos, pero cada uno de ellos sirve un determinado propósito y los plas experimentales no son arte, moralidad, religion y ciencia.

La psicología cognitiva muestra que tenemos muchos módulos trabajando simultáneamente para producir cualquier comportamiento y que nos relacionamos con personas en muchos maneras por muchas razones. Una función básica es la intuición coalicional. Esto nos da sentimientos que guían nuestra entrada en grupos y nuestras interacciones con otros grupos. Automáticamente y de inmediato sobrestimamos las cualidades de los de nuestro grupo, incluso si se compone de desconocidos totales elegidos al azar que conocimos cinco minutos antes. Asimismo, subestimamos inmediatamente las buenas cualidades de los de otros grupos, y siempre estamos fuertemente a favor de aquellos que estrechamente relacionados genéticamente (selección de parientes o fitness inclusivo que son otros nombres para la selección natural).

Esto y muchos otra guía de automatismos y normalmente regla comportamiento individual, grupos, Naciones y el mundo, pero casi nadie tuvo una comprensión real de esto hasta hace muy poco. Por lo tanto, no es de extrañar que casi todas sus fuentes de Platón a Kant a Habermas han estado vagando por ahí en la oscuridad y que Wilber está huyendo frenéticamente de uno a otro con una linterna tratando de ayudarles a encontrar su manera de salir del bosque.

Señala (p199) que el único movimiento social global serio hasta la fecha fue el marxismo, pero piensa que su defecto fatal fue el reduccionismo. Parece ser mucho más convincente tener en cuenta que, como prácticamente toda la sociedad moderna (y la mayoría de sus fuentes y en gran medida este libro), negó (o ignoró o no entendía) la naturaleza humana y la biología básica. Nadie parece notar que la mayoría de las instituciones sociales y los ideales, (incluyendo la igualdad y la democracia) tienen este mismo defecto. El debate sobre la naturaleza humana, el medio ambiente y el futuro es interminable, pero la realidad es un ácido que comerá a través de toda fantasía. Parafraseando a Lincoln, puedes engañar a algunas personas todo el tiempo y a toda la gente del tiempo, pero no puedes engañar a la madre naturaleza en cualquier momento. La mafia está programada para acumular recursos y replicar sus genes, y esto significa el colapso de la civilización. El Neomarxismo, la diversidad, la democracia, el Islam, el hinduismo, el budismo, el cristianismo, la justicia social y los derechos humanos son los medios para este fin y nada puede resistir.

Detalla la historia intelectual (filosofía, psicología, religión, ecología, feminismo, sociología, etc.) y muestra dónde casi todo el mundo fue demasiado lejos en la dirección de Ascenso (sólo para el espíritu o la vida religiosa) o descenso (a la ciencia, materialismo, reduccionismo o Flatland). Él attente para mostrar cómo curar las grietas mediante la combinación de sentido y el alma (vida espiritual y material, Ciencia y religión, interna y externa, individual y social). Todo está relacionado con todo lo demás (holones en las hoquías-es decir, las cosas en las jerarquías anidadas— ver P26, 135 por su definición).

La era de la ilustración negó el espíritu, el individuo y la vida interior, pero desarrolló el arte, la moral y la ciencia y condujo a la democracia, el feminismo, la igualdad y la ecología. Este reduccionismo comprimió el intelecto y el espíritu en la 'flatland' de la ciencia, la racionalidad y el materialismo. Él ve la pérdida del punto de vista espiritual con la edad de la ilustración como el factor principal responsivel para el malestar de la moderna times, pero ' verdadera espiritualidad ' o ' religión avanzada '-mi términos-- (i.e., la búsqueda de la iluminación), en contraposición a la ' religión primitiva ' (todo lo demás-ver Boyer) fue al formas raras. Es la religión avanzada que ve como la panacea, pero es la religión primitiva que las masas entienden, y también tiene sólo objetivos materialistas (dinero, poder y todo lo demás servir para replicar genes).

Él entiende que Jesús era un místico en el mismo sentido que Buda y muchos otros, un que lo que se convertiría en la iglesia Católica en gran parte destruyó su mística aspectos y la búsqueda personal para la iluminación-p. ej., Gnosticismo, a favor de la religión primitiva, sacerdotes, diezmos y una estructura que parece modelada en el ejército romano (p363 lavar). Pero, para la iglesia cristiana primitiva, como para la mayoría de la religión, las plantillas cognitivas eran sirvientes de los genes y la iluminación no estaba en el menú. Jesús no era cristiano, no tenía Biblia, y no creía en un Dios más que en Buda. Tenemos el cristianismo sin la verdadera inteligencia de Jesús y esto, como explica en detalle, es una causa de la prolongada estancia de Occidente en Flatland. No soy cristiano, ni siquiera teísta, pero es una de las cosas más tristes de la historia que el maestro iluminado que iba a servir como modelo de espiritualidad para Occidente tuvo su visión de iluminación personal destruida y distorsionada por sus propios seguidores (pero por supuesto ellos no son realmente *sus* seguidores). Vea los manuscritos Gnosticos de Nag Hammadi y, sobre todo, los discursos de Osho sobre el Evangelio de Tomás de estos.

Como todo el mundo hasta hace poco, los muchos autores que discute carecían de ninguna explicación real para el comportamiento humano. Raramente se les ocurrió preguntar por qué tenemos tales ideas y comportamientos y los pocos que no tenían una solución coherente.

Aunque ha leído algunos de los magníficos filosofía y tiene pasando referencias a la investigación en psicología cognitiva, es increíble que él podría hacer 20 años de investigación en filosofía sin estudiar Wittgenstein, la religión sin leer Osho y ver sus videos, y psicología sin Buss, Tooby, Cosmides et al. Gran parte de la evolución cognitiva y evolutiva Psicología sólo se publicó en revistas en el momento en que escribía y Wilber casi no tiene referencias a revistas. Pero Wittgenstein es el filósofo más famoso de los tiempos modernos, y Osho, el maestro espiritual más famoso. Es notable que a pesar de que pasa mucho tiempo en sus libros discutiendo el aspectos intelectuales de la terapia (Freud, Beck, Maslow, etc.) y entiende claramente que el camino espiritual es la terapia definitiva, ignora totalmente Osho, que había la comunidad terapéutica más avanzada en funcionamiento de la historia en todo el mundo durante los últimos 30 años. Osho nunca escribió un libro grueso que contenía una teoría del comportamiento humano, aunque sus 200 libros y muchos Videos, todo gratis en línea, explicarlo tan maravillosamente y claramente como se ha hecho nunca.

Aunque se esfuerza por sanar al mundo, Wilber pasa mucho tiempo en los amplios reinos del debate intelectual. Como un postmodernista, y un holista mística de la nueva era, él quiere unir el arte, la moralidad y la ciencia, pero la ciencia obtiene el corto Paja. Al igual que en algunos de sus otros libros (p. ej., 'Una breve historia de todos'-ver mi opinión), de lejos los peores errores que hace (junto con casi todas sus fuentes y la mayor parte del planeta) son ignorar y malentendidos básicos biología. Esto es aparente en el libro. Comienza el capítulo 7 con una cita de Aurobindo, que tuvo el mismo fracaso. No tienen ninguna comprensión del hecho de que los efectos eugénicos de la evolución son impulsados por la selección natural y cuando la sociedad se estableció firmemente, esto cesó y ha sido totalmente disgénico desde entonces. Los ingenieros genéticos han estado en el trabajo y han liberado en un mundo indefenso el mutante más horriblemente destructivo imaginable. La sociedad es el ingeniero y nosotros somos ese mutante. Si uno obtiene el panorama general, la preocupación por los posibles efectos destructivos de los OMG (organismos modificados genéticamente) --Aparte de nosotros mismos-es simplemente estúpido y es quizás el resultado de la operación de las plantillas de contagio discutidas por Boyer. Es decir, es poco probable que el posible efecto destructivo de todos los OMG que vamos a hacer sea acercarse a lo que los humanos ya han hecho ellos mismos.

Él dice (p 508, p519) que Darwin no explica la evolución, supuestamente bien conocida ante él, y lo acusa de ' obscurantismo masivo ' (¡ debería decir esto sobre la mayoría de sus fuentes!). La verdad es que nada en el comportamiento humano o el mundo o el universo tiene sentido, excepto en la luz de la evolución y ninguna persona hizo más para aclarar esto que Darwin. El trabajo ante él era poco más que especulación ociosa y ni siquiera se aproximaba a un tratamiento científico serio. Esta es la razón por la que NO tuvo efecto sobre la ciencia o la sociedad, a diferencia de la transformación completa de Darwin.

Claro, Darwin no conocía la genética ni la tectónica de placas, y el neodarwinismo moderno añaden muchos refinamientos, pero muestra un malentendido total de la ciencia y la historia para decir que esto invalida o disminuye sus contribuciones. Wilber está claramente deslizándose lateralmente hacia el campamento creacionista y sólo se puede especular sobre cuál de sus motores de inferencia produce esto. Él muestra en muchos lugares que tiene una mala comprensión de la genética y la evolución. E. g., en p561--como Dawkins ha explicado pacientemente, la unidad de evolución es tél gene, y ninguno de los otros cosas que Wilber menciona funcionan como una unidad genética. A pesar de que enumera ' el gen egoísta ' en su bibliografía, está claro que no lo ha entendido, y es más de 40 años de edad. Dawkins ha escrito media docena de obras magníficas desde entonces y hay cientos de otros.

Wilber parece tener una alergia a los buenos libros de biología--la mayoría de los que cita son muy viejos y otros son clásicos de la confusión. Desperdicia una página (p51) sobre la idea (principalmente debido a el pseudocientífico Neomarxista Gould y su coautor Eldredge) de evolucion puntuado, que es de muy poco interés. Gould amaba para hacer un gran alboroto sobre sus ' descubrimientos ' y su energía le consiguió mucho tiempo de recarga, pero cuando todo estaba dicho y hecho, no tenía nada nuevo que decir y arrastró a millones en sus propias confusiones (como Dawkins, Conway Morris y muchos otros han señalado). Sí, la evolución es a veces más rápida pero ¿Y qué? A veces llueve un poco, a veces mucho. Si amplía, en el tiempo o en el espacio, siempre Ver más detalles, y si se aleja se empieza a lucir igual. Gould también fue responsable de los 'spandrels de San Marcos ' debacle y, con su Neomarxista colegas Lewontin y Rose, por interminables ataques insípidos a la "biología determinista", incluyendo los escandalosos asaltos verbales y físicos a E. O Wilson (que, a diferencia de ellos mismos, hicieron numerosas contribuciones importantes a la biología, aunque recientemente deshonrado él mismo — ver mi reseña de su ' la conquista social de la tierra '). La investigación moderna (por ejemplo, ver Pinker y Boyer) deja claro que Wilson tenía razón en el dinero con respecto a la evolución, excepto por su desafortunado abrazo reciente de ' selección de grupo '.

Es bastante descuidado decir (p775) que no hay un solo mundo predado. Quizás sólo signifique que deberíamos ser multiculturales, igualitario, etc., pero si realmente no había ninguno, entonces, ¿cómo podemos vivir y comunicarnos? Esta es la fealdad del posmodernismo que se arrastra. Una gran dosis de Wittgenstein y la psicología cognitiva es una cura apropiada. Ni WiLBER ni Derrida ni Foucault (ni la mayoría personas entender que DEBE haber un punto de vista único o la vida sería imposible. Este sencillo punto de vista, residente en nuestro genes, es parte integral de cómo pensamos y nos comportamos y en gran medida dicta los caprichos de la filosofía, la política y la religión. Las plantillas cognitivas de S1 que subyacen en el lenguaje, el pensamiento y nuestra percepción de la realidad lógicamente deben ser los mismos y la evidencia de esto es abrumadora. Incluso los cambios más pequeños, incluso una gen salió mal, y tienes autismo, imbecilidad o esquizofrenia.

El hecho bruto que Wilber (y la mayoría del mundo) ignora en gran medida, es que son 7.8 mil millones (11 mil millones o así por 2100) conjuntos de genes egoístas que llevan a cabo sus programas para destruir la tierra. Son un ácido que comerá a través de cualquier conclusión intelectual, fanatasias igualitarias y renacimientos espirituales. El egoísmo, la deshonestidad, el tribalismo y miopía no se deben a accidentes de historia intelectual o espiritual. Él dice que la falta de espíritu está destruyendo la tierra, y aunque hay este aspecto en las cosas, es mucho más   al punto de decir que son los genes egoístas los que son responsables. Del mismo modo, dice ' la biología ya no es destino ', pero es un punto de vista fácilmente defendible que el revés es mucho más probable. El intento de entender la historia en términos de ideas ignora la biología y niega la naturaleza humana. Los genes egoístas siempre viven en Flatland y menos de 1000 personas en toda la historia humana han escapado   la tiranía de la mente del mono en la iluminación.

La mayor parte del capítulo 6 sobre el mito y la magia es anticuado, confuso o simplemente erróneo. Para dar sólo unos pocos ejemplos, ahora entendemos que la mayor parte del desarrollo psicológico y social de un niño está construido y no tiene que ser aprendido (por ejemplo, PG 233-4). El niño no tiene que deconstruir nada--los motores de inferencias lo hacen todo (P260). Joseph Campbell es citado extensamente y él tampoco tenía idea de cómo desarrollamos y cómo explicar las diferencias y similitudes en las culturas (P245-50). Por ejemplo, Campbell dice que la mitología sólo puede reclamar a la niñez, pero una mirada alrededor del mundo muestra lo falso que es esto y una lectura de Boyer' la religión explicada ' (ver mi reseña) dice por qué. Su discusión de pensar sobre lo no fáctico en PG 279 a 80 es ahora frecuentemente denomina ejecutar los motores de inferencia en desacoplados o contrafáctico modo. A sus retorcido comentarios en el medio de PG 560 ('y finalmente....') quiero decir ' explicación termina con las plantillas (templates)! P580-4 y 591-3 están tan llenos de dudosa y afirmaciones equivocadas que ni siquiera quiero comenzar, sino sugeriren Wilber y el lector comienza con Searle ' el misterio de Conciencia o mejor con casi cualquiera de mis reseñas de Searle o Wittgenstein. Una y otra vez, está claro que comparte la falta de un punto de vista científico con la mayoría de sus fuentes. ¿Qué información o procedimientos pueden resolver las preguntas de la conciencia o de cualquier ciencia social y teorías filosóficas? ¿Cómo reconoces una respuesta cuando la ves? Él y ellos van a las páginas y libros enteros sin tener ninguna idea (por ejemplo, ver mi reseña de Dennett' s Freedom evolucione).

En p702-en bajo-habla de la conducción de fulcro de conduccion llo pero si uno entiende las plantillas, la estructura lógica de la racionalidad y los dos sistemas de pensamiento (y me refiero aquí y en otros lugares de todo el corpus de la psicología cognitiva y evolutiva) entonces uno o bien necesita para reescribir esto o eliminarlo. Ditto para la mayoría de PGS 770-77. La prosa torturada en PG 771-2 sólo dice que las plantillas (Reflejos S1) son investigados por drogas u otras entradas pero no cambió y que nadie sabe (de una manera que puede transmitir claramente) lo que estos son. El fondo o el espacio intersubjetivo son las plantillas y se desarrollan muy temprano en los niños y luego permanecen fijos de por vida. La destrucción deliberada del misticismo de Jesús ha creado un poderoso sesgo contra la conciencia superior en Occidente. Aunque no entiende ni discute la iluminación, Boyer da la base para entender cómo y por qué sucedió esto.

Wilber adopta un utilitarismo simple (el más grande para el mayor número) — es decir, la mayor profundidad para el mayor alcance (p334). Este Basic principio de mucha filosofía, religión y economía tiene serios problemas y es probablemente inviable. ¿Qué personas debemos hacer felices y cuán felices y cuándo (i.e., ahora o en el futuro)? ¿Sobre qué base distribuimos recursos ahora y ¿cuánto ahorramos para la futura población, y quién decide y cómo hacer cumplir esto? Él llama a nuestra intuición moral básica (es decir, la operación de nuestra templates, como ahora sabemos), pero nuestro IMC no es realmente para ayudar a los demás, sino para ayudarnos a nosotros mismos y nuestros parientes cercanos (aptitud inclusiva), y los pocos miles (o vamos a ser muy optimistico y decir pocos millones) que son spritualmente avanzada no corren el mundo y nunca lo harán. El IMC--por ejemplo, el intercambio social, las intuiciones coalicionales, la psicología intuitiva, etc., evolucionaron para servir a nuestros propios intereses (no a los de la Grupo--si, como Wilber, piensas así por favor leer algunos de los libros de Dawkins o mi reciente reseña de ' la conquista social de la tierra ' de Wilson) y en cualquier caso está irremediablemente en el mar en el mundo moderno con su avanzada educaciones, comunicaciones instantáneas, armas de fuego, estado de ánimo alterando drogas, ropa y cosméticos, una población enorme y móvil y recursos de desaparición.

En lugar del enfoque intelectual o espiritual que Wilber lleva a la historia, otros toman enfoques ecológicos, genéticos o tecnólogas (e.g., Diamond's 'Armas, Gérmenes y Acero' o Pinker's ' la Pizarra en Blanco'). En el largo plazo, parece que sólo la biología realmente importa y vemos diariamente cómo la sobrepoblación es abrumadora todos los intentos de civilizar a las masas. La democracia y la igualdad que los valores de

Wilber son tan alta son los medios creados por los genes egoístas para facilitar su destrucción del planeta. A pesar de la esperanza de que una nueva era esté amaneciendo y veremos la evolución biológica y psíquica de un nuevo ser humano, el hecho es que somos la especie más degenerada que haya existido y el planeta se aproxima al colapso. Los miles de millones de años de eugenesia (selección natural) que empujan la vida de la limo y nos dio la increíble capacidad de escritura y leer libros como este es ahora. Ya no hay selección para los más sanos y más inteligentes y de hecho producen un porcentaje menor del adolescentes cada año. La naturaleza no tolerar las aberraciones físicas y mentales, pero la sociedad las alienta. Nuestra fisical y pico mental era probablemente CroMagnon hombre o tal vez incluso neandertales (que tenían cerebros más grandes (Sí, Sé que parecen no haber aportado más de un par de por ciento de nuestro ADN) hace unos 100.000 años. Parece plausible que sólo la ingeniería genética y una oligarquía iluminada nos puedan salvar. Vea mi ensayo suicidio por la democracia.

Él piensa (por ejemplo, p12, etc.) que es nuestra vista del mundo fracturada (i.e., la negación del espíritu) que es responsable de nuestras catástrofes ecológicas y la preocupación por los bienes materiales, pero este es otro ejemplo de la negación de la naturaleza humana. Nadie ve las afecciones cardíacas o la enfermedad de Alzheimer debido a una visión del mundo fracturada, pero pocos parecen tener ningún problema pensando que puede cambiar los fundamentos de la conducta sólo por la educación o la manipulación psicológica. La ciencia moderna refuta esta visión de manera concluyente (ver Pinker, Boyer, etc.). Las plantillas de psicología intuitivas nos dicen que podemos manipular el comportamiento de los demás, pero estas plantillas se desarrollaron cientos de miles a millones de hace años, y a menudo no pueden dar resultados correctos en contextos modernos. Casi todos los padres piensan que pueden influyen profundamente en el carácter adulto (paciencia, honestidad, irritabilidad, depresión, persistencia, compulsividad, etc.) de sus hijos, a pesar de las claras pruebas en contrario (p. ej., Pinker).

Cree que los derechos de los animales son ilógicos y excesivos cuando valoran a los animales sobre los seres humanos y también con aquellos que valoran el medio ambiente sobre las necesidades de las personas. Esto puede ser lógico en su sistema, pero por supuesto los seres humanos son típicamente (y a menudo razonablemente) ilógicos. En cualquier caso, si siempre ponemos las necesidades humanas en primer lugar, entonces es seguramente el fin de la paz, la tranquilidad, belleza y cordura.

Wilber defiende a Piaget, pero al igual que él muestra muchos lugares que no entiende que el niño no tiene que aprender las cosas importantes-que están construidas en y sólo tiene que crecer. No parece haber ninguna evidencia de que cualquiera de nuestras plantillas, es decir, S1 cambiar con el tiempo uno que maduramos. Las cosas que aprendemos son en su mayoría triviales en comparación (i.e., incluso una computadora puede aprenderlo!).

Sus fuentes se pierden en su mayoría en la confusión y la jerga, pero él es brilliante y si uno se molesta en leer sus explicaciones y traduce Wilberspeak al linglés, por lo general hace que sentido. En p 545-7 explica la ecología holonica. Aquí hay una traducción. Todos los organismos tienen valor en sí mismos y están relacionados con todos los demás en el ecosistema y debemos despertar espiritualmente. Hay una red de vida (es decir, Gaia o ecosistema) y todos tienen valor intrínseco, pero los organismos superiores tienen más valor, lo que requiere un punto de vista espiritual. Nada lo espiritual o científico enfoque funciona solo (i.e., el dualismo es malo).

Traducido, pierde la mayor parte de su atractivo, pero no es justo negar la poesía y majestad de su visión. Pero, esto no lo excusa de escribir claramente. La opacidad es casi característica universal de los libros que trata aquí. Sin embargo, cuando Katz escribió un libro denigrando el misticismo Wilber se tomó el tiempo para hacer un análisis de ' Searleian ' para mostrar cómo la incoherencia ha pasado para los estudiosos (p629-31). Desafortunadamente, él no continúa esto a lo largo del libro y utiliza la incoherencia de la jerga de Habermas y otros para explicar otros los textos de vague o incoherentes (e. g., utilizando Habermas en lugar de Searle o Wittgenstein o psicología cognitiva para explicar Emerson p633).

En los EE.UU., unos 120 millones (alrededor de 250 millones por 2100) los refugiados del tercer mundo de la maternidad desenfrenada son ahora la fuerza única más poderosa para la destrucción, habiendo desplazado fácilmente a los fundamentalistas Europeos Cristianos. Pero todos los bajos personas de clase están Unidas en el estar en contra (o al menos no dispuestos/incapaces de practicar) el control de la población y la devastación ambiental con el fin de maximizar el número de y el uso de recursos por sus genes (aunque carece de cualquier conocimiento de esto, por supuesto). Esta fue una estrategia de supervivencia racional cuando se fijó en los genes hace millones de años, pero ahora es suicida. El renacimiento espiritual del que habla no es el de las clases "diversas" o las más bajas en ningún lugar.

Su opinión es que son los pobres e ignorantes los que son el principal problema medioambiental y que esto se debe de alguna manera a nuestro enfoque de Flatland, así que si nos despertamos, nos ponemos en forma y les ayudamos a resolverlo. Sin embargo, los ricos destruyen tanto como 20 veces más que los pobres per cápita y el tercer mundo pasará el primero en la producción de CO_2 sobre 2025. Pero no hay nada noble en los pobres, sólo son los ricos en la espera.

Todo el mundo es parte del problema y si uno hace las matemáticas (los recursos que se desvanecen dividido por el aumento de la población) es claro que el colapso mundial de la sociedad industrial y una drástica reducción de la población ocurrirá y su única cuestión de cómo y cuándo (2150 es una buena suposición). Como tantos, sugiere vivir a la ligera en la tierra, pero vivir (y sobre todo, reproducirse), es hacer daño y si la reproducción sigue siendo un derecho entonces es difícil ver cualquier esperanza para el futuro. Como es políticamente correcto, enfatiza los derechos y dice poco sobre las responsabilidades. Es razonable ver que si la sociedad acepta a alguien como humano, debe asumir la responsabilidad del mundo y esto debe prevalerse sobre sus necesidades personales. Es improbable que cualquier gobierno implemente Esto, e igualmente improbable que el mundo se seguir siendo un lugar en el que cualquier persona civilizada deseará vivir (o ser capaz de hacerlo).

Les presento aquí una tabla de racionalidad que he trabajado en los últimos 10 años. Las filas muestran diversos aspectos o formas de estudiar y las columnas muestran los procesos involuntarios y comportamientos voluntarios que comprenden los dos sistemas (procesos duales) de la estructura lógica de la conciencia (LSC), que también pueden considerarse como la estructura lógica de la racionalidad (LSR-Searle), de la conducta (LSB), de la personalidad (LSP), de la mente (LSM), del lenguaje (LSL), de la realidad (LSOR), de la intencionalidad (LSI)-el término filosófico clásico, la psicología descriptiva de la conciencia (DPC), el descriptivo Psicología del pensamiento (DPT) – o mejor, el lenguaje de la psicología descriptiva del pensamiento (LDPT), términos introducidos aquí y en mis otros escritos muy recientes.

Las ideas para esta tabla se originaron en el trabajo de Wittgenstein, una mesa mucho más simple de Searle, y se correlaciona con extensas tablas y gráficos en los tres libros recientes sobre la naturaleza humana por p. m. s. Hacker. Las últimas 9 filas provienen principalmente de la investigación de la decisión de Johnathan St. B.T. Evans y colegas como revisado por mí mismo.

El sistema 1 es involuntario, reflexivo o automatizado "reglas" R1 mientras pensar (cognición) no tiene lagunas y es voluntario o deliberativo "reglas" R2 y Willing (Volicion) tiene 3 lagunas (ver Searle).

Sugiero que podamos describir el comportamiento más claramente cambiando "imponer condiciones de satisfacción en las condiciones de satisfacción" de Searle a "relacionar los Estados mentales con el mundo moviendo los músculos" — es decir, hablar, escribir y hacer, y su "mente al mundo Dirección de ajuste"y" la dirección del mundo a la mente de ajuste "por" causa se origina en la mente "y" causa se origina en el mundo "S1 es sólo de forma ascendente causal (mundo a la mente) y sin contenido (falta de representaciones o información) mientras que S2 tiene contenidos y es descendente causal (mente al mundo). He adoptado mi terminología en esta tabla. He hecho explicaciones detalladas de esta tabla en mis otros escritos.

DESDE EL ANALISIS DE LOS JUEGOS DE IDIOMAS

	Disposición	Emoción	Memoria	Percepción	Deseo	PI * *	IA * * *	Acción-Palabra
Causa origina de * * * *	Mundo	Mundo	Mundo	Mundo	Mente	Mente	Mente	Mente
Provoca cambios en * * * * *	Ninguno	Mente	Mente	Mente	Ninguno	Mundo	Mundo	Mundo
Causalmente Auto Reflexivo * * * * * *	No	Sí	Sí	Sí	No	Sí	Sí	Sí
Verdadero o falso (Comprobable)	Sí	T sólo	T sólo	T sólo	Sí	Sí	Sí	Sí
Condiciones públicas de satisfacción	Sí	Sí/No	Sí/No	No	Sí/No	Sí	No	Sí
Describir Un estado mental	No	Sí	Sí	Sí	No	No	Sí/No	Sí
Prioridad evolutiva	5	4	2, 3	1	5	3	2	2
Contenido voluntario	Sí	No	No	No	No	Sí	Sí	Sí
Iniciación voluntaria	Sí/No	No	Sí	No	Sí/No	Sí	Sí	Sí
Sistema cognitivo * * * * * * *	2	1	2/1	1	2/1	2	1	2
Cambiar intensidad	No	Sí	Sí	Sí	Sí	No	No	No
Duración precisa	No	Sí	Sí	Sí	No	No	Sí	Sí
Aquí y Ahora o Allá y Luego (H + N, T + T) * * * * * * * *	TT	HN	HN	HN	TT	TT	HN	HN
Calidad especial	No	Sí	No	Sí	No	No	No	No
Localizado en Cuerpo	No	No	No	Sí	No	No	No	Sí
Las expresiones corporales	Sí	Sí	No	No	Sí	Sí	Sí	Sí
Autocontradicciones	No	Sí	No	No	Sí	No	No	No
Necesita un yo	Sí	Sí/No	No	No	Sí	No	No	No
Necesita lenguaje	Sí	No	No	No	No	No	No	Sí/No

DE LA INVESTIGACIÓN DE DECISIONES

	Disposición	Emoción	Memoria	Percepción	Deseo	PI * *	IA * * *	Acción/ Palabra
Efectos subliminales	No	Sí/No	Sí	Sí	No	No	No	Sí/No
Asociativa Basada en reglas	RB	A/RB	A	A	A/RB	RB	RB	RB
Dependiente del contexto/ Abstracto	A	CD/A	CD	CD	CD/A	A	CD/A	CD/A
Serie/Paralelo	S	S/P	P	P	S/P	S	S	S
Heurístico Analítica	A	H/A	H	H	H/A	A	A	A
Necesita trabajar Memoria	Sí	No	No	No	No	Sí	Sí	Sí
Dependiente general de la inteligencia	Sí	No	No	No	Sí/No	Sí	Sí	Sí
La carga cognitiva Inhibe	Sí	Sí/No	No	No	Sí	Sí	Sí	Sí
Excitación facilita o inhibe	I	F/I	F	F	I	I	I	I

Condiciones públicas de satisfacción de S2 son a menudo referidos por Searle y otros como COS, representaciones, creadores de la verdad o significados (o COS2 por mí mismo), mientras que los resultados automáticos de S1 son designados como presentaciones por otros (o COS1 por mí mismo).

*　　　　Aka Inclinaciones, Capacidades, Preferencias, Representaciones, Posibles Acciones, etc.

**　　　Intenciones anteriores de Searle

***　　La intención en acción. de Searle

****　　Dirección de ajuste de Searle

*****　Dirección de causalidad de Searle

******　(Las instancias del estado mental - Causas o se cumple a sí mismo). Searle anteriormente llamó a esto causalmente auto-referencial.

******* Tversky / Kahneman / Frederick / Evans / Stanovich definieron los sistemas cognitivos.

******** Aquí y ahora o allí y luego

¿La autobiografía espiritual más profunda de todos los tiempos? -una reseña de "la rodilla de la escucha" de Adi da (Franklin Jones) (1995) (revisión revisada 2019)

Michael Starks

Abstracto

Una breve reseña de la vida y la autobiografía espiritual de la única mística estadounidense ADI da (Franklin Jones). La pegatina en la portada de algunas ediciones dice "la más profunda autobiografía espiritual de todos los tiempos" y esto bien podría ser cierto. Estoy en mis 70´s y he leído muchos libros de maestros espirituales y de espiritualidad, y este es uno de los más grandes. Ciertamente, es by lejos la más completa y clara relato del proceso de iluminación que he visto en mi vida. Incluso si usted no tiene ningún interés en absoluto en el más fascinante de todos los procesos psicológicos humanos, es un documento increíble que revela una gran cantidad de religión, yoga, y la psicología humana y las sondas de las profundidades y límites de las posibilidades humanas. Lo describo con cierto detalle y comparo su enseñanza con la del Contemporáneo La mística hindú Osho.

Aquellos que deseen un marco completo hasta la fecha para el comportamiento humano de la moderna Dos Sistemas Punto de Vista puede consultar mi libro 'La estructura lógica de la filosofía, la psicología, la mente y lenguaje En Ludwig Wittgenstein y John Searle ' 2Nd Ed (2019). Los interesados en más de mis escritos pueden ver 'Monos parlantes--filosofía, psicología, ciencia, religión y política en un planeta condenado--artículos y reseñas 2006-2017' 3a Ed (2019) y otras.

Hay muchas ediciones de la autobiografía espiritual de la única mística estadounidense ADI da (Franklin Jones). La primera edición fue de 1972 y nuevas ediciones con más material y mucha publicidad sobre el grupo continúan apareciendo. El último que he visto (2004) es aproximadamente 3 veces el tamaño y el peso de la 1995 Edicion que prefiero, ya que los cientos de páginas de nuevo material son prosa opaca y la publicidad. Por lo tanto, recomiendo una de las ediciones anteriores de papel, como la 1995 1 a la que se refieren mis citas de página.

Una breve reseña de la vida y la autobiografía espiritual de la única mística estadounidense ADI da (Franklin Jones). La pegatina en la portada de algunas ediciones dice "la más profunda autobiografía espiritual de todos los tiempos" y esto bien podría ser cierto. Estoy en mis 70´s y he leído muchos libros de maestros espirituales y en espiritualidad, y esta es una de las más grandes. Ciertamente, es, con mucho, el relato más pleno y claro del proceso de iluminación que he visto en mi vida. Incluso si usted no tiene ningún interés en absoluto en el más fascinante de todos los procesos psicológicos humanos, es un documento increíble que revela una gran cantidad de religión, yoga, y la psicología humana y las sondas de las profundidades y límites de las posibilidades humanas.

Como he leído y experimentado mucho en varias tradiciones religiosas, naturalmente comparo sus escritos con los de otros, particularmente con el gran místico indio Osho. A pesar de que claramente coinciden en los puntos principales de cómo proceder en el camino, dejando ir el apego a la búsqueda espiritual, etc, sus estilos son muy diferentes. Tanto muy inteligente y bien alfabetazido(Osho podría acelerar la lectura y leer un gran número de libros) y estaban en casa en la literatura espiritual de las principales tradiciones religiosas. Sin embargo, al igual que gran parte de la literatura espiritual, la mayor parte de Da´s libros son esencialmente inlegibles, ya que lucha por expresar en lenguaje los reinos inefables de la una mente desaligera. Incluso en esto, con mucho su más libro legible, a menudo se desvía en páginas de opacidad mientras trata de explicar lo inexplicable. Una gran lástima que parece que nunca ha leído Wittgenstein-el mayor psicólogo natural de todos los tiempos-que demostró que debemos abandonar los intentos de explicación y aceptar descripciones de nuestras funciones psicológicas innatas en el lenguaje, que es la mente.

Osho por contraste es el expositor libre más claro y más jargón de la vida espiritual que jamás ha existido. Escribió muy poco y casi todos sus más de 200 libros son transcripciones de charlas espontáneas que dio, sin notas ni preparación. Sin embargo, son obras maestras no exceladas de la literatura espiritual. Su asombrosa àutobiografía ' (realmente compilado después de su muerte) tiene habejan publicado por St. Martins y la versión completa, así como todos sus libros (muchos también disponibles en DVD), están disponibles en línea muchos lugares. Desafortunadamente, he tiene muy poco que decir acerca de la exacta detalles de su progreso espiritual.

Como da vivió la mayor parte de su vida posterior en reclusión en una isla en Fiji, no era fácil escucharlo, pero la prensa del caballo del amanecer vende algunos videos en su página web. Da no es una muy atractiva o un altavoz fácil, a diferencia de Osho, que por turnos es divertido, destrozanillo e hipnótico. Pero, como ambos de ellos entienden, es lo que el maestro es y no dice que es importante.

Ambos eran totalmente honestos e intransigentes en su vida y enseñanzas y da omite nada de relevancia, incluyendo sus aventuras juveniles con sexo y drogas, así como su exposición al LSD, psiloybina y mescalina como voluntario en experimentos del gobierno. Sin embargo, al igual que con muchos o tal vez todos los destinados a ser iluminados, él era diferente del nacimiento y experimentó la energía Shakti (que él llama 'el Bright') desde la niñez. Y cuando entró Universidad, dijo que su principal interés era descubrir lo que vive seres son y lo que es vivir consciosidad. Claramente no su novato típico.

Un problema importante en la descripción de los Estados espirituales avanzados es que no hay criterios o lenguaje para ellos existe en el discurso común por lo que los místicos tienen que tratar de doblar el lenguaje en la mayoría de los intentos vanidosos para capturar sus experiencias. Es mucho peor que tratar de describir ver a una persona ciega congénito, ya que en menos tienen las estructuras cognitivas y la experiencia del mundo. Pero los místicos son bastante raros y la mayoría de ellos han dejado poco or no hay descripción de su Estados mentales.

A diferencia de Osho, que rechazó milagros, fenómenos paranormales y todas las otras tonterías que comúnmente acompañan a la religión, da parece carecer de cualquier antecedente científico y abraza la precognición (P120), la reencarnación (p555), ' meditando ' a otras personas, viviendo en aire (p287), etc., y se refiere a los fenómenos que yo diría que están sucediendo en su cerebro como "allá afuera". De los comentarios incluidos en las nuevas ediciones está claro que muchos de sus discípulos creen que puede realizar milagros como detener un incendio forestal furioso en su retiro de California. Sin embargo, la mayoría de las veces está increíblemente nivelado, pasando por más de una década de estrés y terrores psíquicos que conducirían más desde el sendero espiritual. Millones de años de evolución han solidificado el ego y no se va pacíficamente.

Entretejido con la cuenta de fascinante de su progreso espiritual son los detalles de la interacción de la mente con el cuerpo, descrita en el este en términos de diversas formas de yoga (eg., P95-9, 214-21, 249281-3, 439-40 en la edición 1995 que recomiendo). Estas pocas páginas valen más que un estante entero de libros de yoga que quieres llegar al corazón de la relación mente/cuerpo en la espiritualidad.

A diferencia de la mayoría de los que se han iluminado, tuvo una profunda base en la práctica cristiana e hizo un gran esfuerzo para convertirse en un protestante, y luego ministro griego ortodoxo. Incluso años más tarde, después de que él estaba lejos a lo largo del camino con Muktananda, tuvo una increíble y totalmente inesperada serie de visitas de María y Jesús que continuó durante semanas (p 301-3 et seq.).

En cuanto a las drogas, como es casi universal entre los maestros espirituales, él señala que aunque pueden eliminar ciertas barreras a veces, no proporcionan un atajo a la comprensión. Sin embargo, casi todo el mundo es ahora consciente de que han puesto a muchos en el camino hacia una mayor conciencia a través de los historia humano, especialmente en los últimos décadas.

Él describe en detalle las muchas etapas en su ego muerte o autorrealización (por ejemplo,, P72-4, 198-200, 219, 20, 238-9, 245, 249, 258-9, 281, 355-65, 368-72, 406). A lo largo del camino, se dio cuenta de la máxima disutilidad de todas las prácticas y todas las tradiciones (337-9) incluyendo el yoga (281-3), que están todos Unidos a la búsqueda y los objetivos, en última instancia, acabando en el presente. él descubierto, como tienen muchos otras, que la búsqueda y la meditación se convirtieron en obstáculos y los entregó por devoción a su gurú Muktananda (P420-22). Sus relatos detallados de sus interacciones con el famoso Swami Muktananda y su realización final de su límites de poco conocimiento y honestidad. Constantemente se encuentra con su apego a su ego (Narciso-por ejemplo, P108-110) y le pide ele mismo-' ¿evitar la relación? ` por lo que parece significar evitar la muerte divina o el ego por la preocupación por la búsqueda espiritual.

Después de la iluminación, él enseña el sólo por me revelado y dado camino del corazón ', encontrar todos los otros caminos para ser "correctivos" y "egoícos" y simplemente perseguir a Dios o a la realidad (p359 +), pero despés de una lectura cuidadosa de este y varios otros libros nunca tuve idea de lo que se compone de esa manera. Sin duda, ser en su presencia ayuda mucho, pero en otros lugares que ha se quejó del hecho de que sus discípulos simplemente no deja que suceda y uno se pregunta si incluso uno ha sido capaz de seguirlo. Claro, la misma consideratioNS se aplican a todas las tradiciones y maestros y aunque algunos de los amigos de Osho (él desautorizó la relación maestro/discípulo) han reivindicado la iluminación, nadie de su estatus ha surgido. Parece que tienes que tener los genes correctos y el ambiente adecuado y un gurú muy avanzado y preferiblemente iluminado para estimularte. Sospecho que ha pasado el tiempo cuando un iluminado podría iniciar un movimiento que transforma gran parte del mundo. El mundo necesita desesperadamente una conciencia más alta y yo espero que alguien tiene una manera más fácil muy pronto, pero creo que's bastante improbable.

¿Nuestros comportamientos inconscientes automatizados revelan nuestros verdaderos seres y verdades ocultas sobre el universo? --Una revisión del 'Poder Contra la Fuerza' (Power versus Force) de David Hawkins--los determinantes ocultos del comportamiento humano – la edición oficial autorizada del autor ' 412p (2012) (edición original 1995)(revisión revisada 2019)

Michael Starks

Abstracto

Estoy muy acostumbrado a libros extraños y gente especial, pero Hawkins se destaca debido a su uso de una técnica simple para probar la tensión muscular como una clave para la "verdad" de cualquier tipo de afirmación-es., no sólo para si la persona que está siendo probada lo cree, sino si es realmente cierto! Lo que es bien sabido es que las personas mostrarán respuestas fisiológicas y psicológicas automáticas e inconscientes a cualquier cosa a la que estén expuestos: imágenes, sonidos, toques, olores, ideas, personas. así que, lectura muscular para descubrir sus verdaderos sentimientos no es radical en absoluto, a diferencia de usarlo como un palo doble (más lectura muscular) para hacer "ciencia Paranormal".

Hawkins describe el uso de la tensión decreciente en los músculos de un brazo en respuesta a aumentos en la carga cognitiva causando así que el brazo caiga en respuesta a la presión constante de los dedos de alguien. No parece consciente de que existe un largo y vasto esfuerzo de investigación en psicología social que se hace referencia por frases como ' cognición implícita ', ' automaticidad ', etc., y que su uso de la ' Kinesiología ' es una sección diminuta. Además del tono muscular (utilizado con poca frecuencia) los psicólogos sociales miden el EEG, la respuesta galvánica de la piel y las respuestas verbales más frecuentes a las palabras, oraciones, imágenes o situaciones en momentos que varían de segundos a meses después del estímulo. Muchos, como Bargh y Wegner, toman los resultados para significar que somos autómatas que aprenden y actúan en gran medida sin conciencia a través de S1 (sistema automatizado 1) y muchos otros como Kihlstrom y Shanks dicen que estos estudios son defectuosos y somos criaturas de S2 (sistema deliberativo 2). Aunque Hawkins parece no tener idea, como en otras áreas de la psicología descriptiva del pensamiento de mayor orden, la situación con respecto a "automaticidad" sigue siendo tan caótica como lo fue cuando Wittgenstein describió las razones de la esterilidad y la barrendez de la psicología en los años 30. Sin embargo, este libro es una lectura fácil y algunos terapeutas y maestros espirituales pueden encontrarlo de uso.

Aquellos que deseen un marco completo hasta la fecha para el comportamiento humano de la moderna Dos Sistemas Punto de Vista puede consultar mi libro 'La estructura lógica de la filosofía, la psicología, la mente y lenguaje En Ludwig Wittgenstein y John Searle ' 2^{Nd} Ed (2019). Los interesados en más de mis escritos pueden ver 'Monos parlantes--filosofía, psicología, ciencia, religión y política en un planeta condenado--artículos y reseñas 2006-2017' 3a Ed (2019) y otras.

Estoy muy acostumbrado a libros extraños y gente especial, pero Hawkins se destaca debido a su uso de una técnica simple para probar la tensión muscular como una clave para la "verdad" de cualquier tipo de afirmación-es., no sólo para si la persona que está siendo probada lo cree pero, si es realmente cierto! ¿Cómo puede alguien cuerdo creerlo? Como persona con más de 50 años experiencia adulta con la ciencia, la psicología, la filosofía, la religión y la vida no creo que sea creíble que sea incluso altamente confiable sobre las creencias de la persona y no hay ninguna posibilidad de llegar a conocer la realidad de esta manera. Lo que es bien sabido es que las personas mostrarán respuestas fisiológicas y psicológicas automáticas e inconscientes a cualquier cosa a la que estén expuestos: imágenes, sonidos, toques, olores, ideas, personas. así que, lectura muscular para descubrir sus verdaderos sentimientos no es radical en absoluto, a diferencia de usarlo como un palo doble (más lectura muscular) para hacer "ciencia Paranormal".

La kinesiología, también conocida como cinética humana, es el estudio de la movimiento. Los estudios de Kinesiología fisiológicos, mecánicos (tono muscular), y los mecanismos psicológicos como índices del estado mental y físico de las personas y a menudo utiliza ejercicios de movimiento como terapia. Sin embargo, Hawkins (sin decir eso) está utilizando el término para referirse a una aplicación muy estrecha de la kinesiología-el uso de la tensión decreciente en los músculos de un brazo en respuesta a aumentos en la carga cognitiva (es decir, mención de alguna persona, evento u objeto), que causa el sujeto a distraerse por problemas intelectuales o emocionales, disminuyendo así la tensión muscular y causando que el brazo caiga en respuesta a la presión constante de los dedos de alguien. Hawkins no parece consciente de que existe un largo y vasto esfuerzo de investigación en psicología social que se hace referencia por frases como ' cognición implícita ', ' automaticidad ', etc., y que su uso de la ' Kinesiología ' es una sección diminuta. Además del tono muscular (que en realidad se utiliza con poca frecuencia) los psicólogos sociales miden el EEG, la respuesta galvánica de la piel y las respuestas verbales más frecuentes a palabras, oraciones, imágenes o situaciones a veces que varían de segundos a meses después del estímulo.

Fue sólo por casualidad que leí el libro de Hawkins después de leer varios libros y docenas de documentos recientes sobre la cognición implícita y estaba muy sorprendido de que lo utiliza como una clave para el universo-es decir, la ' naturaleza última de la realidad ' y estoy seguro de que los cientos de activos pesquisadpres

245

estarían igualmente asombrados. Relaciono su práctica espiritual con el trabajo contemporáneo sobre la cognición implícita.

Una cuestión importante en la mayoría de las investigaciones contemporáneas sobre la cognición social implícita es el grado en que es automático (' inconsciente ') y lo que constituye ' evidencia ' para esto. Cientos de papeles y docenas de libros han aparecido en los últimos años con confusión masiva y debates a menudo acrimoniosos. Muchos, como Bargh y Wegner, toman los resultados para significar que somos autómatas que aprenden y actúan en gran medida sin conciencia a través de S1 y muchos otros como Kihlstrom y Shanks dicen que estos estudios son defectuosos y somos criaturas de S2.

Aunque Hawkins parece no tener idea, como en otras áreas de la psicología descriptiva del pensamiento de orden superior, la situación con respecto a "automaticidad" sigue siendo tan caótica como lo fue cuando Wittgenstein describió las razones de la esterilidad y la barrendez de la psicología en los años 30.

A menudo la cuestión es declarada por los investigadores y filósofos en términos de sistema 1 y sistema 2 funcionamiento-una división muy útil, incluso indispensable de la conducta (intencionalidad) en nuestro primitivo reptil automatizado, S1 no reflexivo y nuestro superior cortical primates funciones deliberativas conscientes de S2. Como se mencionó en mis otras reseñas, esta división fue iniciada por el filósofo Ludwig Wittgenstein en la década de 1930, aunque nadie se ha dado cuenta.

Estoy bastante familiarizado con la mediación y los fenómenos de la iluminación (ver mi reseña de la autobiografía de ADI da ' la rodilla de la escucha ') y estoy dispuesto a aceptar la afirmación de Hawkins de estar en este grupo rareficado (a menudo se dice que sabemos de menos de 1000 iluminado personas en toda la historia humana). También puedo aceptar que puede haber sido un "terapeuta" muy eficaz que ayudó a muchas personas y claramente, es muy inteligente. Esto no me hace aceptar sus muchas afirmaciones cuestionables o claramente falsas sobre los hechos del mundo. También estoy (sobre la base de una vida de estudio de la ciencia y la filosofía) muy escéptico sobre la relevancia del caos, atractores, teoría de la complejidad, computación, etc. para el estudio del comportamiento humano (ver mi reseñas y Libros en Academia.edu, philpapers.org, researchgate.net, vixra.org, libgen.io, b-ok.org, Amazonas, etc.), afirmaciones que a menudo son hechas por los científicos también. Me La investigación de la cognición implícita involucra la mezcla horrorosa habitual de cuestiones científicas verdaderas o falsas sobre las funciones cerebrales causales (la mente S1), con aquellas sobre cómo funciona el lenguaje (es decir, la mente, que como Wittgenstein nos mostró 3/4 de un siglo atrás, es el comportamiento público-la mente S2)-otros temas que he cubierto extensamente en mis comentarios.

así que, Hawkins hace gran parte de su lectura muscular y estoy seguro de que a menudo funciona bien, pero hay un error lógico importante aquí. Independientemente de lo que diga sobre las creencias de la persona que está siendo probada, claramente no dice nada sobre el mundo mismo. así que, Respeto a Hawkins y su trabajo terapéutico, pero, con la vasta gama de enfoques para la curación espiritual y emocional, Hay muchas opciones. Y una cosa es ser tratada por un maestro iluminado-cuya misma presencia (o incluso el pensamiento de ellos) puede ser galvanizante, y bastante otro ser tratado por una persona ordinaria. Con mucho, la mejor fuente de libros, audios y videos de un maestro iluminado en el trabajo son los de Osho (Bhagwan Shree Rajneesh) que están disponibles para comprar o liberar en la red en varios sitios. Él therapizó miles a la vez en ocasiones y creó la comunidad terapéutica más notable de todos los tiempos a su alrededor. A pesar de que se ha ido, sus terapeutas todavía practican en todo el mundo, y sus obras pueden ser transformadoras.

Hawkins tiene otros libros que tienen muchas críticas favorables por lo que aquellos profundamente interesados pueden consultarlos.

UN GRAN DELIRIO FAMILIAR--LA DEMOCRACIA, LA DIVERSIDAD Y LA IGUALDAD NOS SALVARÁN

La supresión transitoria de los peores demonios de nuestra naturaleza-una revisión de ' Los Mejores Angeles de Nuestro Naturaleza: por qué la violencia ha disminuido ' (The Better Angels of Our Nature: Why Violence Has Declined' de Steven Pinker (2012)(revisión revisada 2019)

Michael Starks

Abstracto

Este no es un libro perfecto, pero es único, y si usted hojean las primeras 400 o así páginas, el último 300 (de unos 700) son un buen intento de aplicar lo que se sabe sobre el comportamiento a los cambios sociales en la violencia y las costumbres con el tiempo. El tema básico es: ¿Cómo controla y limita el cambio social nuestra genética? Sorprendentemente, no puede describir la naturaleza de la selección de parientes (aptitud inclusiva) que explica gran parte de la vida social humana y animal. Él también (como casi todo el mundo) carece de un marco claro para describir la estructura lógica de la racionalidad (LSR-el término preferido de John Searle) que prefiero llamar la psicología descriptiva del pensamiento de orden superior (DPHOT). Debería haber dicho algo sobre las muchas otras formas de abusar y explotar a la gente y el planeta, ya que ahora son mucho más severos que hacer otras formas de violencia Casi Irrelevante. Ampliar el concepto de violencia para incluir el largo-consecuencias a término de la replicación de los genes de alguien, y tener una comprensión de la naturaleza de cómo funciona la evolución (es decir, la selección de parientes) proporcionará una perspectiva muy diferente sobre la historia, los acontecimientos actuales y cómo es probable que las cosas vayan en los próximos cientos de años. Uno podría comenzar señalando que la disminución de la violencia física sobre la historia se ha igualado (y hecho posible) por la violación despiadada en constante aumento del planeta (es decir, por la destrucción de las personas de su propio descendiente's futuro). Pinker (como la mayoría de las personas la mayoría del tiempo) a menudo se distrae por las superficialidades de la cultura cuando es la biología lo que importa. Vea mis reseñas recientes de ' la conquista social de la tierra ' de Wilson y de los ' SuperCooperators ' de Nowak y Highfield aquí y en la red para obtener un breve resumen de la vacuidad de ' true Altruismo' (selección de grupo), y el funcionamiento de la selección de parientes y la inutilidad y la superficialidad de describir el comportamiento en términos culturales.

Esta es la naturaleza clásica/tema de la crianza y la naturaleza triunfa-infinitamente. Lo que realmente importa es la violencia que se ha hecho a la tierra por el incesante aumento de la población y la destrucción de los recursos (debido a la medicina y la tecnología y la supresión de conflictos por la policía y los militares). Acerca de 200.000 más personas al día (otra las Vegas cada 10 días, otro los Angeles cada mes), el 6 Toneladas o así de la tierra que va al mar/persona/año – alrededor del 1% del total del mundo desapareciendo anualmente, etc. significan que a menos que ocurra algún milagro, la Biosfera y la civilización colapsarán en gran medida Durante próximos dos siglos, y habrá hambre, miseria y violencia de todo tipo en una escala asombrosa. Los modales, las opiniones y las tendencias de las personas para cometer actos violentos no son pertinentes a menos que puedan hacer algo para evitar esta catástrofe, y no veo cómo va a suceder. No hay espacio para los argumentos, y ningún punto o bien (sí soy un fatalista), así que voy a hacer algunos comentarios como si fueran hechos. No Imagine que tengo una participación personal en la promoción de un grupo a expensas de otros. Tengo 78, no tienen descendientes ni parientes cercanos y no se identifican con ningún grupo político, nacional o religioso y consideran que los que pertenezco por defecto son tan repulsivos como todos los demás.

Los padres son los peores enemigos de la vida en la tierra y, tomando la visión amplia de las cosas, las mujeres son tan violentas como los hombres cuando uno considera el hecho de que la violencia de las mujeres (como la mayoría de los que hacen los hombres) se hace en gran medida en cámara lenta, a una distancia en el tiempo y el espacio y en su mayoría realizado por sus descendientes y por los hombres. Cada vez más, las mujeres tienen hijos sin importar si tienen una pareja y el efecto de detener a una mujer de la cría es en promedio mucho mayor que detener a un hombre, ya que son el cuello de botella reproductivo. Uno puede tomar la opinión de que las personas y sus crías merecen abundantemente cualquier miseria que se le presente y (con raras excepciones) los ricos y famosos son los peores delincuentes. Meryl Streep o Bill Gates o J. K Rowling y cada uno de sus hijos puede destruir 50 toneladas de tierra vegetal cada año por generaciones en el futuro, mientras que un granjero indio y su puede destruir 1 tonelada. Si alguien lo niega está bien, y a sus descendientes le digo "Bienvenido al infierno en la tierra" (WTHOE).

El énfasis hoy en día siempre está en los derechos humanos, pero está claro que si la civilización tiene una oportunidad, las responsabilidades humanas deben reemplazar a los derechos humanos. Nadie obtiene derechos sin ser un ciudadano responsable y lo primero que esto significa es minimal destrucción ambiental. La responsabilidad más básica no son los niños a menos que su sociedad le pida que los produzca. Una sociedad o un mundo que permite a las personas reproducirse al azar siempre será explotada por los genes egoístas hasta que colapse (o llegue a un punto donde la vida es tan horrorosa que no vale la pena vivir). Si la sociedad continúa manteniendo los derechos humanos como principal, para sus descendientes uno puede decir con confianza "WTHOE". El mismo tipo de comentarios se aplican a su libro más reciente 'Englightenment Now' (Iluminacion Ahora), es decir, mejorar nuestra situación ahora garantiza el infierno en la tierra para nuestros descendientes.

Aquellos que deseen un marco completo hasta la fecha para el comportamiento humano de la moderna Dos Sistemas Punto de Vista puede consultar mi libro 'La estructura lógica de la filosofía, la psicología, la mente y lenguaje En Ludwig Wittgenstein y John Searle ' 2Nd Ed (2019). Los interesados en más de mis escritos pueden ver 'Monos parlantes--filosofía, psicología, ciencia, religión y política en un planeta condenado--artículos y reseñas 2006-2017' 3a Ed (2019) y otras.

Este no es un libro perfecto, pero es único, y si usted hojean las primeras 400 o así páginas, el último 300 (de unos 700) son un buen intento de aplicar lo que se sabe sobre el comportamiento a los cambios sociales en la violencia y las costumbres con el tiempo. El tema básico es: ¿Cómo controla y limita el cambio social nuestra genética? Sorprendentemente, no puede describir la naturaleza de la selección de parientes (aptitud inclusiva) que explica gran parte de la vida social humana y animal. Él también (como casi todo el mundo) carece de un marco claro para describir la estructura lógica de la racionalidad (LSR-el término preferido de John Searle) que prefiero llamar la psicología descriptiva del pensamiento de orden superior (DPHOT). La mayoría de las críticas dadas por otros son intrascendentes y irrelevantes y, como ha dicho Pinker, no podía escribir un libro coherente sobre "cosas malas", ni podía dar todas las referencias y puntos de vista posibles, pero debería haber dicho al menos algo sobre los muchos otras formas de abusar y explotar a las personas y al planeta, ya que ahora son mucho más severas como para hacer que otras formas de violencia sean irrelevantes.

Ampliar el concepto de violencia para incluir el largo-consecuencias a término de la replicación de los genes de alguien, y tener una comprensión de la naturaleza de cómo funciona la evolución (es decir, la selección de parientes) proporcionará una perspectiva muy diferente sobre la historia, los acontecimientos actuales y cómo es probable que las cosas vayan en los próximos cientos de años. Uno podría comenzar señalando que la disminución de la violencia física sobre la historia se ha igualado (y hecho posible) por la violación despiadada en constante aumento del planeta (es decir, por la destrucción de las personas de su propio descendiente's futuro). Pinker (como la mayoría de las personas la mayoría del tiempo) a menudo se distrae por las superficialidades de la cultura cuando es la biología lo que importa. Vea mis reseñas recientes sobre ' la conquista social de la tierra ' de Wilson y los ' SuperCooperators ' de Nowak y Highfield para un breve resumen de la vacuidad del altruismo y el funcionamiento de la selección de parientes y la inutilidad y la superficialidad de describir el comportamiento en la cultura Términos.

Esta es la naturaleza clásica/tema de la crianza y la naturaleza triunfa-infinitamente. Lo que realmente importa es la violencia que se ha hecho a la tierra por el incesante aumento de la población y la destrucción de los recursos (debido a la medicina y la tecnología y la supresión de conflictos por la policía y los militares). Acerca de 200.000 más personas al día (otra las Vegas cada 10 días, otro los Angeles cada mes), el 6 toneladas o así de suelo que va al mar/persona/año, etc. significan que a menos que algunos milagro ocurre la Biosfera y la civilización se derrumbará en gran medida en los próximos dos siglos y habrá hambre, miseria y violencia de todo tipo a una escala asombrosa.

Los modales, las opiniones y las tendencias de las personas para cometer actos violentos no son pertinentes a menos que puedan hacer algo para evitar esta catástrofe, y no veo cómo va a suceder. No hay espacio para los argumentos, y ningún punto tampoco (sí, Soy un fatalista, así que voy a hacer algunos comentarios como si fueran hechos. No Imagine que tengo una participación personal en la promoción de un grupo a expensas de otros. Soy 75, no tengo descendientes ni parientes cercanos y no me identifico con ningún grupo político, nacional o religioso y considero a los que pertenezco por defecto tan repulsivos como todos los demás.

Los padres son los peores enemigos de la vida en la tierra y, tomando la visión amplia de las cosas, las mujeres son tan violentas como los hombres cuando uno considera el hecho de que la violencia de las mujeres (como la mayoría de los que hacen los hombres) se hace en gran medida en cámara lenta, a una distancia en el tiempo y el espacio y en su mayoría realizado por sus descendientes y por los hombres. Cada vez más las mujeres tienen hijos, independientemente de si tienen un compañero y el efecto de detener a una mujer de la cría es en promedio mucho mayor que detener a un hombre, ya que son el cuello de botella reproductivo. Uno puede tomar la opinión de que las personas y sus crías merecen abundantemente cualquier miseria que se le presente y (con raras excepciones) los ricos y famosos son los peores delincuentes. Meryl Streep o Bill Gates o j. k. Rowling y cada uno de sus hijos puede destruir 50 toneladas de tierra vegetal cada año por generaciones en el futuro, mientras que un granjero indio y su puede destruir 1 tonelada. Si alguien lo niega está bien, y a sus descendientes le digo "Bienvenido al infierno en la tierra" (WTHOE).

El énfasis hoy en día siempre está en los derechos humanos, pero está claro que si la civilización tiene una oportunidad, las responsabilidades humanas deben reemplazar a los derechos humanos. Nadie tiene derechos (es decir, privilegios) sin ser un ciudadano responsable y lo primero que esto significa es una mínima destrucción medioambiental. La responsabilidad más básica no son los niños a menos que su sociedad le pida que los produzca. Una sociedad o un mundo que permite a las personas reproducirse al azar siempre será explotada por los genes egoístas hasta que colapse (o llegue a un punto donde la vida es tan horrorosa que no vale la pena vivir). Si la sociedad sigue manteniendo los derechos humanos como primaria, eso está bien y a sus descendientes se puede decir con confianza "WTHOE".

"Ayudar" tiene que ser visto desde una larga-perspectiva de término. Casi toda la "ayuda" que dan los individuos, las organizaciones o los países perjudica a los demás y al mundo a largo plazo y sólo debe ser dado después de una consideración muy cuidadosa. Si quieres entregar dinero, comida, medicinas, etc., tienes que preguntar qué Largo-consecuencias medioambientales. Si quieres complacer a todos todo el tiempo, de nuevo a tus descendientes digo "WTHOE".

Disgenics: billones interminables de criaturas que empiezan con formas semejantes a bacterias hace más de 3 mil millones años han muerto para crearnos y toda la vida actual y esto se llama eugenesia, evolución por selección natural o selección de parientes (fitness inclusivo). Todos tenemos "genes malos", pero algunos son peores que otros. Se estima que hasta el 50% de todas las concepciones humanas terminan en aborto espontáneo debido a "genes malos". La civilización es disgénica. Este problema es actualmente trivial comparado con la sobrepoblación, pero empeorando por el día. La medicina, el bienestar, la democracia, la igualdad, la justicia, los derechos humanos y la "ayuda" de todo tipo tienen un largo plazo global medioambientales y consecuencias disgénicas que colapsarán la sociedad aunque el crecimiento de la población se detenga. Otra vez, Si el mundo se niega a creerlo o no quiere lidiar con eso, está bien y a sus descendientes (y a todos) podemos decir "WTHOE".

Tenga cuidado con los escenarios utópicos que sugieren Doomsday (Dia del Juicio Final) puede evitarse mediante la aplicación juidiosa de las tecnologías. Como dicen, puedes engañar a algunas personas todo el tiempo y a toda la gente del tiempo, pero no puedes engañar a la madre naturaleza en cualquier momento. Te dejo con un solo ejemplo. El famoso científico Raymond Kurzweil (ver mi reseña de ' cómo crear una mente ') los nanobots propuestos como salvadores de la humanidad. Ellos harían todo lo que necesitábamos y limpiar cada desorden. Incluso harían mejores versiones de sí mismos. Nos mantendrían como mascotas. Pero piense en cuántas personas tratan a sus mascotas, y las mascotas están sobrepoblando y destruyendo y volviéndose disgénica casi tan rápido como los humanos (por ejemplo, domésticos y gatos salvajes solo matan quizás 100 mil millones animales salvajes al año). Los animales domésticos sólo existen porque destruimos la tierra para alimentarlos y tenemos clínicas de castrar y neutralizador y eutanasia a los enfermos y los no deseados. Practicamos un riguroso control de la población y eugenesia sobre ellos deliberadamente y por omisión, y ninguna forma de vida puede evolucionar o existir sin estos dos controles, ni siquiera los bots. ¿Y qué va a impedir que los nanobots evolucionen? Cualquier cambio que facilitara la reproducción se seleccionaría automáticamente y cualquier comportamiento que desperdicie tiempo o energía (es decir, cuidar de los seres humanos) sería fuertemente seleccionado en contra. ¿Qué detendrá elAI controlado Programa de bots de mutando en forma homicida y explotando todos los recursos de la tierra causando el colapso global? No hay almuerzo gratis para los bots ya sea y a ellos también podemos decir con confianza "WTHOE".

Aquí es donde cualquier pensamiento sobre el mundo y el comportamiento humano debe guiar a una persona educada, pero Pinker no dice nada al respecto. así que, las primeras 400 páginas de este libro se pueden omitir y la última 300 leer como un buen Resumen de EP (psicología evolutiva) a partir de 2011. Sin embargo, como en sus otros libros y casi universalmente en las Ciencias del comportamiento, no existe un marco general claro para la intencionalidad, como fue iniciado por Wittgenstein, Searle y muchos otros. He presentado un marco de este tipo en mis muchas revisiones de las obras por y sobre estos dos genios psicológicos naturales y no lo repetirá aquí.

Las manos muertas de selección de grupo y fenomenología--una revisión de la 'Individualidad y el Entrelazamiento' (Individuality and Entanglement) por Herbert Gintis 357p (2017)(revisión revisada 2019)

Michael Starks

Abstracto

Como Gintis es economista senior y he leído algunos de sus libros anteriores con interés, esperaba más información sobre el comportamiento. Tristemente, hace las manos muertas de selección de grupos y fenomenología en los centros de sus teorías de comportamiento, y esto invalida en gran medida la obra. Peor aún, ya que muestra tan mal juicio aquí, cuestiona todo su trabajo anterior. El intento de resucitar la selección grupal por sus amigos en Harvard, Nowak y Wilson, hace unos años fue uno de los mayores escándalos en biología en la última década, y he contado la triste historia en mi artículo ' altruismo, Jesús y el fin del mundo-cómo el Templeton Foundation compró una Cátedra de Harvard y atacó la evolución, la racionalidad y la civilización--una revisión de E.O. Wilson ' la conquista social de la tierra ' (2012) y Nowak y Highfield ' SuperCooperators ' (2012). ' A diferencia de Nowak, Gintis no parece estar motivada por el fanatismo religioso, sino por el fuerte deseo de generar una alternativa a las realidades sombrías de la naturaleza humana, fácil por la falta de comprensión (casi universal) de la biología humana básica y el pizeísmo en blanco de científicos del comportamiento, otros académicos y el público en general.

Gintis ataca con razón (como ha tenido muchas veces antes) a economistas, sociólogos y otros científicos del comportamiento por no tener un marco coherente para describir el comportamiento. Claro, el marco necesario para comprender el comportamiento es un uno evolutivo. Desafortunadamente él no proporciona uno mismo (de acuerdo con sus muchos críticos y Yo coincido), y el intento de injertar el cadáver podrido de selección de grupo en cualquier teoría económica y psicológica que ha generado en sus décadas de trabajo, simplemente invalida todo su proyecto .

Aunque Gintis hace un valiente esfuerzo para entender y explicar la genética, como Wilson y Nowak, él está lejos de ser un experto, y como ellos, las matemáticas sólo lo ciega a las imposibilidades biológicas y, por supuesto, esta es la norma en la ciencia. Como señaló Wittgenstein en la primera página de la cultura y el valor "no hay denominación religiosa en la que el mal uso de las expresiones metafísicas ha sido responsable de tanto pecado como lo ha sido en matemáticas."

Siempre ha sido cristalino que un gen que causa comportamiento que disminuye su propia frecuencia no puede persistir, pero este es el núcleo de la noción de selección de grupo. Además, ha sido bien sabido y a menudo demostró que la selección de grupos sólo se reduce a la aptitud inclusiva (selección de los parientes), que, como Dawkins ha señalado, es sólo otro nombre para la evolución por la selección natural. Al igual que Wilson, Gintis ha trabajado en esta arena durante unos 50 años y todavía no lo ha entendido, pero después de que el escándalo se rompió, me tomó sólo 3 días para encontrar, leer y entender el trabajo profesional más relevante, como se detalla en mi artículo. Es alucinante darse cuenta de que Gintis y Wilson fueron incapaces de lograr esto en casi medio siglo.

Discuto los errores de selección de grupo y fenomenología que son la norma en el mundo académico como casos especiales de la falta casi universal de entender la naturaleza humana que están destruyendo América y el mundo.

Aquellos que deseen un marco completo hasta la fecha para el comportamiento humano de la moderna dos sistemas punto de vista puede consultar mi libros Talking Monkeys 3ª ed (2019), Estructura Logica de Filosofia, Psicología, Mente y Lenguaje en Ludwig Wittgenstein y John Searle 2a ed (2019), Suicidio pela Democracia 4ª ed (2019), La Estructura Logica del Comportamiento Humano (2019), The Logical Structure de la Conciencia (2019, Entender las Conexiones entre Ciencia, Filosofía, Psicología, Religión, Política y Economía y Delirios Utópicos Suicidas en el siglo 21   5ª   ed (2019), Observaciones sobre Imposibilidad, Incompletitud, Paraconsistencia, Indecidibilidad, Aleatoriedad, Computabilidad, Paradoja e Incertidumbre en Chaitin, Wittgenstein, Hofstadter, Wolpert, Doria, da Costa, Godel, Searle, Rodych Berto, Floyd, Moyal-Sharrock y Yanofsky y otras.

Como Gintis es economista senior y he leído algunos de sus libros anteriores con interés, esperaba más información sobre el comportamiento. Tristemente, hace las manos muertas de selección de grupos y fenomenología en los centros de sus teorías de comportamiento, y esto invalida en gran medida la obra. Peor aún, ya que muestra tan mal juicio aquí, cuestiona todo su trabajo anterior. El intento de resucitar la selección grupal por sus amigos en Harvard, Nowak y Wilson, hace unos años fue uno de los mayores escándalos en biología en la última década, y he contado la triste historia en mi artículo ' altruismo, Jesús y el fin del mundo-cómo el Templeton fou ndation compró una Cátedra de Harvard y atacó la evolución, la racionalidad y la civilización--una revisión de E.O. Wilson ' la conquista social de la tierra ' (2012) y Nowak y Highfield ' SuperCooperators ' (2012). ' A diferencia de Nowak, Gintis no parece estar motivada por el fanatismo religioso, sino por el fuerte deseo de generar una alternativa a las realidades sombrías de la naturaleza humana, fácil por la falta de comprensión (casi universal) de la biología humana básica y en blanco el pizeísmo de los científicos del comportamiento, otros académicos, y el público en general.

255

Gintis ataca con razón (como ha tenido muchas veces antes) a economistas, sociólogos y otros científicos del comportamiento por no tener un marco coherente para describir el comportamiento. Claro, el marco necesario para entender el comportamiento es una evolución. Desafortunadamente, él no proporciona uno mismo (de acuerdo con sus muchos críticos y Yo coincido), y el intento de injertar el cadáver podrido de selección de grupo en cualquier teoría económica y psicológica que ha generado en sus décadas de trabajo, simplemente invalida todo su proyecto .

Aunque Gintis hace un valiente esfuerzo para entender y explicar la genética, como Wilson y Nowak, él está lejos de ser un experto, y como ellos, las matemáticas sólo lo ciega a las imposibilidades biológicas y, por supuesto, esta es la norma en la ciencia. Como señaló Wittgenstein en la primera página de la cultura y el valor "no hay denominación religiosa en la que el mal uso de las expresiones metafísicas ha sido responsable de tanto pecado como lo ha sido en matemáticas."

Siempre ha sido cristalino que un gen que causa comportamiento que disminuye su propia frecuencia no puede persistir, pero este es el núcleo de la noción de selección de grupo. Además, ha sido bien sabido y a menudo demostró que la selección de grupos sólo se reduce a la aptitud inclusiva (selección de los parientes), que, como Dawkins ha señalado, es sólo otro nombre para la evolución por la selección natural. Al igual que Wilson, Gintis ha trabajado en esta arena durante unos 50 años y todavía no lo ha entendido, pero después de la Wilson escándalo se rompió, me tomó sólo 3 días para encontrar, leer y entender el trabajo profesional más relevante, como se detalla en mi artículo. Es alucinante darse cuenta de que Gintis y Wilson fueron incapaces de lograr esto en casi medio siglo.

En los años después de que el Nowak, Wilson, papel Tarnita fue publicado en la naturaleza, varios genetistas de la población contaron capítulo y verso sobre el tema, de nuevo demostrando conclusivamente que es toda una tormenta en una taza de té. Es muy lamentable que Gintis, al igual que sus amigos, no le pregunten a un biólogo competente acerca de esto y considera como desorientado a los 140 algunos biólogos bien conocidos que firmaron una carta protestando por la publicación de esta tontería en la naturaleza. Me refiero a los que quieren los detalles sangrientos a mi papel, ya que es la mejor cuenta de la melee que soy consciente de. Para obtener un resumen de la detalles de la Ech ver el artículo de Dawkins 'El descenso de Edward Wilson' http://www.prospectmagazine.co.uk/Magazine/Edward-Wilson-social-conquista-tierra-evolucionaria-errores-origen-especie. Como Dawkins escribió ' para Wilson no reconocer que habla por sí mismo contra la gran mayoría de sus colegas profesionales es-me duele decir esto de un héroe de toda la vida-un acto de arrogancia sin sentido '. Tristemente, Gintis se ha asimilado a una compañía tan gloriosa. También hay algunas agradables Dawkins YouTubes como https://www.youtube.com/watch?v=lBweDk4ZzZ4.

Gintis tampoco ha podido proporcionar el marco conductual que carece de todas las ciencias sociales. Uno necesita tener una estructura lógica para la racionalidad, unadesprestigio de los dos sistemas de pensamiento (teoría de procesos duales), de la división entre cuestiones científicas de hecho y cuestiones filosóficas de cómo funciona el lenguaje en el contexto en cuestión, y de cómo evitar el reduccionismo y el cientismo, pero él, como casi todos los estudiantes de comportamiento, es en gran parte Despistado. Él, como ellos, está encantado con los modelos, teorías y conceptos, y el impulso de explicar, mientras que Wittgenstein nos mostró que sólo necesitamos describir, y que las teorías, conceptos, etc., son sólo formas de usar el lenguaje (juegos de lenguaje) que tienen valor sólo en la medida en que tienen una prueba clara (los creadores de la verdad claros, o como el eminente filósofo John Searle le gusta decir, condiciones de satisfacción claras (COS)).

Aquellos que deseen un marco completo hasta la fecha para el comportamiento humano de la moderna dos sistemas punto de vista puede consultar mi libros Talking Monkeys 3ª ed (2019), Estructura Logica de Filosofia, Psicología, Mente y Lenguaje en Ludwig Wittgenstein y John Searle 2a ed (2019), Suicidio pela Democracia 4ª ed (2019), La Estructura Logica del Comportamiento Humano (2019), The Logical Structure de la Conciencia (2019, Entender las Conexiones entre Ciencia, Filosofía, Psicología, Religión, Política y Economía y Delirios Utópicos Suicidas en el siglo 21   5ª   ed (2019), Observaciones sobre Imposibilidad, Incompletitud, Paraconsistencia, Indecidibilidad, Aleatoriedad, Computabilidad, Paradoja e Incertidumbre en Chaitin, Wittgenstein, Hofstadter, Wolpert, Doria, da Costa, Godel, Searle, Rodych Berto, Floyd, Moyal-Sharrock y Yanofsky y otras.

Después de medio siglo en el olvido, la naturaleza de la conciencia (intencionalidad, comportamiento) es ahora el tema más caliente en las Ciencias del comportamiento y la filosofía. Comenzando con el trabajo pionero de Ludwig Wittgenstein de la década de 1930 (los libros azul y marrón) a 1951, y desde los años 50 hasta el presente por sus sucesores Searle, Moyal-Sharrock, Read, hacker, Stern, Horwich, Winch, Finkelstein, etc., he creado el tabla siguiente como heurística para avanzar en este estudio. Las filas muestran diversos aspectos o formas de estudiar y las columnas muestran los procesos involuntarios y comportamientos voluntarios que comprenden los dos sistemas (procesos duales) de la estructura lógica de la conciencia (LSC), que también pueden considerarse como la estructura lógica de la racionalidad (LSR-Searle), de la conducta (LSB), de la personalidad (LSP), de la mente (LSM), del lenguaje (LSL), de la realidad (LSOR), de la intencionalidad (LSI)-el término filosófico clásico, la psicología descriptiva de la conciencia (DPC), el descriptivo Psicología del pensamiento (DPT) – o mejor, el lenguaje de la psicología descriptiva del pensamiento (LDPT), términos introducidos aquí y en mis otros escritos muy recientes.

Las ideas para esta tabla se originaron en el trabajo de Wittgenstein, una mesa mucho más simple de Searle, y se correlaciona con extensas tablas y graficos en los tres libros recientes en Human Nature, de P. M. S hacker. Las últimas 9 filas provienen principalmente de la investigación de la decisión de Johnathan St. B.T. Evans y colegas revisado por mí mismo.

El sistema 1 es involuntario, reflexivo o automatizado "reglas" R1 mientras pensar (cognición) no tiene lagunas y es voluntario o deliberativo "reglas" R2 y Willing (Volicion) tiene 3 lagunas (ver Searle).

Sugiero que podamos describir el comportamiento más claramente cambiando "imponer condiciones de satisfacción en las condiciones de satisfacción" de Searle a "relacionar los Estados mentales con el mundo moviendo los músculos" — es decir, hablar, escribir y hacer, y su "mente al mundo Dirección de ajuste"y" la dirección del mundo a la mente de ajuste "por" causa se origina en la mente "y" causa se origina en el mundo "S1 es sólo de forma ascendente causal (mundo a la mente) y sin contenido (falta de representaciones o información) mientras que S2 tiene contenidos y es descendente causal (mente al mundo). He adoptado mi terminología en esta tabla.

He hecho explicaciones detalladas de esta tabla en mis otros escritos.

DESDE EL ANALISIS DE LOS JUEGOS DE IDIOMAS

	Disposición	Emoción	Memoria	Percepción	Deseo	PI * *	IA * * *	Acción-Palabra
Causa origina de * * * *	Mundo	Mundo	Mundo	Mundo	Mente	Mente	Mente	Mente
Provoca cambios en * * * * *	Ninguno	Mente	Mente	Mente	Ninguno	Mundo	Mundo	Mundo
Causalmente Auto Reflexivo * * * * * *	No	Sí	Sí	Sí	No	Sí	Sí	Sí
Verdadero o falso (Comprobable)	Sí	T sólo	T sólo	T sólo	Sí	Sí	Sí	Sí
Condiciones públicas de satisfacción	Sí	Sí/No	Sí/No	No	Sí/No	Sí	No	Sí
Describir Un estado mental	No	Sí	Sí	Sí	No	No	Sí/No	Sí
Prioridad evolutiva	5	4	2, 3	1	5	3	2	2
Contenido voluntario	Sí	No	No	No	No	Sí	Sí	Sí
Iniciación voluntaria	Sí/No	No	Sí	No	Sí/No	Sí	Sí	Sí
Sistema cognitivo * * * * * * *	2	1	2/1	1	2/1	2	1	2
Cambiar intensidad	No	Sí	Sí	Sí	Sí	No	No	No
Duración precisa	No	Sí	Sí	Sí	No	No	Sí	Sí
Aquí y Ahora o Allá y Luego (H + N, T + T) * * * * * * * *	TT	HN	HN	HN	TT	TT	HN	HN
Calidad especial	No	Sí	No	Sí	No	No	No	No
Localizado en Cuerpo	No	No	No	Sí	No	No	No	Sí
Las expresiones corporales	Sí	Sí	No	No	Sí	Sí	Sí	Sí
Autocontradicciones	No	Sí	No	No	Sí	No	No	No
Necesita un yo	Sí	Sí/No	No	No	Sí	No	No	No
Necesita lenguaje	Sí	No	No	No	No	No	No	Sí/No

259

DECISIONES

	Disposición	Emoción	Memoria	Percepción	Deseo	PI **	IA ***	Acción/ Palabra
Efectos subliminales	No	Sí/No	Sí	Sí	No	No	No	Sí/No
Asociativa Basada en reglas	RB	A/RB	A	A	A/RB	RB	RB	RB
Dependiente del contexto/ Abstracto	A	CD/A	CD	CD	CD/A	A	CD/A	CD/A
Serie/Paralelo	S	S/P	P	P	S/P	S	S	S
Heurístico Analítica	A	H/A	H	H	H/A	A	A	A
Necesita trabajar Memoria	Sí	No	No	No	No	Sí	Sí	Sí
Dependiente general de la inteligencia	Sí	No	No	No	Sí/No	Sí	Sí	Sí
La carga cognitiva Inhibe	Sí	Sí/No	No	No	Sí	Sí	Sí	Sí
Excitación facilita o inhibe	I	F/I	F	F	I	I	I	I

Condiciones públicas de satisfacción de S2 son a menudo referidos por Searle y otros como COS, representaciones, creadores de la verdad o significados (o COS2 por mí mismo), mientras que los resultados automáticos de S1 son designados como presentaciones por otros (o COS1 por mí mismo).

* Aka Inclinaciones, Capacidades, Preferencias, Representaciones, Posibles Acciones, etc.
** Intenciones anteriores de Searle
*** La intención en acción de Searle.
**** Dirección de ajuste de Searle
***** Dirección de causalidad de Searle
****** (Las instancias del estado mental - Causas o se cumple a sí mismo). Searle anteriormente llamó a esto causalmente auto-referencial.
******* Tversky / Kahneman / Frederick / Evans / Stanovich definieron los sistemas cognitivos.
******** Aquí y ahora o allí y luego

Es de interés para comparar esto con las diversas tablas y gráficos en Peter Los últimos 3 volúmenes de hacker sobre la naturaleza humana. Uno siempre debe tener en cuenta el descubrimiento de Wittgenstein de que después de haber descrito los posibles usos (significados, los creadores de la verdad, condiciones de satisfacción) del lenguaje en un contexto particular, hemos agotado su interés, y los intentos de explicación (es decir, filosofía) sólo nos alejan de la verdad. Nos mostró que sólo hay un problema filosófico: el uso de oraciones (juegos de idiomas) en un contexto inapropiado, y, por tanto, solo una solución, mostrando el contexto correcto.

Gintis comienza a hacer afirmaciones dudosas, vagas o francamente extrañas al principio del libro. Comienza en la primera página de la visión general con citas sin sentido de Einstein y Ryle. En el pxii el párrafo que comienza ' tercer tema ' sobre mentes enredadas necesita reescribir para especificar que los juegos de idiomas son funciones del sistema 2 y así es como pensar, creer etc. trabajar (lo que son), mientras que el cuarto tema que trata de explicar el comportamiento como debido a lo que la gente "cree conscientemente" es correcto. Es decir, con ' no consecuencialismo ' está tratando de ' explicar ' el comportamiento como selección de grupo ' altruista ' mediada por el sistema lingüístico consciente 2. Pero si tomamos una visión evolutiva a largo plazo, es claramente debido al altruismo recíproco, tratando de servir la aptitud inclusiva, que está mediada por la operación inconsciente del sistema 1. de la misma manera, para el quinto tema y el resto de la visión general. Él favorece a Rational Choice (Eleccion Racional), pero no tiene idea de que se trata de un juego de idiomas para el que se debe especificar el contexto exacto, ni que tanto el sistema 1 como el sistema 2 sean "racionales", sino de maneras muy diferentes. Este es el error clásico de la mayoría de las descripciones de comportamiento, que Searle ha llamado la ilusión fenomenológica, Pinker la pizarra en blanco y Tooby y Cosmides ' el modelo de ciencias sociales estándar ' y lo he discutido extensamente en mis otras reseñas y artículos. Mientras uno no comprenda que la mayor parte de nuestro comportamiento está automatizado por el sistema no lingüístico 1, y que nuestro sistema lingüístico consciente 2 es principalmente para la racionalización de nuestras opciones compulsivas e inconscientes, no es possivel tener más que una visión muy superficial del comportamiento, i. e., el que está nearly universal no sólo entre académicos pero políticos, dueños multimillonarios de compañías de alta tecnología, estrellas de cine y el público en general. En consecuencia, las consecuencias van mucho más allá de la Academia, produciendo políticas sociales delirante que traen consigo la colapso inxoravel del sector industrial Civilización. Vea mi ' suicidio por la democracia-un obituario para Estados Unidos y el mundo '. Es impresionante ver a los Estados Unidos y las democracias europeas ayudando a los ciudadanos del tercer mundo a destruir el futuro de todos.

En el pxiii uno puede describir el ' no consecuencialista ' (es decir, aparentemente ' verdadero ' comportamiento altruista o autodestructivo) como realmente realizar el altruismo recíproco, sirviendo la aptitud inclusiva debido a los genes evolucionados en el EEE (Entorno de adaptación evolutiva — es decir, el de nuestros antepasados muy distantes), que estimula los circuitos dopaminérgicos en el tegmentum ventral y el Núcleo accumbens, con la liberación resultante de la dopamina que nos hace sentir bien — el mismo mecanismo que parece estar involucrado en todos los comportamientos adictivos del abuso de drogas a las madres de fútbol.

Y más balde incoherente como "en el contexto de tales ambientes, hay un beneficio de aptitud para la ' transmisión epigenética ' de dicha ' información ' relativa al ' estado actual ' del ' medio ambiente ', es decir, la transmisión a través de"canales" genéticos. Esto se llama "transmisión cultural". Además, esa ' cultura ' está ' directamente codificada ' en el cerebro (P7), que dice que es el principio principal de la coevolución de la cultura génica, y que las instituciones democráticas y las votaciones son altruistas y no pueden explicarse en términos de interés propio (P17-18). La razón principal de estas vistas peculiares no sale realmente hasta p186 cuando finalmente deja claro que es un seleccionador de grupo. Puesto que no hay tal cosa como selección de grupo aparte de la aptitud inclusiva, no es de extrañar que esto es sólo otro relato incoherente de la conducta-es decir, más o menos lo que Tooby y Cosmides famoso llamado el modelo de ciencias sociales estándar o Pinker ' la pizarra en blanco '.

Lo que él llama ' genes altruistas ' en p188 debe llamarse ' genes de la aptitud inclusiva" o "genes de selección de parentesco'. Gintis también está muy impresionado con la idea de la cultura génica coevolución, que sólo significa que la cultura puede ser un agente de la selección natural, pero no logra entender que esto sólo puede suceder dentro del contexto de la selección natural (fitness inclusivo). Como casi todos los científicos sociales (y científicos, filósofos, etc.), nunca entra su mente que ' cultura ', "coevolución", "simbólico", "epigenético", "información", "representación", etc., son todas las familias de complejos juegos de idiomas, cuya COS (condiciones de satisfacción, pruebas de la verdad) son exquisitamente sensibles a la contexto. Sin un contexto específico, no significan nada. así que, en este libro, como en la mayoría de la literatura sobre el comportamiento, hay mucha charla que tiene la apariencia de sentido sin sentido (significa o claro COS).

Su afirmación sobre el pxv, que la mayoría de nuestros genes son el resultado de la cultura, es claramente absurda como, por ejemplo, es bien sabido que somos aproximadamente 98% chimpancé. solamente Si se refiere a las relativas a idioma podemos aceptar la posibilidad de que algunos de nuestros genes hayan sido objeto de selección cultural e incluso estos meramente modificados que ya existían — es decir, unos pocos pares de base se cambiaron de cientos de miles o millones en cada gen.

Está muy ocupado con el modelo de comportamiento económico del "actor racional". pero de nuevo, no es consciente de que las automaticidades de S1 subyacen a todo comportamiento ' racional ' y las deliberaciones lingüísticas conscientes de S2 no pueden tener lugar sin ellos. Como muchos, tal vez la gran mayoría de los estudiantes jóvenes actuales de comportamiento, veo todas las actividades humanas como resultados fácilmente comprensibles del trabajo de la genética egoísta en un contexto contemporáneo en el que la vigilancia policial y una abundancia temporal de Recursos, conseguido por estupra la tierra y robar nuestra propios descendientes, conduce a la tranquilidad temporal relativa. En este sentido, Sugiero mi reseña del libro reciente de Pinker — la supresión transitoria de los peores demonios de nuestra naturaleza — una revisión de los mejores ángeles de nuestra naturaleza.

Muchos comportamientos se parecen al verdadero altruismo, y algunos son (es decir, disminuirán la frecuencia de los genes que los traen, es decir, conducen a la extinción de sus propios descendientes), pero el punto que Gintis falla es que estos se deben a una psicología que evolucionó hace mucho tiempo en pequeños grupos en las llanuras africanas en el EEE y tenía sentido entonces (es decir, era una aptitud inclusiva, cuando todos en nuestro grupo de unas pocas docenas a unos pocos cientos eran nuestros parientes cercanos), y por lo que a menudo continuamos con estos comportamientos a pesar de que ya no hacen sentido (es decir, que sirven a los intereses de personas no relacionadas o de relación distante que disminuye nuestra aptitud genética disminuyendo la frecuencia de los genes que lo hicieron posible). Esto explica su promoción de la noción de que muchos comportamientos son ' verdaderamente altruistas ', en lugar de egoísmos de origen (como en la secta. 3,2). Incluso señala esto y lo llama "efectividad distribuida" (P60-63) en la que las personas se comportan en grandes elecciones como si fueran pequeñas, pero no puede ver que esto no se deba a ningún gen para el "altruismo verdadero" sino a los genes para el altruismo recíproco (aptitud inclusiva) , que es, por supuesto, egoísta. Así, personas se comportan como si sus acciones (por ejemplo, sus votos) fueron consecuentes, a pesar de que está claro que no lo son. Por ejemplo, uno puede encontrar en la red que las probabilidades de que un voto de una persona decida el resultado de una elección presidencial estadounidense está en el rango de millones a decenas de millones a uno. Y por supuesto, lo mismo es cierto de nuestras posibilidades de ganar una lotería, sin embargo, nuestra psicología mal funcionamiento del EEE hace loterías y votar actividades enormemente populares.

También parece inconsciente de la terminología estándar y formas de describir el comportamiento utilizado en la psicología evolutiva (EP). Por ejemplo, en la p75 Arrow's descripcion sobre normas de comportamiento social se describen en términos económicos en lugar de como EP del EEE que intentan operar en los entornos actuales, y en la parte inferior de la página, las personas actúan no como castigos "altruistas" (es decir, como "seleccionadores de grupo") sino como castigos de fitness inclusivos. En la p 78, para decir que sujetos actúan ' moralmente ' o de acuerdo con una norma ' por su propio bien ', es otra vez para abrazar la ilusión de grupo seleccionista/fenomenológica, y claramente es grupos de genes que están tratando de aumentar su aptitud inclusiva a través de mecanismos EP bien conocidos como la detección tramposa y Castigo. Otra vez, en P88, lo que él describe como otro-con respecto a las acciones desinteresadas puede describirse tan fácilmente como auto-sobre los intentos de altruismo recíproco que se extravían en una gran sociedad.

Naturalmente, a menudo utiliza jerga de la economía estándar como ' el Prior subjetivo debe interpretarse como una probabilidad condicional ', que sólo significa una creencia en la probabilidad de un resultado en particular (P90-91), y ' Priors comunes subjetivos ' (creencias compartidas) P122. Gran parte del libro y de la conducta se refiere a lo que a menudo se llama "la intencionalidad" o la construcción de la realidad social, pero el teórico más eminente en esta arena, John Searle, no se discute, su

263

terminología ahora estándar como COS y DIRA (deseo independiente razones de acción) no aparece, no está en el índice, y sólo una de sus muchas obras, y que más de 20 años de edad, se encuentra en la bibliografía.

En p97 comenta favorablemente la actualización Bayesiano sin mencionando que es notorio por carecer de cualquier prueba significativa para el éxito (es decir, claro COS), y comúnmente no hace ninguna predicción clara, para que, sin importar lo que hagan las personas, se pueda describir su comportamiento después del hecho.

Sin embargo, el principal problema con el capítulo 5 es que "racional" y otros términos son juegos de lenguaje complejos que no tienen ningún significado aparte de contextos muy específicos, que por lo general faltan aquí. Por supuesto, como nos mostró Wittgenstein, este es el problema central de toda discusión sobre el comportamiento y Gintis tiene la mayor parte de la comunidad de Ciencias del comportamiento (o al menos la mayoría de las personas de más de 40) como coconspiradores. de la misma manera, a lo largo del libro, como Capítulo 6, donde discute ' teoría de la complejidad ', ' propiedades emergentes ', ' macro y micro niveles ', y ' sistemas dinámicos no lineales ' y la generación de ' modelos ' (que puede significar casi cualquier cosa y ' describir ' casi cualquier cosa), pero es sólo la predicción que cuenta (es decir, claro COS).

A pesar de su ilusión fenomenológica (es decir, la suposición casi universal de que nuestras deliberaciones conscientes describen y controlan el comportamiento — en desacuerdo con prácticamente toda la investigación en psicología social durante los últimos 40 años), también comparte el reduccionista delirio, preguntándose por qué las ciencias sociales no han conseguido una teoría analítica central y no se han unido. Esto, por supuesto, es un tema frecuente en las ciencias sociales y la filosofía y la razón es que la psicología del pensamiento de orden superior no es descriptible por causas, sino por razones, y uno no puede hacer que la psicología desaparezca en la fisiología ni la fisiología en Bioquímica ni en física, etc. Son sólo diferentes e indispensables niveles de descripción. Searle escribe sobre él a menudo y Wittgenstein lo describió con fama hace 80 años en el libro azul.

"Nuestro anhelo de generalidad tiene [como una] fuente... nuestra preocupación por el método de la ciencia. Me refiero al método de reducir la explicación de la natural fenómenos al menor número posible de leyes naturales primitivas; y, en matemáticas, de unificar el tratamiento de diferentes temas mediante el uso de una generalización. Los filósofos ven constantemente el método de la ciencia ante sus ojos, y son irresistiblemente tentados a preguntar y responder en la forma en que la ciencia lo hace. Esta tendencia es la verdadera fuente de la metafísica, y lleva al filósofo a una completa oscuridad. Quiero decir aquí que nunca puede ser nuestro trabajo para reducir cualquier cosa, o para explicar cualquier cosa. La filosofía es realmente "puramente descriptiva."

También está bastante fuera de contacto con el mundo contemporáneo, pensando que la gente va a ser agradable porque han interiorizado el altruismo (es decir, la selección de grupos), y con las realidades demográficas, cuando se opone a que el crecimiento de la población está bajo control, cuando de hecho predicciones son para otro 2 mil millones por 2100 (P133), la violencia está aumentando y la perspectiva es sombría.

Él ve la necesidad de "tallar un nicho académico para la sociología" (p148), pero toda la discusión es típica galimatías (no claro COS), y todo lo que realmente necesita (o puede dar) es un claro descripcion de los juegos de idiomas (la mente en el trabajo) jugamos en social situaciones, y cómo muestran cómo nuestros intentos de hacer una actividad física inclusiva o desviarnos en contextos contemporáneos. Una y otra vez empuja su fantasía de que "comportamiento inherentemente ético" (es decir, el altruismo del seleccionador de grupo) explica nuestro comportamiento social, ignorando los hechos obvios de que se debe a la abundancia temporal de recursos, la policía y la vigilancia, y que siempre cuando se los quita, salvajismo emerge rápidamente (p. ej., P151). Es fácil mantener tales delirios cuando uno vive en el mundo de la torre de marfil de teorías abstrusas, desatentos a los millones de estafas, robos, violaciones, asaltos, robos y asesinatos que tienen lugar todos los días.

Otra vez, y de nuevo, (por ejemplo, parte superior P170) ignora las explicaciones obvias para nuestra "racionalidad", que es la selección natural-es decir, la aptitud inclusiva en el EEE (ambiente de adaptación evolutiva) que conduce a ESS (estrategias evolucionariamente estables), o por lo menos eran más o menos estables en grupos pequeños 100.000 a 3 millones de años atrás.

El capítulo 9 de la sociología del genoma está inevitablemente lleno de errores e incoherencia — por supuesto, no hay "genes altruistas" especiales, más bien, todos los genes sirven aptitud inclusiva o desaparecen (p188). El problema es que la única manera de realmente conseguir la genética egoísta y la aptitud inclusiva a través de es tener Gintis en una habitación para un día con Dawkins, Franks, Coyne etc., explicando por qué está mal. Pero como siempre, uno tiene que tener un cierto nivel de educación, inteligencia, racionalidad y honestidad para que esto funcione, y si uno es sólo un poco corto en varias categorías, no tendrá éxito. Lo mismo por supuesto es cierto para gran parte de la comprensión humana, y por lo que la gran mayoría nunca obtendrá nada que sea en absoluto Sutil. Al igual que con el Nowak, Wilson, Tarnita Paper, estoy seguro de que Dawkins, Franks y otros habrían estado dispuestos a ir sobre este capítulo y explicar donde se extravía.

El principal problema es que la gente simplemente no entienden el concepto de selección natural por la aptitud inclusiva, ni de motivaciones subconscientes, y que muchos tienen motivaciones ' religiosas ' para rechazarlas. Esto incluye no sólo el público en general y académicos no científicos, pero un gran porcentaje de biólogos y científicos de comportamiento.   Recientemente me topé con una revisión encantadora por Dawkins de una discusión de la idea genética egoísta por biólogos profesionales de alto nivel, en el que tenía que repasar su trabajo línea por línea para explicar que simplemente no entienden cómo funciona todo. Pero sólo un pequeño número de personas como él podría hacer esto, y el mar de confusión es vasto, y por lo que estos delirios sobre la naturaleza humana que destruyen este libro, y están destruyendo Estados Unidos y el mundo, como la reina le dijo a Alice en un contexto ligeramente diferente, seguir hasta que llegan al final y luego se detienen.

El altruismo, Jesús y el fin del mundo: cómo la Fundación Templeton compró una Cátedra de Harvard y atacó la evolución, la racionalidad y la civilización. Una revisión de E.O. Wilson ' La Conquista Social de la Tierra ' (The Social Conquest of Earth) (2012) y Nowak y Highfield ' Supercooperadores ' (Supercooperators) (2012)(revisión revisada 2019)

Michael Starks

Abstracto

El famoso hombre hormiga E.O. Wilson siempre ha sido uno de mis héroes-no sólo un biólogo sobresaliente, sino una de las pequeñas y desvanecida minoría de intelectuales que al menos se atreve a insinuar la verdad sobre nuestra naturaleza que otros no logran captar, o en la medida en que do comprender, evitar de manera estudiosa la conveniencia política. Tristemente, está terminando su larga carrera en una moda más sóla como parte de un ataque ignorante y arrogante a la ciencia motivado al menos en parte por el fervor religioso de sus colegas de Harvard. Muestra las consecuencias viles cuando las universidades aceptan dinero de grupos religiosos, las revistas científicas están tan asombradas por los grandes nombres que evitan la revisión de pares adecuada, y cuando los egos se les permite salir de control. Nos lleva a la naturaleza de la evolución, los fundamentos de la metodología científica, cómo las matemáticas se relacionan con la ciencia, lo que constituye una teoría, e incluso qué actitudes a la religión y la generosidad son apropiadas cuando nos acercamos inexorablemente al colapso de la industria Civilización.

Aquellos que deseen un marco completo hasta la fecha para el comportamiento humano de la moderna dos sistemas punto de vista puede consultar mi libros Talking Monkeys 3ª ed (2019), Estructura Logica de Filosofia, Psicología, Mente y Lenguaje en Ludwig Wittgenstein y John Searle 2a ed (2019), Suicidio pela Democracia 4ª ed (2019), La Estructura Logica del Comportamiento Humano (2019), The Logical Structure de la Conciencia (2019, Entender las Conexiones entre Ciencia, Filosofía, Psicología, Religión, Política y Economía y Delirios Utópicos Suicidas en el siglo 21 5ª ed (2019), Observaciones sobre Imposibilidad, Incompletitud, Paraconsistencia, Indecidibilidad, Aleatoriedad, Computabilidad, Paradoja e Incertidumbre en Chaitin, Wittgenstein, Hofstadter, Wolpert, Doria, da Costa, Godel, Searle, Rodych Berto, Floyd, Moyal-Sharrock y Yanofsky y otras.

El famoso hombre hormiga E.O. Wilson siempre ha sido uno de mis héroes-no sólo un biólogo sobresaliente, sino una de las pequeñas y desvanecimientos minoría de intelectuales que al menos se atreve a insinuar la verdad sobre nuestra naturaleza que otros no logran captar, o en la medida en que ellos entienden, evitamos de manera estudiosa la conveniencia política. Tristemente está terminando su larga carrera en una moda más sóla como parte de un ataque ignorante y arrogante a la ciencia motivado al menos en parte por el fervor religioso de sus colegas de Harvard. Muestra las consecuencias viles cuando las universidades aceptan dinero de grupos religiosos, las revistas científicas están tan asombradas por los grandes nombres que evitan la revisión de pares adecuada, y cuando los egos se les permite salir de control. Nos lleva a la naturaleza de la evolución, los fundamentos de la metodología científica, cómo las matemáticas se relacionan con la ciencia, lo que constituye una teoría, e incluso qué actitudes a la religión y la generosidad son apropiadas cuando nos acercamos inexorablemente al colapso de la industria Civilización.

Encontré secciones en ' Conquest ' con el habitual comentario incisivo (aunque nada realmente nuevo o interesante si has leído sus otras obras y estás en biología en general) a menudo-prosa forzada que es su sello distintivo, pero estaba bastante sorprendido de que el núcleo del libro es su rechazo de la aptitud inclusiva (que ha sido un pilar de la biología evolutiva por más de 50 años) en favor de la selección de grupo. Uno asume que viniendo de él y con el articulos hace referencia a los publicados por él mismo y el colega de matemáticas de Harvard Nowak en las principales revistas revisadas por pares como Nature, debe ser un avance sustancial, a pesar del hecho de que sabía que la selección de grupos era casi universalmente rechazada por tener un papel importante en la evolución.

He leído numerosos comentarios en la red y muchos tienen buenos comentarios, pero el que más quería ver era que por el renombrado escritor de ciencia y biólogo evolutivo Richard Dawkins. A diferencia de la mayoría de los profesionales, que están en los diarios sólo disponibles para aquellos con acceso a una Universidad, que está disponible en la red, aunque al parecer, decidió no publicarlo en un diario, ya que es adecuadamente mordaz.

Tristemente uno encuentra un rechazo devastador del libro y el comentario más mordaz de un colega científico que he visto desde Dawkins--superando cualquier cosa en sus muchos intercambios con demagogo tardío y no lamentado y pseudocientífico Stephan Jay Gould. Aunque Gould fue infame por sus ataques personales a su colega de Harvard Wilson, Dawkins señala que gran parte de ' Conquest ' recuerda una incómodamente de los frecuentes lapsos de Gould en "ecumenicalismo insípido y sin focalización". Lo mismo es más o menos cierto de todos los escritos populares de Wilson, incluyendo su libro más reciente "el significado de la existenciade la existencia humana", otra desvergonzada auto-promoción de sus inacreditadas ideas sobre la aptitud inclusiva (si).

Dawkins señala que el notorio 2010 papel de Nowak, Tarnita y Wilson en la naturaleza fue rechazado casi universalmente por más de 140 biólogos que firmó un carta y que no hay ni una palabra sobre esto en el libro de Wilson. Ni han corregido esto en los siguientes 4 años de artículos, conferencias y varios libros. No hay otra opción que estar de acuerdo con el comentario de mordaces de Dawkin "para Wilson no reconocer que habla por sí mismo contra la gran mayoría de sus colegas profesionales es-me duele decir esto de un héroe de toda la vida-un acto de arrogancia sin sentido." En vista del comportamiento subsiguiente de Nowak, uno debe incluirlo también. Me siento como una de las personas aturdidas que uno ve en la televisión siendo entrevistada después de que el simpático hombre de al lado, que ha estado cuidando a los niños de todos durante 30 años, está expuesto como un asesino serial.

Dawkins también señala (como él y otros han hecho durante muchos años) que la aptitud inclusiva está implicado por (es decir, lógicamente se desprende de) neo-darwinismo y no puede ser rechazado sin rechazar la evolución misma. Wilson nos recuerda de nuevo a Gould, quien denunció a los creacionistas de un lado de su boca mientras les daba consuelo al arrojar un sinfín de galimatías ultraliberales con tintes marxistas sobre los spandrels, el equilibrio puntuado y la psicología evolutiva del otro. La vaguedad y la opacidad matemática (a la mayoría de nosotros) de las matemáticas de la selección de grupo o multinivel es justo lo que los de mentalidad blanda quieren permitirles escapar del pensamiento racional en sus interminables despotricas anticientíficas, y (en la Academia) palabra posmodernista Ensaladas.

Peor aún, la ' conquista ' de Wilson es una mala idea y un desorden escrito y desordenado lleno de no sequiturs, divagaciones vagas, confusiones e incoherencia. Una buena crítica que detalla algunos de estos es que por el estudiante graduado Gerry Carter que se puede encontrar en la red. Wilson también está fuera de contacto con nuestra comprensión actual de la psicología evolutiva (EP) (véase, por ejemplo, las últimas 300 páginas de ' los mejores ángeles de nuestra naturaleza ' de Pinker). Si quieres una seria cuenta de la evolución social y algún EP relevante de un experto ve 'Los principios de la evolución social' por Andrew F.G. Bourke, o una cuenta no tan seria y ciertamente defectuosa y divagante, pero una debe leer sin embargo por Robert Trivers—'La locura de los tontos: la lógica del engaño y el autoengaño en la vida humana' y las obras más viejas pero aún actuales y penetrantes como 'La evolución de la cooperación': Edición revisada de Robert Axelrod y 'La biología de los sistemas morales' por Richard Alexander.

Después de leer este libro y sus reseñas, profundicé en algunos de los artículos científicos que respondieron a Nowak y Wilson y a las críticas de van Veelen de la ecuación de Price sobre la cual dependían fuertemente. Los comentarios señalaron que siempre ha sido claro que las matemáticas de la selección de grupo o multinivel se reduce a la de la aptitud inclusiva (selección de parientes) y que no es lógicamente posible seleccionar para el comportamiento que no beneficia a los genes que son únicos para el actor y sus parientes inmediatos. Para ponerlo sin rodeos, el comportamiento ' altruista ' siempre es egoísta al final en el sentido de que aumenta la supervivencia de los genes en el altruista. Esto para mí es obvio de la vida cotidiana y los científicos que afirman que de otra manera han perdido claramente su camino. Sí, sucede en la rareza de la vida moderna (es decir, así que a diferencia de la sociedad de la edad de piedra en la que evolucionamos) que uno a veces ve a una persona dar su vida para proteger a una persona no relacionada, pero claramente, no lo harán de nuevo y (siempre que se haga antes de replicar) cualquier tendencia a hacerlo tampoco será heredado. Incluso si ya se han replicado, en promedio dejarán atrás a menos descendientes que si se retrasan. Esto garantiza que cualquier tendencia genética para el "altruismo verdadero"-es decir, el comportamiento que disminuye uno mismo genes en la población-serán seleccionados en contra y no más de esta lógica muy básica es necesaria para captar la evolución por la selección natural, la selección de parientes y la aptitud inclusiva-todas las cosas bonitas matemáticas que sirven sólo para cuantificar las cosas y para aclarar extrañas arreglos de vida en algunos de nuestros parientes (por ejemplo, hormigas, termitas y ratas topo).

El principal foco del ataque del seleccionador de grupo ("groupies" o fanaticos) fue la famosa ecuación de precio extendido que se ha utilizado para modelar la aptitud inclusiva, publicada por Price hace unos 40 años. El mejor papels desdeñando estos ataques que he encontrado son los de Frank y Bourke y comenzaré con unas cuantas citas de Frank ' natural Selección. IV. la ecuación de precio ' J. EVOL. BIOL. 25 (2012) 1002 – 1019.

"Los críticos confunden las distintas funciones de la teoría abstracta general y los modelos dinámicos de hormigón para casos particulares. El poder duradero de la ecuación de precio surge del descubrimiento de invariancias esenciales en la selección natural. Por ejemplo, la teoría de la selección de parientes expresa problemas biológicos en términos de coeficientes de parentesco. El parentesco mide la asociación entre los interlocutores sociales. La medida adecuada de parentesco identifica escenarios biológicos distintos con el mismo resultado evolutivo (invariante). Las relaciones de invarianza proporcionan el conocimiento más profundo del pensamiento científico... Esencialmente, todas las discusiones modernas de selección multinivel y selección de grupo derivan de Price (1972a), según lo desarrollado por Hamilton (1975). Price y Hamilton señalaron que la ecuación de Price se puede expandir de forma recursiva para representar niveles anidados de análisis, por ejemplo, individuos que viven en grupos... Todos los conocimientos conceptuales modernos sobre la selección de grupo derivan de la expansión recursiva de Price de su expresión abstracta de selección... Una crítica de estas aplicaciones de la ecuación de precio es una crítica al enfoque central de la genética cuantitativa evolutiva. Estas críticas pueden ser válidas para ciertas aplicaciones, pero deben evaluarse en el contexto más amplio de la teoría de la genética cuantitativa... [y en una cita de Price... «El cambio de frecuencia génica es el acontecimiento básico en la evolución biológica. La siguiente ecuación... que da cambio de frecuencia en la selección de una generación a la siguiente para un solo gen o para cualquier función lineal de cualquier número de genes en cualquier número de loci, sostiene para cualquier tipo de dominancia o epistasis, para reproducción sexual o asexual, para acoplamiento aleatorio o no aleatorio, para especies diploides, haploides o poliploides, e incluso para especies imaginarias con más de dos sexos...] ... El análisis de ruta (contextual) sigue como una extensión natural de la ecuación de Price, en la que uno hace modelos específicos de aptitud expresados por regresión. No tiene sentido discutir la ecuación del precio y el análisis de la ruta como alternativas... Las críticas de la ecuación de precio rara vez distinguen los costos y beneficios de suposiciones particulares en relación con objetivos particulares. Utilizo la reciente serie de papeles de van Veelen como un proxy para esas críticas. Esa serie repite algunos de los malentendidos comunes y añade algunos nuevos.

Nowak repitió recientemente la crítica de van Veelen como base para su comentario sobre la ecuación de Price (van Veelen, 2005; Nowak et al., 2010; van Veelen et al., 2010; Nowak & Highfield, 2011; van Veelen, 2011; van Veelen et al., 2012... Esta cita de van Veelen et al. (2012) demuestra un enfoque interesante para la beca. Primero citan a Frank como diciendo que la insuficiencia dinámica es un inconveniente de la ecuación de Price. Entonces discrepan con ese punto de vista y presentan como su propia interpretación un argumento que es casi idéntico en concepto y fraseo a mi propia declaración en el mismo documento que citan como fundamento para su desacuerdo... La forma recursiva de la ecuación de precio completo proporciona la base para todos los estudios modernos de selección de grupo y análisis multinivel. La ecuación de Price ayudó a descubrir esas diversas conexiones, aunque hay muchas otras formas de derivar las mismas relaciones... La teoría de la selección de parientes deriva gran parte de su poder al identificar una cantidad informativa invariable suficiente para unificar una amplia variedad de procesos aparentemente dispares (Frank, 1998, capítulo 6). La interpretación de la selección de parientes como una invarianza informativa no ha sido completamente desarrollada y sigue siendo un problema abierto. Las Invariancias proporcionan la base de la comprensión científica: "sólo está exagerando ligeramente el caso de decir que la física es el estudio de la simetría ' (Anderson, 1972). La invarianza y la simetría significan lo mismo (Weyl, 1983). Feynman (1967) enfatizó que la invarianza es el carácter de la ley física. Los patrones de probabilidad observados comúnmente pueden ser unificados por el estudio de la invarianza y su asociación con la medición (Frank & Smith, 2010, 2011). Ha habido poco esfuerzo en biología para perseguir una comprensión similar de la invarianza y la medición (Frank, 2011; Houle et al., 2011)."

Espero que esté quedando claro por qué elegí el título que hice para este artículo. Atacar la ecuación de precio y la aptitud inclusiva es atacar no sólo la genética cuantitativa y la evolución por selección natural, pero los conceptos universalmente utilizados de la covarianza, la invarianza y la simetría, que son fundamentales para la ciencia y para la racionalidad. Además, la motivación religiosa claramente expresada por Nowak nos invita a considerar en qué medida las virtudes cristianas como el altruismo verdadero (permanentemente auto-decreciente) y la Hermandad del hombre (mujer, niño, perro, etc.) pueden formar parte de un programa racional para la supervivencia en un futuro próximo. Mi opinión es que el verdadero altruismo es un lujo para aquellos que no les importa ser evolutivos callejones sin salida y que incluso en su ' hacer creer ' versión de fitness inclusiva, uno será difícil de encontrar cuando el lobo está en la puerta (es decir, el escenario universal probable para el 10 mil millones

271

en el próximo siglo).

Hay mucho más en esta joya, que entra en exquisitos detalles lógicos y matemáticos (y también sus muchos otros papeles-usted puede conseguir todos los 7 en esta serie en un PDF) pero esto dará el sabor. Otro divertido episodio se refiere a la tautología en matemáticas. Frank de nuevo: ' Nowak & Highfield (2011) y van Veelen et al. (2012) creen que sus argumentos demuestran que la ecuación de Price es verdadera en el mismo sentido trivial, y llaman a ese tipo trivial de verdad una tautología matemática. Curiosamente, revistas, artículos en línea y la literatura científica han estado utilizando durante varios años la frase tautología matemática para la ecuación de precio, aunque Nowak & Highfield (2011) y van Veelen et al. (2012) no proporcionan citas a anteriores Literatura. Por lo que sé, la primera descripción de la ecuación de precio como una tautología matemática fue en el estudio de Frank (1995). '

A diferencia de Frank, Lamm y otros, los "fanaticos" no han demostrado ninguna comprensión de la filosofía de la ciencia (la psicología descriptiva del pensamiento de orden superior, como me gusta llamarlo) en estos libros y artículos recientes, ni en ninguno de los numerosos libros y artículos populares de Wilson en el último medio siglo, por lo que no esperaría que hayan estudiado a Wittgenstein (el filósofo más penetrante de las matemáticas) que famosamente comentó que en matemáticas ' todo es sintaxis, nada es semántica '. Wittgenstein expone una confusión casi universal sobre el papel de las matemáticas en la ciencia. Todas las matemáticas (y la lógica) es una tautología que no tiene significado ni uso hasta que está conectada a nuestra vida con palabras. Cada ecuación es una tautología hasta que se emplean números y palabras y el sistema de convenciones que llamamos Psicología evolutiva. Sorprendentemente Lamm en su reciente excelente artículo ' una introducción suave a la ecuación de precio ' (2011) señala esto:

"La ecuación de precio se ocupa de cualquier proceso de selección. De hecho, podemos definir la selección utilizarla. No dice nada en particular sobre la evolución biológica o genética, y no está ligada a ningún escenario biológico en particular. Esto le da un inmenso poder, pero también significa que es muy posible aplicarlo incorrectamente al mundo real. Esto nos lleva a la segunda y última observación. La ecuación de precio es analítica [true por definición o tautologous]. No es una proposición sintética [una cuestión empírica en cuanto a su verdad o falsedad]. Lo derivamos basado en definiciones directas y principios matemáticos universales. La ecuación simplemente proporciona una forma útil de interpretar el significado de las definiciones directas desde las que empezamos. Sin embargo, este no es el caso una vez que pones la ecuación en palabras, interpretando así las relaciones matemáticas. Si simplemente dices: _ defino ' selección ' para ser la covarianza blah blah blah, podrías estar a salvo. Si usted dice: _ el covariance blah blah blah es selección, Usted está haciendo una reclamación con contenido empírico. Más fundamentalmente, la creencia de que las reglas de la teoría de la probabilidad y las estadísticas, o cualquier otra manipulación matemática, describen el mundo real es sintética."

En este sentido, también se recomienda Helantera y Uller ' la ecuación de precio y la herencia extendida ' Philos Theor Biol (2010) 2: E101.

"Aquí usamos la ecuación de precios como punto de partida para una discusión de las diferencias entre cuatro categorías propuestas recientemente de sistemas de herencia; genética, epigenética, conductual y simbólica. Concretamente, abordamos cómo los componentes de la ecuación de precios abarcan diferentes sistemas no genéticos de herencia en un intento de aclarar cómo los diferentes sistemas están conceptualmente relacionados. Concluimos que las cuatro clases de sistemas de sucesiones no forman agrupaciones diferenciadas con respecto a su efecto sobre la tasa y la dirección del cambio fenotírico de una generación a la siguiente en ausencia o presencia de selección. En cambio, nuestros análisis sugieren que los diferentes sistemas de herencia pueden compartir características que son conceptualmente muy similares, pero que sus implicaciones para la evolución adaptativa difieren sustancialmente como resultado de las diferencias en su capacidad para acoplar selección y herencia."

así que, debe estar claro que no hay tal cosa como eludir la ecuación de precio y que como cualquier ecuación, tiene aplicaciones ilimitadas si sólo se conecta al mundo con palabras adecuadas.

Como Andy Gardner lo puso en su artículo sobre Price (biología actual 18 # 5 R198) (También vea su ' adaptación y fitness inclusivo ' biología actual 23, R577 – R584, 8 de julio de 2013)

"Estas ideas fueron bastante confusas hasta que Price, y más tarde Hamilton, mostraron que la ecuación de Price puede ampliarse para abarcar múltiples niveles de selección actuando simultáneamente (recuadro 2). Esto permite que la selección en los distintos niveles se defina y separe de forma explícita, y proporciona la base formal de la teoría de selección de grupos. Es importante destacar que permite la cuantificación de estas fuerzas separadas y produce predicciones precisas para cuando se favorezca el comportamiento beneficioso para el grupo. Resulta que estas predicciones son siempre coherentes con la regla de Hamilton, $RB - c > 0$.

Además, debido a que la selección de los parientes y la teoría de selección de grupo se basan en la misma ecuación de precio, es fácil demostrar que los dos enfoques son matemáticamente equivalentes exactamente, y son simplemente formas alternativas de tallar la selección total operando sobre el carácter social. Independientemente del enfoque adoptado, se espera que los organismos individuales maximicen su aptitud inclusiva, aunque este resultado sigue más fácilmente de un análisis de selección de parientes, ya que hace que el elemento clave de parentesco sea más explícito."

Por lo tanto, para que los ' fanaticos ' atacando el precio Ecuación es bizarro. Y aquí está el reciente Resumen de Bourke de aptitud inclusiva vs ' selección de groupo ': (haplodiploide y eusociales se refieren a los insectos sociales que proporcionan algunas de las mejores pruebas).

"Recientes críticas han cuestionado la validez de la teoría principal para explicar la evolución social y la eusocialidad, a saber, la teoría de la aptitud inclusiva (selección de parientes). Repaso la literatura reciente y pasada para argumentar que estas críticas no tienen éxito. La teoría de la aptitud inclusiva ha añadido conocimientos fundamentales a la teoría de la selección natural. Estas son la comprensión de que la selección de un gen para el comportamiento social depende de sus efectos en los coportadores, la explicación de los comportamientos sociales como el altruismo y el egoísmo utilizando los mismos parámetros subyacentes, y la explicación del interior del grupo conflicto en términos de optima aptitud inclusiva no coincidente. Una teoría alternativa propuesta para la evolución eusociales asume erróneamente que los intereses de los trabajadores están subordinados a la reina, no contiene nuevos elementos y no hace predicciones novedosas. La hipótesis haplodiploidía aún no ha sido rigurosamente probada y la relación positiva dentro de las sociedades eusociales diploides apoya la teoría de la aptitud inclusiva. La teoría ha hecho predicciones únicas y falsificables que han sido confirmadas, y su base de evidencias es extensa y robusta. Por lo tanto, la teoría de la aptitud inclusiva merece mantener su posición como la principal teoría de la evolución social."

Sin embargo la aptitud inclusiva (especialmente a través de la ecuación de precio extendido) explica mucho más que la sociedad de hormigas, explica cómo los organismos multicelulares entraron en vigor.

"La tercera visión de la teoría de la aptitud inclusiva es la demostración de que el conflicto entre los miembros de una sociedad está potencialmente presente si están inequitativamente relacionados con la descendencia grupal, ya que la relación diferencial conduce a un óptimo de aptitud inclusiva desigual. A partir de esto ha surgido una comprensión de una inmensa gama de conflictos seleccionados por los parientes, incluidos los conflictos dentro de las familias y las sociedades eusociales y los conflictos intragenómicos que siguen la misma lógica subyacente. El corolario de esta perspicacia es que las sociedades son estables en la medida en que el inclusivo Fitness optima de sus miembros coinciden. Esto a su vez proporciona la justificación para toda la visión de la evolución de las "grandes transiciones", mediante la cual el origen de nuevos tipos de grupos en la historia de la vida (por ejemplo, genomas dentro de las células, organismos multicelulares y sociedades eusociales) puede explicarse como resultado de sus unidades constituyentes previamente independientes logrando una coincidencia de inclusivos Fitness optima mediante la agrupación. Desde este punto de vista, un organismo multicelular es una sociedad eusociales de células en las que los miembros de la sociedad se encuentran físicamente pegados; el pegamento más fundamental, sin embargo, es la relación clonal que (mutaciones en las BARRING) da a cada célula somática dentro del organismo un interés común en la promoción de la producción de gametos... Nowak et al. argumentaron que su perspectiva asume un ' enfoque centrado en el gen ' que ' hace innecesaria la teoría de la aptitud inclusiva '. Esto es desconcertante, porque carece totalmente de su perspectiva la idea, que sustenta cada una de las ideas de la teoría de la aptitud inclusiva, del gen como un estratega autopromotora cuyos intereses evolutivos están condicionados a la clase de parientes en la que reside ... En su modelo de la evolución de la eusocialidad, Nowak et al. dedujo que el problema del altruismo es ilusorio. Escribieron que ' no hay altruismo paradójico que deba explicarse ' porque suponían que los trabajadores potenciales (hijas de una mujer o reina fundadora de una colonia) son ' no agentes independientes ', sino más bien pueden ser vistos ' como ' robots ' que son construidos por la Reina ' o la ' proyección extrasomática del genoma personal [de la reina] '. Si esta afirmación fuera correcta, sólo tendrían que abordarse los intereses de la reina y se podría concluir que el altruismo de los trabajadores es más aparente que real. Pero es incorrecto, por dos razones. Una es que, como se ha argumentado repetidamente en respuesta a la anterior ' manipulación parental ' theories el origen de la eusocialidad, el aptitud inclusivo intereses de los trabajadores y el reina madre no coinciden, porque las dos partes son diferentialiado con las crías de grupo. La segunda es que los comportamientos de los trabajadores, como comer los huevos de la reina, la puesta de huevos en respuesta a las caídas percibidas en la fecundez de la reina, la manipulación de la relación sexual por la destrucción de la descendencia de la reina y la agresión letal hacia la reina demuestran que los trabajadores pueden actuar en sus propios intereses y en contra de los de la reina. A la luz de esta probada falta de pasividad del trabajador, el autosacrificio reproductivo de los trabajadores es paradójico a primera vista y este es el verdadero problema del altruismo que la teoría de la aptitud inclusiva ha resuelto. (c) teoría alternativa de la evolución eusociales Nowak et al. [38] presentó una «teoría alternativa de la evolución eusociales» (como se alude en el § 2B), respaldada por un «modelo matemático para el origen de la eusocialidad». Sin embargo, estos no representan verdaderas teorías alternativas, ya sea solo o en combinación, porque no hacen ningún punto o predicción que no se han hecho dentro de la teoría de la aptitud inclusiva"

Hablando de varios pasos en un esquema sugerido por Nowak et al, Bourke dice:

"Estos pasos constituyen un escenario razonable para el origen y la elaboración de la eusocialidad de los insectos, pero ni la secuencia de pasos ni los elementos individuales difieren sustancialmente de los que se han propuesto que ocurran dentro de la aptitud inclusiva Marco de referencia... La teoría alternativa de la evolución eusociales de Nowak et al. también exhibe dos debilidades importantes. Para empezar, al permitir que los grupos se formen de múltiples maneras en el paso (i) (por ejemplo, a través de asociaciones subsocialmente a través de padres y descendientes, pero también por cualquier otro medio, incluyendo "aleatoriamente por atracción local mutua"), su escenario ignora dos puntos críticos que son incompatible con ella, pero consistente con la teoría de la aptitud inclusiva. En primer lugar, la evidencia es que, en casi todos los linajes eusociales, la eusocialidad se ha originado en grupos sociales que eran ancestralmente subsociales y por lo tanto caracterizados por una alta relación dentro del grupo. En segundo lugar, la evidencia es que el origen de una eusocialidad obligada o compleja, definida como la participación de los trabajadores adultos irreversiblemente comprometidos con un fenotipo trabajador, se asocia con la monogamia parental de por vida ancestral y, por lo tanto, de nuevo, con un previsiblemente alto parentesco dentro del grupo... En Resumen, Nowak et al. hacer un caso para considerar el efecto de la población-contexto dinámico en el que se produce la evolución eusociales. Pero su teoría alternativa y su modelo asociado no añaden elementos fundamentalmente nuevos sobre los identificados dentro del marco de aptitud inclusiva y, en relación con este marco, exhiben deficiencias sustanciales... Más fundamentalmente, como se ha reconocido durante mucho tiempo y repetidamente estresado, la hipótesis haplodiploidía no es un componente esencial de la teoría de la aptitud inclusiva, ya que la regla de Hamilton para el altruismo puede contener sin las asimetrías de parentesco causadas por haplodiploidía está presente. Destacando el estado de la hipótesis haplodiploidía para criticar la teoría de la aptitud inclusiva, por lo tanto, pierde el objetivo. También se da cuenta del hecho de que todas las sociedades eusociales diploides identificadas desde que se propuso la hipótesis haplodiploidía han resultado ser grupos clonales o familiares y, por lo tanto, según lo previsto por la teoría de la aptitud inclusiva, exhiben una relación positiva. Esto es cierto con el escarabajo ambrosía, los pulgones sociales, las avispas poliembrionarias, los camarones sociales y las ratas topo. Incluso es cierto de un nuevo descubrió el gusano eusociales. En Resumen, las sociedades diploides eusociales, lejos de debilitar la teoría de la aptitud inclusiva, sirven para fortalecerla... En términos más generales, la teoría predice de forma única la ausencia de altruismo (que implica costos de vida para la aptitud directa) entre los no parientes, y de hecho no se han encontrado casos de este tipo excepto en los sistemas claramente derivados de las sociedades ancestrales de parientes. Por último, la teoría de la aptitud inclusiva es única en la gama de fenómenos sociales que ha elucidado con éxito, incluyendo fenómenos tan superficialmente diferentes como el origen de la multicelularidad y el origen de la eusocialidad, o conflictos intragenómicos y conflictos dentro de las sociedades eusociales. En general, ninguna otra teoría se acerca a emparejar la teoría de la aptitud inclusiva de la explicación exitosa y la predicción a través de una gama de tales fenómenos dentro del campo de la social Evolución. El desafío a cualquier enfoque que pretenda reemplazar la teoría de la aptitud inclusiva es explicar los mismos fenómenos sin usar las ideas o conceptos de la teoría... Las críticas recientes de la teoría de la aptitud inclusiva han demostrado ser ineficaces en múltiples frentes. No demuestran dificultades fatales o no reconocidas con la teoría de la aptitud inclusiva. No proporcionan una teoría de reemplazo distinta u ofrecen un enfoque de unificación similar. No explican datos previamente inexplicables o demuestran que las explicaciones de la teoría de la aptitud inclusiva no son válidas. Y no hacen predicciones nuevas y únicas. La crítica más reciente y más completa de la teoría de la aptitud inclusiva, aunque amplia en el alcance de su crítica, sufre de las mismas fallas. Ciertamente, la relación no explica toda variación en los rasgos sociales. Además, el mensaje de larga data de la teoría de la aptitud inclusiva es que se requieren combinaciones particulares de factores no genéticos (por ejemplo, ecológicos) y genéticos para el origen de la eusocialidad. Sin embargo, la relación conserva un estatus único en el análisis de la evolución eusociales porque ninguna cantidad de beneficio ecológico puede traer consigo el altruismo si la relación es cero."

Andrew f. g. Bourke 'La validez y el valor de la teoría de la aptitud inclusiva' Proc. R. soc. B 2011 278, doi: 10.1098/rspb. 2011.1465 14 de septiembre (2011)

Una cosa rara vez mencionada por los fanaticos es el hecho de que, incluso si fuera posible "selección de grupo", el egoísmo es al menos tan probable (probablemente mucho más probable en la mayoría de los contextos) que se seleccione un grupo para el altruismo. Sólo trate de encontrar ejemplos de verdadero altruismo en la naturaleza-el hecho de que no podemos (que sabemos que no es posible si entendemos la evolución) nos dice que su presencia aparente en los seres humanos es un artefacto de la vida moderna, ocultando los hechos, y que no se puede seleccionar más que la tendencia al suicidio (que en realidad es). Uno también podría beneficiarse de considerar un fenómeno nunca (en mi experiencia) mencionado por fanaticos--cancer. Ningún grupo tiene tanto en común como las células genéticamente idénticas (originalmente) en nuestros propios cuerpos-un clon de células 100 billones-, pero todos nacemos con miles y quizás millones de células que ya han dado el primer paso en el camino hacia el cáncer y generan millones para miles de millones de células cancerosas en nuestra vida. Si no morimos primero de otras cosas, nosotros (y tal vez todos los organismos multicelulares) moriremos de cáncer. Sólo un mecanismo masivo y enormemente complejo integrado en nuestro genoma que reencarna o desautoriza billones de genes en billones de células, y mata y crea mioles de miliones de células por segundo, mantiene a la mayoría de nosotros vivos el tiempo suficiente para reproducirse. Uno podría tomar esto para implicar que una sociedad justa, democrática y duradera para cualquier tipo de entidad en cualquier planeta en cualquier universo es sólo un sueño, y que ningún ser o poder podría hacerlo de otra manera. No es sólo "las leyes" de la física que son universales e ineludibles, o tal vez deberíamos decir que la aptitud inclusiva es una ley de la física.

En un giro bizarro, fue aparentemente tal pensamiento que conduujo a Price (creador de la ecuación de Price y un cristiano devoto) al suicidio. En cuanto a la noción de ' teoría ', es un clásico juego de lengua Wittgensteinian, un grupo de usos vagamente vinculados pero con diferencias críticas.

Cuando se propuso por primera vez, ela volución por selección natural era de hecho altamente teórica, pero con el tiempo pasó a estar inextricablemente ligada a tantas observaciones y experimentos que sus ideas básicas ya no eran más teóricas que las vitaminas desempeñan un papel crítico en la nutrición humana. Para la ' teoría de la Deidad ', sin embargo, no está claro lo que se contará como una prueba definitiva. Tal vez lo mismo se aplica a la teoría de cuerdas.

Muchos al lados las fanaticos señalan la naturaleza agradable de mucha interacción humana y ven un futuro rosado por delante, pero son ciegos. Es aplastantemente obvio que la cortesía es una fase transitoria debido a los abundantes recursos producidos por la despiadada violación del planeta, y como se agotan en los próximos dos siglos más o menos, habrá miseria y salvajismo en todo el mundo como el (probablemente) permanente condición. No solo estrellas de cine, políticos y religiosos son ajenos a esto, sino incluso académicos muy brillantes que deberían saberlo mejor. En su reciente libro ' los mejores ángeles de nuestra naturaleza ' uno de mis eruditos más admirados Steven Pinker pasa la mitad del libro mostrando cómo nos hemos vuelto más y más civilizados, pero no parece nunca mencionar las razones obvias por las cuales--la abundancia temporal de recursos junto con la masiva presencia policial y militar facilitada por las tecnologías de vigilancia y comunicación. A medida que la civilización industrial colapsa, es inevitable que los peores demonios de nuestra naturaleza reaparezcan. Uno lo ve en el caos actual en el Medio Oriente, Latinoamérica y África, e incluso las guerras mundiales eran picnics del domingo en comparación con lo que viene. Tal vez la mitad de los 12 mil millones entonces vivos morirán de hambre, enfermedades y violencia, y podría ser muchos más. Vea mi ' suicidio por la democracia ' para un breve resumen de Doomsday (Dia de Justicia Final).

Otro dato desagradable sobre el altruismo, la generosidad y la ayuda, virtualmente nunca mencionado, es que si se toma un largo global-término, en un mundo superpoblado con recursos que se desvanecen, ayudando a una persona a lastimar a todos los demás de una manera pequeña. Cada comida, cada par de zapatos crean contaminación y erosión y usan recursos, y cuando añades 7.8 mil millones de ellos juntos (pronto será de 11) está claro que la ganancia de una persona es la pérdida de todos los demás. Cada dólar ganado o gastado daña al mundo y si los países se preocupan por el futuro, reducirían su PIB (producto destructivo bruto) cada año. Incluso eran selección de grupo verdad esto no cambiaría.

Los hechos que Wilson, Nowak et al tienen, durante cuatro años, persistió en la publicación y hacer afirmaciones extravagantes sobre un trabajo manifiestamente inadecuado no es lo peor de este escándalo. Resulta que la Cátedra de Nowak en Harvard fue comprada por la Fundación Templeton, bien conocida por el patrocinio generalizado de lecturas, conferencias y publicaciones que intentan conciliar la religión y la ciencia. Nowak es un católico devoto y parece que un gran regalo para Harvard estaba supeditado a la cita de Nowak. Esto le hizo colega de Wilson y el resto es historia.

Sin embargo, Wilson sólo estaba demasiado dispuesto, ya que había demostrado durante mucho tiempo una falta de comprensión de la teoría evolutiva — por supuesto, en cuanto a la selección de parientes como una división de selección de grupos en lugar de al revés. Me di cuenta hace años que él co-publicó con David Wilson, un partidario de la selección de grupo, y había escrito otros documentos que demuestran su falta de comprensión. Cualquiera de los fanaticos podría haber ido a los expertos para aprender el error de sus maneras (o simplemente leer sus papeles). Los grandes ancianos de selección de parientes como Hamilton, Williams y Trivers, y los jóvenes de sangre como Frank, Bourke y muchos otros, habrían estado encantados de enseñarles. Pero Nowak ha recibido algo así como $14 millones en las becas de Templeton en pocos años (para las matemáticas!) y quién quiere renunciar a eso? Él es bastante Franco en su intención de demostrar que la dulzura y la bondad de Jesús se construye en nosotros y en todo el universo. Jesús está convenientemente ausente, pero uno puede adivinar de las cualidades de otros iluminados y de la historia de la iglesia que la historia real del cristianismo temprano vendría como un shock. Recordemos que la Biblia fue expurgada de cualquier cosa que no cumplió con la línea del partido (por ejemplo, Gnosticismo echa un vistazo a los manuscritos de Nag-Hammadi). Y en cualquier caso, ¿Quién grabaría las duras realidades de la vida cotidiana?

Casi con certeza, el Nowak, Tarnita, El papel de Wilson nunca habría sido publicado (al menos no por Nature) si hubiera sido presentado por dos biólogos promedio, pero viniendo de dos famosos profesores de Harvard claramente no logró la revisión por pares que debería tener.

En cuanto al libro de Nowak y Highland ' SuperCooperators ' voy a dejar Dawkins hacer los honores:

He leído el libro de Nowak y Highfield. Partes de ella son bastante buenas, pero la calidad abruptamente, y vergonzosamente, se desploma en el capítulo sobre la selección de parientes, posiblemente bajo la influencia de E O Wilson (que ha sido consistentemente mal entendido selección de parientes desde la sociobiología, erróneamente con respecto a como un subconjunto de selección de grupo). Nowak pierde el punto de la teoría de la selección de parientes, que es que no es algo adicional, no algo más allá de la teoría de la "selección individual clásica". La selección de parientes no es algo EXTRA, no es algo que se recurera sólo si la teoría de la "selección individual clásica" falla. Más bien, es una consecuencia inevitable del Neo-darwinismo, que se desprende de ella de forma deductiva. Para hablar de la selección Darwiniana la selección de parientes menos es como hablar de la geometría euclidiana menos el teorema de Pitágoras. Es sólo que esta consecuencia lógica del Neo-darwinismo fue pasado por alto históricamente, lo que dio a la gente una falsa impresión de que era algo adicional y extra. De lo contrario, el buen libro de Nowak está trágicamente empurado por este error elemental. Como matemático, realmente debería haberlo sabido mejor. Parece dudoso que haya leído los papeles clásicos de Hamilton sobre la aptitud inclusiva, o que no pudo haber entendido la idea de manera tan exhaustiva. El capítulo sobre selección de parientes desacreditará el libro y dejará de ser tomado en serio por aquellos calificados para juzgarlo, lo cual es una lástima. http://whyevolutionistrue.wordpress.com/2011/03/16/New-Book-shows-that-Humans-are-genetically-Nice-Ergo-Jesus/

Una crítica de ' SuperCooperators ' también apareció de eminente teórico del juego/economista/científico político (y alumno de Harvard) Herbert Gintis (quien relata el escándalo de Templeton en el mismo), lo que es bastante sorprendente teniendo en cuenta su propia relación amorosa con selección de grupo — ver la revisión de su libro con Bowles por Price www.epjournal.net – 2012. 10 (1): 45-49 y mi revisión de su volumen más reciente ' individualidad y entrelazamiento ' (2017).

En cuanto a los libros subsiguientes de Wilson, ' el significado de la existencia humana ' es soso y también confuso y deshonesto, repitiendo varias veces la línea del partido fanaticos cuatro años después de su completa desacreditacion, y ' una ventana en la eternidad '-es una escasa revista de viajes sobre el establecimiento de un parque nacional en Mozambique. Él evita cuidadosamente mencionar que África agregará 3 mil millones en UN futuro próximo (la proyección oficial de la ONU), eliminando toda la naturaleza, junto con la paz, la belleza, la decencia, la cordura y la esperanza.

Al final, está claro que todo este triste asunto será sólo el más pequeño golpe en el camino y, como todas las cosas que ejercen nuestra atención ahora, pronto será olvidado como los horrores de la maternidad desenfrenada y la subyugación del mundo por los siete sociópatas que gobiernan a China hacer que la sociedad se derrumbe. Pero uno puede estar seguro de que incluso cuando el calentamiento global ha puesto a Harvard bajo el mar y el hambre, la enfermedad y la violencia son la norma diaria, habrá quienes insisten en que no se debe a las actividades humanas (la opinión de la mitad del público estadounidense actualmente) y que sobre población no es un problema (la vista del 40%), habrá miles de millones rezando a su Deidad elegida por una lluvia de grandes Macs desde el cielo, y que (suponiendo que la empresa de la ciencia no se ha derrumbado, que está asumiendo mucho) alguien en algún lugar estará escribiendo un papel embrazando selección de grupo.

Una revisión de 'El Asesino al Lado' (The Murderer Next Door) por David Buss (2005) (revisión revisada 2019)

Michael Starks

Abstracto

Aunque este volumen es un poco anticuado, hay pocos libros populares recientes que tratan específicamente con la psicología del asesinato y es una visión general rápida disponible por unos pocos dólares, por lo que aún así vale la pena el esfuerzo. No hace ningún intento de ser exhaustiva y es algo superficial en los lugares, con el lector se espera que llene los espacios en blanco de sus muchos otros libros y la vasta literatura sobre la violencia. Para una actualización, véase, por ejemplo, Buss, El Manual de Psicología Evolutiva 2a Ed. v1 (2016) p 265, 266, 270 – 282, 388 – 389, 545 – 546, 547, 566 y Buss, Psicología Evolutiva 5º Ed. (2015) p 26, 96 – 97223, 293-4, 300, 309 – 312, 410 y Shackelford y Hansen , La evolución de la violencia (2014). Ha estado entre los mejores psicólogos evolutivos durante varias décadas y cubre una amplia gama de comportamientos en sus obras, pero aquí se concentra casi enteramente en los mecanismos psicológicos que causan que las personas individuales asesinen y sus posibles función evolutiva en el EEE (medio ambiente de adaptación evolutiva — i. e., las llanuras de África durante los últimos millones de años).

Los Buss comienzan señalando que como con otros comportamientos, las explicaciones ' alternativas ' como la psicopatología, los celos, el entorno social, las presiones grupales, las drogas y el alcohol, etc. no explican realmente, ya que la pregunta sigue siendo en cuanto a por qué estos producen impulsos homicidas, es decir, son las causas próximas y no las últimas evolutivas (genéticas). Como siempre, inevitablemente se reduce a la aptitud inclusiva (selección de parientes), y por lo tanto a la lucha por el acceso a los compañeros y recursos, que es la máxima explicación para todos los comportamientos en todos los organismos. Los datos sociológicos (y el sentido común) aclaran que los machos más pobres son los más propensos a matar. Él presenta sus propios y otros datos de homicidios de las naciones industrializadas, y las culturas tribales, la matanza conespecífica en animales, la arqueología, los datos del FBI y su propia investigación sobre las fantasías homicidas de las personas normales. Mucha evidencia arqueológica continúa acumulando asesinatos, incluyendo el de grupos enteros, o de grupos menos mujeres jóvenes, en tiempos prehistóricos.

Después de examinar los comentarios de Buss, presento un breve resumen de la psicología intencional (la estructura lógica de la racionalidad), que se cubre extensamente en mis muchos otros artículos y libros.

Aquellos con mucho tiempo que quieran una historia detallada de violencia homicida desde una perspectiva evolutiva pueden consultar a Steven Pinker ' los mejores ángeles de nuestra naturaleza por qué la violencia ha disminuido ' (2012), y mi revisión de ella, fácilmente disponible en la red y en dos de mis libros recientes. Brevemente, Pinker señala que el asesinato ha disminuido de manera constante y dramática por un factor de alrededor de 30 desde nuestros días como forrajeras. Por lo tanto, a pesar de que las armas ahora hacen que sea extremadamente fácil matar a alguien, el homicidio es mucho menos común. Pinker piensa que esto se debe a varios mecanismos sociales que traen a cabo nuestros "mejores ángeles", pero creo que se debe principalmente a la abundancia temporal de recursos de la violación despiadada de nuestro planeta, junto con una mayor presencia policial, con la comunicación y sistemas de vigilancia y jurídicos que hacen que sea mucho más probable que sea castigado. Esto se hace claro cada vez que hay incluso una ausencia breve y local de la policía.

Aquellos que deseen un marco completo hasta la fecha para el comportamiento humano de la moderna dos sistemas punto de vista puede consultar mi libros Talking Monkeys 3ª ed (2019), Estructura Logica de Filosofia, Psicología, Mente y Lenguaje en Ludwig Wittgenstein y John Searle 2a ed (2019), Suicidio pela Democracia 4ª ed (2019), La Estructura Logica del Comportamiento Humano (2019), The Logical Structure de la Conciencia (2019, Entender las Conexiones entre Ciencia, Filosofía, Psicología, Religión, Política y Economía y Delirios Utópicos Suicidas en el siglo 21 5ª ed (2019), Observaciones sobre Imposibilidad, Incompletitud, Paraconsistencia, Indecidibilidad, Aleatoriedad, Computabilidad, Paradoja e Incertidumbre en Chaitin, Wittgenstein, Hofstadter, Wolpert, Doria, da Costa, Godel, Searle, Rodych Berto, Floyd, Moyal-Sharrock y Yanofsky y otras.

Buss comienzan señalando que como con otros comportamientos, las explicaciones ' alternativas ' como la psicopatología, los celos, el entorno social, las presiones grupales, las drogas y el alcohol, etc. no explican realmente, ya que la pregunta sigue siendo en cuanto a por qué estos producen impulsos homicidas, es decir, son las causas próximas y no las últimas evolutivas (genéticas). Como siempre, inevitablemente se reduce a la aptitud inclusiva (selección de parientes), y por lo tanto a la lucha por el acceso a los compañeros y recursos, que es la máxima explicación para todos los comportamientos en todos los organismos. Los datos sociológicos (y el sentido común) aclaran que los machos más pobres son los más propensos a matar. Él presenta sus propios y otros datos de homicidios de las naciones industrializadas, y las culturas tribales, la matanza conespecífica en animales, la arqueología, los datos del FBI y su propia investigación sobre las fantasías homicidas de las personas normales. Mucha evidencia arqueológica continúa acumulando asesinatos, incluyendo el de grupos enteros, o de grupos menos mujeres jóvenes, en tiempos prehistóricos.

En el p 12 señala que la guerra entre cada individuo y el mundo sobre los recursos comienza en la concepción, cuando comienza a crecer robando a su madre de alimentos y estresando su cuerpo, y cuando su sistema se enfrenta a consecuencias fatales con frecuencia para el conceptus. No nos dice que las estimaciones del aborto espontáneo están en el rango de hasta alrededor del 30% de todas las concepciones, por lo que hasta 80 millones al año mueren, la mayoría de las primeras que la madre ni siquiera sabe que está embarazada, y tal vez su período es un poco tarde. Esto es parte de la eugenesia de la naturaleza que no hemos logrado derrotar, aunque el efecto disgénico general de la civilización continúa y cada día los aprox. 300.000 que nacen son en promedio un poco menos mentalmente un ajuste físico que el aprox. 100.000 que mueren, con un aumento neto de la población mundial de CA. 200.000 y una población "no apta" cada vez más grande para destruir la tierra (mientras que son en parte o un apoyado por sus vecinos "Fit").

En P13 dice que no sabemos con certeza que el OJ Simpson era culpable, pero yo diría que independientemente del juicio que sabemos que era, ya que es la única interpretación razonable de los hechos del caso, que incluyen su comportamiento bizarro. También, en el posterior juicio civil, donde sus abogados de defensa multimillonaria no estaban presentes para subvertir la justicia, fue rápidamente condenado, lo que condujo a la vinculación de sus activos, que condujo a su condena por robo armado y encarcelamiento.

Señala en P20 que había alrededor de 100 millones asesinatos conocidos en todo el mundo en los últimos 100 años, con tal vez tantos como 300 millones si todos los no reportados fueron incluidos. No creo que cuente el aprox. 40 millones por el partido comunista chino (que no cuenta los aprox.. 60 millones que murieron de hambre), ni los diez de millones de Stalin. También hay que tener en cuenta que la tasa de asesinatos de Estados Unidos se reduce en un 75% debido al sistema médico de clase mundial que salva a la mayoría de las víctimas de los intentos. Añadiremos que México tiene aproximadamente 5X la tasa de asesinatos de EEUU y Honduras alrededor de 20X, y sus descendientes ciertamente pueden mirar adelante a nuestra tasa moviéndose en esa dirección debido al fatal abrazo de la diversidad de Estados Unidos. Ann Coulter en ' Adios America ' (2015) señala que los hispanos han cometido alrededor de 23.000 asesinatos aquí en las últimas décadas. Por ahora, nada se hará, y el crimen aquí llegará a los niveles en México mientras la frontera continúa disolvió y el colapso ambiental y acercándose a la bancarrota disuelven la economía. Dentro de México en 2014 solo, 100 ciudadanos estadounidenses fueron asesinados y más de 130 secuestrados y otros acaban de desaparecer, y si agregas a otros extranjeros y mexicanos se encuentra con miles. Ver mi ' suicidio por la democracia ' 2[Nd] Ed (2019) para más detalles.

Incluso un país pequeño y ligeramente transitado como Honduras gestiona unos 10 asesinatos y 2 secuestros al año de ciudadanos estadounidenses. Y estos son los mejores momentos — se está poniendo cada vez peor como la maternidad desenfrenada y el agotamiento de los recursos acercar cada vez más el colapso. Además de los continuos aumentos en el crimen de todo tipo, veremos que el porcentaje de crímenes resueltos cae a los niveles extremadamente bajos del tercer mundo. Más recursos se dedican a la solución de asesinatos que cualquier otro delito y alrededor de 65% se resuelven en los EE.UU., pero en México menos de 2% se resuelven y a medida que se obtiene más de la ciudad de México la tasa desciende a casi cero. También tenga en cuenta que la tasa aquí solía ser alrededor de 80%, pero ha caído en paralelo con el aumento de la diversa. También 65% es el promedio, pero si usted podría obtener estadísticas estoy seguro de que se elevaría con el porcentaje de euro en una ciudad y caer como el porcentaje de diversos aumentos. En Detroit (83% negro) sólo 30% se resuelven. Si se lleva un registro de quién roba, viola y asesina, es obvio que las vidas negras importan mucho más a los euros (los de ascendencia europea) que a otros negros. Estas son mis observaciones.

A lo largo de la historia, las mujeres han estado en una desventaja importante cuando se trataba de asesinar, pero con la disponibilidad lista de armas, esperaríamos que esto cambiara, pero en P22 encontramos que alrededor del 87% de los asesinos de Estados Unidos son hombres y para el mismo sexo matando esto asciende a 95% y se trata de TH e mismo en todo el mundo. Claramente algo en la psique masculina fomenta la violencia como una ruta a la aptitud que es en gran parte ausente en las mujeres. También es relevante que los asesinatos de conocidos sean más comunes que los de extraños.

En P37 señala que con alta probabilidad de convicción (y yo diría que la mayor probabilidad de que la víctima o los demás estarán armados), el asesinato es ahora une costosa estrategia que antiguamente, pero creo que esto depende enteramente de quién eres. En una ciudad en gran parte euro USA, o entre personas de clase media y alta, más del 95% de los asesinatos podrían resolverse, pero en clase baja Áreas tal vez el 20% podría ser, y para las áreas dominadas por pandillas incluso menos que eso. Y en los países del 3er mundo las probabilidades de justicia son incluso más bajas, especialmente cuando son cometidas por miembros de pandillas, por lo que es una estrategia altamente viable, especialmente si se planea con anticipación.

próximo, se ocupa de la violencia y el asesinato como parte de las estrategias de apareamiento, que han estado claramente a lo largo de nuestra evolución, y permanecen tan especialmente entre las clases bajas y en los países del tercer mundo. Él toma nota del frecuente asesinato de esposas o amantes por los hombres durante o después de las rupturas. Comenta al pasar la selección de pareja y la infidelidad, pero hay una discusión mínima ya que estos temas son tratados con gran detalle en sus otros escritos y volúmenes editados. Ahora es bien sabido que las mujeres tienden a tener relaciones con hombres sexys que no seleccionarían como un compañero permanente (la teoría del hijo sexy) y para aparearse con ellos en sus días más fértiles. Todos estos fenómenos se ven desde una perspectiva evolutiva (es decir, lo que sería la ventaja de fitness han sido antes).

Hay una selección muy fuerte para los comportamientos que impiden que un hombre criar hijos engendrados por otra persona por las mismas razones que ' selección de grupo ' es fuertemente seleccionado contra (vea mi ensayo sobre el grupo Selección ' altruismo, Jesús y el fin del mundo... '). Sin embargo la vida moderna ofrece amplias oportunidades para los asuntos, y los estudios genéticos han demostrado que un alto porcentaje de los niños son engendrados por otros que el putativo socio de su madre, con un porcentaje que aumenta de un poco a un 30%, ya que uno desciende de las clases superiores a las inferiores en varios países occidentales modernos en varios períodos y, sin duda, mayor que en muchos 3Rd países del mundo. En su libro "guerras de esperma: la ciencia del sexo" (2006) Robin Baker resume: ' las cifras reales oscilan entre el 1% en áreas de alto estatus de los Estados Unidos y Suiza, hasta el 5% y el 6% para varones de estatus moderado en los Estados Unidos y Gran Bretaña, de 10 a 30 por ciento para los varones de estatus inferior en los Estados Unidos, Gran Bretaña y Francia. Uno podría suponer que en las sociedades donde tanto hombres como mujeres están muy concentrados en las ciudades y tienen teléfonos móviles, este porcentaje está aumentando, especialmente en el tercer mundo donde el uso del control de la natalidad y el aborto es errático.

Descubre que la mayoría de los hombres y mujeres que asesinan a sus compañeros son jóvenes y cuanto más jóvenes son sus compañeros, más probabilidades habrá de que sean asesinadas. Como todo comportamiento, esto es difícil de explicar sin una perspectiva evolutiva. Un estudio encontró que los hombres de sus 40 años constituían el 23% de los asesinos de pareja, pero los hombres en sus 50 sólo 7,7%, y el 79% de los asesinos femeninos de mate estaban entre 16 y 39. Tiene sentido que los más jóvenes que son, cuanto mayor sea la pérdida de aptitud potencial para el macho (disminución de la reproducción) y así más intensa la respuesta emocional. Como dice Buss: "de Australia a Zimbabwe, cuanto más joven es la mujer, más alta es la probabilidad de que sea asesinada como resultado de una infidelidad sexual o dejar una relación romántica. Las mujeres en el soporte de 15 a 24 años de edad están en el mayor riesgo. " Un alto porcentaje es asesinado dentro de dos meses de separación y la mayoría en el primer año. Un estudio encontró que el 88% de ellos había sido acechado antes de ser asesinado. En algunos capítulos hay citas de personas que dan sus sentimientos acerca de sus compañeros infieles y estos típicamente incluyen fantasías homicidas, que fueron más intensas y pasaron por períodos más largos para los hombres que para las mujeres.

Dedica algún tiempo al mayor riesgo de abuso y asesinato de tener un padrastro con, por ejemplo, el riesgo para una niña de violación que aumenta alrededor de 10X si su padre es un padrastro. Ahora es muy sabido que en una amplia gama de mamíferos, un macho nuevo que se encuentre con una hembra con crías intentará matarlos. Un estudio de EE.UU. encontró que si uno o ambos padres son sustitutos, esto eleva la posibilidad del niño de ser asesinado en el hogar entre 40 y 100X (P174). Un canadiense estudio encontró que la tasa de muertes venciendo aumentó 27X si uno de los padres en un matrimonio registrado era un padrastro mientras se levantaba más de 200X si el sustituto era un novio vivo. Las tasas de abuso infantil en Canadá aumentaron 40X cuando había un padrastro.

En los seres humanos, el estar sin recursos es un fuerte estímulo para que las mujeres eliminen a sus hijos existentes con el fin de atraer a un nuevo compañero. Un estudio canadiense descubrió que a pesar de que las mujeres solteras solo eran el 12% de todas las madres, cometieron más del 50% de los infanticidas (p169). Dado que las mujeres más jóvenes pierden menos aptitud de una muerte infantil que las más viejas, no sorprende que un Cross-estudio cultural encontró que los adolescentes mataron a sus bebés a tasas de alrededor de 30 veces la de las mujeres en sus veinte años (P170).

A continuación, discute brevemente los asesinos seriales y los violadores seriales, el más exitoso de todos los tiempos son los mongoles de Gengis Khan, cuyos cromosomas Y están representados en alrededor del 8% de todos los hombres en los territorios que controlaban, o unos 20 millones hombres (y un número igual de mujeres) o alrededor de medio por ciento de todas las personas en la tierra, lo que los hace fácilmente el más genéticamente aptos de todas las personas que han vivido en tiempos históricos.

Aunque este volumen es un poco anticuado, hay pocos libros populares recientes que tratan específicamente con la psicología del asesinato y es una visión general rápida disponible por unos pocos dólares, por lo que aún así vale la pena el esfuerzo. No hace ningún intento de ser exhaustiva y es algo superficial en los lugares, con el lector se espera que llene los espacios en blanco de sus muchos otros libros y la vasta literatura sobre la violencia. Para una actualización, véase, por ejemplo, Buss, el manual de Psicología evolutiva 2nd Ed. v1 (2016) p 265, 266, 270 – 282, 388 – 389, 545 – 546, 547, 566 y Buss, Psicología evolutiva 5º Ed. (2015) p 26, 96 – 97223, 293-4, 300, 309 – 312, 410 y Shackelford y Hansen , La evolución de la violencia (2014) ha estado entre los mejores psicólogos evolutivos durante varias décadas y cubre una amplia gama de comportamientos en sus obras, pero aquí se concentra casi enteramente en los mecanismos psicológicos que hacen que las personas individuales asesinato y su posible función evolutiva en el EEE (medio ambiente de adaptación evolutiva — i. e., las llanuras de África durante los últimos millones de años).

Aquellos con mucho tiempo que quieran una historia detallada de violencia homicida desde una perspectiva evolutiva pueden consultar a Steven Pinker ' los mejores ángeles de nuestra naturaleza-por qué la violencia ha disminuido ' (2012) y mi revisión de ella fácilmente disponible en la red y en dos de mis libros recientes. Brevemente, Pinker señala que el asesinato ha disminuido de manera constante y dramática por un factor de alrededor de 30 desde nuestros días como forrajeras. Por lo tanto, a pesar de que las armas ahora hacen que sea extremadamente fácil matar a alguien, el homicidio es mucho menos común. Pinker cree que esto se debe a varios mecanismos sociales que traen a cabo nuestros "mejores ángeles", pero creo que se debe principalmente a la abundancia temporal de recursos de la violación despiadada de nuestro planeta, junto con una mayor presencia policial, con la comunicación y la vigilancia y los sistemas jurídicos que hacen que sea mucho más probable que sea castigado. Esto se hace claro cada vez que hay incluso una ausencia breve y local de la policía.

Otros también toman la opinión de que tenemos un "lado agradable" que es genéticamente innato y apoya el trato favorable de incluso aquellos que no están estrechamente relacionados con nosotros (' selección de grupo '). Esto se confunde irremediablemente y he hecho mi pequeña parte para que descanse en ' altruismo, Jesús y el fin del mundo-cómo la Fundación Templeton compró una Cátedra de Harvard y atacó la evolución, la racionalidad y la civilización. Una reseña de E.O. Wilson ' The social Conquista de la tierra ' (2012) y Nowak y Highfield ' SuperCooperators ' (2012) '.

Aquellos que deseen un marco completo hasta la fecha para el comportamiento humano de la moderna dos sistemas punto de vista puede consultar mi libros Talking Monkeys 3ª ed (2019), Estructura Logica de Filosofia, Psicología, Mente y Lenguaje en Ludwig Wittgenstein y John Searle 2a ed (2019), Suicidio pela Democracia 4ª ed (2019), La Estructura Logica del Comportamiento Humano (2019), The Logical Structure de la Conciencia (2019, Entender las Conexiones entre Ciencia, Filosofía, Psicología, Religión, Política y Economía y Delirios Utópicos Suicidas en el siglo 21   5ª   ed (2019), Observaciones sobre Imposibilidad, Incompletitud, Paraconsistencia, Indecidibilidad, Aleatoriedad, Computabilidad, Paradoja e Incertidumbre en Chaitin, Wittgenstein, Hofstadter, Wolpert, Doria, da Costa, Godel, Searle, Rodych Berto, Floyd, Moyal-Sharrock y Yanofsky y otras.

Ahora presento un breve resumen de la psicología intencional (la estructura lógica de la racionalidad) que se cubre extensamente en mis muchos otros artículos y libros. La violencia impulsiva implicará las funciones subcorticales automatizadas del sistema 1, pero a veces se deliberan con anticipación a través del sistema cortical 2.

Hace aproximadamente un millón de años los primates evolucionaron la capacidad de usar sus músculos de la garganta para hacer series complejas de ruidos (es decir, el habla) que hace unos 100.000 años habían evolucionado para describir los eventos presentes (percepciones, memoria, acciones reflexivas con expresiones básicas que se pueden describir como juegos de idiomas primarios (PLG) que describen el sistema 1, es decir, el sistema automatizado rápido e inconsciente, los Estados mentales solo verdaderos con un tiempo y ubicación precisos). Gradualmente desarrollamos la capacidad adicional para abarcar los desplazamientos en el espacio y el tiempo para describir recuerdos, actitudes y eventos potenciales (el pasado y el futuro y, a menudo, preferencias, inclinaciones o disposiciones condicionales o ficticias) con los juegos de lenguaje secundario (SLG) del sistema dos-lento consciente de la actitud de proposicinal, que no tiene un tiempo preciso y son habilidades y no estados mentales. Las preferencias son intuiciones, tendencias, reglas ontológicas automáticas, comportamientos, habilidades, módulos cognitivos, rasgos de personalidad, plantillas, Motores de inferencia, inclinaciones, emociones, actitudes proposicionales, valoraciones, capacidades, hipótesis.

Las emociones son TyPE 2 preferencias (Wittgenstein RPP2 p148). "Yo creo", "él ama", "piensan" son descripciones de posibles actos públicos típicamente desplazados en el espacio-tiempo. Mi primer declaraciones de persona sobre mí son verdaderas-sólo (excluyendo mentir), mientras que las declaraciones en tercera persona sobre otros son verdaderas o falsas (ver mi reseña de Johnston-' Wittgenstein: Rethinking the Inner ').

Ahora que tenemos un comienzo razonable en la estructura lógica de la racionalidad (la psicología descriptiva del pensamiento de orden superior) establecido, podemos ver la tabla de intencionalidad que resulta de este trabajo, que he construido en los últimos años. Se basa en una mucho más simple de Searle, que a su vez le debe mucho a Wittgenstein. También he incorporado en las tablas de forma modificada que son utilizados por los investigadores actuales en la psicología de los procesos de pensamiento que se evidencian en las últimas 9 filas. Debería resultar interesante compararlo con los 3 volúmenes recientes de Peter hacker en Human Nature. Ofrezco esta tabla como una heurística para describir el comportamiento que encuentro más completo y útil que cualquier otro marco que he visto y no como un análisis final o completo, que tendría que ser tridimensional con cientos (al menos) de flechas que van en muchos direcciones con muchas (tal vez todas) vías entre S1 y S2 siendo bidireccional. Además, la distinción entre S1 y S2, cognición y voluntad, percepción y memoria, entre sentimiento, saber, creer y esperar, etc. son arbitrarias--es decir, como demostró W, todas las palabras son contextualmente sensibles y la mayoría tienen varios diferentes usos (significados o COS).

La INTENCIONALIDAD se puede ver como la personalidad o como la construcción de la realidad social (el título del libro bien conocido de Searle) y de muchos otros puntos de vista también.

Comenzando con el trabajo pionero de Ludwig Wittgenstein en la década de 1930 (los libros azul y marrón) y de los años 50 al presente por sus sucesores Searle, Moyal-Sharrock, Read, Baker, hacker, Stern, Horwich, Winch, Finkelstein, Coliva etc., he creado el tabla siguiente como heurística para avanzar en este estudio. Las filas muestran diversos aspectos o formas de estudiar y las columnas muestran los procesos involuntarios y comportamientos voluntarios que comprenden los dos sistemas (procesos duales) de la estructura lógica de la conciencia (LSC), que también pueden considerarse como la estructura lógica de la racionalidad (LSR), de la conducta (LSB), de la personalidad (LSP), de la mente (LSM), del lenguaje (LSL), de la realidad (LSOR), de la intencionalidad (LSI)-el término filosófico clásico, la psicología descriptiva de la conciencia (DPC), la psicología descriptiva de Pensé (DPT) — o mejor dicho, el lenguaje de la psicología descriptiva del pensamiento (LDPT), términos introducidos aquí y en mis otros escritos muy recientes.

Sugiero que podamos describir el comportamiento más claramente cambiando "imponer condiciones de satisfacción en las condiciones de satisfacción" de Searle a "relacionar los Estados mentales con el mundo moviendo los músculos" — es decir, hablar, escribir y hacer, y su "mente al mundo Dirección de ajuste" y " la dirección del mundo a la mente de ajuste "por" causa se origina en la mente "y" causa se origina en el mundo "S1 es sólo de forma ascendente causal (mundo a la mente) y sin contenido (falta de representaciones o información) mientras que S2 tiene contenidos y es descendente causal (mente al mundo). He adoptado mi terminología en esta tabla.

He hecho explicaciones detalladas de esta tabla en mis otros escritos.

DESDE EL ANALISIS DE LOS JUEGOS DE LENGUAJE

	Disposición	Emoción	Memoria	Percepción	Deseo	PI * *	IA * * *	Acción-Palabra
Causa origina de * * * *	Mundo	Mundo	Mundo	Mundo	Mente	Mente	Mente	Mente
Provoca cambios en * * * * *	Ninguno	Mente	Mente	Mente	Ninguno	Mundo	Mundo	Mundo
Causalmente Auto Reflexivo * * * * * *	No	Sí	Sí	Sí	No	Sí	Sí	Sí
Verdadero o falso (Comprobable)	Sí	T sólo	T sólo	T sólo	Sí	Sí	Sí	Sí
Condiciones públicas de satisfacción	Sí	Sí/No	Sí/No	No	Sí/No	Sí	No	Sí
Describir Un estado mental	No	Sí	Sí	Sí	No	No	Sí/No	Sí
Prioridad evolutiva	5	4	2, 3	1	5	3	2	2
Contenido voluntario	Sí	No	No	No	No	Sí	Sí	Sí
Iniciación voluntaria	Sí/No	No	Sí	No	Sí/No	Sí	Sí	Sí
Sistema cognitivo * * * * * * *	2	1	2/1	1	2/1	2	1	2
Cambiar intensidad	No	Sí	Sí	Sí	Sí	No	No	No
Duración precisa	No	Sí	Sí	Sí	No	No	Sí	Sí
Aquí y Ahora o Allá y Luego (H + N, T + T) * * * * * * * *	TT	HN	HN	HN	TT	TT	HN	HN
Calidad especial	No	Sí	No	Sí	No	No	No	No
Localizado en Cuerpo	No	No	No	Sí	No	No	No	Sí
Las expresiones corporales	Sí	Sí	No	No	Sí	Sí	Sí	Sí
Autocontradicciones	No	Sí	No	No	Sí	No	No	No
Necesita un yo	Sí	Sí/No	No	No	Sí	No	No	No
Necesita lenguaje	Sí	No	No	No	No	No	No	Sí/No

DE LA INVESTIGACIÓN DE DECISIONES

	Disposición	Emoción	Memoria	Percepción	Deseo	PI**	IA***	Acción/ Palabra
Efectos subliminales	No	Sí/No	Sí	Sí	No	No	No	Sí/No
Asociativa Basada en reglas	RB	A/RB	A	A	A/RB	RB	RB	RB
Dependiente del contexto/ Abstracto	A	CD/A	CD	CD	CD/A	A	CD/A	CD/A
Serie/Paralelo	S	S/P	P	P	S/P	S	S	S
Heurístico Analítica	A	H/A	H	H	H/A	A	A	A
Necesita trabajar Memoria	Sí	No	No	No	No	Sí	Sí	Sí
Dependiente general de la inteligencia	Sí	No	No	No	Sí/No	Sí	Sí	Sí
La carga cognitiva Inhibe	Sí	Sí/No	No	No	Sí	Sí	Sí	Sí
Excitación facilita o inhibe	I	F/I	F	F	I	I	I	I

Condiciones públicas de satisfacción de S2 son a menudo referidos por Searle y otros como COS, representaciones, creadores de la verdad o significados (o COS2 por mí mismo), mientras que los resultados automáticos de S1 son designados como presentaciones por otros (o COS1 por mí mismo).

* Aka Inclinaciones, Capacidades, Preferencias, Representaciones, Posibles Acciones, etc.

** Intenciones anteriores de Searle

*** La intención en acción de Searle

**** Dirección de ajuste de Searle

***** Dirección de causalidad de Searle

****** (Las instancias del estado mental - Causas o se cumple a sí mismo). Searle anteriormente llamó a esto causalmente auto-referencial.

******* Tversky / Kahneman / Frederick / Evans / Stanovich definieron los sistemas cognitivos.

******** Aquí y ahora o allí y luego

Una explicación detallada de esta tabla se da en mis otros escritos.

Uno siempre debe tener en cuenta el descubrimiento de Wittgenstein de que después de haber descrito los posibles usos (significados, creadores de la verdad, condiciones de satisfacción) del lenguaje en un contexto particular, hemos agotado su interés, y los intentos en la explicación (es decir, la filosofía) sólo nos alejan más de la verdad. Es fundamental tener en cuenta que esta tabla es sólo una heurística libre de contexto muy simplificada y cada uso de una palabra debe examinarse en su contexto. El mejor examen de la variación de contexto está en los últimos 3 volúmenes de Peter hacker en la naturaleza humana, que proporcionan numerosas tablas y gráficos que se deben comparar con este.

Suicidio por democracia y obituario para América y el mundo

Michael Starks

Abstracto

"¿En qué momento cabe esperar el enfoque del peligro? Yo respondo, si alguna vez nos llega debe surgir entre nosotros; no puede venir del extranjero. Si la destrucción es nuestra suerte, debemos ser su autor y rematador. Como nación de hombres libres debemos vivir todo el tiempo o morir por suicidio". Abraham Lincoln (1838)

Entre los millones de páginas de páginas impresas y web y charlas y charlas incesantes en la televisión y blogs y discursos, hay una notable ausencia de un resumen corto, claro, honesto, preciso, cuerdo e inteligente de la catástrofe que está destruyendo a Estados Unidos y al mundo. Esto se debe en parte a la falta de comprensión y en parte a la supresión de la libertad de expresión por parte de la coalición izquieralista/liberal/progresista/democrática/socialista/multicultural/diversa/sociald emócrata/comunista/tercer mundo supremacista. Intento llenar ese vacío aquí.

Una parte integral de la democracia moderna es The One Big Happy Family Delusion (La gran ilusión de una gran familia feliz), es decir, que somos seleccionados para la cooperación con todos, y que los eufóricos ideales de Democracia, Diversidad e Igualdad nos llevarán a la utopía, si sólo manejamos las cosas correctamente (el posibilidad de política). El Principio de No Almuerzo Libre debe advertirnos que no puede ser verdad, y vemos a lo largo de la historia y en todo el mundo contemporáneo, que sin estrictos controles, el egoísmo y la estupidez ganan ventaja y pronto destruyen cualquier nación que abrace estos delirios. Además, la mente del mono descuenta el futuro, por lo que cooperamos en la venta de la herencia de nuestros descendientes para las comodidades temporales, exacerbando en gran medida los problemas.

Describo la gran tragedia que se está desarrollando en Estados Unidos y en el mundo, que puede ser vista como un resultado directo de nuestra psicología evolucionada, que, aunque eminentemente adaptativa y eugenésica en las llanuras de Africa hace unos 6 millones de años, cuando nos dividimos de los chimpancés, a unos 50.000 a unos 50.000 Hace 150.000 años, cuando muchos de nuestros antepasados abandonaron Africa (es decir, en el EEE o el Entorno de la Adaptación Evolutiva), ahora es un desadaptativo y disgénico y la fuente de nuestros delirios utópicos suicidas. Así, como todas las discusiones sobre el comportamiento (filosofía, psicología, sociología, biología, antropología, política, derecho, literatura, historia, economía, estrategias de fútbol, reuniones de negocios, etc.), este libro se trata en última instancia de estrategias evolutivas, egoístas genes y fitness inclusivo (selección de parientes, es decir, selección natural).

Uno podría tomar esto para dar a entender que una sociedad justa, democrática y duradera para cualquier tipo de entidad en cualquier planeta en cualquier planeta es sólo un sueño, y que ningún ser o poder podría hacerlo de **otra manera**. No son sólo las "leyes" de la física las que son universales e ineludibles, o tal vez deberíamos decir que la aptitud inclusiva es una ley de la física.

El gran místico Osho dijo que la separación de Dios y el Cielo de la Tierra y la Humanidad fue la idea más **malvada que jamás haya entrado en la mente humana**. En los últimos tiempos surgió una idea aún más malvada de que los seres humanos nacen con derechos, en lugar de tener que ganar privilegios. La idea de los derechos humanos, como se promulga comúnmente, es una fantasía maligna creada por los izquierdistas para alejar la atención de la destrucción despiadada de la tierra por la maternidad desenfrenada del tercer mundo: así, cada día la población aumenta en 200.000 (todos los 3mundos), a quien se **les deben proporcionar recursos para crecer y espacio para vivir, y que pronto producen otros 200.000, etc. Y casi nunca se oye notar que lo que reciben debe ser tomado de los que ya están vivos, y sus descendientes. Sus vidas disminuyen a los que ya están aquí de maneras obvias e innumerables y sutiles. Cada nuevo bebé destruye la tierra desde el momento de la concepción.   En un mundo terriblemente superpoblado con recursos que desaparecen, no puede haber derechos humanos sin destruir la tierra y el futuro de nuestros descendientes. No podría ser más obvio, pero rara vez se menciona de una manera clara y directa, y nunca se verá las calles llenas de manifestantes contra la maternidad.

El hecho más básico, casi nunca mencionado, es que no hay suficientes recursos en Estados Unidos o en el mundo para sacar a un porcentaje significativo de los pobres de la pobreza y mantenerlos allí. El intento de hacer esto es que volar a Estados Unidos y destruir el mundo. La capacidad de la tierra para producir alimentos disminuye diariamente, al igual que nuestra calidad genética. Y ahora, como siempre, el mayor enemigo de los pobres es otro pobre y no los ricos.

Estados Unidos y el mundo están en proceso de colapso por el crecimiento excesivo de la población, la mayor parte del siglo pasado, y ahora todo, debido a la gente del tercer mundo. El consumo de recursos, y la adición de unos 3.000 millones más alrededor de 2100, colapsará la civilización industrial y provocará hambre, enfermedades, violencia y guerra a una escala asombrosa. La tierra pierde al menos el 1% de su suelo superior cada año, por lo que a medida que se acerca a 2100, la mayor parte de su capacidad de cultivo de alimentos desaparecerá. Miles de millones morirán y la guerra nuclear es muy segura. En Estados Unidos, esto está siendo enormemente acelerado por la inmigración masiva y la reproducción de inmigrantes, combinado con los abusos que hacen posible la democracia. La depravada naturaleza humana convierte inexorablemente el sueño de la democracia y la diversidad en una pesadilla del crimen y la pobreza. China seguirá abrumando a Estados Unidos y al mundo, mientras mantenga la dictadura que limita el egoísmo y permite una planificación a largo plazo.

La causa fundamental del colapso es la incapacidad de nuestra psicología innata para adaptarse al mundo moderno, lo que lleva a las personas a tratar a personas no relacionadas como si tuvieran intereses comunes (lo que sugiero puede ser considerado como un no reconocido -- pero el más común y más grave -- problema psicológico -- Trastorno de Fitness Inclusivo). Esto, además de la ignorancia de la biología básica y la psicología, conduce a los delirios de ingeniería social de los parcialmente educados que controlan las sociedades democráticas. Pocos entienden que si ayudas a una persona, dañas a otra persona, no hay almuerzo gratis y cada artículo que alguien consume destruye la tierra más allá de la reparación. En consecuencia, las políticas sociales en todas partes son insostenibles y una a una todas las sociedades sin estrictos controles sobre el egoísmo se derrumbarán en anarquía o dictadura. Sin cambios dramáticos e inmediatos, no hay esperanza de impedir el colapso de Estados Unidos, ni de ningún país que siga un sistema democrático.

Aquellos que deseen un marco completo hasta la fecha para el comportamiento humano de la moderna dos sistemas punto de vista puede consultar mi libros Talking Monkeys 3ª ed (2019), Estructura Logica de Filosofia, Psicología, Mente y Lenguaje en Ludwig Wittgenstein y John Searle 2a ed (2019), Suicidio pela Democracia 4ª ed (2019), La Estructura Logica del Comportamiento Humano (2019), The Logical Structure de la Conciencia (2019, Entender las Conexiones entre Ciencia, Filosofía, Psicología, Religión, Política y Economía y Delirios Utópicos Suicidas en el siglo 21 5ª ed (2019), Observaciones sobre Imposibilidad, Incompletitud, Paraconsistencia, Indecidibilidad, Aleatoriedad, Computabilidad, Paradoja e Incertidumbre en Chaitin, Wittgenstein, Hofstadter, Wolpert, Doria, da Costa, Godel, Searle, Rodych Berto, Floyd, Moyal-Sharrock y Yanofsky y otras.

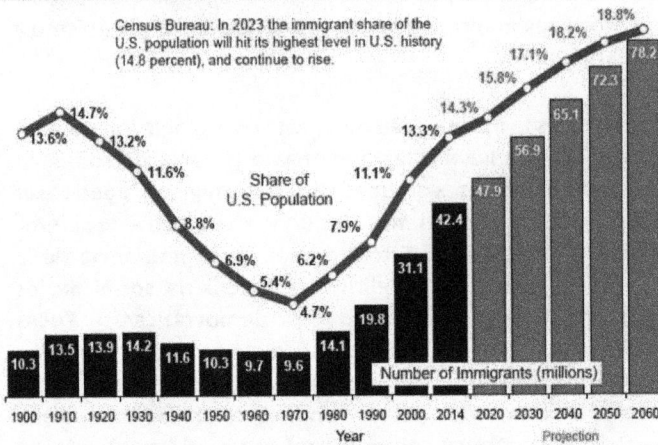

Figure 1. Number and Percent of Immigrants in the United States, 1900-2014; Plus Census Bureau Projections to 2060

Census Bureau: In 2023 the immigrant share of the U.S. population will hit its highest level in U.S. history (14.8 percent), and continue to rise.

Share of U.S. Population

Number of Immigrants (millions)

Year

Projection

Source: Decennial censuses for 1900 to 2000, American Community Survey for 2014. Census Bureau population projections released March 2015.

Porcentaje de estadounidenses que son nacidos en el extranjero-- el resultado de la ley de inmigración "sin impacto demográfico significativo" de 1965-no hay-europeos (los diversos) eran una cuota del 16%, son ahora (2019) alrededor de 38 % y será de alrededor del 60% para 2100, ya que ahora son el 100% del aumento de la población de alrededor de 2,4 millones cada año. Suicidio por democracia.

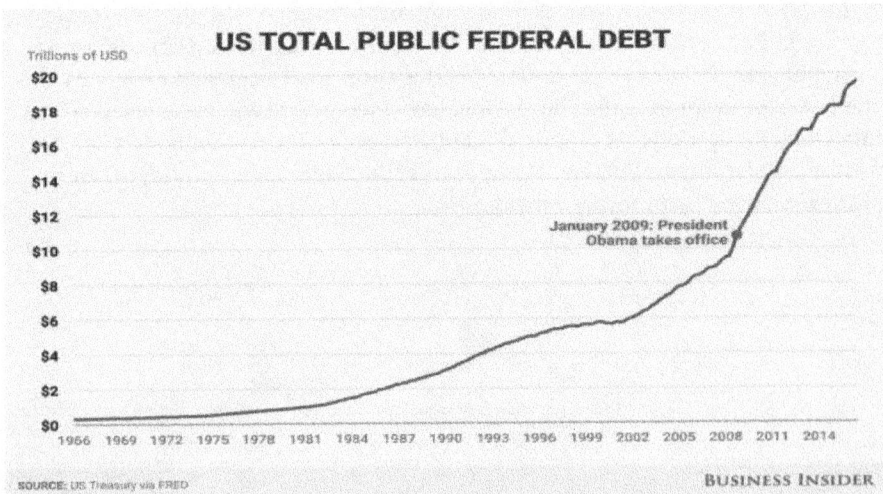

US TOTAL PUBLIC FEDERAL DEBT

Trillions of USD

January 2009: President Obama takes office

SOURCE: US Treasury via FRED

BUSINESS INSIDER

PARTE DEL COSTO DE LA DIVERSIDAD y del envejecimiento, siendo el policía no remunerado del mundo, etc., (sin contar los pasivos futuros que son de 5 a 10 veces como cambios sociales importantes).

296

Definiciones útiles para entender la política estadounidense

DIVERSIDAD: 1. Programa del gobierno de EE.UU. para entregar el control a México. 2. Programa del gobierno de los Estados Unidos para proporcionar bienes y servicios gratuitos o fuertemente subsidiados a los de otros países. 3. Un medio para convertir a Estados Unidos en un Infierno del tercer mundo. 4. Multiculturalismo, multietismo, multipartisanismo, inclusividad, supremacía del tercer mundo.

RACISTA: 1. Persona opuesta a la diversidad en el sentido anterior. 2. Persona de diferente etnia que no está de acuerdo conmigo en cualquier tema. 3. Persona de cualquier etnia que no esté de acuerdo conmigo en cualquier cosa. También, llamado 'bigot' 'hater' o 'nativist'.

SUPREMACISTA BLANCO: Cualquiera que se oponga a la diversidad en el sentido anterior, es decir, cualquiera que intente evitar el colapso de Estados Unidos y de la civilización industrial en todo el mundo.

SUPREMACISTAS del TERCERO MUNDIAL: Cualquier persona a favor de la diversidad en los sentidos anteriores. Cualquiera que trabaje para destruir el futuro de sus descendientes. AKA Demócratas, Socialistas, Neomarxistas, Socialistas Demócratas, Marxistas, Izquierdistas, Liberales, Progresistas, Comunistas, Maternalistas, Fascistas Izquierdistas, Multiculturalistas, Inclusivistas, defensores de los derechos humanos.

ODIO: 1. Cualquier oposición a la diversidad en el sentido anterior. 2. Expresión del deseo de prevenir el colapso de Estados Unidos y del mundo.

EURO: Blanco o caucásico o europeo: uno cuyos ancestros abandonaron Africa hace más de 50.000 años.

NEGRO: Africano o afroamericano: uno cuyos ancestros permanecieron en Africa o se fueron en los últimos cientos de años (por lo que no ha habido tiempo para la evolución de ninguna diferencia significativa con respecto a los euros).

DIVERSO: Cualquier persona que no sea EURO (Europea, blanca, caucásica).

DERECHOS HUMANOS: Una fantasía maligna creada por izquierdistas para alejar la atención de la destrucción despiadada de la tierra por la reproducción del mundo 3. Por lo tanto, las anomalías temporales, como la democracia, la igualdad, los sindicatos, los derechos de las mujeres, los derechos del niño, los derechos de los animales, etc. se deben a los altos niveles de vida creados por la violación del planeta y desaparecerán a medida que la civilización se derrumbe y China Mundo.

En primer lugar, debo señalar que no tengo ninguna inversión en el resultado de ningún movimiento social o político. Soy viejo, sin hijos o parientes cercanos, y en un abrir y cerrar de ojos me iré (por supuesto, lo más importante a recordar es que muy pronto todos nos iremos y nuestros descendientes se enfrentarán a las terribles consecuencias de nuestra estupidez y egoísmo) . Ofrezco estos comentarios con la esperanza de que den perspectiva, ya que los análisis concisos y competentes de la peligrosa situación en Estados Unidos y el mundo son casi inexistentes. Tengo amigos cercanos de varias etnias, varias veces dado sin mi único activo a una persona empobrecida del tercer mundo (no heredé nada significativo, no tenía parientes ricos, un fondo fiduciario o un trabajo cómodo), han tenido amigos del tercer mundo , colegas, novias, esposas y socios de negocios, y ayudaron a cualquiera de cualquier manera que pudiera independientemente de la raza, edad, credo, preferencias sexuales o origen nacional o posición en el espectro del autismo, y todavía lo estoy haciendo. No he votado en ningún tipo de elección, he pertenecido a ningún grupo religioso, social o político, he escuchado un discurso político o leído un libro sobre política en más de 50 años, ya que lo consideré inútil y degradante tener mis puntos de vista con el mismo peso que los de idiotas, lunáticos, criminales y simplemente incultos (es decir, alrededor del 95% de la población). Casi todo el diálogo político es superficial, equivocado e inútil. Este es mi primer y último comentario social/político.

Los millones de artículos diarios, discursos, tweets y noticias rara vez lo mencionan, pero lo que está sucediendo en Estados Unidos y en todo el mundo no son algunos eventos transitorios y desconectados, sino la historia infinitamente triste del colapso inexorable de la industria la civilización y la libertad debido a la sobrepoblación y a las dictaduras malignas que son el PCC (Partido Comunista Chino) y el Islam. Aunque ese son el único tema importantes, rara vez se declaran claramente en los interminables debates y convulsiones sociales diarias, y pocas cosas en este artículo se discute alguna vez de cualquier manera clara e inteligente, en gran parte porque los Diversos (es decir, los que no son de ascendencia europea) tienen un control estrangulado en los medios estadounidenses y más occidentales que lo hacen Imposible. La política en los países democráticos se dedica casi en su totalidad a brindar la oportunidad a cada grupo de interés especial para obtener una proporción cada vez mayor delos recursos que disminuyen. El problema es que casi todas las personas son cortas, egoístas, mal educadas, carentes de experiencia y estúpidas y esto crea un problema insoluble cuando hay 10 mil millones (por fin de siglo), o cuando constituyen la mayoría de cualquier electorado en un sistema democrático. Una cosa es cometer errores cuando hay tiempo y recursos para corregirlos, pero otra cuando es imposible. Estados Unidos es el peor caso, ya que parece tener vastos recursos y una economía resiliente, y lo que yo y la mayoría de la gente crecimos considerando como las maravillosas tradiciones de la democracia, la diversidad y la igualdad, pero ahora veo que estas son invitaciones a explotación por cada grupo de interés especial y que dar privilegios a todos los nacidos, sin imponer deberes, tiene consecuencias fatales. Además, un sistema que opera de esta manera no puede competir con los que no lo hacen- Asia y sobre todo China está comiendo el almuerzo de Estados Unidos (y el de todos los países no asiáticos), y nada es probable que lo detenga, pero por supuesto la sobrepoblación condena a todos (la minoría que sobrevivirá después de la gran muerte del siglo 22/23) a una vida infernal. Un mundo donde todos sean libres de replicar sus genes y consumir recursos como deseen pronto tendrá un aterrizaje duro. El hecho es que la democracia se ha convertido en una licencia para robar -- del gobierno - de la minoría cada vez más reducida que paga impuestos significativos, de la tierra, de todos en todas partes, y de los propios descendientes, y esa diversidad (multiculturalismo, multipartisanismo, etc.) en un mundo superpoblado conduce a conflictos insolubles y colapso. El 11 de Septiembre fue el resultado directo de esto.

La historia en Estados Unidos es bastante clara. En lo que ahora puede ser visto como el primer gran desastre derivado de la idea cristiana lunática de los derechos humanos innatos, el políticos de Los estados del norte decidieron que era inapropiado para el Sur tener esclavos. La esclavitud era sin duda una idea anticuado y malvada y estaba desapareciendo en todo el mundo, y habría sido eliminada con presiones económicas y políticas después de la emancipación a través de la 13 enmienda. Pero entonces como ahora, los delirios utópicos prevalecieron, yo atacaron el sur, matando y paralizando a millones y creando pobreza y caos disgénico (la muerte y la debilidad de un gran porcentaje de hombres Euro con cuerpo) cuyos efectos siguen con nosotros. Los africanos replican sus genes a un ritmo más alto, resultando en su llegada a un porcentaje cada vez mayor del país Nadie se dio cuenta en ese momento y la mayoría todavía no lo hace, pero este fue el comienzo del colapso de Estados Unidos y los defectos en la psicología que llevaron al Norte a perseguir al Sur fueron una continuación de los fanatismos cristianos que produjeron el asesinato y tortura de millones de personas durante la Edad Media, la Inquisición, el genocidio de los nuevos indios del mundo por los europeos, las Cruzadas y las Yihades del Muslims durante los últimos 1200 años. ISIL, Al-Queda, los cruzados y el ejército del norte tienen mucho en común.

Sin preguntar a los votantes, unos pocos miles de estadistas y congresistas y el presidente Lincoln hicieron ex-esclavos ciudadanos y les dio el derecho a votar a través de las enmiendas 14 y 15. Poco a poco llegó a haber vastos guetos compuestos por ex esclavos, donde el crimen y la pobreza florecieron, y donde las drogas (importadas principalmente por hispanos) generaban un vasto imperio criminal, cuyos usuarios cometían cientos de millones de crímenes cada año. Luego vinieron los demócratas liderados por los Kennedy, que, criados en privilegios y desconectados del mundo real, y teniendo como casi todos los políticos ninguna pista sobre biología, psicología, ecología humana o historia, decidieron en 1965 que era sólo democrático y justo que el país debe cambiar las leyes de inmigración para disminuir la afluencia de europeos en favor de la gente del tercer mundo (la diversa). Aprobaron la ley y en 1965 el presidente Lyndon Johnson la firmó (ver foto de portada). Hubo dudas de algunos barrios de que esto destruiría a Estados Unidos, pero se les aseguró que no habría "ningún impacto demográfico significativo"! El público estadounidense nunca (hasta el día de hoy en 2019) tuvo la oportunidad de expresar sus puntos de vista (es decir, votar), a menos que usted cuente la elección de Trump como esa oportunidad, y el Congreso y varios presidentes cambiaron nuestra democracia en una "democracia socialista", es decir, en un estado neomarxista, supremacista del tercer mundo fascista. Los chinos están encantados ya que no tienen que luchar contra Estados Unidos y otras democracias por el dominio, sino sólo esperar a que se derrumben.

Hace unas décadas, William Brennen, Presidente de la Corte Suprema, sugirió que una ley aprobada un siglo antes, para garantizar la ciudadanía a los antiguos esclavos (el primer error legislativo fatal, el segundo les daba el voto) , debe aplicarse a cualquier persona que haya nacido en Estados Unidos. Posteriormente, otras resoluciones de la corte (no de las personas, a las que nunca se les ha preguntado) decidieron que todos los nacidos en los EE.UU., independientemente del estatuto de los padres (por ejemplo, incluso si eran extranjeros de otro sistema solar) tenían derecho a la ciudadanía estadounidense (bebés ancla) y posteriormente ciudadanos de todos sus familiares – (el tercer y cuarto error fatal). Una vez más, nunca se cruzó por la mente del Congreso o de los tribunales que la constitución no dio tales derechos, ni que se debería permitir al público estadounidense votar sobre esto. Además de los millones de personas del tercer mundo aquí "legally' (es decir, con el permiso de unos pocos cientos en el Congreso, pero no la gente) millones comenzaron a entrar ilegalmente y todos produjeron niños a aproximadamente 3 veces la tasa de estadounidenses existentes y generados problemas sociales crecientes. La mayoría de los diversos impuestos, por lo que viven en parte o en su totalidad en los folletos del gobierno (es decir, los impuestos pagados por la minoría cada vez menor de los estadounidenses que pagan cualquiera, así como el dinero prestado del futuro de 2.500 millones de dólares al día, sumados a los 18 billones de dólares de deuda y los90 billones de dólares o más de obligaciones futuras no financiadas —medicare, seguridad social, etc.), mientras que el sistema agrícola, la vivienda, las calles y las carreteras, alcantarillados, sistemas de agua y eléctricos, parques, escuelas, hospitales, tribunales, transporte público, gobierno, policía, bomberos, servicios de emergencia y el enorme gasto de defensa necesario para asegurar la existencia continua de nuestro país y la mayoría de los demás, se crearon, administrado y pagado en gran medida por euros (es decir, los de ascendencia europea). El hecho de que los diversos deban su bienestar (en relación con los diversos todavía en el tercer mundo) y su propia existencia (medicina, tecnología, agricultura, supresión de la guerra y la esclavitud) a los euros nunca es mencionado por nadie (véase más adelante).

Naturalmente, los euros (y una minoría de impuestos que pagan diversos) están indignados por tener que pasar cada vez más de su vida laboral para apoyar a las legiones de recién llegados Diverse, para ser inseguros en sus propios hogares y calles y para ver sus ciudades, escuelas, hospitales, parques, etc. siendo tomados y destruidos. Tratan de protestar, pero los medios de comunicación ahora están controlados por los diversos (con la ayuda de euros engañados que se dedican a destruir a sus propios descendientes), y ahora es casi imposible afirmar cualquier oposición para el colapso de Estados Unidos y el mundo sin ser atacado como "racista", "supremacista blanco" o "un odiador", y a menudo perdiendo el trabajo por ejercer la libertad de expresión. Las palabras que se refieren a los Diversos están casi prohibidas, a menos que sea para elogiarlos y ayudar a su racismo genuino (es decir, vivir a expensas y explotar y abusar de todas las maneras posibles del euro, y sus diversos vecinos que pagan impuestos), por lo que no se puede mencionar negros, inmigrantes, hispanos, musulmanes, etc. en la misma discusión con las palabras violador, terrorista, ladrón, asesino, abusador de niños, convicto, criminal, bienestar, etc., sin ser acusado de "odio" o "racismo" o "supremacía blanca". Por supuesto, son ajenos a su propio racismo y a la supremacía del tercer mundo. Tenga en cuenta que no hay y casi con toda seguridad nunca habrá ninguna evidencia de una diferencia genética significativa entre euros y diversos en psicología, o CI, y que su tendencia a la reproducción excesiva y otras deficiencias se debe totos a la cultura.

Poco a poco, todo tipo de grupo de interés especial ha logrado eliminar cualquier referencia negativa a ellos de cualquier manera fácilmente identificable, por lo que casi ha desaparecido del discurso público no sólo palabras que se refieren a la Diversa, sino a la corta, alta, gorda, delgada, enfermos mentales, discapacitados, genéticamente defectuosos, desfavorecidos, anormales, esquizofrénicos, deprimidos, estúpidos, deshonestos, locos, perezosos, cobardes, egoístas, aburridos, etc. hasta que no se escuchen nada más que agradables lugares comunes y uno se quede perplejo en cuanto a quién llena las cárceles , hospitales y salas mentales a desbordar, llena las calles de basura, destruye los parques, playas y tierras públicas, robos, disturbios, asaltos, violaciones y asesinatos, y consume todo el dinero de los impuestos, más 2.500 millones de dólares adicionales al día, sumado a los 18 billones de dólares deuda nacional (o más de 90 billones si se extienden los pasivos reales en un futuro próximo). Por supuesto, no se debe a todo a la Diverse, pero cada día que pasa un porcentaje mayor es como su número se hinchan y los de los euros disminuyen.

Ahora es más de cincuenta años después de aprobar la nueva ley de inmigración y alrededor del 16 % dela población es hispana (en vez de menos del 1% antes), que han estado reproduciendo a alrededor de 3 veces la tasa de Euros, por lo que alrededor de la mitad de los niños menores de 6 años son ahora hispanos, mientras que alrededor del 13% del país son negros, siendo rápidamente desplazados y marginados por los hispanos (aunque pocos negros se dan cuenta, por lo que siguen apoyando a los políticos que favorecen más inmigración y folletos y prometedores beneficios a corto plazo). Prácticamente nadie comprende el eventual colapso de Estados Unidos y el mundo entero, a pesar del hecho de que se puede ver frente a sus ojos en todas partes. En Estados Unidos y en todo el mundo, los euros (y todos los "ricos" en general) están produciendo menos de dos niños por pareja, por lo que sus poblaciones se están reduciendo, y en Estados Unidos en 2014, por primera vez desde que llegaron los euros en el 16[th]siglo, más de murieron de los que nacieron, por lo que su marginación es segura. Y, mostrando el "éxito" de las políticas neomarxistas, supremacistas del tercer mundo de inmigración y bienestar, la población de hispanos en California pasó el 50%, por lo que dentro de una década, el 6o economía más grande del mundo será parte de México.

La diversa voluntad, en, este siglo, eliminar todo "racismo" estadounidense (es decir, cualquier oposición o obstáculo legal para tomar el control de todo el poder político, y la apropiación de la mayor parte de su vecino' dinero y bienes como pueden gestionar,) excepto su propio racismo (por ejemplo, impuesto sobre la renta graduado que obliga a los euros a apoyarlos). Pronto eliminarán en gran medida las diferencias legales entre los ciudadanos de México y California y luego Texas, que luego tendrán plenos "derechos" (privilegios) en cualquier parte de los EE.UU., de modo que la ciudadanía se vuelva cada vez mas sin sentido (y una siempre- porcentaje más bajo de los Diversos pagará cualquier impuesto significativo o servirá en el ejército, y un porcentaje mucho más alto seguirá recibiendo bienestar y cometiendo delitos, y para obtener educación gratuita o fuertemente subsidiada , atención médica etc.). No se puede mencionar en los medios de comunicación que el racismo predominante en los EE.UU. es la extorsión por parte de los diversos de cualquier persona con dinero (principalmente euros, pero también cualquier diverso que tenga dinero), la eliminación de la libertad de expresión (excepto la suya propia), el sesgo de todas las leyes para favorecer esta extorsión, y su rápida toma de todas las discriminación total contra euros y cualquier persona perteneciente a las "clases altas", es decir, cualquier persona que pague impuestos significativos.

Poco a poco la pobreza, las drogas, las pandillas, la destrucción ambiental y la corrupción de la policía, el ejército y el gobierno endémico en México y la mayoría de los otros países del tercer mundo se está extendiendo por todo Estados Unidos, por lo que podremos cruzar la frontera cada vez más porosa con México sin darse cuenta de que estamos en un país diferente, probablemente dentro de unas pocas décadas, pero ciertamente para finales de siglo. La población sigue aumentando, y aquí, como en todas partes del mundo, el aumento es ahora 100% diverso y, a medida que entramos en el próximo siglo (mucho antes en algunos países), los recursos disminuirán y el hambre, las enfermedades, el crimen y la guerra se descontrolarán. Los ricos y las corporaciones seguirán siendo en su mayoría ricos (como siempre, a medida que las cosas empeoren se llevarán su dinero y se irán), los pobres serán más pobres y numerosos, y la vida en todas partes, con la posible excepción de unos pocos países o partes de países donde crecimiento de la población se previene, será insoportable e incontable.

La cooperación entre los diversos para arrebatar el control de la sociedad desde euros se desmoronará a medida que la sociedad se desintegre y se dividan en negros, hispanos, musulmanes, chinos, filipinos, gays, ancianos, discapacitados y, cuando sea posible, en un sinfín Subgrupos. Los ricos contratarán cada vez más guardaespaldas, portirán armas de fuego, conducirán coches a prueba de balas y utilizarán la policía privada para protegerlos en sus comunidades y oficinas cerradas, como ya es común en los países del tercer mundo. Con una calidad de vida mucho más reducida y una alta delincuencia, algunos pensarán en regresar a sus países de origen, pero también la sobrepoblación agotará los recursos y producirá un colapso aún más grave que en Estados Unidos y Europa, y el racismo en el tercer mundo, temporalmente suprimido por una relativa abundancia de recursos y la presencia policial y militar, se volverá cada vez peor, por lo que la vida será infernal en casi todas partes. La población del siglo 22 se reducirá a medida que miles de millones mueran de hambre, enfermedades, drogas, suicidio y guerra civil e internacional. A medida que los países nucleares del tercer mundo colapsan (Pakistán, India y tal vez Irán para entonces, gracias a Obama) y son tomados por los radicales, los conflictos nucleares eventualmente ocurrirán. Sin embargo, tal vez nadie se atreva a sugerir públicamente que la causa principal del caos fue la maternidad sin restricciones.

Por supuesto, gran parte de esta historia ya se ha producido en Estados Unidos, el Reino Unido y otros lugares, y el resto es inevitable, incluso sin el cambio climático y los apetitos voraces de China, que simplemente hacen que suceda más rápido. Es sólo una cuestión de lo malo que llegará a dónde y cuándo. Cualquiera que dude de esto está fuera de contacto con la realidad, pero no se puede engañar a la madre naturaleza, y sus descendientes ya no lo debatirán, ya que se verán obligados a vivirla.

Los pobres, y aparentemente, Obama, Krugman, Zuckerberg y la mayoría de los demócratas (neomarxistas), no entienden el principio operativo más básico de la civilización: no hay almuerzo gratuito. Sólo se puede dar a uno tomando de otro, ahora o en el futuro. No hay tal cosa como ayudar sin lastimar. Cada dólar y cada artículo tiene valor porque en algún lugar. alguien destruyó la tierra. Y los izquierdistas tienen la ilusión de que pueden resolver todos los problemas robando a los ricos. Para hacerse una idea del absurdo de esto, todos los contribuyentes estadounidenses que ganan más de un millón de dólares tienen un total después de un beneficio fiscal de alrededor de 800 mil millones, mientras que el déficit anual es de aproximadamente 1,5 billones, e incluso tomarlo todo no hace nada para pagar los 18 existentes billones de deuda o los aproximadamente 90 billones de pasivos no financiados a corto plazo (por ejemplo, medicare y seguridad social). Por supuesto, no se puede aumentar mucho más su impuesto o impuesto de sociedades o se deprime en gran medida la economía y producir una recesión, pérdida de puestos de trabajo y la fuga de capitales, y ya pagan los impuestos más altos, en relación con lo que ganan como un % de los ingresos de la nación, de cualquier país industrializado. Y una vez más, el 1% superior de los asalariados paga alrededor del 50% del impuesto federal sobre la renta personal, mientras que el 47% inferior (en su mayoría diverso) no paga nada. Así que el hecho es que sólo tenemos una especie de democracia, ya que no tenemos casi nada que decir sobre lo que hace el gobierno, y una especie de fascismo, como los espías del gobierno en constante expansión en cada uno de nuestros movimientos, controla cada vez más cada una de nuestras acciones, y nos obliga a punta de pistola a hacer lo que sea ey decide, y una especie de comunismo mientras roban lo que quieran de quien quieran y lo utilizan para apoyar a cualquiera que les guste, aquí y en todo el mundo, la mayoría de los cuales no tienen interés en la democracia, la justicia o la igualdad, excepto como medio para aprovecharnos de nuestra fatalmente sistema defectuoso para obtener tanto dinero y servicios como puedan con el fin de apoyar la replicación de sus genes y la destrucción de la tierra.

Hablando de Obama, Trump dice que él es el peor presidente de la historia, y por supuesto Obama, totalmente arrogante, deshonesto y carente de cualquier comprensión real de la situación (o no está dispuesto a ser honesto) sólo se ríe, y balbucea lugares comunes, pero como reflejo un poco es claramente cierto. Al igual que Roosevelt, que nos dio el primer paso gigante en el fascismo y el despilfarro del gobierno y la opresión con un impuesto ilegal e inconstitucional (seguridad social), Obamacare dejó que el gobierno tragar 1/6 de la economía y creó impuesto ilegal (llamados "sanciones" de Obamacare, donde FDR los llamó "beneficios" y "contribuciones"). Intentó obligar a los Estados Unidos a aceptar otros 8 a 10 millones de ilegales (nadie parece estar muy seguro) que 'ala derecha' en unos 50 millones para 2100. En los primeros 3 años de su oficina (2009 a 2012) el déficit operativo federal aumentó alrededor de 44% de 10 a 15 billones, el mayor aumento porcentual desde la Segunda Guerra Mundial, mientras que a mediados de 2015 había aumentado a más del 71% del presupuesto de operación fiscal -- más de $18 billones o alrededor de $57,000 por cada persona en los EE.UU., incluyendo niños. Su aplazamiento de la deportación de millones de ilegales, todos los cuales ahora reciben seguridad social, créditos fiscales, medicare, etc., se estima que tiene un costo de por vida para el gobierno (es decir, para la minoría de nosotros que pagamos cualquier impuesto significativo) de alrededor de $1,3 billones. Por supuesto, esto no incluye la escuela gratuita, el uso del sistema judicial, las cárceles y la policía, la atención gratuita de "emergencia" (es decir, simplemente ir a emergencias para cualquier problema), la degradación de todas las instalaciones públicas, etc. al menos el doble. Y hemos visto 8 años de manejo incompetente de las guerras de Irak, Afganistán y Siria y el crecimiento canceroso del PCC y el Islam he probablemente dio la capacidad de hacer armas nucleares a Irán, que es muy probable que conduzca a una guerra nuclear para 2100 o mucho antes. Fue claramente elegido por razones supremacistas clasificatorios, racistas y del tercer mundo, porque tenía genes africanos visibles, mientras que los euros, después de haber dejado Africa unos 50.000 años antes, tienen invisibles. El, y la mayoría de las personas que nombró, tenían poca competencia o experiencia en dirigir un país y fueron escogidos, como él, sobre la base de diversos genes y simpatías supremacistas neomarxistas del tercer mundo. Si no es un traidor (dando ayuda y consuelo al enemigo) entonces ¿quién es? Está claro como el día que, como casi todo el mundo, opera totalmente en psicología primitiva automática, con sus simpatías de coalición (sesgos) favoreciendo a aquellos que se parecen y actúan más como él. De hecho, él (como la mayoría de los diversos) está haciendo todo lo posible para destruir el país y el sistema que hizo posible su vida exaltada. En una entrevista cerca del final de su mandato dijo que la principal razón del atraso del tercer mundo era el colonialismo. Al igual que con todos los supremacistas del tercer mundo de izquierda, nunca se le ha pasado por la cabeza que alrededor del 95% de todas las personas del tercer mundo deban su existencia y su nivel de vida relativamente alto a los euros y al colonialismo (es decir, la medicina, la agricultura, la tecnología, la ciencia, comercio, educación, sistema policial y judicial, comunicaciones, eliminación de la guerra y el crimen, etc.), ni que los verdaderos enemigos de los pobres sean otros pobres, que son tan repulsivos como los ricos, a quienes es su mayor deseo de emular. Estoy de acuerdo en que, con la posible excepción de Lincoln, es el peor (es decir, el más destructivo para la calidad de vida y la supervivencia estadounidense como nación) por su falta de honestidad, arrogancia y agresión a la libertad y a largo plazo supervivencia— un logro impresionante cuando su competencia incluye a Nixon, Johnson, los Bushes y los Clintons, y que hace que incluso Reagan se vea bien.

Al considerar a los malos presidentes, comenzamos con Abraham Lincoln, quien es venerado como un santo, pero él (con la ayuda del Congreso) destruyó gran parte del país y las vidas de millones de personas luchando contra el una Guerra Civil totalmente innecesaria, y en muchos sentidos, el país nunca se recuperará, ya que condujo al movimiento por los derechos civiles, la ley de inmigración de 1965 y el fallo del ancla de la Corte Suprema de 1982. La esclavitud habría llegado a su fin pronto sin la guerra, como lo hizo en todas partes y, por supuesto, fueron los euros los que proporcionaron el principal impulso para ponerle fin aquí y en todas partes. Después de la guerra, los esclavos podrían haber sido repatriados a Africa, o simplemente se les dio residencia, en lugar de hacerlos ciudadanos (14a enmienda) y luego darles el voto (15o enmienda). El y sus colaboradores, como tantos euros liberales de clase alta entonces y ahora, estaba cedo cegado por los delirios sociales utópicos encarnados en el cristianismo y la democracia, que resultan de la psicología de fitness inclusiva de las intuiciones de la coalición y el altruismo recíproco, que fue eugenésica y adaptativa en el EEE (Medio ambiente de la adaptación evolutiva, es decir, de hace unos 50.000 a varios millones de años), pero es fatalmente disgénica y mal adaptado en los tiempos modernos.

Tenga en cuenta la gran ironía de la cita de él que comienza es libro, que muestra que incluso los más brillantes son víctimas de sus propios límites, y no tienen ninguna comprensión de la biología humana, la psicología o la ecología. Nunca se le pasó por la cabeza que el mundo se sobrepoblaría de forma horrible y que los africanos crecerían hasta convertirse en un problema social gigantesco, en casa y para ellos y el mundo a medida que Africa se expande a más de 4.000 millones. Del mismo modo, a pesar del desastre ahora claro, parece que no se cruza con Obama que los diversos en el país y en el extranjero destruirán a Estados Unidos y al mundo, aunque cualquier niño brillante de diez años pueda verlo.

El presidente Truman podría haber dejado que McArthur usara la bomba atómica para poner fin a la guerra de Corea, destruir el comunismo y evitar el horror continuo de China dirigido por 25 sociópatas (el Politburó) o realmente sólo siete sociópatas (el Politburó Permanente) o tal vez sólo un sociópata (Xi Jinping). Johnson podría haber hecho lo mismo en Vietnam, Bush en Irak y Obama en Afganistán, Siria y Libia. China y a un número de países del tercer mundo habrían utilizado armas nucleares si se invirtiera las situaciones. Una vez que un país musulmán radical recibe la bomba un ataque preventivo por ellos o en ellos probablemente sucederá, y esto es probable para 2100 y cerca de cierto para 2200. Si Gadafi hubiera tenido éxito en sus esfuerzos por conseguir la bomba, muy probablemente habría sucedido. Estados Unidos podría haber obligado a Japón, China y Corea, Irak y Libia y a todos los países de Europa (y al mundo entero) a pagar los costos de nuestros esfuerzos militares en todas las guerras recientes, y entre guerras, en lugar de asumir la mayor parte del costo y luego ayudarlos a hacerse cargo de la mayor parte de la fabricación de Estados Unidos. Por supuesto, estas decisiones, críticas para la supervivencia del país, fueron tomadas por un puñado de políticos sin consultar a los votantes. Los Kennedys fueron una parte importante de cambiar las leyes de inmigración a mediados de los años 60, por lo que tienen que contar como traidores y grandes enemigos de Estados Unidos a la par con Obama, G.W Bush y los Clinton. Podríamos haber seguido las súplicas universales de la industria estadounidense y negarnos a firmar el GATT, que dio libre acceso a todas nuestras patentes años antes de que se concedieran, aunque por supuesto los chinos ahora hackean y roban todo con impunidad de todos modos. Eisenhower podría haber dejado que el Reino Unido mantuviera la posesión del canal de Suez, en lugar de chantajearlos para que abandonaran Egipto, y una y una vez.

Algunos pueden estar interesados en algunas estadísticas para dar una idea de dónde estamos actualmente en el camino al infierno. Vea las tablas al principio. En los EE.UU., la población de hispanos aumentará de unos 55 millones en 2016 (o hasta 80 millones si acepta algunas estimaciones de 25 millones de ilegales, es una marca de lo lejos que el gobierno ha dejado llegar las cosas que realmente no sabemos) a tal vez 140 millones de mediados de siglo y 200 millones a medida que entramos en el siglo 22, momento en el que la población estadounidense se elevará más allá de 500 millones, y la población mundial será de unos1 1.000 millones, 3 mil millones de eso añadidos de ahora a entonces en Africa y 1.000 millones en Asia (las estimaciones oficiales de la ONU en este momento). Los hispanos se están reproduciendo tan rápido que los euros, ahora una mayoría del 63%, serán una minoría para mediados de siglo y alrededor del 40% para 2100. La mayor parte del aumento en los EE.UU. a partir de ahora serán hispanos, con el resto negros, asiáticos y musulmanes, y todo el aumento aquí y en el mundo será 100% diverso. Alrededor de 500.000 personas se naturalizan anualmente y como en su mayoría son del tercer mundo y producen niños a aproximadamente el doble de euros, lo que sumará aproximadamente 2 millones de mediados de siglo y 5 millones para 2100 por cada año que continúa.

Para mostrar lo rápido que las cosas se salieron de control después del "no impacto demográfico" TKO (knockear técnico o Ted Kennedy Outrage, aunque también podríamos llamarlo la indignación LBJ, la indignación neomarxista, la ley de inmigración de la indignación liberal, etc.) de 1965, ahora hay más hispanos en California que hay personas en otros 46 estados. En 1970, justo después del nocaut técnico, había alrededor de 4 millones de hispanos y ahora hay más de 55 millones de "legales" (es decir, no legales por los votantes, sino por un puñado de políticos y la corte supremamente estúpida) y tal vez 80 millones contando ilegales. Nunca cruza la mente de la pobre diversidad demócrata que vota en bloque que los que sufrirán con mucho de la "diversificación" de Estados Unidos son ellos mismos. Estados Unidos ha pasado de 84 por ciento blanco, 11 por ciento negro, 4 por ciento hispano y 1 por ciento asiático en 1965, a 62 por ciento blanco, 11 por ciento negro, 18 por ciento hispano y 6 por ciento asiático ahora, según un informe reciente de Pew. Para 2055, no se espera que ningún grupo tenga una mayoría, un escenario perfecto para el caos, pero se pueden ver innumerables idiotas de la academia (ahora un paraíso para el supremacismo neomarxista del tercer mundo financiado por el Estado) alabando multipartidismo. Se prevé que los asiáticos aumentarán más rápido que cualquier grupo, duplicando su porcentaje en las próximas décadas, pero al menos habrán pasado por un procedimiento de inmigración mínimo, excepto, por supuesto, para las familias de bebés ancla (produciendo que ahora es una industria importante como Los asiáticos vuelan aquí para dar a luz, aunque son muy superados por los hispanos que sólo tienen que caminar a través de la frontera por la noche). Por supuesto, los asiáticos son en general una bendición para Estados Unidos, ya que son más productivos y menos problemas que cualquier grupo, incluyendo euros.

El gobierno de los Estados Unidos (solo de los principales países) empuja la "diversidad", pero en países de todo el mundo y a lo largo de la historia los intentos de soldar diferentes razas y culturas en uno de ellos han sido un desastre absoluto. Muchos grupos han vivido entre otros o junto a otros durante miles de años sin asimilarse notablemente. Chinos y coreanos y japoneses en Asia, judíos y gentiles en miles de lugares, turcos, kurdos y armenios, etc., han vivido juntos durante milenios sin asimilar e ir por la garganta del otro a la menor provocación. Después de más de 300 años de mezcla racial, Estados Unidos sigue siendo alrededor del 97% monorracial (es decir, blanco, hispano, negro, etc.) con sólo alrededor de 3% describiéndose a sí mismos como raza mixta (y la mayoría de ellos se mezclaron cuando vinieron aquí). Los nativos americanos (a quienes todo el Nuevo Mundo pertenece realmente si uno va a rectificar las injusticias pasadas contra los diversos, un hecho que nunca es mencionado por los supremacistas del tercer mundo) son en su mayoría todavía vivos isolado y (antes de la casinos) empobrecidos, al igual que los negros que, 150 años después de la emancipación, todavía viven en los guetos empobrecidos y empobrecidos. Y estos han sido los mejores tiempos, con un montón de tierra barata y recursos naturales, grandes programas de bienestar y acción afirmativa (en gran parte único de estados Unidos 'racistas'),una economía mayormente saludable y un gobierno que extorsiona a más del 30% del dinero (es decir, el30% de su vida laboral, el conteo del impuesto sobre la renta, el impuesto sobre las ventas, el impuesto sobre bienes inmuebles, etc.), obtenido por la parte de pago de impuestos de la clase media y alta, para dar a los pobres servicios de policía y emergencias, calles y parques, el gobierno, el sistema de justicia, hospitales, defensa nacional, escuelas, carreteras, puentes, red eléctrica, etc., y los costos de la degradación ambiental, y la los costos emocionales del crimen y su amenaza, etc., la mayoría de ellos nunca contados por nadie (y nunca mencionados por los supremacistas neomarxistas del tercer mundo) al considerar los "costos del bienestar" o la enorme desventaja de diversidad.

En cualquier caso, la ilusión liberal y democrática es que esas políticas sociales y grandes soldarán nuestra sociedad "diversa" (es decir, fatalmente fragmentada) en una familia feliz. Pero los folletos del gobierno necesitan aumentar continuamente (para la seguridad social, las guerras, la atención de la salud, las escuelas, el bienestar, la infraestructura, etc.) mientras que la base tributaria relativa se reduce, y nuestra deuda y títulos de en sin fondos crecen en billones al año, economía está en proceso de colapso. La familia promedio tiene menos ganancias netas reales y ahorros ahora que hace dos décadas y podría sobrevivir alrededor de 3 meses sin ingresos, alrededor del 40% de los estadounidenses jubilados tienen menos de $25,000 de ahorro, etc. Y de nuevo, estos son los mejores momentos con muchos recursos "libres" (es decir, robados de otros y de nuestros descendientes) en todo el mundo y unos 4.000 millones menos de personas de las que habrá en el próximo siglo. A medida que las economías fracasen y el hambre, las enfermedades, el crimen y la guerra se propaguen, la gente dividirá las líneas raciales y religiosas como siempre, y en los EE.UU. los hispanos y los negros seguirán dominando el fondo. Rara vez ocurre a aquellos que quieren continuar (y aumentar) el número de y la subvención de los Diversos que el dinero para esto es finalmente robado de sus propios descendientes, sobre los cuales cae la carga de más de $90 billones de deuda si uno cuenta los derechos actuales (o hasta 220 billones de dólares si los pasivos continuaron sin reducción de los folletos y sin aumento de impuestos), y una sociedad y un mundo colapsando en la anarquía.

Como se ha señalado, uno de los muchos efectos secundarios malignos de la diversidad (por ejemplo, aumentos masivos de la delincuencia, degradación del medio ambiente, estancamiento del tráfico, disminución de la calidad de las escuelas, bancarrota de los gobiernos locales, estatales y federales, corrupción de la policía y las fronteras los funcionarios, el aumento de los precios de todo, la sobrecarga del sistema médico, etc.) es que nuestro derecho a la libertad de expresión ha desaparecido en cualquier tema de

307

posible relevancia política y, por supuesto, eso significa casi cualquier cuestión. Incluso en privado, si cualquier comentario negativo sobre la "diversidad" es registrado o presenciado por alguien creíble, el racista, supremacista del tercer mundo Diverse y sus sirvientes del euro tratarán de quitar su trabajo y dañar su negocio o su persona. Esto es cierto cuando se trata de figuras públicas y cuestiones raciales o de inmigración, pero nada está fuera de los límites. Decenas de libros en las últimas dos décadas abordan el tema, incluyendo 'The New Thought Police: Inside the Left's Assault on Free Speech and Free Minds', 'End of Discussion: How left's Outrage Industry Shuts Down Debate, Manipulates Voters, and Makes America Less Free (and Fun)" y 'The Silencing: how the left is killing free speech', pero nada disuadirá a los socialistas demócratas (es decir, a los comunistas de armario) y a los lunáticos liberales marginales. Como se ha señalado, estoy escribiendo este libro porque nadie en La Academia, ni ninguna figura pública, se atreve a hacerlo.

Otro "efecto secundario" es la pérdida de gran parte de nuestra libertad y privacidad a medida que el gobierno continúa expandiendo su guerra contra el terrorismo. Nunca hubo una razón convincente para admitir un número serio de musulmanes (o más diversos para el caso). En cualquier caso, parece una obviedad no admitir y expulsar a los musulmanes varones solteros solteros de 15 a 50 años, pero incluso tales movimientos simples obvios están más allá de las capacidades de los retrasados que controlan el Congreso y, por supuesto, nuestros queridos presidentes, todos los cuales, con los miembros del Congreso, que votaron a favor de los cambios en la ley de inmigración a partir de 1965, podría ser considerado personalmente responsable del 9/11, el Boston marathon bombing, etc. Por supuesto, Trump está tratando de cambiar esto, pero es demasiado poco, demasiado tarde y salvo su declaración de la ley marcial, dirigir el país con el ejército, y deportar o poner en cuarentena 100 millones de los menos útiles residentes, la fecha de Estados Unidos con el destino es cierta.

Un hermoso ejemplo de cómo la supresión de la libertad de expresión conduce a una locura cada vez mayor es el caso del mayor Hasan (cortesía "After America" de Mark Steyn). Un psiquiatra del ejército en Fort Hood que tenía A SoA (Soldado de Allah) en su tarjeta de visita, con frecuencia fue reprendido cuando un pasante del ejército estudiantil por tratar de convertir pacientes al Islam, y muchas quejas fueron presentadas por su constante comentarios anti-estadounidenses-un día dio una conferencia de Power Point a una sala llena de médicos del ejército justificando su radicalismo. La libertad de expresión y el sentido común no están más disponibles en el ejército que en la vida civil, fue ascendido a Mayor y enviado a Fort Hood, donde comentó a su oficial superior sobre un reciente asesinato de dos soldados en Little Rock: "esto es lo que los musulmanes deben hacer: estar de pie hasta los agresores" y "la gente debe atar bombas en sí mismos unnd go en Times Square", pero el ejército no hizo nada por miedo a ser acusado de parcialidad. Un día salió de su oficina con un rifle de asalto y asesinó a 13 soldados. Resultó que dos diferentes fuerzas de tarea antiterroristas eran conscientes de que había estado en contacto frecuente por correo electrónico con terroristas islamistas radicales. El Jefe del Estado Mayor del Ejército, el General George Casey, comentó: "Lo que pasó en Fort Hood fue una tragedia, pero creo que sería una tragedia aún mayor si nuestra diversidad se convierte en una víctima aquí"!! ¿Está perdiendo los 70 millones en bienestar o los 1,7 millones en prisión o los 3 millones de drogadictos que son más trágicos?

La invasión del suroeste por los hispanos da el sabor de lo que viene y Coulter en su libro "Adios America" habla de parques destrozados, escuelas que cayeron de grado A a D, miles de millones de personas 'gratis' (es decir, pagadas por la clase media y alta y las empresas) atención médica y otros servicios solo en Los Angeles, etc. Cualquiera que viva allí que recuerde lo que Texas o California eran hace 30 años no tiene dudas sobre las consecuencias catastróficas de la diversidad como la ven todos los días. En California, que conozco personalmente, las áreas urbanas (e incluso la mayoría de los parques y playas) que solía disfrutar ahora están llenas de hispanos y a menudo llenas de basura y spray pintados con señales de pandillas, mientras que las autopistas están horriblemente lleno y las ciudades y pueblos invadido de drogas y delincuencia, por lo que la mayor parte de ella es ahora inhabitable y la 6a economía más grande del mundo se dirige a la bancarrota, ya que trata de trasladar a 20 millones de hispanos en su mayoría de clase baja a la clase media alta mediante el uso de dinero de impuestos de los euros. Uno de los último locuras era tratar de poner todos los ilegales en Obamacare. Algunas personas que conozco han tenido su aumento anual de cobertura médica de menos de $1000 antes de Obamacare a alrededor de $4000 (estimación de 2017) y los $3000 adicionales es lo que los demócratas están robando a cualquier persona que puedan para cubrir los costos de la atención gratuita o de muy bajo costo para aquellos que y poco o ningún impuesto, y que ya están en bancarrota hospitales obligados a darles atención gratuita "de emergencia". Por supuesto, los republicanos están tratando de matarlo, pero al igual que todo el gobierno, ya está en una espiral de muerte que sólo un gran aumento en las tarifas puede arreglar.

Una de las más flagrantes violaciones de la ley estadounidense por parte de los lunáticos de izquierda que apoyan la inmigración es la creación de "ciudades santuario". Las ciudades no permiten que los fondos o recursos municipales se utilicen para hacer cumplir las leyes federales de inmigración, por lo general al no permitir que la policía o los empleados municipales pregunten sobre el estatus migratorio de un individuo. Esto comenzó con Los Angeles en 1979 (convirtiéndose así en la primera gran ciudad donada a México) y ahora incluye al menos 31 grandes ciudades American. Presumiblemente, el Presidente podría ordenar al ejército o al FBI que arresten a los funcionarios de la ciudad que aprobaron estas regulaciones por obstrucción a la justicia, etc., pero es un área legal turbia como (en otra indicación de la ineptitud total del Congreso y los tribunales y e desesperanza del sistema democrático como se practica actualmente) las violaciones de inmigración son delitos civiles y no delitos federales o estatales que claramente deberían ser. Después de escribir esto, los tribunales (previsiblemente) bloquearon el intento de Trump de cortar fondos para santuario ciudades, olvidando que su propósito es proteger a los ciudadanos de Estados Unidos, y no a los de otros países aquí ilegalmente. Y recientemente California se declaró un estado santuario, es decir, ahora es parte de México.

Un gobierno competente (tal vez podríamos importar uno de Suecia, China o incluso Cuba?) podría aprobar esa legislación en unas semanas. También, podría forzar el cumplimiento cortando la mayoría o todos los fondos federales a cualquier ciudad o estado que no cumpliera con las leyes federales de inmigración, y al menos uno de esos proyectos de ley ha sido introducido en el Congreso recientemente, pero los demócratas impidieron su pasaje, y por supuesto Obama o Clinton habría vetado cualquier intento de dar a los estadounidenses de vuelta a los estadounidenses. Trump, por supuesto, tiene un punto de vista diferente, aunque no puede salvar a Estados Unidos por medios democráticos.

Mientras los demócratas (pronto regresarán al poder y, se rumorea, para cambiar su nombre al Partido Supremacista Neomarxista del Tercer Mundo de América Latina, Asia, Africa y Oriente Medio) estén en el poder, no se hará nada, y más ciudades y estados dejarán de ser parte de América hasta que los hispanos tomen el control por completo en algún momento de la segunda mitad del siglo. Sólo un golpe militar puede salvar a Estados Unidos ahora y es muy poco probable que los generales tengan el valor.

Para esta revisión, leí algunos libros y artículos orientados políticamente en la imprenta y en la web del tipo que he evitado durante más de 50 años, y en ellos y los comentarios sobre ellos vieron repetidas acusaciones de 'racismo ' contra las personas que sólo estaban declarando su deseo de que los EE.UU. sigan siendo un país próspero y seguro. Esta afirmación es ahora casi siempre falsa en el sentido normal, pero por supuesto es cierta en el nuevo significado, es decir, uno opuesto a dejar que México y Africa se anexionen Estados Unidos. Así que, escribí una respuesta a esta calumnia, ya que nunca he visto una buena.

En realidad, no es "racismo" sino en defensa propia: los Diversos en Estados Unidos son los racistas, ya que, en promedio, su vida aquí es en gran medida una explotación de otras razas, en particular de los europeos y asiáticos que realmente pagan impuestos. Para el racismo genuino mira cómo diferentes grupos nativos de su propio país (o inmigrantes) son tratados allí. La gran mayoría de los inmigrantes en los EE.UU. ni siquiera se les permitiría entrar en sus países, mucho menos ciudadanía permitida, el privilegio devotar, vivienda gratuita o de bajo costo, alimentos, atención médica gratuita o subsidiada, programas de acción afirmativa, los mismos privilegios que los nativos, etc. Y en los EE.UU., son los Diversos los que han quitado la tranquilidad, la belleza, la seguridad y la libertad de expresión que existían aquí antes de que un puñado de políticos estupido y los jueces de la Corte Suprema te dejaran entrar. Nunca votamos para permitirle entrar o convertirse en ciudadanos-- nos fue forzado por los idiotas en nuestro gobierno, comenzando con Lincoln y sus socios en el crimen. Si tuviéramos la oportunidad de votarlo, pocos extranjeros excepto expertos médicos, científicos y tecnológicos y algunos profesores habrían sido admitidos y tal vez el 75% de los diversos serían deportados. En muchos casos, usted tiene una religión alienígena (algunos de los cuales exigen el asesinato de cualquier persona que no le guste) y la cultura (asesinatos de honor de sus hijas, etc.), no pague una parte justa de los impuestos (normalmente ninguno) y cometa muchos más crímenes per cápita (por ejemplo. , 2.5x para hispanos, 4.5x para negros).

Además, el americano de clase media paga alrededor del 30% de sus ingresos al gobierno. Esto es alrededor de 66 días / año de su vida laboral y tal vez 20 días de eso va a apoyar a los pobres, ahora en su mayoría diversos. Y todas las cosas "gratuitas" como el bienestar, los cupones de alimentos, la atención médica y los hospitales, las escuelas, los parques, las calles, el saneamiento, la policía, los bomberos, la red eléctrica, el sistema postal, las carreteras y los aeropuertos, la defensa nacional, etc., existen en gran medida porque el medio superior y el medio superior "racista" y clase alta creada, mantener y pagar por ellos. Tal vez otros 4 días hábiles van a apoyar a la policía, FBI, sistema de justicia, DHS, Patrulla Fronteriza y otras agencias del gobierno que tienen que lidiar con extraterrestres. Añadir otros 10 días más o menos para apoyar a los militares, que en su mayoría se necesitan para hacer frente a los resultados de la sobrepoblación mundial 3 (la verdadera causa principal de la Guerra de Corea, la guerra de Vietnam, Irak, Afganistán, Siria, Libia, Yemen y la principal causa de la mayoría de las guerras , el malestar social y los conflictos pasados, presentes y futuros), y este costo, sumado al bienestar, medicare, seguridad social y degradación ambiental (un porcentaje cada vez mayor para los inmigrantes y sus descendientes) está en bancarrota en el país, con el único posible solución de disminuir los beneficios y aumentar los impuestos, cuyo sin embargo recaerá sobre los descendientes de todos. Usted se aprovecha de la libertad de expresión que creamos para decir mentiras maliciosas sobre nosotros y evitar la discusión racional! ¡La mayoría de ustedes, si hacen esto en su país de origen, terminarían en prisión o muertos! ¡Mentirosos desvergonzados! ¿Cuál es tu problema? --pobre educación, sin gratitud, maliciosa, estúpida, sin experiencia con la sociedad civilizada? (seleccione 5). Y cualquiera que dude de todo esto simplemente no sabe cómo usar su cerebro o la red, ya que está todo allí. Estos comentarios son sólo los hechos que cualquiera puede ver, junto con simples extrapolaciones hacia el futuro.

Además, permítanme pedir a los Diversos--hacer que la gente en su país de origen trabajar 30 días al año para apoyar a decenas de millones de extranjeros que cometen crímenes a varias veces la tasa de nativos, apiñar sus escuelas, carreteras, ciudades y cárceles, destrozar sus parques y playas, pintura en aerosol de grafitis en edificios e importar y vender drogas a adictos que cometen más de cien millones de crímenes al año (añadidos a los 100 millones más o menos se cometen)? ¿Y has tenido un 11-S y muchos bombardeos y asesinatos en casa? ¿Los inmigrantes controlan los medios de comunicación para que ni siquiera puedan discutir estos temas que están destruyendo su país y el mundo? ¿Estará su país totalmente en su control en unas pocas generaciones y será otro empobrecido, lleno de crimen, hambriento, corrupto infierno del tercer mundo? Por supuesto, para la mayoría de ustedes ya lo es, y vinieron a América para escapar de ella. Pero tus descendientes no tendrán que ser nostálgicos del infierno, ya que lo habrán recreado aquí. Los Diversos aquí (y sus sirvientes del euro) nunca se cansan de quejarse en todos los medios de comunicación todos los días acerca de cómo no se les trata de manera justa y no se les da lo suficiente (es decir, los euros y la diversidad relativamente rica no trabajan lo suficiente para apoyarlos), y nunca cruza su mentes que si no fuera por los impuestos pagados principalmente por euros ahora y durante más de un siglo antes, no habría poca o ninguna policía o servicios médicos o escolares o parques o transporte público o calles o alcantarillas en sus comunidades, y por supuesto ni siquiera e un país aquí, ya que son principalmente euros que crearon, y apoyarlo y que sirven en el ejército en todas las guerras. Y fueron principalmente Euros y sus descendientes los que crearon la red y el PC que se utilizó para crear este y los medios electrónicos o impresos en los que estás leyendo

311

esto, la tecnología que produce los alimentos que comes y la medicina que te mantiene con vida. Si no fuera por la tecnología y la seguridad de los euros, no existiría un 90% de todos los diversos del mundo. Todo el mundo condena el colonialismo, pero fue la forma en que los Diversos fueron sacados de las edades oscuras a los tiempos modernos a través de las comunicaciones, la medicina, la agricultura y la aplicación del gobierno democrático. De lo contrario, todas sus poblaciones se habrían mantenido muy pequeñas, al revés, hambrientas, enfermas, empobrecidas, aisladas y viviendo en la edad oscura (incluida la esclavitud y sus equivalentes) a día de hoy. En resumen, la antipatía del euro a la diversidad ('racismo') se debe al deseo de que sus hijos tengan un país y un mundo en el que valga la pena vivir. Una vez más, esto es para el beneficio de todos, no sólo euros o ricos.

Del mismo modo, toda mi vida he oído a personas del tercer mundo decir que sus problemas desproporcionados con las drogas, el crimen y el bienestar se deben al racismo, y ciertamente hay algo de verdad en eso, pero me pregunto por qué los asiáticos, que deben ser objeto de racismo como bueno (en la medida en que existe, y en relación con la mayoría de los condados diversos, es bastante mínimo aquí), y la mayoría de los cuales vinieron aquí mucho más recientemente, hablaban poco o nada de inglés, no tenían parientes aquí y pocas habilidades, tienen una fracción del crimen, las drogas y el bienestar (todo menos que Euros y por lo tanto mucho menos que los negros o hispanos) y un promedio de alrededor de $10,000 más ingresos por familia que Euros. Además, los negros nunca consideran que no existirían si sus antepasados no fueran traídos al nuevo mundo y nunca hubieran nacido o sobrevivido en Africa, que los que los capturaron y vendieron eran generalmente africanos, que hasta el día de hoy los africanos en Africa casi universalmente tratar a los de diferentes tribus como infrahumanos (Idi Amin, Ruanda, Gadafi, etc. y mucho peor está por llegar a medida que la población de Africa se hincha en 3 mil millones para 2100), y que si quieren ver racismo real y explotación económica y maltrato policial , deben irse a vivir a casi cualquier lugar de Africa o del tercer mundo. Volver a Africa o México, etc. siempre ha sido una opción, pero a excepción de los criminales que escapan de la justicia, nadie regresa. Y fueron los euros los que pusieron fin a la esclavitud en todo el mundo y, en la medida de lo posible, a la servidumbre, las enfermedades, el hambre, el crimen y la guerra en todo el tercer mundo. Si no fuera por el colonialismo y las invenciones de euros habría tal vez 1/10 como muchos diversos vivos y en su mayoría seguirían viviendo como lo hacían hace 400 años. Del mismo modo, nunca se ha mencionado que si no fuera por el euro, que era aproximadamente 95% responsable de pagar y luchar y morir en la Segunda Guerra Mundial, los alemanes y japoneses y / o los comunistas ahora controlarían el mundo y sólo los euros pueden impedir que el PCC y/o los musulmanes lo hagan en el futuro. También, fueron en su mayoría los euros los que lucharon, están luchando y lucharán contra los comunistas en Corea y Vietnam, y los fanáticos musulmanes en Irak, Siria, Libia y Afganistán y los muchos otros que están por venir.

En la medida en que cualquier venganza por los euros es necesaria para su esclavitud (pero la esclavitud de otros negros en diversas formas siempre ha existido), los negros ya lo han tenido abundantemente. En primer lugar, han sido apoyados y protegidos en gran medida por los euros durante siglos. En segundo lugar, los parásitos que trajeron con ellos han infectado y destruido la vida de decenas de millones de euros. Malaria, esquistosomas, filariasis, ascaris, fiebre amarilla, viruela, etc., pero sobre todo anquilostoma, que era tan común y tan debilitante hasta las primeras décadas de este siglo que fue responsable de la extensión vista de los sureños como estúpido y perezoso.

Todo esto es aplastantemente obvio, pero apuesto a que no hay un texto de escuela primaria universitario en el mundo que mencione cualquiera de ella, ya que 'esclaramente 'racista' sugerir que el Diverso di debe algo a Euros o para señalar que otros diversos en sus países de origen siempre tienen y siempre los tratarán mucho peor que el euro. Y son incapaces de comprender el verdadero horror que se avecina o todos serían uno en oponerse a cualquier aumento de la población por parte de cualquier grupo en cualquier lugar y cualquier inmigración a Estados Unidos. Mucho antes 2100 los Hispanos controlarán América, y el resto del mundo será dominado por China y el resto por Musulmanes, que aumentarán de aproximadamente 1/5 del mundo ahora a aproximadamente 1/3 e por 2100 y superan en número a los cristianos, y ninguno de los dos grupos es conocido por abrazar el multiculturalismo, los derechos de las mujeres, los derechos del niño, los derechos de los animales, los derechos de los homosexuales o cualquier derecho en absoluto. Por lo tanto, el hecho obvio es que en general los euros han tratado a los diversos mucho mejor que se han tratado entre sí. Y ahora tenemos el mejor de los tiempos, mientras que para 2100 (dar o tomar una generación o dos) colapso económico y el caos reinará permanentemente excepto tal vez algunos lugares que excluyen por la fuerza a Diverse. Una vez más, tenga en cuenta que, en mi opinión, no hay, y casi con toda seguridad nunca habrá, ninguna evidencia de una diferencia genética significativa entre euros y diversos en psicología, o CI, y que su tendencia a la reproducción excesiva y otras limitaciones culturales son accidentes de la historia.

Del mismo modo, nunca cruza mentes diversas, izquierdistas, supremacistas del tercer mundo, neomarxistas que cada año tal vez 500 mil millones de dólares son gastados en los EE.UU. por gobiernos federales, estatales y municipales. transporte (autopistas, calles, ferrocarriles, autobuses y sistemas aéreos), policía, atención de incendios y emergencias, numerosos programas de bienestar, el gobierno y los sistemas judiciales--la gran mayoríade ellos crearon, mantuvieron y pagaron por los euros, asistidos por los impuestos de la pequeña minoría de la acomoda de la Diversidad. Además, está el FBI, la NSA, la CIA y las fuerzas armadas de los EE.UU. (otros 500 mil millones al año) y otros países del euro, sin los cuales no habría EE.UU. y poca o ninguna paz, seguridad o prosperidad en cualquier parte del mundo, y también han sido creados , dirigidos y atendidos en gran parte por los euros, que constituyen la mayoría de los muertos y heridos en cada guerra (menos un problema para los hispanos que sirven en el ejército a aproximadamente la mitad de la tasa de euros) y en todas las fuerzas policiales desde 1776 hasta ahora. Sin medicamentos y medidas de salud pública, la mayoría de sus antepasados (y todo el tercer mundo) habrían sufrido y a menudo habrían muerto de lepra, malaria, gusanos, bacterias, gripe, tuberculosis, viruela, sífilis, VIH, hepatitis, fiebre amarilla, encefalitis y tecnología para el colesterol alto y la presión arterial, el cáncer, el cáncer y la cirugía hepática, los trasplantes, la RMN, la XRAY, el ultrasonido, etc., han sido casi todos inventados, administrados y pagados abrumadoramente por los "racistas" y supremacistas.

¿Crees que el colonialismo era malo? Sólo piensa cómo sería el tercer mundo sin él, o cómo sería vivir bajo los nazis, comunistas o japoneses (y será como vivir bajo los chinos o los musulmanes una vez que los diversos destruyen América). Esto no excusa nada más que señalar los hechos de la historia. Pero bien, deshagamos la "injusticia" y pasemos una ley de Regreso a Africa (y América Latina y Asia, etc.) que proporciona fondos para repatriar a todos. Podrían vender sus activos aquí y la mayoría podría vivir como reyes allí, pero por supuesto habría muy pocos tomadores. Y para el próximo siglo habrá 3 mil millones más de africanos (la estimación oficial) y todo el continente será una alcantarilla, y 1.000 millones más asiáticos, e incluso India y China (que añadirán cien millones más o menos cada uno) se verá como el paraíso en comparación con Africa, al menos hasta que se a queda los recursos (petróleo, gas, carbón, tierra, agua dulce, pescado, minerales, bosques).

Si miras en la red encuentras a los diversos quejándose incesantemente de su opresión, incluso cuando ocurrió hace décadas o siglos, pero no veo cómo nada de lo que hacen los demás, incluso hoy en día, es mi responsabilidad, y mucho menos en el pasado. Si quieres responsabiliza a cada euro de lo que la gran mayoría ahora vive son completamente inocentes, entonces queremos hacer a todos los diversos responsables de todos los crímenes cometidos por cualquiera de ellos aquí o sus parientes en sus países de origen en los últimos 400 años, y por su parte de todas las decenas de billones gastados para construir y defender los EE.UU. y para mantenerlos seguros, saludables y bien alimentados. Sí, la mayoría de los negros e hispanos son pobres debido a factores históricos fuera de su control, así como los euros son a menudo más ricos debido a factores históricos más allá de los suyos, pero los puntos importantes son que ahora vivos no causaron esto, y que aquí, como en casi todas partes que los diversos son un porcentaje significativo, cometen la mayor parte del crimen, recaudan la mayor parte del bienestar, pagan menos impuestos y continúan criando excesivamente y arrastrando sus países y el mundo al abismo.

Consideremos también que los males del colonialismo sólo son prominentes porque eran recientes. Si miramos cuidadosamente, encontramos que casi todos los grupos en cada país tienen una historia interminable de asesinatos, violaciones, saqueos y explotación de sus vecinos que continúa hoy en día. No está muy lejos de la marca sugerir que lo mejor que podría pasar era ser conquistado por los euros.

Una vez más, tenga en cuenta que no hay y casi con toda seguridad nunca habrá ninguna evidencia de una diferencia genética significativa entre euros y diversos y que sus limitaciones se deben casi con seguridad a la cultura. El problema no son los diversos ni los euros, sino que la gente es egoísta, estúpida, deshonesta, perezosa, loca y cobarde y sólo se comportará decentemente, honestamente y justamente si se ve obligada a hacerlo. Dar derechos a las personas en lugar de tener privilegios que deben ganar es un error fatal que destruirá cualquier sociedad y cualquier mundo. En los pequeños grupos en los que evolucionamos, donde todos eran nuestro altruismo relativo y recíproco funcionaban, pero en un mundo pronto se desinflaba a 11 mil millones, este impulso para ayudar a los demás es suicida. El mundo está totalmente preocupado por los terroristas, pero sus efectos son en realidad triviales en comparación, por ejemplo, con accidentes de tráfico, asesinatos, drogadicción, enfermedades, erosión del suelo, etc., y cada día los 7.700 millones hacen mucho más daño al mundo con sólo vivir. Las madres del tercer mundo aumentan la población en unos 200.000 cada día, por lo que hacen mucho más daño cada hora de lo que todos los terroristas de todo el mundo harán en el siglo XXI (hasta que reciban sus manos en la bomba). Sólo los diversos en los EE.UU. en un año harán mucho más daño a los EE.UU. y el mundo mediante la destrucción de recursos, la erosión del suelo y la creación de CO2 y otra contaminación que todo el terrorismo en todo el mundo en toda la historia. ¿Hay incluso un político, artista o empresario que tenga una pista? Y si lo hicieran, dirían o harían algo, ciertamente no, quién quiere ser atacado por "racismo".

La gente en todas partes es perezosa, estúpida y deshonesta y la democracia, la justicia y la igualdad en un gran estado de bienestar diverso son una invitación abierta a la explotación ilimitada de sus vecinos y pocos resistirán. En 1979 7% de los estadounidenses obtuvieron medios-probado beneficios del gobierno, mientras que en 2009 fue más del 30% y por supuesto el aumento es sobre todo el diverso. Los cupones de alimentos pasaron de 17 millones de personas en 2000 a unos 43 millones en la fecha. En los primeros años de Obama más de 3 millones inscritos para obtener cheques de 'discapacidad' y más del 20% de la población adulta está ahora en 'discapacidad', que según la Oficina del Censo incluye categorías como "tenía dificultad para encontrar un trabajo o permanecer empleado "y "tenía dificultades con las tareas escolares". Actualmente hay casi 60 millones de adultos en edad de trabajar (16 a 65) que no están empleados o alrededor del 40% de la fuerza laboral. Las familias ilegales obtienen alrededor de $2.50 en beneficios directos por cada dólar que pagan en impuestos y alrededor de otros $2.50 beneficios indirectos (y sin contar su daño a la biosfera) por lo que son un enorme y cada vez mayor drenaje a pesar de falsas "noticias" en la red sobre su gran valor.

Se proyecta que los pagos de intereses de nuestra deuda nacional aumentarán al 85% de nuestros ingresos federales totales para 2050. Aproximadamente la mitad de nuestra deuda es propiedad del gobierno extranjero, alrededor de una cuarta parte de China, y si China continúa comprando nuestra deuda a las tasas actuales, muy pronto nuestros pagos de intereses a ellos cubrirán su presupuesto militar anual total (ca. 80 mil millones frente a US de unos 600 mil millones de dólares) y (depende sobre las tasas de interés) en pocos años serían capaces de triplicar o cuadruplicar sus gastos militares y todo sería pagado por los contribuyentes estadounidenses. En realidad, no lo he visto observado, pero sus costos más bajos significan que en realidad están gastando tal vez 300 mil millones. Y rara vez se menciona por qué el presupuesto militar de los Estados Unidos es tan enorme, y cómo se relaciona con el alto estilo de vida y los enormes subsidios del gobierno en Europa y en todo el mundo para el caso. Estados Unidos es el policía libre del mundo, proporcionando tecnología, dinero y tropas para mantener la paz y luchar contra las guerras en todo el mundo y es demasiado estúpido para pedir a los otros países que paguen su parte--hasta que recientes de Trump. En gran medida, la capacidad de los europeos y los países de todo el mundo para tener un alto nivel de vida se debe a que los contribuyentes estadounidenses (sin por supuesto se les pide) pagan por su defensa durante los últimos 75 años.

La CIS reporta que la inmigración total alcanzará alrededor de 51 millones para 2023, alrededor del 85% del aumento total de la población (todo el resto debido a la Diversa ya aquí) y pronto comprenderá alrededor del 15% de la población total, con mucho el mayor porcentaje en cualquier gran país historia reciente. Se informó que el Departamento de Seguridad Nacional New Americans Taskforce fue dirigido a procesar las solicitudes de ciudadanía de los 9 millones de titulares de tarjetas verdes lo antes posible para tratar de influir en las elecciones de 2016.

El gobierno federal es un cáncer que ahora toma alrededor del 40% de todos los ingresos de la minoría que pagan impuestos significativos y los empleados civiles del gobierno federal son enormemente pagados, promediando un salario de $81,000 y $42,000 salario y beneficios de $11,000. Alrededor del 25% de todos los bienes y servicios producidos en los Estados Unidos son consumidos por el gobierno y alrededor del 75% de los ingresos totales del gobierno se reparte como subsidios y bienestar de negocios y granjas. Si todos los impuestos federales se incrementaran en un 30% y el gasto no se incrementara, el presupuesto podría equilibrarse en 25 años. Por supuesto, el gasto aumentaría inmediatamente si hubiera más dinero disponible, y también la economía recibiría un gran impacto, ya que habría menos incentivos para ganar o quedarse en los EE.UU. y la inversión y las ganancias de las empresas caerían. Se estima que el cumplimiento por parte del sector privado de las regulaciones del gobierno cuesta alrededor de 1,8 billones al año o alrededor del 12% de nuestro PIB total, y por supuesto está creciendo constantemente, por lo que desperdiciamos más en papeleo del gobierno cada año que el PIB de la mayoría de los países. El principal impulso para la confiscación cada vez mayor de nuestro dinero (años de nuestra vida laboral) por parte del gobierno es el comunismo/socialismo/fascismo forzado por el rápido aumento de la Diversidad, pero ser la policía mundial de forma gratuita nos ha costado billones, lo que también nos traduce, lo que también nos traduce, lo que también nos ha costado billones, lo que también nos traduce en años de nuestra vida laboral como se detalla en otros lugares aquí.

Los pobres casi siempre se hablan como si fueran de alguna manera superiores a los ricos y está implícito que debemos hacer sacrificios por ellos, pero sólo son ricos en espera y cuando se hacen ricos son inevitablemente tan repugnantes y explotadores. Esto se debe a nuestra psicología innata, que en los pequeños grupos en los que evolucionamos tenía sentido, ya que cada uno era nuestro pariente, pero en un mundo que se está derrumbando rápidamente debido a la expansión de lo Diverso no tiene sentido. Los pobres no se preocupan más por los demás que por los ricos.

Maravilloso que incluso Obama y el Papa hablen sobre los horrores que se avecinan en el cambio climático, pero por supuesto ni una palabra sobre la capucha irresponsable de los padres que es su causa. Lo máximo que se obtiene de cualquier documental oficial, académico o de televisión del gobierno es una sugerencia mansa de que el cambio climático necesita ser tratado, pero rara vez un indicio de que la sobrepoblación es la fuente de la misma y que la mayor parte de ella para el siglo pasado y todo es a partir de ahora es del 3er Mundo. China crea ahora el doble de CO_2 de los EE.UU. y esto aumentará, ya que se espera que duplique el tamaño de nuestro PIB para 2030 más o menos, y USA Diverse crea alrededor del 20% de la contaminación de Estados Unidos, que aumentará a alrededor del

50% para el próximo siglo.

Ann Coulter en "Adios America" describe la escandalosa historia de lo que parece ser la única ocasión en la que los estadounidenses realmente llegaron a votar sobre el tema de la inmigración, lo que algunos llaman "la gran estafa de la democracia Prop 187".

En 1994, los californianos, indignados por ver a más hispanos apiñarse en el estado y consumir dinero de impuestos, puso en la boleta 187 que prohibir a los ilegales recibir dinero del estado. A pesar de la oposición esperada y las mentiras escandalosas de todos los supremacistas neomarxistas del tercer mundo que lamieron botas, pasó abrumadoramente ganando 2/3 de blanco, 56% de negro, 57% de asiáticos e incluso 1/3 de votos hispanos (Sí, muchos hispanos de clase media y alta se dan cuenta de que ser tomados por México será un desastre). Tenga en cuenta que todas estas personas son 'racistas' o 'supremacistas blancos' (o en columnas ligeramente más educadas de los NY Times controlados por Carlos Slim Helu, etc. 'bigots' o 'nativists') de acuerdo con el uso actual de esta palabra por un gran porcentaje de liberales, muchos hispanos, el Sierra Club, la ACLU e incluso el economista ganador del Premio Nobel Paul Krugman (quien recientemente llamó a Trump un "racista" por atreverse a decir la verdad mientras defendía a Estados Unidos de la anexión de México).

Incluso llevó al desesperado candidato republicano a gobernador, Wilson a una victoria aplastante, con 1/3 de sus votantes declarando que su apoyo a la Prop 187 fue su razón para votar por él. Sin embargo, la "ACLU y otros grupos antiestadounidenses" (Coulter) interpusieron una demanda y pronto fue derribada por un Juez de la Corte de Distrito designado por el Demócrata (es decir, "Mexicano Honorario") por ser inconstitucional (es decir, proteger a los estadounidenses en lugar de extranjeros). Al igual que con las decisiones de la Corte Suprema de 1898 y 1982 dando ciudadanía a cualquiera que haya nacido aquí, fue otra interpretación alucinante de nuestras leyes y una clara demostración de la desesperanza del sistema judicial, o cualquier rama del gobierno (al menos una Los demócratas dominaron a uno) en la protección de los estadounidenses de una toma de control del tercer mundo. Se ha sugerido que la ACLU cambie su nombre a la Unión de Libertades Civiles Extranjeras y que, junto con las muchas otras organizaciones e individuos que trabajan para destruir los EE.UU., se vea obligado a registrarse como agentes de un gobierno extranjero o, preferiblemente, ser clasificados como terroristas y todos sus empleados y donantes deportados o en cuarentena.

A pesar de esto, ni el gobierno estatal ni el gobierno federal ha hecho nada para impedir la toma de control, y Coulter señala que cuando G.W. Bush se postuló para presidente, hizo campaña en Estados Unidos con el corrupto presidente mexicano Gortari (ver comentarios sobre Carlos Slim a continuación) , si el hermano Jeb 'La inmigración ilegal es un acto de amor' Bush habla en español en la Convención Nacional Republican, y después de ganar, dio direcciones semanales de radio en español, añadió una página en español al sitio web de la Casa Blanca, celebró un enorme Cinco de Mayo partido en la Casa Blanca, y dio un discurso al descaradamente racista Consejo Nacional de La Raza, en el que, entre otros ultrajes, prometió $100 millones en dinero federal (es decir, nuestro dinero) para acelerar las solicitudes de inmigración! Claramente con los partidos republicano y demócrata que buscan la anexión por parte de México, no hay esperanza para el proceso democrático en Estados Unidos a menos que se cambie drásticamente y claramente esto nunca sucederá mediante el uso del proceso democrático.

California es la 6a economía más grande del mundo, por delante de Francia, Brasil, Italia, Corea del Sur, Australia, España, India, Rusia y Canadá, y más del doble que en México, y en unos 10 años, cuando sus 10 millones de hijos crecen y el total de La población hispana de California es de unos 22 millones (contando sólo los legales), serán dueños del estado y habrá sido anexionado por México.

En los últimos años, el gobernador de California Brown firmó la legislación que otorga licencias de conducir a los ilegales, y el pago de atención médica gratuita para sus hijos (es decir, por supuesto que los contribuyentes pagan). Acordó permitir que los no ciudadanos monitorearan las encuestas para las elecciones, y han sido nombrados para otros cargos gubernamentales, como los consejos municipales sin la aprobación del gobierno estatal. También obligó a todos los funcionarios estatales a cometer obstrucción de la justicia mediante la firma de una ley conocida como la Ley de Fideicomiso (es decir, confiar en que no robarán, violarán, asesinarán, venderán drogas, etc.), que especifica que a menos que los inmigrantes hayan cometido ciertos delitos graves, no pueden ser detenidos (para la entrega a los federales para la deportación) pasado cuando de lo contrario serían elegibles para la liberación. El lote de nuevas leyes de "vamos a formar parte de México" también incluía una que permitiría a los inmigrantes sin estatus legal ser admitidos en el colegio de abogados estatales y la ley de práctica en California. Pero ha hecho el proyecto de ley que permite a los extranjeros ilegales servir en jurados. Así que, lo único que impidió el paso final en la entrega de los tribunales de California a México fue la decisión arbitraria de un hombre! Sin embargo, no pasarán más de unos años antes de que un hispano sea Gobernador y luego esto y un sinfín de otras atrocidades se producirán, incluyendo presumiblemente dar a los ilegales el derecho a votar tal vez mediante la aprobación de otra ley estatal que viole u obstruya el federal. En cualquier caso, pronto habrá poca distinción en California entre ser ciudadano de los EE.UU. y ciudadano de cualquier otro país que pueda colarse a escondidas. Tenga en cuenta que, como de costumbre, a los Ciudadanos de California nunca se les permitió votar sobre ninguno de estos temas, que fueron aprobados por la legislatura estatal controlada por los demócratas. ¿Por qué no son honestos y cambian el nombre a Partido Neomarxista de México? Al menos deberían ser forzados a registrarse como agente de un gobierno extranjero.

Es cierto que California (y para finales de siglo los EE.UU.) se pierde en la civilización (es decir, será como México, que por supuesto será mucho peor para entonces ya que la mayoría de los recursos del mundo desaparecerán y otros 3.000 millones de personas) a menos que el gobierno envíe tropas federales a California (y otros estados con ciudades santuario) para deportar ilegales y arrestar a todos aquellos (incluyendo numerosos funcionarios electos) que están violando la ley federal. Incluso esto sólo ralentizará la catastrofe a menos que se apruebe una ley terminando los bebés ancla (es decir, aquellos que obtienen la ciudadanía porque nacen aquí), preferiblemente retroactivamente a 1982 o mejor a 1898, y rescindiendo la ciudadanía para ellos y todos aquellos que la obtuvieron de ellos—es decir, todos sus descendientes y parientes. También, por supuesto, la ley de inmigración de 1965 debe ser declarada inconstitucional y todos aquellos (y parientes y descendientes) que emigraron desde entonces tienen su estatus revisado con los contribuyentes significativos restantes y los no o bajos pagadores repatriados. Es difícil obtener estadísticas precisas, como su 'racista' incluso pensar en ello, pero en Stockton, California y Dallas, Texas alrededor del 70% de todos los nacimientos son a ilegales y tal vez el 90% del total contando a todos los hispanos, y por supuesto las facturas son casi todas pagadas por Euros y 'rico' Di verso a través de impuestos forzados, que por supuesto nunca llegan a votar.

Para poner fin a la primogenitora, hay que aprobar una nueva ley y no una vieja derogada, ya que no existe tal ley, esta fue una opinión totalmente arbitraria del juez Willie, "bebé ancla" Brennan y sólo un puñado de jueces votaron por esta interpretación alucinante de la ley. Aquellos que quieren ver cómo la Corte Suprema destruyó nuestro país al erosionar la frontera entre ser un ciudadano estadounidense y una persona que estaba de paso (y la falta de sentido común básico en la ley y la desesperanza del sistema legal estadounidense-y la contra el opiniones de expertos legales) pueden consultar "Hombres de Negro" de Levin o ver Estados Unidos contra Wong Kim Ark, 169 U.S. 649 (1898) (sí, fue un chino que comenzó el asalto a Estados Unidos hace más de un siglo) donde 6 abogados (es decir, los jueces del tribunal) ciudadanía a los hijos de extranjeros residentes y Plyler v. Doe, 457 U.S. 202 (1982) donde 5 abogados (con 4 en desacuerdo) concedieron la ciudadanía a los hijos de extranjeros ilegales y cualquier persona que diera a luz durante su visita. Si sólo uno de los 5 idiotas que votaron por esto hubiera cambiado de opinión, tendríamos tal vez 10 millones menos en las listas de bienestar ahora y tal vez 50 millones menos para 2100. Por supuesto, ninguno de los otros 450 millones de adultos vivos entre entonces y ahora se les ha permitido votar sobre este o cualquiera de los temas básicos que llevan inexorablemente al colapso. Como vemos ahora en los medios de comunicación todos los días, en una democracia "representativa" lo que se representa no son los intereses de Estados Unidos, sino la egomanía, la codicia, la estupidez y el supremacismo del tercer mundo.

¿Cuántas personas se llevaron a México? Para el desastre de Inmigración TKO en 1965 había 320 representantes y 76 senadores, y para los bebés ancla las dos decisiones de la Corte Suprema que suman 11 abogados, la mayoría de estos "ciudadanos destacados" ahora muertos, por lo que de los aproximadamente 245 millones de estadounidenses adultos ciudadanos vivos ahora, alrededor de 120 personas de la tercera edad votaron a favor de la entrega. Tan clara demostración de la desesperanza de la democracia representativa (como se practica aquí) como se podría desear.

Claramente, si Estados Unidos debe seguir siendo un lugar decente para vivir para cualquier persona, el acto de 1965, y todos los subsiguientes, necesitan ser derogados por una ley que pone una moratoria sobre toda inmigración y naturalización, y preferiblemente rescinde o al menos revisa la ciudadanía para todos naturalizados desde 1965 (o preferiblemente desde el primer absurdo fallo de derecho de nacimiento en 1898), junto con todos sus parientes y descendientes. Todos sus casos podrían ser revisados y la ciudadanía conferida a individuos selectos que obtuvieran una puntuación lo suficientemente alta en una escala de puntos, con beneficiarios de bienestar, los desempleados crónicos, delincuentes y sus descendientes inelegibles, aquellos con títulos universitarios o médicos, maestros, ingenieros, dueños de negocios, etc., obteniendo puntos para la elegibilidad , es decir, sólo sentido común básico para que Estados Unidos sobreviva.

Después de Ann Coulter ('Adios America'), observamos que el impuesto de sociedades en los EE.UU. es uno de los más altos en el mundo de los principales países con un 39% y como el gobierno continúa aumentando los impuestos para apoyar a la mitad del país que está en algún tipo de bienestar social (si se incluye la seguridad social, el desempleo, los cupones de alimentos, los subsidios a la vivienda, los beneficios de bienestar y veteranos), inevitablemente el capital y los empleos se irán al próximo siglo con recursos que desaparecen, y desde toda la población anual 2,4 millones son ahora diversos, lo que significa que unos 200 millones más de ellos (para un total de alrededor de 350 millones de unos 500 millones) en 2100, una población fragmentada que lucha por los recursos y un nivel drásticamente reducido de vivir con un eventual colapso es inevitable, incluso sin los males depredadores de los Siete Sociopatas (es decir, el PCC)..

En cuanto a la situación fiscal, en 2013, aquellos con ingresos brutos superiores a 250.000 dólares (casi todos euros) pagaron casi la mitad (48,9%) de todos los impuestos sobre la renta individuales, aunque representaron sólo el 2,4% de todas las declaraciones presentadas y su tasa impositiva promedio fue del 25,6%. El 50% inferior de los archivadores (aquellos que ganan menos de $34,000-maybe medio Diverso y medio Euros) pagó una media del impuesto federal sobre la renta del 1,2% por una participación total del 2,4%, mientras que el siguiente 35% de los que del 10,5% del impuesto federal sobre la renta total recaudado. Por lo tanto, es obvio que, contrariamente a la opinión común de los demócratas/supremacistas del tercer mundo/neomarxistas, la clase media alta y alta están dando a los pobres un viaje en gran parte libre, y que ya tienen un pie en el comunismo. Sin embargo, no debemos olvidar los 2.500 millones de dólares al día en que Estados Unidos se está endeudando y el total de 80 billones de dólares o más pasivos no financiados (por ejemplo, la seguridad social y el medicare), que finalmente tendrán que ser pagados por algunos combo de aumento de impuestos y disminución de los beneficios para sus descendientes. Consideremos esto: "Cuando combinamos las poblaciones de no pagadores y no-declaradores y miramos a ver qué porcentaje general de cada grupo no está pagando impuestos, encontramos que: 50.7 por ciento de los hogares afroamericanos no pagan impuestos sobre la renta, 35.5 por ciento de los asiático-americanos los hogares no pagan, el 37,6 por ciento de los hogares blancos americanos no lo hacen, y el 52 por ciento de los hispanos (legales) no pagan impuestos sobre la renta". Hay alrededor de 5 veces más euros (blancos) como negros y 4 veces más euros como hispanos en los EE.UU., y hay aproximadamente el mismo % de blancos y negros en el bienestar (39%) y alrededor del 50% de los hispanos, tan porcentualmente sabios que significa que los negros son alrededor de 5 veces y los hispanos alrededor de 8 X tan propensos a estar en el bienestar como Euros.

Incluyendo impuestos a la propiedad, impuestos sobre las ventas, etc. trae el impuesto de la clase media promedio ($34k a $69k ingresos) hasta alrededor del 30%, por lo que 4 meses / año o alrededor de 15 años de trabajo en un 50 años de vida va al gobierno, un gran porcentaje para apoyar a los inmigrantes que están destruyendo Estados Unidos y el mundo, y otro gran porcentaje para el ejército, que es una fuerza policial libre para el resto del mundo.

Contando todo el apoyo como se enumera anteriormente (es decir, no sólo cupones de alimentos, etc., sino la parte justa de los pobres de todos los demás gastos) la familia de clase media promedio trabaja aproximadamente 5 semanas /año o 5 años de su vida laboral para apoyar a los pobres. Ni la inmigración masiva, ni la esclavitud, ni los bebés ancla, ni la cría excesiva, ni el desempleo, ni los delitos y las drogas son su culpa, pero la clase media y la clase alta pagan por los pobres, y sus hijos pagarán más (probablemente al menos 10 años de su vida laboral de 50 años mucho antes de 2100) hasta que el nivel de vida y la calidad de vida sea casi el mismo que el de los países diversos, y ambos caerán continuamente cada año hasta el colapso, incluso si la Pandilla de los Siete Sociópatas es destruida.

Por supuesto, cada estadística tiene una contra estadística y los supremacistas neomarxistas del Tercer Mundo y el Ejército cincuenta cent del PCC están difundiendo de manera y rastreando todas las redes sociales, pero como guía aproximada encontramos un estudio reciente que encontró que el 37% de los hogares inmigrantes hispanos obtuvieron la mayoría de sus ingresos del bienestar, mientras que el 17% de los negros lo hicieron (los blancos no fueron reportados, pero supongo que alrededor del 10%). Del presupuesto de 3,5 billones de dólares, alrededor de 595 mil millones es deficitario y alrededor de 486 mil millones se destina al bienestar, por lo que eliminar el bienestar casi lo equilibraría y eliminaría todos los costos asociados con las personas y sus descendientes naturalizados desde 1965 pondría a los EE.UU. sólidamente en el negro y probablemente permitiría pagar la deuda nacional de 18 billones de dólares antes de fin de siglo, mientras que la aplicación de una Ley de Repatriación de Ciudadanos Naturalizados probablemente lo permitiría más cerca de mediados de siglo.

Mientras escribo esto veo un "tema de noticias" (es decir, uno de los interminables aluviones de mentiras pagadas plantadas allí todos los días por el Ejército Diverso y cincuenta centavos ejercito del internet del PCC) en Yahoo que me dice que los ilegales nos están haciendo un gran favor ya que la mayoría están trabajando y pagan alrededor de $1000 cada impuestos por año. Pero no nos dicen que le cuestan al país tal vez $25,000 cada uno en costos rastreables directos y si agregas su parte de todos los otros costos (para mantener al gobierno. la policía, los tribunales, el ejército, las calles, etc., etc.) es probable que duplique eso. Como Coulter le dice en p47 de Adios America, una persona educada en la universidad paga un promedio de $29 mil impuestos más por año de lo que reciben en los servicios del gobierno. Los inmigrantes legales, sin embargo, recuperar un promedio de $4344 más de lo que pagan, mientras que aquellos sin un título de escuela secundaria obtener de vuelta sobre $37k más de lo que pagan. Dice que alrededor del 71% de los hogares ilegales reciben bienestar.

Alrededor del 20% de las familias estadounidenses obtienen el 75% de sus ingresos del gobierno (es decir, extorsionados de los contribuyentes y prestados de los bancos a 2.500 millones/día) y otro 20% obtiene el 40%. En el Reino Unido, que está a la par con los EE.UU. en su camino diverso/neomarxista a la ruina, alrededor de 5 millones de personas o 10% de los adultos capaces viven totalmente en el bienestar y no han trabajado un día desde que el gobierno laborista asumió el gobierno en 1997, y otro 30% recibe apoyo parcial. Grecia, famosa por su reciente gran rescate, es un caso típico de cómo las masas siempre arrastran un país en caos si se permite. Las personas normalmente se jubilan con pensiones completas del gobierno en sus 50 años y tan pronto como 45, y cuando se permitió la jubilación a los 50 años para un par de trabajos peligrosos como la eliminación de bombas, pronto se amplió para cubrir más de 500 ocupaciones incluyendo peluquerías (peligrosas productos químicos como el champú) y locutores de radio y televisión (bacterias en los micrófonos)—no estoy bromeando.

La gente a menudo elogia a los países europeos por su generoso bienestar, pero de hecho es posible principalmente porque casi toda su defensa desde los años 50 (por no decir nada sobre las dos guerras mundiales, las guerras coreanas y vietnamitas, Afganistán, Irak, Siria, Somalia, Serbia, etc., etc.), es decir, alrededor de10 billones de dólares en costos directos y tal vez otros 10 billones de dólares indirectos) ha sido pagado por los Estados Unidos (y por las vidas y lesiones estadounidenses),es decir, por el 20% de los Estados Unidos contribuyentes que pagan cualquier impuesto significativo, más gran parte de la deuda de $18 billones. De hecho, como todo el mundo, ni siquiera serían países independientes si no fuera por los EE.UU. que derrotaron a los alemanes en dos guerras y a los japoneses y mantuvieron a los comunistas y ahora a los musulmanes bajo control durante medio siglo. Así que no sólo los EE.UU. se ven separados por los pobres y diversos aquí, sino que pagamos por ellos en todo el mundo, así como ayudando a los ricos allí a hacerse más ricos. Típico de toda Europa, en Francia, donde los musulmanes se han convertido en un gran problema, incluso cuando no matan a la gente, la mayoría de ellos están en bienestar, pagado en parte por los Estados Unidos. Durante aproximadamente una década, el mayor bloque de votación en la N.O.N. es la Organización de Cooperación Islámica que controla, por ejemplo, el Consejo de Derechos Humanos, donde sólo permiten los derechos permitidos por la ley islámica, y así olvidan los derechos de las mujeres, los derechos de los niños, los derechos de los homosexuales, libertad de religión, libertad de expresión, etc. y, de hecho, libertad de cualquier tipo. A medida que la cría sin restricciones de los musulmanes aumenta su porcentaje de la población mundial de 1/5 a 1/3 por 2100 más o menos y la civilización colapsa, esto empeorará mucho más.

El Islam se defiende con tal ferocidad porque en los países pobres del tercer mundo ha sido la única defensa contra el egoísmo y proporciona a los hombres pobres una garantía de reproducción y supervivencia. Lo mismo solía ser el caso del cristianismo. También está claro que a medida que se acerca el siglo 22 y Estados Unidos se derrumba, China lo reemplazará como el "Gran Satán", ya que será dominante en todo el mundo, protegiendo sus inversiones cada vez mayores y los ciudadanos Chinos, y eventualmente haciendo lo que sea quiere, ya que la "diversificación" resulta en el control de Estados Unidos por parte de mexicanos y africanos y pierde superioridad militar y el dinero y la voluntad de luchar. Y por supuesto, los chinos no seguirán el camino de Estados Unidos y serán "diversificados" en el colapso, a menos que a través de alguna gran desgracia se conviertan en democráticos/neomarxistas (por supuesto, ahora sólo comunista en nombre).

Un poco fuera de la marca, pero demasiado agradable para dejar pasar es un hermoso ejemplo de destrae (disgenics) que es el segundo sólo a la sobrepoblación en la provocación del colapso de la civilización industrial (aunque la corrección política prohíbe la discusión en cualquier lugar). Los pakistaníes del Reino Unido, que a menudo importan a sus primos para casarse y por lo tanto son endogamia con hasta 5 hijos una familia, a veces con múltiples esposas, producen el 30% de las enfermedades raras en el Reino Unido, aunque son el 2% de la población. Por supuesto, la mayoría están en el bienestar y los defectos resultan en enormes gastos para la atención de enfermería a tiempo completo y la educación especial (para los no sordos y ciegos). Y el Tribunal Superior Europeo, al igual que el Tribunal Supremo de los Estados Unidos, ha olvidado su verdadera razón de existir y cautivado por los delirios utópicos suicidas, ha dictaminado que el gobierno debe pagar beneficios conyugal esponsal completos a todas las esposas y no puede sacar la línea a las dos.

Una buena parte del libro de Coulter se gasta en crimen, y primero debemos note (Coulter no parece, aunque espero que ella sepa) que rara vez se considera que es enormemente subreportado, especialmente entre los pobres y diversos. Por lo tanto, el BJS dice que alrededor de 3,4 millones de crímenes violentos por año no se denuncian y las cifras de los no violentos (robo, asalto, hurto menor, vandalismo, tráfico de drogas, etc.) deben ser en cientos de millones, desproporcionadamente cometidos por (y sufridos por) los Diversos. Uno encuentra que el porcentaje de varones adultos encarcelados para blancos es 0.7, para los hispanos 1.5 y para los negros 4.7. Parece imposible encontrar cifras nacionales precisas para el costo del encarcelamiento, pero $35K/año parece un mínimo, y tal vez $50Mil para el sistema   legal, y tal vez otros $50 mil en costos médicos y psicológicos, programas de rehabilitación, pérdida de trabajo por parte de sus víctimas, etc. Según el BJS, los negros no hispanos representaron el 39,4% de la población carcelaria y carcelaria en 2009, mientras que los blancos no hispanos eran el 34,2%, y los hispanos (de cualquier raza) el 20,6%. Según un informe de 2009 del Pew Hispanic Center, en 2007 los latinos "representaron el 40% de todos los delincuentes federales sentenciados, más del triple de su participación (13%) de la población adulta total de los Estados Unidos". Una vez más, tenga en cuenta que no hay y casi con toda seguridad nunca habrá ninguna evidencia de una diferencia genética significativa entre euros y diversos en psicología, o CI, y que su mayor incidencia de problemas debe ser toqueada a su cultura.

Si uno contara sólo los ilegales, la tasa de crimen y encarcelamiento probablemente sería el doble que la denunciada para los hispanos legales. Como señala Coulter (p101-2) es imposible obtener las cifras reales de la delincuencia inmigrante, ya que, por supuesto, es 'racista' incluso sugerir que deben ser recogidos (y como se ha señalado, todo el crimen entre diversos es muy subreportado y muchos hispanos son mal clasificados como blancos), pero definitivamente está por encima de lo declarado, por lo que su tasa real podría estar cerca de la de los negros. Un conjunto de datos mostró que alrededor de 1/3 de los 2.2 millones de prisioneros estatales y locales son nacidos en el extranjero y tal vez otro 5% son hispanos nacidos en Estados Unidos y otro 30% negro, dejando alrededor de 32% blanco. Los nacidos en el extranjero tenían un 70% más de probabilidades de haber cometido un crimen violento y el doble de probabilidades de un delito de clase A. Como señala Coulter, prácticamente todos los grupos de inmigrantes tienen una tasa de criminalidad más alta que los nativos. A medida que la invasión continúe, el soborno y la extorsión verán enormes aumentos a medida que ascienden al tercer estándar mundial. Sobornos (la forma más leve de extorsión) en efectivo o equivalente es la interacción normal entre las personas en el tercer mundo y la policía, los oficiales militares, de aduanas e inmigración, los inspectores de salud y bomberos, los maestros, los oficiales de admisión escolar e incluso los médicos, cirujanos y enfermeras. No estoy adivinando aquí, ya que pasé una década de mi vida en el tercer mundo y experimenté y escuché innumerables historias sobre todo lo anterior. A medida que pasa el tiempo, podemos esperar que esto se convierta en rutina aquí también (primero, por supuesto, en California y los otros estados occidentales) y la norma nacional a partir de entonces. Además de los continuos aumentos de la delincuencia de todo tipo, veremos el porcentaje de delitos resueltos caer a los niveles extremadamente bajos del tercer mundo. Más recursos se dedican a la solución de asesinatos que cualquier otro crimen y alrededor del 65% se resuelven en Los Estados Unidos, pero en México se resuelven menos del 2% y a medida que se llega fuera de la Ciudad de México la tasa cae a casi cero. También tenga en cuenta que la tasa aquí solía ser de alrededor del 80%, pero ha caído en paralelo con el aumento en Diverse. También el 65% es la media, pero si pudieras obtener estadísticas estoy seguro de que subiría con el porcentaje de euro en una ciudad y caería a medida que aumenta el porcentaje de Diversos. En Detroit sólo el 30% está resuelto. Si llevas un registro de quién roba, viola y asesina, es obvio que las vidas negras importan mucho más a los euros que a otros negros.

El español puede convertirse en la lengua oficial y obligatoria y el catolicismo romano la religión oficial, y por supuesto los cárteles mexicanos serán las organizaciones criminales dominantes, al menos para los estados del suroeste a mediados de siglo y probablemente todo el país por 2100.

Por supuesto, como Coulter señala, es muy difícil obtener estadísticas sobre la raza y el crimen o cada vez más sobre la raza y cualquier cosa, ya que 'se considera 'racismo' incluso para pedir y el gobierno se niega a recogerlo. Encontrar la verdad se hace mucho más difícil ya que los grupos de interés especial hispanos (es decir, supremacistas del tercer mundo), instigados por los liberales del euro, que han perdido o vendido cualquier sentido común o decencia que hayan tenido, están trabajando duro para difundir la desinformación con cientos de miles de artículos falsos o engañosos en la red y las redes sociales cada semana.

Ella no parece mencionar el engaño masivo facilitado por Yahoo, Bing, Facebook y otros, que presentan entre sus noticias, desinformación pagada que presenta 'noticias' que es deliberadamente falso o enormemente engañoso, como el artículo mencionado anteriormente (repetido muchas veces al día en algún lugar en la red) que dice que los ilegales son una buena cosa, ya que están pagando impuestos.

A pesar de que se le da un viaje en gran parte libre, los diversos lo dan todo por sentado (especialmente porque es 'racista', 'odio' y 'supremacista blanco' para señalar su viaje libre, por lo que no lo encontrará en los principales medios de comunicación) y no tiene ningún problema en demandar a la policía, hospitales y todas las ramas del gobierno por cualquier infracción imaginada. ¡Los euros deberían obtener una pista y demandarlos! Ellos y el gobierno de Estados Unidos, ahora que Trump es presidente, podrían presentar millones de demandas o casos criminales contra personas que se alborotan en las calles, piquetes y protestas que interrumpen el tráfico, rompiendo ventanas y causando pérdidas comerciales, trauma sor psicológico, etc. Demandar y/o arrestar a todos los criminales y sus familias por los daños a la propiedad, la policía, la pérdida de ingresos y trabajos empresariales, etc. También demandar a la policía y a todas las ramas del gobierno por no protegerlos cada vez que se comete un crimen, especialmente por diversos ilegales.

Mientras escribo esto, los padres de una joven san francisco asesinada por un criminal extranjero ilegal, que había sido deportado en numerosas ocasiones, y luego protegido de la deportación por la policía de San Francisco (obstrucción de la justicia), los está demandando a ellos y a los federales (y deben demandar a la junta de Supervisores y al Gobernador Brown y a la legislatura estatal que votaron a favor de las reglas del santuario y la Ley de Fideicomiso también). Previsiblemente fue encontrado no culpable y en la ciudad santuario de San Francisco (y ahora el estado santuario de California) es capaz de vivir su vida de crimen mientras es apoyado a expensas del público.

Cientos de miles de personas son robadas, agredidas, violadas o asesinadas por Diverse, y tal vez 100 millones de víctimas de menor manera cada año, y las partes heridas (más a menudo diversas) deben demandar cada vez. Para facilitar lo cual, los euros podrían crear un fondo y varias organizaciones para eliminar los ilegales y los delitos contra los euros. Y, por supuesto, todos los países de los que provienen criminales nacidos en el extranjero deberían verse obligados a pagar el costo de la vigilancia y el enjuiciamiento de ellos y de mantenerlos aquí: bienestar, atención médica, escolarización y su parte de todos los bienes y servicios mencionado anteriormente, incluida la defensa nacional. México debería pagar todos los costos de la vigilancia de la frontera y de todos los delitos y por todo el mantenimiento de los ilegales aquí desde el primer día, es decir, 1965. Y ellos y Colombia, etc.debe pagar el costo de la aplicación de drogas, el tratamiento de los adictos y el encarcelamiento, y decir una multa de 20 millones de dólares cada vez que alguien es violado, discapacitado o asesinado por un drogadicto o por un ciudadano ilegal o naturalizado o descendiente de una persona originaria de su país. Si no lo hacen, podríamos expulsar a todos los nacidos allí y cortar todo el comercio y las visas, o simplemente confiscar su producción de petróleo, minerales y alimentos. Al igual que muchas de las ideas aquí suena extraño porque la cobardía y la estupidez de "nuestros" líderes (es decir, en realidad no la nuestra como nunca se nos pide) nos ha acostumbrado tanto a ser abusados. Somos el último país que debería soportar el abuso, pero los políticos y los idiotas de izquierda nos han convertido en la marca más fácil del planeta. Sí 9/11 es el abuso más llamativo, pero de hecho sufrimos tantas muertes y lesiones de la Diversa cada año (por ejemplo, sólo de drogas y adictos o simplemente de guerras), y mucho más daño cada día, si extrapola las consecuencias de su presencia aquí en el futura.

Se generó mucha controversia cuando Trump mencionó que estábamos dejando entrar a los violadores en el país, pero él estaba diciendo los hechos. La mayoría de los delitos en comunidades diversas nunca se denuncian, a menudo porque son cometidos por las pandillas hispanas que los controlan. Coulter relata algunos (el editor cortó el libro por la mitad y dice que puede producir fácilmente 50 casos por cada uno citado)de los crímenes de violación de inmigrantes más escandalosos cometidos aquí, señalando un estudio en el que las mujeres latinas aquí reportaron abuso sexual infantil a cerca de 80 veces la tasa de otras mujeres estadounidenses, y ya que parece probable que muchas no quisieran hablar de ello, podría ser mayor. Señala que en gran parte de América Latina violar adolescentes no se considera un delito (por ejemplo, la edad de consentimiento en México es de 12) y en cualquier caso, es raro que se haga algo al respecto, ya que a menudo está relacionado con los pandilleros o sus familias y si protestar por morir.

Coulter señala que los ilegales han hecho que grandes áreas de tierras públicas y parques del suroeste de EE. UU. sean inseguros y algunos han sido cerrados. La mitad de unos 60 incendios forestales en tierras federales o tribales entre 2006 y 2010 fueron iniciados por ilegales, muchos de ellos deliberadamente establecidos para evitar su captura. El costo de luchar contra estos 30 por sí solo podría pagar por un buen comienzo en una valla fronteriza segura.

Supongo que todo el mundo conoce las masivas operaciones de cultivo de marihuana llevadas a cabo por los cárteles mexicanos en nuestros bosques nacionales. Además de la erosión y la contaminación, es la norma para los cultivadores matar a numerosos animales y amenazar a los excursionistas. Lo más deprimente de todo es la venta del Sierra Club (que de repente cambió su tono después de recibir una contribución de $100 millones del multimillonario David Gelbaum con la salvedad de que apoyan la inmigración, claramente confundido como su mano derecha protege la naturaleza mientras que la izquierda lo destruye), que ahora se dedican a la inmigración masiva, denunciando a cualquiera que se oponga como "racistas blancos" incluso cuando son diversos. Por lo tanto, son otro grupo que se debe hacer para registrarse como agente de un gobierno extranjero y sus ejecutivos y grandes contribuyentes hechos para unirse a los otros criminales en cuarentena en una isla (el Aleutians sería perfecto, pero incluso Cuba lo haría) donde no pueden hacer más daño. Teniendo en cuenta el descarado destrozo de California por los hispanos, y el claro como el fin del día de la naturaleza en Estados Unidos como los inmigrantes sobre el doble de la población durante el próximo siglo más o menos, esto es realmente increíble desde un punto de vista, pero la cobardía y la estupidez son sólo para ser esperado.

Se dice que un asesinato en los EE.UU. totaliza alrededor de $9 millones de costos de por vida y si consiguen la muerte son varios millones más. Alrededor de 15.000/año eso sería alrededor de $150 mil millones/año sólo para homicidios por parte de Diverse. México tiene alrededor de 5 veces la tasa de asesinatos de Los EE.UU. y Honduras alrededor de 20 veces y sus descendientes sin duda pueden esperar que nuestra tasa se mueva en esa dirección. Coulter señala que los hispanos han cometido unos 23.000 asesinatos aquí en las últimas décadas. Mientras escribo, este artículo apareció en la red. "En una foto de archivo sin fecha, José Manuel Martínez llega al Edificio Judicial del Condado Lawrence en Moulton, Ala., antes de declararse culpable de disparar a José Ruiz en el condado de Lawrence, Ala., en marzo de 2013. Martínez ha admitido haber matado a decenas de personas en todo Estados Unidos como ejecutor de los cárteles de la droga en México". No es, por supuesto, raro, sólo uno de los pocos que salden los titulares recientemente.

Calculando alrededor de 2,2 millones de prisioneros (más del 1% de la población adulta) y un costo para meterlos en la cárcel desde el inicio de su carrera criminal de tal vez $50,000 cada uno o alrededor de $100 mil millones y el costo de mantenerlos allí de unos $35,000 cada uno o alrededor de $75 mil millones significa un mínimo de 150.000 millones de dólares al año, sin incluir otros costos gubernamentales y sociales. No veo ninguna estimación realmente clara en la red para el costo total del crimen en los EE.UU., pero en 2013 se estimó que el crimen violento por sí solo costó al Reino Unido (donde las armas son mucho menos frecuentes y las mafias mexicana sin contar no operan significativamente) alrededor de $150 mil millones o alrededor de $6000/hogar, o alrededor del 8% del PIB, pero Estados Unidos tiene un porcentaje mucho mayor de inmigrantes, armas y drogas, por lo que incluye todos los delitos no violentos y la determinación de sólo el 5% del PIB, que sería alrededor de 900 mil millones por año. Calculando alrededor del 60% del delito debido a el Diverso, o tal vez 80% si se cuenta el de Euros adictos a las drogas importadas por Diverse, pagamos algo así como 700 mil millones al año para apoyar la delincuencia diversa.

Por supuesto, todos los culpables de delitos, independientemente de su origen nacional, historia o estatus podrían tener su ciudadanía anulada y ser deportados o en cuarentena en una isla, donde su costo de mantenimiento podría ser de $0 a $1000/año en lugar de $35,000 y it podría hacerse un viaje de ida para evitar la reincidencia. Sí, su ciencia ficción ahora, pero a medida que el siglo 22 se acerca y la civilización colapsa, la tolerancia al crimen disminuirá de necesidad. Por ahora, no se hará nada, y la delincuencia aquí alcanzará los niveles en México a medida que la frontera continúe dissolver e y el colapso ambiental y el acercamiento a la bancarrota disuelven la economía. Sólo en México en 2014, se sabía que 100 ciudadanos estadounidenses habían sido asesinados y más de 130 secuestrados y otros simplemente desaparecieron, y si se suman otros extranjeros y mexicanos se encuentra con miles. Incluso un pequeño país ligeramente viajado como Honduras maneja unos 10 asesinatos y 2 secuestros al año de ciudadanos estadounidenses. Y, por supuesto, estos son los mejores momentos, está empeorando constantemente a medida que la cría sin restricciones y el agotamiento de los recursos acercan cada vez más el colapso.

En otro índice de lo lejos de que está México fuera de control, los cárteles criminales, que se cree que generan más de 21.000 millones de dólares cada año a partir de drogas, minería ilegal, pesca y tala, robo, prostitución, extorsión, secuestro y malversación, son una amenaza cada vez mayor a Pemex, el monopolio petrolero mexicano. Between 2009 y 2016, los ladrones aprovecharon los oleoductos aproximadamente cada 1,4 kms a lo largo de la red de tuberías de aproximadamente 14.000 km de Pemex, obteniendo más de $1.000 millones en ingresos anuales del gas que venden en el mercado negro. Son capaces de hacer esto aterrorizando a los empleados de Pemex para obtener información sobre sus operaciones, ofreciéndoles lo mismo que lo hacen para todos en México: plata o plomo, es decir, tomar los sobornos o usted y su familia mueren.

Euros escuchar constantemente acerca de lo malo que son para no querer dar el Diverse aún más. OK bien, vamos a aceptar hacerlo siempre que el país del tercer mundo sean de los inmigrantes hasta que constituyan alrededor del 30% de su población ahora y el 60% para 2100, aplica la legislación que da a todos los extranjeros en su país, legalmente o no, ciudadanía para sus bebés, bienestar, comida gratuita, atención médica gratuita, educación gratuita, inmunidad a la deportación, atención de emergencia gratuita, licencias de conducir, licencia para ejercer la abogacía, derecho a servir en jurados, derecho a traer a todos sus parientes (que también obtener todos estos privilegios),derecho a configurar organizaciones que les ayuden a mentir sobre los formularios de inmigración, evadir la deportación, para suprimir la libertad de expresión y para subvertir el proceso político para que puedan tomar el control del país. En realidad, vamos a hacerlo fácil y hacerlo si incluso uno de sus países implementa incluso algunos de estos. Por supuesto, nunca sucederá.

Naturalmente, aquellos con todo tipo de deficiencia mental o física están insatisfechos con su nivel de bienestar y también se están organizando. Aquellos con autismo, en realidad un espectro de deficiencias genéticas debidas a hasta 1000 genes, ahora están haciendo campaña para ser considerados no deficientes, pero "neurodiversos" y "neurotípicos" deben considerarlos como pares o incluso sus superiores. No hay problema para mí si alguien quiere tener un 'amigo' o cónyuge que no puede experimentar amor o amistad y que siente lo mismo cuando muere que cuando su pez dorado lo hace (excepto estar más molesto por las mayores molestias). Y aquellos con casos más que leves nunca tendrán un trabajo y serán una carga para sus parientes y la sociedad (es decir, la minoría que paga impuestos) toda su vida, y tienen una fuerte tendencia a transmitir el problema a cualquier descendencia que tengan, por lo que probablemente aumentará continuamente, lo mismo que cientos de otros problemas genéticos con una heredabilidad significativa. Como el diagnóstico ha mejorado, también lo ha hecho la incidencia del autismo, que ahora supera el 1%, al igual que la de la esquizofrenia, trastornos esquizotípicos, TDAH, drogadicción, alcoholismo, alexithymia, bajo coeficiente intelectual, depresión, trastorno bipolar, etc., por lo que tal vez la combinación combinada la incidencia de trastornos mentales incapacitantes supera el 10% y aquellos con problemas físicos que necesitan apoyo parcial o completo de por vida es probablemente similar, y ambos están aumentando en número y porcentaje, el resultado inevitable de la "civilización", 'democracia' y 'derechos humanos'. Claramente, a medida que la economía se derrumbe, los costos de la atención de salud aumenten y un porcentaje cada vez mayor sean ancianos no trabajadores y discapacitados mentales o físicos, este sistema lunático colapsará, es decir, Estados Unidos terminará Tengo casi los mismos folletos para todos que los países del tercer mundo a principios del siglo 22, ninguno.

Coulter comenta sobre el ciudadano mexicano Carlos Slim Helu (la tercera persona más rica del mundo mientras escribo esto) en el contexto de la mentira casi universal sobre y la evasión de los problemas de inmigración por parte del New York Times y otros medios de comunicación. Le dio un gran préstamo al Times hace unos años, para salvarlo de la bancarrota, y esto probablemente explica su posterior fracaso para cubrir los problemas de inmigración de una manera significativa. Slim es el primer monopolio del mundo y sus empresas controlan el 90% del mercado telefónico mexicano y muchas de sus principales industrias (las mexicanas se refieren a su país como Slimlandia). Su riqueza es el equivalente a aproximadamente el 5% del PIB de México. Para añadir perspectiva, ya que Estados Unidos tiene alrededor de 15 veces el PIB de México, para ser comparable, Bill Gates o Warren Buffet tendrían que valer alrededor de un billón de dólares cada uno o alrededor de 12X su valor a partir de 2019. California es el mayor estado de Us(a), que gana dinero para Slim, cuya toma de bienes y servicios mexicanos es de aproximadamente $140 millones/día. Para obtener el sabor de cómo fueron las cosas cuando Slim logró adquirir la compañía telefónica mexicana (y lo que se puede esperar aquí pronto), Gortari (elegido por G.W. Bush para hacer campaña con él) fue presidente del vicioso monopolio político mexicano PRI, y en años subsiguientes El hermano de Gortari fue encontrado asesinado, sus familiares fueron detenidos por la policía suiza cuando intentaron retirar $84 millones de la cuenta bancaria de su hermano, y huyó de México hacia Irlanda, donde permanece. Estas son algunas de las razones por las que Coulter llama a Slim un barón ladrón y una influencia banosa en México y América. Ella señala que alrededor de $20 mil millones de los ingresos anuales de Slim de su monopolio telefónico provienen de los mexicanos que viven aquí. Es libanés en ambos lados, por lo que México ha experimentado su propia toma de control extranjera.

Los corazones sangrientos insisten en que los estadounidenses muestren cada vez más "humanidad" y garanticen nuestro propio colapso para ayudar a la mafia, pero ¿qué muestra la humanidad la diversa? Se reproducen como conejos y consumen sin restricciones, condenando así a todos, incluidos sus propios descendientes, al Infierno en la Tierra. No hay nada noble en los pobres, sólo son ricos en espera. Mostrando el típico olvido del establecimiento, nuestro Secretario de Estado Kerry elogia a China por "sacar a 200 millones de personas de la pobreza", pero no observa que esto haya supuesto una enorme pérdida en los recursos mundiales, y se hace robando del futuro, descendientes propios, y que esto es insostenible. Diez o 11 mil millones (para 2100) todos los que intentan mantenerse alejados de la pobreza garantizan el colapso del mundo. El QOL más alto de China, al igual que el nuestro, es sólo temporal, obtenido a costa de sus propios descendientes y del futuro del mundo.

¿Cuánta calidad de vida (QOL- una medida general que incluye la riqueza, la tasa de criminalidad, el estrés, el tráfico, los problemas de drogas, la felicidad, etc.) podrían ganar los estadounidenses con diversas medidas? Prohibir los bebés ancla podría subir QOL 5% para mediados de siglo y 10% al final, en relación con no hacer nada. Hacer que la prohibición sea retroactiva a 1982, o preferiblemente a 1898, y así deportar a la mayoría de los naturalizados al estar relacionados con bebés ancla, podría aumentar QOL otro 5% inmediatamente. Prohibir la inmigración podría aumentar otro 10% para finales de siglo, mientras que hacer que la prohibición sea retroactiva a 1965 y deportar a la mayoría de los inmigrantes junto con sus descendientes y parientes naturalizados podría dar a los estadounidenses (Diversos y Euros) otro 20% más QOL inmediatamente.

Y podría haber una Ley de Restitución de Regreso a Africa o de Esclavitud que envió a todos los negros, o al menos a los que estaban en asistencia social, desempleados o en prisión, de vuelta a sus países de origen para que nunca más tuviéramos que escuchar sus quejas inanes sobre ser secuestrados (como se señaló , nunca consideran que si no fuera por la esclavitud no existirían y si no fuera por colonialismo y tecnología euro tal vez el 90% de la gente en el tercer mundo no existiría), por no mencionar si no fuera por Euro ahora estarían viviendo (o moribundo) bajo la delos nazis o los japoneses o los comunistas. Por supuesto, se podría hacer esto caso por caso, manteniendo a todo el personal calificado (por ejemplo, personal médico y de alta tecnología). En lugar o antes del lento proceso de deportación, uno podría cancelar la ciudadanía o al menos los privilegios de voto de todos los ciudadanos naturalizados y sus descendientes desde 1965.

Los 42 millones de afroamericanos (unos 74 millones para 2100) que representan 4,5 veces más prisioneros per cápita como euros, reciben un viaje en gran parte gratuito para todos los servicios y el bienestar esenciales, se apoderan y hacen inhabitables grandes áreas de las ciudades, aumentan el hacinamiento y tráfico en alrededor de 13% etc., por lo que pueden disminuir el QOL de todos los estadounidenses alrededor de 20% en promedio, pero a inviable para aquellos que están en los barrios pobres. Los hispanos ascienden a aproximadamente el 18% (o alrededor del25% incluyendo ilegales) y representan un mínimo de 2,5 veces más prisioneros como euros y tienen todos los demás problemas, lo que provoca una caída de QOL de alrededor del 30% o de nuevo a inviable en áreas que dominan, que pronto incluirá todo el suroeste de EE. UU. Así que en general, es una estimación justa que deportar a la mayoría de diversos sería aproximadamente el doble de la QOL (o decir de sólo soportable a maravilloso) en este momento para la persona promedio, pero por supuesto mucho más aumento para los más pobres y menos para los más ricos. Si uno compara probablemente QOL en 2119 (es decir, un siglo a partir de ahora), si se adoptaron todas las posibles medidas antidiversidad, en relación con lo que será si se hace poco o nada, espero que QOL sea aproximadamente 3 veces más alto o de nuevo de intolerable a fantástico.

Después de documentar la incompetencia del INS y el gobierno, y las innumerables organizaciones racistas traicioneras y descaradamente antiblancas (en el sentido significativo original de racistas)(por ejemplo, el Consejo Nacional de La Raza) que nos ayudan a inundarnos inmigrantes (lista parcial en p247 de Adios America) Coulter dice "Lo único que se interpone entre Estados Unidos y el olvido es una moratoria total de la inmigración" y "La industria de inmigración de miles de millones de dólares ha convertido cada aspecto de la ley de inmigración en un motor de fraude. Las reunificaciones familiares son fraudes, los "trabajadores agrícolas" son fraudes, los visados de alta tecnología son fraudes y los casos de asilo y refugiados son fraudes monumentales". Su libro está muy documentado (y la mayoría de los datos se dejaron fuera debido a las limitaciones de tamaño) y por supuesto casi todos los datos se pueden encontrar en la red.

Como señala Coulter, una encuesta de 2015 muestra que más estadounidenses tenían una opinión favorable de Corea del Norte (11%) que quería aumentar la inmigración (7%,) pero la mayoría de los demócratas, los Clinton, los de Bush, Obama, el magnate de los casinos Sheldon Adelson, el multimillonario de Hedge Fund David Gelbaum, Carlos Slim, el economista ganador del Premio Nobel Paul Krugman y el megamillonario fundador de Facebook Mark Zuckerberg no quiere que los estadounidenses lo voten. También menciona que el entonces gobernador de Florida Jeb Bush (con una esposa mexicana) impulsó un proyecto de ley para dar licencias de conducir a extranjeros ilegales (copiando California) sólo 3 años después de que 13 de los terroristas del 11 de Septiembre habían utilizado licencias de conducir de Florida para abordar los aviones. Sí, el mismo Jeb Bush que recientemente llamó a la inmigración ilegal "un acto de amor" (por supuesto, significa amor por México y odio por los Estados Unidos, o al menos por sus euros).

El colapso inexorable de los Estados Unidos (y otros países del primer mundo en Europa están a un paso o dos detrás, ya que han dejado entrar a Diverse que están produciendo niños a unas 3 veces las tasas euro) muestra los defectos fatales en la democracia representativa. Para sobrevivir y no convertirse en agujeros infernales del tercer mundo, deben establecer una meritocracia. Cambie la edad de votación a 35 como mínimo y 65 como máximo, con un coeficiente intelectual mínimo 110, prueba de estabilidad mental, falta de dependencia de drogas o alcohol, ausencia de condenas por delitos graves y una puntuación mínima en el examen SAT que llevaría uno a una buena universidad. Pero el lamentable estado de lo que pasa por la civilización se muestra en una reciente encuesta de Gallup que encontró que alrededor del 50% de los estadounidenses creía que n que el Diablo influye en los eventos diarios, y que los OVNIS son reales, mientras que el 36% cree en la telepatía y alrededor del 25% en fantasmas. Un sí en cualquiera de estos parecería ser una buena razón para la exclusión de por vida de la votación y preferiblemente la pérdida de la ciudadanía como si una respuesta "sí" o "posiblemente" o "probablemente" a "¿Crees que O.J. Simpson es inocente".

Tal vez disminuya ligeramente el dolor al darse cuenta de que no sólo el gobierno estadounidense es idiotica y traición, ya que las versiones de su suicidio están sucediendo en otras democracias. En Gran Bretaña, la Oficina Nacional de la Infancia ha instado a los maestros de guardería a denunciar cualquier expresión "racista" de niños de tan solo tres años. Alrededor del 40% de los británicos reciben algún tipo de bienestar. Londres tiene más crímenes violentos que Estambul o Nueva York y se dice que tiene casi 1/3 de las cámaras de circuito cerrado de televisión del mundo, que registran al ciudadano promedio unas 300 veces al día. Por supuesto, como de costumbre, no hay estadísticas confiables para China, donde algunas de las empresas de electrónica más exitosas están en el negocio de CCTV y donde el software de reconocimiento facial a menudo puede identificar a cualquier persona al azar en minutos. El Reino Unido tiene la tasa más alta en Europa de las TES, las madres solteras, la drogadicción y el aborto. Una quinta parte de todos los niños no tienen adultos que trabajan en su casa, casi un millón de personas han estado de baja por enfermedad durante más de una década, los tribunales obligaron al gobierno a dar dinero a un hombre discapacitado para volar a Amsterdam para tener sexo con una prostituta porque negar que sería un "violacion de sus derechos humanos". El número de delitos imputables por cada 1000 aumentó de unos 10 en la década de 1950 a alrededor de 110 en la década de 1990 en paralelo con el aumento de Diverse. Gracias a "After America" de Mark Steyn, que se requiere leer para todos los estadounidenses brillantes y civilizados que quieren que su país sobreviva, aunque salvo un golpe militar, no hay ninguna posibilidad.

Coulter señala lo absurdo de que los políticos se aferren a los votantes Hispanos (Hispandering). Si el candidato presidencial Mitt Romney hubiera ganado el 71% del voto hispano en lugar del 27% todavía habría perdido, pero si hubiera ganado sólo un 4% más del voto blanco habría ganado. De hecho, el 72% de los votantes son blancos no hispanos, así que incluso si alguien obtuvo TODOS los votos no blancos, un candidato presidencial todavía podría ganar por un deslizamiento de tierra, como vimos en las elecciones de Trump. El problema es que un porcentaje considerable de votantes blancos son idiotas y lunáticos que no pueden actuar en su propio interés. El absurdo de dejar que los ciudadanos promedio voten se mostró cuando muchos estaban considerando seriamente a Ben Carson para presidente en 2016-- una Biblia Adventista del Séptimo Día golpeando al creacionista Detroit ghetto homeboy de tan evidente inmadurez y estupidez de que ningún país cuerdo le permitiría ocupar ningún cargo público (por supuesto se podría decir lo mismo de la mayoría de la gente y la mayoría de los políticos). Sin embargo, tiene la gran ventaja de que sus defectos le dan mucho en común con el estadounidense promedio. Me parece que sus limitaciones incluyen el autismo, la razón de su famoso "efecto plano". No se deje engañar por sus simulaciones ocasionales de risa- autista aprender a imitar las emociones a una edad temprana y algunos incluso tienen carreras exitosas como comediantes. El famoso comediante Dan Aykroyd tenía esto que decir sobre su Asperger - "Uno de mis síntomas incluía mi obsesión por los fantasmas y las fuerzas del orden- llevo una placa de policía conmigo, por ejemplo. Me obsesioné con Hans Holzer, el mejor cazador de fantasmas de la historia. Fue entonces cuando nació la idea de mi película Cazafantasmas".

"Gentle Ben" Carson quiere proscrito sortear el aborto, incluso en casos de violación e incesto, piensa que debemos abandonar Medicare, y se adhiere a muchas teorías extrañas de la conspiración, como las pirámides que no están siendo construidas por los faraones como tumbas, sino por el José bíblico para el almacenamiento de ¡Grano! Propone convertir al Departamento de Educación en un jefe fascista de la moral adecuada, con estudiantes reportando profesores que mostraron sesgo político (es decir, cualquier persona) al gobierno para que se pudiera recortar la financiación de las universidades. "Personalmente creo que esta teoría que Darwin se le ocurrió fue algo que fue alentado por el Adversario". El Adversario es un apodo para el diablo; es la traducción real de la palabra "Satanás". También despidió el Big Bang, llamándolo un "cuento de hadas". Como todos los creacionistas, eso significa que rechaza la mayor parte de la ciencia moderna, es decir, todo lo que nos permite dar sentido a la biología, la geología, la física y el universo y los pone a cuatro patas con personas que vivieron hace 100.000 años, es decir, neandertales. Por supuesto, a los cuerdos, inteligentes y educados, los "cuentos de hadas" son sobre el cielo, el infierno, los ángeles y los demonios, pero estos están exactamente en el nivel correcto para la clase baja promedio Americana, diversa o euro. Difícil de creer que podríamos hacer peor que el Clinton, Nixon, Reagan, Obama y G.W. Bush, pero sucederá, y sus descendientes verán una línea interminable de políticos que sólo las calificaciones reales son la codicia, la deshonestidad, la estupidez, sociopatía, pele oscuro un apellido español. En cualquier caso, es inevitable en una mobocracía que idiotas, lunáticos y simplemente despistados se apoderen y dirijan el espectáculo hasta que se derrumbe, lo cual es inevitable a menos que la democracia como se practica actualmente cambios radicales y la diversidad disminuye.

Ahora que tenemos una persona razonablemente sana, inteligente, patriótica como presidente (aunque ver esto a través de la desinformación masiva y la difamación producida por los neomarxistas supremacistas del Tercer Mundo puede ser difícil)y suficientes republicanos en el Congreso (los demócratas que han vendido su país hace mucho tiempo) que podria teóricamente deportar a los ilegales, pero a menos que terminemos la inmigración y deportemos retroactivamente a la mayoría de los naturalizados desde 1965, sólo ralentizará el desastre y no lo detendrá. Sin embargo, casi todo lo que Trump intenta hacer está bloqueado por el Neomarxista jueces y los demócratas que hace mucho tiempo dejaron de representar los intereses de Estados Unidos.

Hillary Clinton era preferible a Obama, que fue entrenado como abogado constitucional, por lo que conocía nuestros sistemas debilidades fatales, y lo mucho más lejos que podía ir en la creación de un estado comunista enforcada por el fascismo, como su muy admirado modelo Cuba. Puedo perdonar fácilmente a Hillary por Bengasi y sus correos electrónicos y Bill para Mónica, pero no por su perdón totalmente cínico de los clientes del hermano de Hillary, Hugh, el tramposo de impuestos Marc Rich y cuatro Hasids condenados en 1999 por hacer robado al gobierno federal de más de $30 millones en subsidios federales de vivienda, préstamos para pequeñas empresas y becas estudiantiles, con el fin de pedir favores a los judíos de Nueva YA. Esto es muy conocido y de hecho casi todo lo que digo aquí es fácilmente encontrar en la red.

A pesar de que nuestra mobocracy es una pesadilla a cámara lenta, situ viéramos una democracia directa (como fácilmente podríamos en la era de la computadora) y la gente fuera realmente encuestada sobre temas importantes, tal vez la mayoría de nuestros principales problemas se eliminarían rápidamente. Supongamos que mañana hubo un voto de cada votante registrado con una dirección de correo electrónico o teléfono inteligente en preguntas como esta:

¿Deberían deportarse a todos los extranjeros ilegales en el plazo de un año? ¿Debería

333

cortarse el bienestar a la mitad dentro de 1 año? ¿Deberían todos los delincuentes convictos nacidos en otro país o uno de cuyos padres fueron, haber cancelado su ciudadanía y ser deportados en un plazo de 90 días? ¿Debería toda la inmigración excepto las visas de trabajo temporal para personas con habilidades especiales? ¿Deberían todos los abusadores de niños, violadores, asesinos y drogadictos tener su ciudadanía cancelada y deportada, o si un ciudadano nativo, puesto en cuarentena en una isla?

Tanto mejor si el voto se limita a a aquellos cuyos padres y/o los cuatro abuelos son nativos nacidos, que no son delincuentes, que han pagado más del 5% de sus ingresos en impuestos los últimos 3 años y han aprobado la salud mental, los eventos actuales y las pruebas de coeficiente intelectual. Una vez más, los mayores benefactores serían los diversos que permanecieron aquí, pero por supuesto la mayoría resistirá cualquier cambio que requiera inteligencia o educación para comprender.

No estoy en contra de una sociedad diversa, pero para salvar a Estados Unidos para sus hijos (recuerden que no tengo descendientes ni parientes cercanos), debería estar limitado a decir 20% y eso significaría que alrededor del 40% de los diversos aquí ahora serían repatriados. En realidad no me opondría a mantener el % diverso que tenemos ahora (alrededor del 37%) siempre que la mitad de los aquí fueron reemplazados por asiáticos cuidadosamente examinados o por personas de cualquier lugar, siempre que sean cuidadosamente examinados (es decir, sin delincuentes, defectos mentales o físicos, sin nueces religiosas, sin drogadictos, bien educados con un profesión), y que están de acuerdo en tener no más de dos hijos, con deportación inmediata si producen un tercero, cometen un delito mayor, o permanecen en el bienestar por más de un año. Y no se permite la entrada a parientes. De hecho, sería un gran paso adelante para reemplazar a todos los criminales euro, drogadictos, casos mentales, usuarios de bienestar, y desempleados crónicos, etc. por diversos adecuados. Por supuesto, es imposible ahora, pero a medida que la civilización se derrumba y los Siete Sociópatas del PCC se apoderen, pasarán muchas cosas increíbles, todas ellas extremadamente desagradables para miles de millones de personas, con los Diversos el más sufrimiento y la muerte. Coulter sugiere en broma invitar a Israel a ocupar la frontera con México, ya que han demostrado cómo proteger a uno. Sin embargo, yo sugeriría realmente hacerlo, ya sea dándoles la parte sur de cada estado fronterizo o tal vez simplemente ocupando la sección fronteriza de México (lo que podríamos hacer en unos días). Israel debería estar encantado de tener un segundo país, ya que su posición en Israel se volverá insostenible a medida que Estados Unidos, Francia, etc. pierdan la capacidad de ser policías del mundo, y los países del tercer mundo con capacidad nuclear se derrumben. Sin embargo, debemos exigir a los israelíes que dejen a los ortodoxos estrictos en casa, donde los musulmanes pronto los conseguirán, ya que ya tenemos suficientes lunáticos religiosos de cría de conejos.

Hablando del colapso de los países del tercer mundo con capacidad nuclear, debería ser obvio que, como esto sucede, probablemente antes de finales de este siglo, pero ciertamente en el próximo, con H Bombas en posesión de fanáticos, es sólo cuestión de tiempo antes de que comenzar a vaporizar ciudades americanas y europeas. La única defensa definitiva será la "nucleación" preventiva de cualquier país que se derrumbe, o donde los radicales musulmanes se apoderen. Debe ser obvio para Israel que no tendrán otra opción que un ataque preventivo contra Pakistán, Irán y tal vez otros. Otro regalo encantador de el Diverse.

En una encuesta de finales de 2015 de You.Gov, el 29 por ciento de los encuestados dijo que puede imaginar una situación en la que apoyarían a los militares que tomaran el control del gobierno federal, lo que se traduce en más de 70 millones de adultos estadounidenses. Y estos de nuevo son los mejores momentos. En este momento en el próximo siglo, dar o tomar unas décadas, (mucho antes en muchos países del tercer mundo), con la civilización industrial colapsando, hambre, crimen, enfermedades y guerra en todo el mundo, golpes militares se llevarán a cabo en todas partes. Es casi seguro que es la única cura para los problemas de Estados Unidos, pero por supuesto nadie podrá votar sobre ella.

En resumen, este es el capítulo estadounidense de la triste historia de la destrucción inexorable del mundo por la maternidad desenfrenada. Hace cincuenta y cuatro años, 396 políticos estadounidenses votaron a favor de la destrucción de Estados Unidos por el tercer mundo, a través de la ley de inmigración "sin impacto demográfico significativo". Sin los cambios que ellos y el Tribunal Supremo de Idiotas hicieron (junto con la falta de cumplimiento de nuestras leyes de inmigración), tendríamos alrededor de 80 millones menos de personas e ahora y al menos 150 millones menos en 2100, junto con decenas de billones de dólares en ahorros. Tendríamos la oportunidad de lidiar con los inmensos problemas que Estados Unidos y el mundo enfrentan. Pero, cargada con una población fatalmente fragmentada (es decir, diversa) aproximadamente el doble del tamaño que podríamos haber tenido, la mitad de las cuales no contribuirá a la solución, sino que constituirá el problema, es imposible. Lo que vemos es que la democracia como se practica aquí y ahora garantiza un gobierno fatalmente inepto. La paz y la prosperidad en todo el mundo desaparecerán y el hambre, las enfermedades, el crimen, los golpes militares, el terrorismo y los señores de la guerra se convertirán en rutina, en este siglo, sin duda durante el próximo.

Para mí está claro que nada restringirá la maternidad y que no hay esperanza para Estados Unidos o el mundo, independientemente de lo que suceda en tecnología, vida verde o política en cualquier lugar. Todo tranquilo, puro, salvaje, cuerdo, seguro y decente está condenado. No hay problema en entender la estupidez, la pereza, la deshonestidad, el autoengaño, la cobardía, la arrogancia, la codicia y la locura de los monos sin pelo, pero debería parecer un poco extraño que tantas personas razonablemente cuerdas y más o menos educadas pudieran acoger en su país (o al menos permitir la entrada y tolerar la presencia de) un gran número de inmigrantes que proceden a tomar el control y destruirlo. La psicología de los monos (compartida por todos los seres humanos) sólo es capaz de considerarse seriamente a sí mismo y a los parientes inmediatos durante un corto período de tiempo en el futuro (altruismo recíproco o aptitud inclusiva), tal vez décadas como máximo, por lo que no hay restricción interna. La democracia es el caldo de cultivo ideal para la catástrofe.

La mayoría de las personas no son inteligentes ni bien educadas, pero uno puede ver el colapso sucediendo frente a nosotros, y sobre todo en las grandes áreas urbanas y en el suroeste, especialmente en California y Texas. La pereza pura, la ignorancia y la falta de comprensión de la ecología y la naturaleza del crecimiento de la población es parte de ella, pero creo que el altruismo recíproco innato que compartimos con todos los animales debe tener un papel importante. Cuando evolucionamos en Africa vivíamos en pequeños grupos, probablemente rara vez más de unos pocos cientos y a menudo menos de 20, por lo que todos los que nos rodeaban eran nuestros parientes cercanos, y nuestro comportamiento fue seleccionado para tratarlos razonablemente bien, ya que compartían nuestros genes (aptitud inclusiva) y correspondería a las buenas semillas (altruismo recíproco). Dejamos de evolucionar y comenzamos a evolucionar, reemplazando la evolución por la selección natural por la devolución (degeneración genética) por la selección antinatural hace unos 100.000 años, cuando la cultura evolucionó hasta el punto en que el lenguaje, el fuego y las herramientas nos dieron una gran ventaja otros animales, y ya no había una fuerza selectiva importante para cambiar el comportamiento o aumentar o mantener la salud y la inteligencia. Por lo tanto, a día de hoy todavía tenemos la tendencia, cuando no nos sentimos en peligro físico inmediato, a actuar de una manera más o menos amistosa con los que nos rodean. La paz temporal, provocada por las comunicaciones y armamento avanzados y la despiadada violación de los recursos de los planetas, ha ampliado esta ilusión de "una gran familia". Aunque las personas más inteligentes y reflexivas (que por supuesto incluye a muchos diversos) pueden ver el peligro para sus descendientes, aquellos que son mal educados, aburridos, o emocionalmente inestables, sociópatas, autistas o enfermos mentales (es decir, los vastos mayoría) no lo verá o no actuará en él. Pero, ¿qué tal Adelson, Zuckerberg, Gelbaum, Biden, Clinton, Obama, Krugman y una larga lista de ricos y famosos? Tienen al menos algo de educación e inteligencia, así que ¿ cómo pueden querer destruir su país y el futuro de sus propios hijos? En realidad, no están más bien educados, perceptivos y orientados al futuro que el graduado universitario promedio (es decir, no muy), y también, ellos y sus parientes viven en comunidades cerradas y a menudo tienen guardaespaldas, por lo que no serán en serio preocupado o incluso consciente de los barrios destrozados, playas y parques, conducir por tiroteos, invasiones de casas, violaciones y asesinatos, ni por pagar impuestos o llegar a fin de mes. Simplemente no están pensando en el destino de sus bisnietos, ni en el de nadie, o si se cruza en su mente, como la gran mayoría, no tienen ni idea de la ecología humana, ni de los disgénicos, y no pueden ver el camino inexorable para colapsar. En la medida en que lo hagan, no se arriesgarán a las molestias personales diciendo o haciendo nada al respecto (egoísmo y cobardía).

Un lector sugirió que estaba hablando de "limpieza étnica" de Diverse en Euros, pero lo que está sucediendo en todo el mundo es exactamente lo contrario. En realidad no había pensado en la destrucción de América y la civilización industrial por Diverse como genocidio, pero como el número de euros de todo tipo (y muchos grupos de diversos como japoneses y coreanos) disminuirá constantemente e, y sus países son tomados por Diverse, tiene ese aspecto, aunque es el fracaso de Euros para producir suficientes niños que es responsable de su disminución de números. Unos pocos fanáticos (pero no tan pocos en el futuro como los musulmanes aumentarán de aproximadamente 1/5 del mundo a aproximadamente 1/3 por 2100, estimulando las condiciones que generan fanatismo) como Al Queda y ISIL quieren eliminar todos los Euros (y judíos y sunitas y feministas y cristianos, etc., etc.) y los árabes sin duda demolerán Israel poco a poco, pero de lo contrario hay poca motivación para deshacerse de aquellos que le están dando un almuerzo gratis (aunque por supuesto pocos Diversos comprenderán lo grande que es realmente el almuerzo hasta que se detiene y la civilización se derrumba). Sin embargo, a medida que pasa el tiempo y la competencia por el espacio y los recursos se desespera cada vez más, el genocidio de todos los grupos del euro puede convertirse en un objetivo explícito, aunque sobre todo se verá muy eclipsado por los ataques de diversos grupos diversos sobre otros, que siempre ha sido el case y siempre lo hará. En cualquier caso, todos los euros y muchos grupos diversos están ciertamente condenados, estamos hablando aproximadamente 2100 y más allá, cuando Estados Unidos (entonces una parte de México) y Europa ya no tendrá el dinero o la voluntad de suprimir la anarquía en todas partes, ya que no podrán controlarlo en casa.

Sorprendente como es para mí llegar a estas realizaciones (nunca he pensado realmente en estos temas de una manera seria hasta hace poco), no veo ninguna esperanza para America o las otras "democracias" (América tiene un pie en el fascismo y el otros en el comunismo ya) sin un cambio drástico en la forma en que funciona la "democracia", o en su completo abandono. Por supuesto, va a ser más o menos lo mismo en otros lugares y tanto Euros como Diverse deberían rezar la democracia china pronto (así que también se derrumban) o están condenados desde fuera y dentro. Que la democracia es un sistema fatalmente defectuoso no es noticia para nadie con una comprensión de la historia o la naturaleza humana. Nuestro segundo presidente John Adams tuvo esto que decir en 1814:

"No digo que la democracia haya sido más perniciosa en general, y a largo plazo, que la monarquía o la aristocracia. La democracia nunca ha sido y nunca puede ser tan duradera como la aristocracia o la monarquía; pero mientras dure, es más sangriento que cualquiera de los dos. ... Recuerda, la democracia nunca dura mucho. Pronto desperdicia, agota y se asesina. Nunca hubo una democracia que no se suicidara. Es en vano decir que la democracia es menos vana, menos orgullosa, menos egoísta, menos ambiciosa o menos avara que la aristocracia o la monarquía. No es cierto, de hecho, y en ninguna parte aparece en la historia. Esas pasiones son las mismas en todos los hombres, bajo todas las formas de gobierno simple, y cuando no se controlan, producen los mismos efectos del fraude, la violencia y la crueldad. Cuando se abren perspectivas claras ante la vanidad, el orgullo, la avaricia o la ambición, para su fácil satisfacción, es difícil para los filósofos más considerados y los moralistas más concienzudos resistir la tentación. Los individuos se han conquistado a sí mismos. Naciones unidas y grandes cuerpos de hombres, nunca. John Adams, Las cartas de Juan y Abigail Adams

Los hechos más básicos, casi nunca mencionados, son que no hay suficientes recursos en Estados Unidos o en el mundo para sacar a un porcentaje significativo de los pobres de la pobreza y mantenerlos allí. El intento de hacer esto es que volar a Estados Unidos y destruir el mundo. La capacidad de la tierra para producir alimentos disminuye diariamente, al igual que nuestra calidad genética. Y ahora, como siempre, el mayor enemigo de los pobres es otro pobre y no los ricos. Sin cambios dramáticos e inmediatos, no hay esperanza de impedir el colapso de Estados Unidos, ni de ningún país que siga un sistema democrático.

Así que, está claro que Ann Coulter tiene razón y a menos que algunos cambios verdaderamente milagrosos sucedan muy pronto, es adiós América y hola Tercer Mundo Infierno. El único consolacion es que nosotros los mayores podemos consolarnos al saber que no se finalizará durante nuestra vida, que aquellos como yo que no tienen hijos no tendrán descendientes que sufran las consecuencias, y, ya que los descendientes de que dejan que esto suceda (es decir, casi todos) serán tan repugnantes como sus antepasados, se merecerán ricamente el infierno en la tierra.

Cómo los siete sociópatas que gobiernan China están ganando la Tercera Guerra Mundial y tres maneras de detenerlos

Michael Starks

Abstracto

Lo primero que debemos tener en cuenta es que cuando decimos que China dice esto o China hace eso, no estamos hablando del pueblo chino, sino de los sociópatas que controlan el PCC -- Partido Comunista Chino, es decir, los Siete Sociopatas Asesinos en Serie Senil (SSSSK) de th e Comité Permanente del PCC o de los 25 miembros del Politburó, etc.

Los planes del PCC para la Tercera Guerra Mundial y la dominación total están muy claro en las publicaciones y discursos del gobierno chino y este es el "sueño de China" de Xi Jinping. Es un sueño sólo para la pequeña minoría (tal vez unas pocas docenas a unos pocos cientos) que gobiernan China y una pesadilla para todos los demás (incluyendo 1.400 millones de chinos). Los 10 mil millones de dólares anuales les permiten a ellos o a sus marionetas poseer o controlar periódicos, revistas, canales de televisión y radio y colocar noticias falsas en la mayoría de los principales medios de comunicación de todo el día. Además, tienen un ejército (tal vez millones de personas) que troll todos los medios de comunicación colocando más propaganda y ahogando comentarios legítimos (el ejército de 50 centavos).

Además de despojar al tercer mundo de recursos, un gran impulso de la Iniciativa de Cinturón y Carretera sin número deun billón de dólares es la construcción de bases militares en todo el mundo. Están forzando al mundo libre a una carrera armamentista masiva de alta tecnología que hace que la guerra fría con la Unión Soviética parezca un picnic.

Aunque el SSSSK, y el resto de los militares del mundo, están gastando enormes sumas en hardware avanzado, es muy probable que WW3 (o los compromisos más pequeños que conducen a él) esté dominado por software. No está fuera de cuestión que el SSSSK, con probablemente más hackers (codificadores) trabajando para ellos entonces todo el resto del mundo combinado, ganará futuras guerras con un conflicto físico mínimo, sólo por paralizar a sus enemigos a través de la red. Sin satélites, sin teléfonos, sin comunicaciones, sin transacciones financieras, sin red eléctrica, sin internet, sin armas avanzadas, sin vehículos, trenes, barcos o aviones.

Sólo hay dos caminos principales para eliminar el PCC, liberar a 1.400 millones de prisioneros chinos y poner fin a la marcha lunática a la Segunda Guerra Mundial. La pacífica es lanzar una guerra comercial total para devastar la economía china hasta que los militares se cansen y arranquen el PCC.

Una alternativa al cierre de la economía de China es una guerra limitada, como una huelga dirigida por decir 50 drones termobáricos en el 20o Congreso del PCC, cuando todos los miembros principales están en un solo lugar, pero eso no tendrá lugar hasta 2022 por lo que uno podría ir a la sesión plenaria anual. Se informaría a los chinos, como ocurrió el ataque, de que debían deponer las armas y prepararse para celebrar una elección democrática o ser arrojados a la edad de piedra. La otra alternativa es un ataque nuclear total. La confrontación militar es inevitable dado el curso actual del PCC. Es probable que suceda sobre las islas en el Mar de China Meridional o Taiwán dentro de unas pocas décadas, pero a medida que establecen bases militares en todo el mundo podría suceder en cualquier lugar (ver Tigre Agachado, etc.). Los conflictos futuros tendrán aspectos difíciles y blandos con los objetivos declarados del PCC para enfatizar la ciberguerra mediante la piratería y paralización de los sistemas de control de todas las comunicaciones militares e industriales, equipos, centrales eléctricas, satélites, Internet, bancos y cualquier dispositivo o vehículo conectado a la red. Las SS están lanzando lentamente una gama mundial de submarinos de superficie y submarinas tripulados y autónomos o drones capaces de lanzar armas convencionales o nucleares que pueden estar latentes a la espera de una señal de China o incluso buscando la firma de buques o aviones estadounidenses. Mientras destruyen nuestros satélites, eliminando así la comunicación entre los EE.UU. y nuestras fuerzas en todo el mundo, utilizarán los suyos, junto con los drones para atacar y destruir nuestras fuerzas navales actualmente superiores. Por supuesto, todo esto se hace cada vez más automáticamente por la IA.

Con mucho, el mayor aliado del PCC es el Partido Demócrata de los Estados Unidos.

La opción es detener al PCC ahora o observar cómo extienden la prisión China por todo el mundo.

Los interesados en más detalles sobre el camino lunático de la sociedad moderna pueden consultar mis otras obras como Suicidio por la Democracia: un Obituario para América y el Mundo 4ª edición 2019 y Delusiones Suicidas Utópicas en el Siglo XXI : Filosofía, Naturaleza Humana y El Colapso de la Civilización 5ª edición (2019) y otras.

Lo primero que debemos tener en cuenta es que cuando decimos que China dice esto o China hace eso, no estamos hablando del pueblo Chino, sino de los sociópatas que controlan el PCC (Partido Comunista Chino, es decir, los Siete Sociopata Asesinos en Serie Senilticos (SSSSK) del Comité Permanente del PCC o de los 25 miembros del Politburó.

Recientemente vi algunos típicos propaganda de izquierdista (más o menos el único tipo que uno puede encontrar en los medios de comunicación, es decir, casi todo ahora - es decir, Yahoo, CNN, The New York Times, etc.) en YouTube, uno por VICE que mencionó que 1000 economistas (y 15 ganadores del Premio Nobel) enviaron una carta a Trump diciéndole que la guerra comercial fue un error, y otra que entrevistó a un economista académico que dijo que el movimiento de Trump era una provocación por comenzar la Tercera Guerra Mundial. Tienen razón sobre la interrupción del comercio mundial, pero no tienen ninguna comprensión del panorama general, que es que los Siete Sociópatas tienen una dominación mundial total, con la eliminación dela libertad en todas partes, como su objetivo, y que sólo hay duas maneras de detenerlos, un embargo comercial total que devasta la economía china y lleva a sus fuerzas militares a forzar el PCC y celebrar elecciones, o WW3, que pueden ser limitadas(armas convencionales con tal vez unas pocas armas nucleares) o en total (todas las bombas a la vez). Claro como el día, pero todos estos académicos "brillantes" no pueden verlo. Si los sociópatas no son removidos ahora, en tan solo 15 años será demasiado tarde y sus descendientes estarán sujetos lenta pero inexorablemente a la misma suerte que los chinos: la vigilancia total con secuestros, torturas e inexorablemente estarán sujetos a la misma suerte que los Chinos:la vigilancia total con secuestros, torturas y asesinato de cualquier disidente.

La opción es detener al PCC ahora o observar cómo extienden la prisión China por todo el mundo.

El mas grande aliado del PCC es el Partido Demócrata de los Estados Unidos.

Por supuesto, el PCC comenzó la Segunda Guerra Mundial hace mucho tiempo (se podía ver su invasión del Tíbet o Corea como el comienzo) y lo está persiguiendo de todas las maneras posibles, excepto las balas y bombas, y vendrán pronto. El PCC luchó contra Estados Unidos en Corea, invadió y masacró el Tíbet, y luchó contra escaramuzas fronterizas con Rusia e India. lleva a cabo operaciones masivas de piratería contra todas las bases de datos industriales y militares en todo el mundo y ha robado los datos clasificados de prácticamente todos los sistemas militares y espaciales actuales de Estados Unidos y Europa, ha analizado sus debilidades y ha mejorado versiones dentro de unos años. Decenas de miles, y tal vez cientos de miles, de empleados del PCC han estado hackeando bases de datos militares, industriales, financieras y de redes sociales en todo el mundo desde los primeros días de la red y hay cientos de hacks recientes conocidos solo en los EE.UU. A medida que las principales instituciones y militares han endurecido sus cortafuegos, el SSSSK se ha trasladado a instituciones menores y a subcontratistas de defensa y a nuestros aliados, que son objetivos más fáciles. Si bien ignora la aplastante pobreza de cientos de millones y la existencia marginal de la mayoría de su gente, ha construido una presencia militar y espacial masiva, que se hace más grande cada año, y cuya única razón de existencia es la guerra para eliminar la libertad Donde quiera. Además de despojar al tercer mundo de recursos, un gran impulso de la Iniciativa de Cinturón y Carretera sin número de un billón de dólares es la construcción de bases militares en todo el mundo. Están forzando al mundo libre a una carrera armamentista masiva de alta tecnología que hace que la guerra fría con la Unión Soviética parezca un picnic. Los rusos no son estúpidos, y a pesar de fingir amistad con los sociópatas, seguramente comprenden que el PCC los va a comer vivos, que su única esperanza es aco irse con Occidente, y Trump está justo en el dinero en haciendo amistad con Putin. Por supuesto, los supremacistas-neomarxistas del Tercer Mundo (es decir, el Partido Demócrata) probablemente tomarán el control total de los Estados Unidos en 2020 y nada podría ser más del agrado del PCC. Snowden (otro veinte algo despistado) ayudó a la SSSSK más que cualquier otro individuo, con la posible excepción de todos los presidentes estadounidenses desde la Segunda Guerra Mundial, que han seguido la política suicida de Apaciguamiento. Estados Unidos no tiene más remedio que monitorear todas las comunicaciones y compilar un dossier sobre todos, ya que es esencial no sólo para controlar a los criminales y terroristas, sino para contrarrestar a los SSSSK, que están haciendo rápidamente lo mismo cosa, con la intención de eliminar la libertad por completo.

Aunque el SSSSK, y el resto de las fuerzas armadas del mundo, están gastando enormes sumas en hardware avanzado, es muy probable que WW3 (o los compromisos más pequeños que conducen a él) esté dominado por software. No está fuera de la cuestión que el SSSSK, con probablemente más hackers (codificadores) trabajando para ellos entonces todo el resto del mundo combinado, ganará futuras guerras con un conflicto físico mínimo, sólo por paralizar sus enemigos a través de la red. Sin satélites, sin teléfonos, sin comunicaciones, sin transacciones financieras, sin red eléctrica, sin internet, sin armas avanzadas, sin vehículos, trenes, barcos o aviones.

Algunos pueden cuestionar que el PCC (y por supuesto los niveles superiores de la policía, el ejército y la oficina 610) son realmente mentalmente aberrantes, así que aquí están algunas de las características comunes de los sociopatos (anteriormente llamados psicópatas) que se pueden encontrar en la red. Por supuesto, algunos de estos son compartidos por muchos autistas y alexithymics, y los sociópatas difieren de las personas "normales" sólo en grado.

Encanto superficial, manipulador y astucia, grandioso sentido de sí mismo, falta de remordimiento, verguenza o culpa, emociones superficiales, incapacidad para el amor, insensibilidad/falta de empatía, controles conductuales deficientes/naturaleza impulsiva, cree que son todopoderosos, todo saber, con derecho a todo deseo, sin sentido de los límites personales, sin preocupación por su impacto en los demás. Problemas para hacer y mantener amigos. Comportamientos aberrantes como la crueldad hacia personas o animales, Robo, Promiscuidad, Versatilidad criminal o emprendedora, Cambiar su imagen según sea necesario, No perciba que algo está mal con ellos, Autoritario, Secreto, Paranoico, Buscar situaciones donde su comportamiento tiránico será tolerado, consentido o admirado (por ejemplo, PCC, Policía, Militar, Capitalismo Depredador), Apariencia convencional, Objetivo de esclavitud de sus víctimas, Buscar ejercer el control despótico sobre todos los aspectos de la vida de otros, Tener una necesidad emocional de justificar sus acciones y por lo tanto necesitan la afirmación de su víctima (respeto, gratitud), objetivo final es la creación de una víctima voluntaria. Incapaz de apego humano real a otro, Incapaz de sentir remordimiento o culpa, Narcisismo extremo y grandiosidad, Su objetivo es gobernar el mundo. Mentiras patológicas.

Esta última es una de las características más llamativas del PCC. Prácticamente todo lo que dicen en oposición a los demás es una mentira obvia, o distorsión, sobre todo tan absurda que cualquier bien-educado de diez años de edad se reirá de ellos. Sin embargo, persisten en saturar todos los medios de comunicación todos los días (unpresupuesto anual estimado en 10.000 millones de dólares sólo para propaganda extranjera) con declaraciones absurdas. El hecho de que estén tan fuera de contacto con la realidad que piensan que serán tomados seriamente muestra claramente lo que cualquier persona racional considerará como enfermedad mental (sociopatía).

Sólo hay dos caminos principales para eliminar el PCC, liberar a 1.400 millones de prisioneros chinos y poner fin a la marcha lunática a la Segunda Guerra Mundial. La pacífica es lanzar una guerra comercial total para devastar la economía china hasta que los militares se cansen y arranquen el PCC. Los Estados Unidos necesitan, por cualquier medio necesario, unirse a todos sus aliados para reducir el comercio con China a casi cero, sin importaciones de ningún producto de China ni de ninguna entidad con más del 10% de propiedad china en cualquier parte del mundo, incluido cualquier producto con cualquier componente de tal Origen. Ninguna exportación de nada a China ni a ninguna entidad que reexporte a China o que tenga más del 10 % de propiedad china, con consecuencias graves e inmediatas para los infractores. Sí, costaría temporalmente millones de empleos y una gran recesión mundial, y sí sé que una gran parte de sus exportaciones son de empresas conjuntas con empresas estadounidenses, pero la alternativa es que cada país se convierta en el perro de los Siete Sociópatas (y como todos los animales comestibles mantienen a los perros en jaulas pequeñas mientras los engordan para matar) y/o experimentan los horrores de la Segunda Guerra Mundial. Otras posibles medidas son enviar a casa a todos los estudiantes y trabajadores chinos en ciencia y tecnología, congelar todos los activos de cualquier entidad de más del 10% de propiedad china, prohibir viajar al extranjero a cualquier ciudadano chino, prohibir que cualquier chino o cualquier entidad de más del 10% de propiedad china comprando cualquier empresa, tierra, producto o tecnología de los EE.UU. o cualquiera de sus aliados. Todas estas medidas se llevarían a la fase de entrada, según proceda.

Debemos tener en cuenta que el monstruo chino se debe en gran medida a los delirios utópicos suicidas, la cobardía y la estupidez de nuestros políticos. Truman se negó a dejar que McArthur los bombardease en Corea, El presidente Carter les dio el derecho de enviar estudiantes a los EE.UU. (actualmente hay alrededor de 300.000), utilizar nuestra propiedad intelectual sin pagar regalías, les dio el estatus de comercio de la nación más favorecida, y por decreto canceló nuestro reconocimiento de Taiwán y nuestra acuerdo de defensa mutua (es decir, sin voto de nadie– debe ser un miembro honorario del PCC, junto con los Bushes, los Obama, los Clinton, Edward Snowden, etc.). Estos fueron los primeros de una larga serie de gestos conciliadores a la dictadura más cruel del mundo que les hizo posible prosperar, y sentar las bases para su próxima invasión de Taiwán, las islas del Mar del Sur y otros países que deseen. Estas medidas junto con nuestra falta de invasión en los años 40 para evitar su toma de China, nuestra incapacidad para bombardear su ejército y por lo tanto el PCC fuera de la existencia durante la Guerra de Corea, nuestra falta de prevención de su masacre del Tíbet, nuestra falta de hacer cualquier cosa cuando explotaron sus primeras armas nucleares, nuestra incapacidad para eliminarlas en 1966 cuando lanzaron su primer ICBM capaz nuclear, nuestro (o más bien el de Bush) no hacer nada sobre la masacre de Tiananmen, nuestra falta de cierre del Confucio Institutos presentes en muchas universidades de todo el mundo, que son frentes para el PCC, nuestra falta de prohibición de la compra de empresas, propiedad, derechos mineros, etc. en todo el mundo, que es otra manera de adquirir alta tecnología y otros activos vitales, nuestra falta de hacer nada los últimos 20 años sobre su continua espionaje industrial y militar y hackeo en nuestras bases de datos robando casi todo nuestro armamento avanzado, nuestra falta de detener a sus aliados Corea del Norte y Pakistán de desarrollar armas nucleares y ICBM y recibiendo equipo de China (por ejemplo, sus lanzamisiles móviles, que afirman eran para transportar troncos y fue pura coincidencia que se ajustan exactamente a los misiles coreanos), nuestra falta de impedir que violen nuestro embargo sobre el petróleo de Irán (compran gran parte de él, registrando sus buques en Irán), y su programa nuclear (equipos y técnicos van y vienen a Corea del Norte a través de China), nuestra falta de impedir que proporcionen tecnología militar y armas en todo el mundo (por ejemplo, Corea del Norte, Irán, Pakistán, los cárteles en México, y más de 30 países más), nuestra incapacidad para detener el flujo de drogas peligrosas y sus precursores directa o indirectamente (por ejemplo, casi todo el fentanilo y carfentanilo enviado sin todo el mundo, y los precursores de metanfetaminas para el cárteles provienen de China), y nuestra falta de hacer nada con respecto a sus "puertos" de construcción (es decir, bases militares) en todo el mundo, que está en curso.

Una alternativa al cierre de la economía de China es una guerra limitada, como una huelga dirigida por decir 50 drones termobáricos en el 20o Congreso del PCC, cuando todos los miembros principales están en un solo lugar, pero eso no tomará hasta 2022 para poder ir a la sesión plenaria anual. Se informaría a los chinos, como ocurrió el ataque, de que debían deponer las armas y prepararse para celebrar una elección democrática o ser arrojados a la edad de piedra. La otra alternativa es un ataque nuclear total. La confrontación militar es inevitable dado el curso actual del PCC. Es probable que suceda sobre las islas en el Mar de China Meridional o Taiwán dentro de unas pocas décadas, pero a medida que establecen bases militares en todo el mundo podría suceder en cualquier lugar (ver Tigre Agachado, etc.). Los conflictos futuros tendrán aspectos difíciles y blandos con los objetivos declarados del PCC para enfatizar la ciberguerra mediante la piratería y paralización de los sistemas de control de todas las comunicaciones militares e industriales, equipos, centrales eléctricas, satélites, Internet, bancos y cualquier dispositivo o vehículo conectado a la red. El SS está lanzando lentamente una gama mundial de submarinos de superficie y submarinas tripuladas y autónomas o drones capaces de lanzar armas convencionales o nucleares que pueden estar latentes a la espera de una señal de China o incluso buscando el firma de buques o aviones estadounidenses. Mientras destruyen nuestros satélites, eliminando así la comunicación entre los EE.UU. y nuestras fuerzas en todo el mundo, utilizarán los suyos, junto con los drones para atacar y destruir nuestras fuerzas navales actualmente superiores. Por supuesto, todo esto se hace cada vez más automáticamente por la IA.

Todo esto es totalmente obvio para cualquiera que pase un poco de tiempo en la red. Dos de las mejores fuentes para empezar son el libro Crouching Tiger (y los cinco vídeos de Youtube con el mismo nombre), y la larga serie de piezas satíricas cortas en el canal China Uncensored en Youtube o su nuevo www.chinauncensored.tv. Los planes del PCC parala Tercera Guerra Mundial y la dominación total están muy claro en las publicaciones y discursos del gobierno Chino, y este es el "sueño de China" de Xi Jiinping. Es un sueño sólo para la pequeña minoría que gobierna China y una pesadilla para todos los demás (incluyendo 1.400 millones de chinos). Los 10 mil millones de dólares anuales les permiten a ellos o a sus marionetas poseer o controlar periódicos, revistas, canales de televisión y radio y colocar noticias falsas en la mayoría de los principales medios de comunicación de todo el día. Además, tienen un ejército (tal vez millones de personas) que troll todos los medios de comunicación colocando más propaganda y ahogando comentarios legítimos (el ejército de 50 centavos).

La regla del SSSSK (o 25 SSSSK si te centras en el Politburó en lugar de su comité permanente) es una tragicomedia surrealista como Blancanieves y los Siete Enanos, pero sin Blancanieves, personalidades entrañables o un final feliz. Son los guardianes de la prisión más grande del mundo, pero son con mucho los peores criminales, cometiendo por apoderado cada año millones de asaltos, violaciones, robos, sobornos, secuestros, torturas y asesinatos, la mayoría de ellos presumiblemente por su propia policía secreto de la Oficina 610 creada el 10 de junio de 1999 por Jiang Zemin para perseguir a los meditadores qigong de Falun Gong, y cualquier otra persona considerada una amenaza, ahora incluyendo a cualquiera que haga cualquier comentario crítico e incluyendo todos los religiosos y políticos grupos que no están bajo su regla directa.

Con mucho, el mayor aliado de los Siete Enanos es el Partido Demócrata de los EE.UU., que, en un momento en que Estados Unidos necesita más que nunca ser fuerte y unido, está haciendo todo lo posible para dividir a Estados Unidos en facciones en guerra con cada vez más de sus recursos que van a sostener las legiones en ciernes de las clases bajas y conducirlo a la bancarrota, aunque por supuesto que no tienen ninguna visión de esto. El

PCC es, con mucho, el grupo más malvado de la historia mundial, robando, violando, secuestrando, encarcelando, torturando, muriendo de hambre y asesinando a más personas que todos los demás dictadores de la historia (se estima que 100 millones de muertos),y en pocos años tendrá un estado de vigilancia total registrando cada acción de todos en China, que ya se está expandiendo en todo el mundo, ya que incluyen datos de la piratería y de todos los que pasan a través de territorios bajo su control, comprar billetes en aerolíneas chinas, etc.

Aunque el SSSSK nos trata como un enemigo, de hecho, Estados Unidos es el mejor amigo del pueblo Chino y el PCC su mayor enemigo. Desde otra perspectiva, otros Chinos son los mayores enemigos de los Chinos, ya que de destruir todos los recursos del mundo.

Por supuesto, algunos dicen que China colapsará por su propia voluntad, y es posible, pero el precio de estar equivocado es el fin de la libertad y la Segunda Guerra Mundial o una larga serie de conflictos que los Siete Sociópatas casi con toda seguridad ganarán. Hay que tener en cuenta que tienen controles sobre su población y armas que Stalin, Hitler, Gadafi e Idi Amin nunca soñaron. Cámaras de circuito cerrado (actualmente tal vez 300 millones y aumentando rápidamente) en redes de alta velocidad con análisis de imágenes de IA, software de seguimiento en todos los teléfonos que las personas están obligadas a utilizar, y rastreadores GPS en todos los vehículos, todas las transacciones pagaderas sólo por teléfono ya dominante allí y universal y obligatorio pronto, monitoreo automático total de todas las comunicaciones por parte de la IA y unos 2 millones de censores humanos en línea. Ademas de millones de cuadros de policía y ejército, hay puede ser hasta 10 millones de policías secretos de paisano de 610 oficinas creadas por Jiang Zemin, con prisiones negras (es decir, no oficiales y sin marcas), actualización instantánea del expediente digital sobre los 1.400 millones de chinos y pronto en todos los que utilizan la red o los teléfonos. A menudo se llama el Sistema de Crédito Social y permite a los Sociópatas cerrar las comunicaciones, la capacidad de compra, viajes, cuentas bancarias, etc. de cualquier persona. Esto no es fantasía, pero ya en gran medida implementado para los musulmanes de Xinjiang y la difusión rápida-ver YouTube, China Uncensored, etc.

Por supuesto, son los optimistas los que esperan que los sociópatas Chinos gobiernen el mundo, mientras que los pesimistas (que se ven a sí mismos como realistas) esperan que la sociopatía de IA (o como yo la llamo, es decir, la estupidez artificial o la locura artificial) se haga cargo. Es la opinión de muchas personas reflexivas- Musk, Gates, Hawking, etc., incluyendo los mejores investigadores de IA (ver las muchas charlas TED en YouTube) que la IA alcanzará un autocrecimiento explosivo (aumentando su potencia miles o millones de veces en días, minutos o microsegundos) en algún momento en las próximas décadas – 2030 a veces se menciona, escapando a través de la red e infectando a todos los ordenadores suficientemente potentes. Asserá imparable, especialmente porque parece que se va a ejecutar en computadoras cuánticas que aumentará su velocidad más miles o millones de veces). Si eres optimista, mantendrá a los humanos y otros animales como mascotas y el mundo se convertirá en un zoológico con un programa de cría en cautividad eugenésico, si eres pesimista, eliminará a los humanos o incluso a toda la vida orgánica como una molesta competencia por los recursos. Es probable que la ciencia ficción de hoy sea la realidad del mañana.

La opción es detener al PCC ahora o observar cómo extienden la prisión China por todo el mundo.

El mayor aliado del PCC es el Partido Demócrata de los Estados Unidos.